我国政府采购制度改革发展研究

——市场经济体制改革与行政体制改革的协同推动

赵 谦○著

中国财经出版传媒集团
经济科学出版社
Economic Science Press

图书在版编目（CIP）数据

我国政府采购制度改革发展研究：市场经济体制改革与行政体制改革的协同推动/赵谦著．—北京：经济科学出版社，2021.7

ISBN 978－7－5218－0563－5

Ⅰ.①我… Ⅱ.①赵… Ⅲ.①政府采购制度－研究－中国 Ⅳ.①F812.2

中国版本图书馆 CIP 数据核字（2019）第 100144 号

责任编辑：宋　涛
责任校对：郑淑艳
责任印制：范　艳　张佳裕

我国政府采购制度改革发展研究
——市场经济体制改革与行政体制改革的协同推动
WOGUO ZHENGFU CAIGOU ZHIDU GAIGE FAZHAN YANJIU
——SHICHANG JINGJI TIZHI GAIGE YU XINGZHENG TIZHI GAIGE DE XIETONG TUIDONG
赵　谦○著
经济科学出版社出版、发行　新华书店经销
社址：北京市海淀区阜成路甲 28 号　邮编：100142
总编部电话：010－88191217　发行部电话：010－88191522
网址：www.esp.com.cn
电子邮箱：esp@esp.com.cn
天猫网店：经济科学出版社旗舰店
网址：http://jjkxcbs.tmall.com
北京季蜂印刷有限公司印装
710×1000　16 开　19 印张　360000 字
2021 年 8 月第 1 版　2021 年 8 月第 1 次印刷
ISBN 978－7－5218－0563－5　定价：77.00 元
（图书出现印装问题，本社负责调换。电话：010－88191510）
（版权所有　侵权必究　打击盗版　举报热线：010－88191661
QQ：2242791300　营销中心电话：010－88191537
电子邮箱：dbts@esp.com.cn）

作者随商务部政府采购管理培训团到访世界银行

作者随财政部预算信息公开培训团到访美国行政管理和预算局交流政府采购与预算管理

序

在我的内心深处，始终觉得实现人生价值的目标之所在，应该是在构建现代社会和国家的过程中真正做到"先忧后乐"，奋发有为，生命不息，求索不止。在这一点上，赵谦博士虽是后学，但可为同道。2008~2010年，赵谦博士在财政部财政科学研究所跟随我从事博士后研究，他的勤奋和执着精神给我留下了深刻印象。十多年来，无论岗位几多变化，他始终保持着求索进取的劲头，对宏观经济理论和实践问题孜孜以求，不断深化自己的思考和认识。特别是他投身中华民族脱贫攻坚的伟大实践，在林盛村这个黑龙江省的小山村度过了两整年的驻村扶贫时光，白日里冲在脱贫攻坚第一线，用脚步、用汗水、用智慧帮助贫困户排忧解难、兴业增收。晚上住在老百姓家里，即使身处没有上下水的艰苦环境里，他依然秉持良好的读书学习和思考习惯，在乡村宁静的夜里，每天苦读到深夜，思考不止、笔耕不辍，用全村最晚熄灭的灯火照亮自己智海扬帆的航程。时光不负有心人，两年驻村扶贫时光，他收获了全村贫困户全部脱贫的张张笑脸，收获了乡村加快发展的处处新颜，收获了已被中国财税博物馆永久收藏的8本驻村扶贫日记，更收获了这本书稿，记录着他关于曾从事过的政府采购工作的持续思考，殊为难得，值得称道。

政府采购制度是现代财政制度的重要组成部分，也是现代政府治理的重要内容。对于深化政府采购制度改革，应坚持以下三个原则：

一是应坚持有为政府和有效市场相结合。政府采购作为沟通政府和市场的桥梁，政府采购改革涉及政府和市场关系的调整，"牵一发动全身"，必须遵循市场决定资源配置这条规律，解决好市场体系不完善、政府干预过多、监管不到位等问题。深化"放管服"改革是使市场在资源配置中起决定性作用、更好发挥政府作用的内在要求，应扎实做好简政放权的"减法"，放好该放给市场和社会的权利，减少对采购过程的行政干预，赋予采购人更大的自主权，发挥采购人在采购活动中的主体作用，健全采购人对采购结果负责机制。要持续做好加强监管的"加法"，管好该政府管的事，建立需求统领、绩效导向的监管模式，创新事中事后监管的机制、方式、渠道，发挥政府采购促进经济社会发展的引领和示范作用。要积极做好优化服务的"乘法",完善符合市场规律和采购习惯的交易规则,不断优化政府采购领域营商环境,为市场主体"松绑减负",激发市场主体活力和创造力,实现放权、规范、效率的统一。

二是应坚持问题导向和目标导向相统一。政府采购工作改革任务繁重、影响面广、社会期待和呼声高,是一项复杂的系统性工程。实践中的问题,涉及经济、政治、文化、社会、生态各个方面,常常是多种因素共同作用、相互叠加交织的结果。实现政府采购改革目标,需要我们从制度理念、政策设计、采购流程、技术保障、环境营造等多方面,系统发力,迎难而上,真刀真枪解决问题,破解发展瓶颈,并确保始终在正确方向和道路上坚定前行。

三是应坚持顶层设计和基层创新相结合。深化政府采购制度改革,不是零星分散的单项推进,而是更加注重系统规划和整体协同。在深化改革实践中,既应关注自上而下、高起点谋划的顶层设计,也应注重自下而上、投石问路的自发式改革,将顶层设计和基层创新有机结合,切实发挥好中央和地方两个积极性。"知屋漏者在宇下,知政失者在草野",必须深入基层,将民意民智作为科学决策、完善政策、改进工作的重要依托,并结合地方实际,从细处入手、从点上发力,创新性地抓好改革试点,为政府采购改革不断深化做好探索和铺垫。

本书的研究具有新意,主要体现在两个层面:(1)在政府采购理论方面,西方发达国家的研究者均是从完善市场经济体制角度来研究政府采购的机制问题,忽视了发展中国家发展现状对政府采购制度的切身需求。本书考虑我国发展中国家的现实情况及不同的政府治理路径,探索符合中国国情的政府采购制度理论框架。(2)在体制改革理论方面,笔者试图建立行政体制改革与经济体制改革互动的协调机制,提出通过政府采购制度改革促进两种体制改革协调发展的理论模型。本书为上述研究提供一个新的视角。

时间是世界上一切成就的土壤,它给空想者痛苦,给创造者幸福。赵谦博士以信念与勤奋充盈时间,用执着和奋斗擦亮每一段时光。作为赵谦博士的导师,希望赵谦博士继续勤于学习、善于思考、勇于实践,在工作中不断取得新成绩。

华夏新供给经济学研究院 院长
中国财政科学研究院 研究员、博导

2021年7月1日于北京

目　录

第一章　引言 ·· 1
　　第一节　问题的提出 ·· 1
　　第二节　研究背景 ·· 3
　　第三节　研究目的和意义 ··· 11

第二章　市场经济体制下的政府采购制度发展与挑战 ············· 13
　　第一节　政府采购及政府采购制度 ····································· 13
　　第二节　新古典经济学对政府采购市场化特性的解释 ······ 22
　　第三节　新古典经济学政府采购理论的思考 ····················· 24

第三章　政府采购制度市场化改革的交易费用理论分析 ········· 29
　　第一节　政府采购的交易费用分析 ····································· 29
　　第二节　政府采购交易费用的计量 ····································· 35
　　第三节　交易费用视角下政府采购制度市场化改革的收益 ····· 41
　　第四节　政府采购制度市场化改革的"市场失灵" ············· 48

第四章　基于政治经济学的政府采购制度改革理论框架 ········· 57
　　第一节　制度改革模型 ·· 57
　　第二节　制度的本质及有效性 ·· 60
　　第三节　改革红利 ·· 63
　　第四节　政府采购制度改革的框架 ····································· 67
　　本章小结 ·· 73

第五章　市场经济框架下的政府采购管理体制改革 ················· 74
　　第一节　政府采购管理体制概述 ··· 74

第二节　政府采购体制改革框架 ………………………………… 81
　　第三节　市场经济框架下的政府采购当事人行为分析 ………… 87
　　第四节　市场经济框架下的政府采购评审专家管理 …………… 95
　　本章小结 …………………………………………………………… 98

第六章　我国政府采购体制改革中的法律制度建设 ……………… 99
　　第一节　政府采购法律制度建设难题 …………………………… 99
　　第二节　政府采购法律制度建设思路 …………………………… 104
　　第三节　政府采购法律制度的完善 ……………………………… 109
　　第四节　政府采购合同法律建设 ………………………………… 115
　　本章小结 …………………………………………………………… 125

第七章　GPA 框架下我国政府采购制度的完善 …………………… 126
　　第一节　GPA 的历史和框架 ……………………………………… 126
　　第二节　我国政府采购现状及加入 GPA 的影响 ……………… 131
　　第三节　我国加入 GPA 的应对措施 …………………………… 138
　　本章小结 …………………………………………………………… 144

第八章　供给侧结构性改革下 PPP 政府采购的发展 …………… 145
　　第一节　PPP 概念及作用 ………………………………………… 146
　　第二节　PPP 模式在我国的发展及存在的问题 ………………… 150
　　第三节　PPP 模式纳入政府采购管理的意义 …………………… 153
　　第四节　PPP 项目竞争性磋商采购制度 ………………………… 157
　　第五节　PPP 项目采购法规体系的构建 ………………………… 162
　　第六节　PPP 政府采购的改革措施 ……………………………… 176
　　本章小结 …………………………………………………………… 182

附录 …………………………………………………………………… 183
　　笔者发表的相关论文 ……………………………………………… 183
　　有关媒体对作者的报道 …………………………………………… 290
　　在哈尔滨工业大学建校 100 周年经管学院纪念大会上的致辞 … 296

后记 …………………………………………………………………… 297

第一章

引　　言

第一节　问题的提出

本书主要讨论的是我国转型时期政府采购制度的改革与发展，及其对市场经济体制改革与行政体制改革，特别是政府职能转变的协同推动作用。社会主义市场经济体制改革强调利用市场"看不见的手"发挥资源配置的决定性作用，将政府采购制度建设纳入市场经济范畴，利用市场经济的竞争机制、招投标机制、法律机制、信息透明机制等改变我国以往在政府采购中存在的公共资金浪费、权力寻租等现象。我国在加入WTO时，在政府采购方面做出了具体承诺："中国将自加入WTO之日起成为《政府采购协议》（the Government Procurement Agreement，GPA）的观察员"，并承诺正式启动加入GPA的谈判后，将如何在GPA所倡导的贸易市场化背景下进一步深化政府采购制度改革作为一段时期我国政府转变职能的重点工作。我国正在开展的行政体制改革要求政府适应已经进行的供给侧结构性改革，彻底转变政府职能，同时发挥政府在社会转型期的大背景下调整产业结构、促进科技进步、支持经济发展、保持社会稳定等方面的重要作用，而这种政府治理能力的转变和强化对我国政府采购制度的改革发展提出了新的要求。

我国社会主义市场经济体制改革及加入GPA的承诺，从内部和外部促进了我国政府采购制度的不断完善和发展。从20世纪90年代开始到现在，我国政府采购制度改革和发展大致经历了三个主要阶段。

（1）第一阶段（1995~1998年的试点阶段）。在这一阶段里，我国从政府采购的内容、采购程序、具体步骤到初期立法都做了一些有益的尝试。1997年1月，深圳市首次以地方立法的形式，颁布实施《深圳经济特区政府采购条例》，该条例是我国出台实施的第一个政府采购地方性法规；1998年，全国已经有29

个省、自治区和直辖市，以及计划单列市，在不同程度上开展政府采购试点。[①] 我国中央国家机关的政府采购试点工作则起步于1999年。[②]

（2）第二阶段（1999~2002年的推广阶段）。随着1999年4月财政部《政府采购管理暂行办法》的颁布实施，政府采购制度在全国范围内得到了迅猛发展。截至1999年底，政府采购管理机构在28个省、自治区、直辖市和计划单列市纷纷建立。

（3）第三阶段（2002年至今的立法规范阶段）。这是我国政府采购制度的一个重要发展阶段。2002年6月29日，我国颁布了《中华人民共和国政府采购法》，该法于2003年1月1日起正式施行。与之相配套的一系列法规也相继出台，主要有《政府采购货物和服务招标投标管理办法》《政府采购供应商投诉处理办法》《政府采购信息公告管理办法》《政府采购代理机构资格认定办法》等，2015年，我国颁布了《政府采购法实施条例》，我国政府采购制度在法制化、规范化的道路上迈进了一大步。

伴随着市场经济体制改革进程中政府职能的转换，政府治理能力建设也逐步得到了加强。特别是在2008年全球金融危机之后，通过政府对宏观经济的调控来稳定经济发展已成为常用手段。由于我国经济结构不完善、地区经济发展不平衡的现实也促使我国在不断摸索行政体制改革的方式，我国政府采购制度改革也经历着不断的探索。2006年，财政部公布了《自主创新产品政府首购和订购管理办法》和《政府采购进口产品管理办法》，明确指出优先采购国内自主创新产品，对政府采购进口产品实行审核管理。2008年全球金融危机爆发后，国家发改委会同九部委联合发布了《关于贯彻落实扩大内需促进经济增长决策部署，进一步加强工程建设招标投标监管工作的意见》，进一步强调了政府采购应当采购本国产品。2019年，国务院办公厅发布了《关于转发财政部深化政府采购制度改革的通知》，明确提出建立健全采购人对采购需求和采购结果的负责机制，压实采购人落实采购政策的责任，建立健全政府采购支持创新和脱贫攻坚的政策体系，等等。政府加强治理能力的政策导向，有利于通过政府采购优化经济结构，扶持民族工业，促进自主创新发展，与完全市场化的改革取向不同。

随着对GPA研究的深入，我国政府越来越清楚地认识到该协议本身是经济

---

① 张弘力：《关于建立中国政府采购制度的若干问题》，引自刘尚希主编：《政府采购制度研究文集》，经济科学出版社2000年版，第21~22页。
② 2003年所有在京中央国家机关推行政府采购制度，同年1月中央国家机关政府采购的执行机构——采购中心挂牌。2004年扩大到中央国家机关的所有二级预算单位，2005年全面推行。中央国家机关政府采购规模不断壮大，2003年为7.1亿元，2004年为30.8亿元，同比增长334%。2005年中央预算单位纳入政府集中采购目录的项目达到300亿元。

发达国家联合制定的一种强调贸易自由化的制度，这些"富裕"国家中有着资金、技术、人才、资源等优势的跨国公司能够在该协议的框架下击败发展中国家竞争力明显偏弱的企业，因此是一种不完全平等的制度框架。众多发展中国家之所以没有加入该协议，也是保护自身经济发展的一种策略。而我国在2007年正式启动加入GPA谈判后渐次递交的出价清单，也表明了中国政府在开放政府采购市场问题上所持有的谨慎态度。

因此，我国政府采购制度改革不仅仅要考虑市场经济体制改革，进一步发挥市场经济体制优化资源配置的优势，而且要结合我国行政体制改革、政府职能转变中加强政府治理能力的要求，发挥政府采购的宏观调控功能。而市场经济的内在要求和政府调节市场的现实选择，对制定政府采购政策、提升政府治理效率提出了一个新的挑战，这是建设中国特色社会主义市场经济的深层次问题。也就是说，在我国现阶段市场经济体制改革进入深水区，行政体制改革进入攻坚阶段的关键时期，如何深入开展政府采购制度改革，建立怎样的政府采购制度框架，如何完善各项政府采购制度，以推动经济体制改革与行政体制改革的协同发展，使我国的政府采购制度既能充分发挥市场机制的决定性作用，又能保证我国充分利用政府采购政策进行宏观经济调控，是我们急需研究和探讨的。本书将对上述问题开展理论和实证研究，期望能够构建具有我国特色的政府采购制度框架，并提出具体的政策建议和改革路径。

第二节　研究背景

深化改革是加快转变经济发展方式的关键。经济体制改革的核心问题是处理好政府和市场的关系，必须更加尊重市场规律，更好发挥政府作用。政府采购是政府和市场的一个交集，政府采购制度改革的核心是处理好政府与市场的关系，这为我国政府采购制度改革发展提出了很高的要求并指明了具体方向：必须从市场经济体制改革和行政体制改革的协同推动来推进政府采购制度的变革。

一、我国市场经济体制改革进入深水区

我国自20世纪70年代末期改革开放以来，以公有制为主体，多种所有制经济共同发展的基本经济制度已经确立，社会主义市场经济体制逐步完善，改革步伐不断加快，国家的综合国力显著增强，人民生活水平大幅度提高。中国改革开放40

多年，经济发展保持了年均9%以上的增长速度，已经成为世界第二大经济体。

1978年，在中国共产党召开的十一届三中全会上，制定了改革开放的方针政策。在之后的40多年中，我国先后完成了从社会主义计划经济到商品经济再到市场经济的转变，完成了从"计划经济为主，市场调节为辅"到"有计划的商品经济"，再到"建立社会主义市场经济体制"的转变。在当时，由于我国自上而下缺乏对社会主义市场经济的认识，缺少将社会主义公有制与市场经济有机结合的理论，也没有建立社会主义市场经济的经验，因此，改革实践就是"摸着石头过河"。1993年，中央通过了《关于建立社会主义市场经济体制若干问题的决定》，提出了建立社会主义市场经济体制的总体规划和行动纲领。在之后的10年时间中，改革的重点放在建立市场机制上，特别是市场价格机制的形成上，社会主义市场经济体制框架初步建立起来。到2002年，党的十六大提出了将完善社会主义市场经济体制的重点转向现代市场体系的完善和政府职能的转变。2007年党的十七大首次提出"要深化对社会主义市场经济规律的认识"，并强调要"从制度上更好发挥市场在资源配置中的基础性作用"。用制度来推进市场化改革和发挥市场作用，表明我国对社会主义市场经济的认识真正走向成熟。我国也随之相继推出了一系列政府采购的法律法规，从整体上来看，我国政府采购制度是随着社会主义市场经济体制的建立在不断完善的。

2008年美国次贷危机引发的全球金融危机，及其后日益蔓延的欧洲主权债务危机，在某种程度上打乱了我国按照市场经济规律来推进市场化改革的步伐。为了应对全球金融危机，我国政府实施逆周期调控，出台了以4万亿元投资为代表的多项刺激内需政策。这种强力的公共投资避免了中国经济的下滑，甚至在全球经济一片萧条之际产生了中国这边独好的景象，2009年中国经济增长达到了9.2%，我国经济总规模也在2010年跃居世界第二。

但是投资这驾马车高歌猛进的同时也直接导致了政府调控能力的过度强化。在经济发展速度得以保持的同时，政府在建设项目、土地征用、资金配置、公共产品供给及价格决定等方面的重大决策权日益增强，国有企业在一些重要行业中的行政性垄断不仅没有削弱而且在一定程度上得到了强化，地方政府为保增长而运用行政权力对企业微观经济活动的直接干预日渐频繁。随之产生的产能过剩、环境污染、地方政府债务问题等也日渐严重，这表明政府的过多干预已经对市场配置资源功能的发挥产生了不良影响。因此，在我国市场经济体制已经初见成效的情况下，由于一些逆市场化现象的存在，我国市场经济体制改革尚需破除体制机制障碍。党的十九大提出的"更加尊重市场规律"就是要继承和发展"深化对社会主义市场经济规律的认识"，明确未来我国经济体制改革的方向。

我国政府采购制度改革要"更加尊重市场规律"就是要尊重价值规律、市场供求规律和价格规律等。并且，要充分认识市场变化以及由此导致的市场规律作用形式的变化。例如，全球市场已经转变为由诸多头部企业发挥引领作用的相对有序的市场，资本、技术、信息、知识等生产要素的融合使得市场呈现不断增长的态势，在合作基础上进行竞争成为现代市场经济的共识。在这些新的市场特征下，我国政府采购制度改革要正确把握市场规律的新变化、新形势。

同时，在市场经济和行政体制改革倒逼政府采购制度改革发展的要求下，还要避免市场体制可能造成的两极分化和阻碍民族产业发展的情况，更好发挥政府采购的宏微观经济调控功能。政府采购制度改革中"更加尊重市场规律"的侧重点是在更大程度上发挥市场的功能，更加充分地利用市场规律的作用来改变过度依赖政府作用的倾向。

二、我国行政体制改革进入攻坚阶段

我国政府与西方政府最大的不同在于我国政府代表了最广大人民的根本利益，而不是代表某些利益集团的利益。同时，中国与西方国家有着不同的国情：人口庞大、民族众多、基础薄弱、地域广阔但差异较大，等等。尽管我国政府在重复建设、腐败、社会公正等方面受到一些诟病，但改革开放以来年均近9%的经济发展速度也从侧面证明了这种体制的效率。张五常在《中国的经济制度》一书中也认为，中国改革开放30多年所创造的"中国奇迹"的关键是实施了一套对中国来说很有用的经济制度。

同时，政府在经济社会发展中的作用也出现了一些问题，如"发展不平衡、不协调、不可持续问题依然突出，科技创新能力不强，产业结构不合理，农业基础依然薄弱，资源环境约束加剧，制约科学发展的体制机制障碍较多，深化改革开放和转变经济发展方式的任务艰巨"等。在我国经济体制改革初见成效、行政体制改革落后于经济体制改革并且制约经济体制改革进一步发展的情况下，行政体制改革已经进入了攻坚阶段。面对这些问题，深化行政体制改革的呼声日渐增多，其中，"更好地发挥政府作用"是全社会对行政体制改革关注的核心和焦点。

在政府采购制度改革的过程中，既要肯定政府作用的发挥，增强我们"更好发挥政府作用"的自信，同时要"发现政府作用存在的不足"。在具体的改革中，第一，要发挥政府在政府采购制度改革和发展中的顶层设计作用，发挥政府在推动自上而下改革的推动力和优势。这也是"更好发挥政府作用"的核心内容之一。第二，要为政府采购制度能够充分发挥市场功能营造环境，包括建立一个好的法治框架以保障各种所有制经济、各种类型的企业均能够依法平等地参与到政府采购中来，公平参与市场竞争，受到法律同等保护。第三，要通过政府采购政策的完善，解决我国现阶段需要解决的重要结构性、系统性及核心性的问题，如自主创新能力建设、产业升级及结构调整、国有企业改革等。第四，促进政府公共支出改革，特别是政府支出信息公开，消除政府采购信息不透明及引起的腐败问题等。第五，地方政府采购是政府采购的重要内容。由于我国地方经济发展不平衡的现象非常明显，地方政府的经济治理能力和经验也不同，因此如何统筹全国各地的不同情况，在制定全国性的政府采购政策的同时考虑不同的区域特点，也是行政体制改革的一项重要内容。

政府采购制度改革是我国行政体制改革的一个重要部分，涉及财政管理体制、投融资管理体制等一系列行政体制方面的改革。因此，从行政体制方面来看，政府采购制度改革较为复杂，不是政府采购制度本身能够解决的问题，需要从根本上转变政府职能，并且提出系统的改革方案和措施。政府采购制度方面"更好发挥政府作用"的侧重点在于在更高层次上发挥政府的作用，以便更好地调动中央政府和地方政府两方面的积极性。

三、我国政府采购相关的多利益主体需求

我国的政府采购就制度建设而言，起步较晚但发展很快。1999年以来，根据《预算法》的有关原则规定，财政部先后颁布了《政府采购管理暂行办法》《政府采购招标投标管理暂行办法》《政府采购合同监督暂行办法》《政府采购品目分类表》以及《政府采购运行规程暂行规定》等一系列规章制度，全国人大常委会通过了《中华人民共和国招标投标法》，国务院批准发布了《工程建设项目招标范围和规模标准的规定》《招标公告发布暂行办法》《工程建设项目自行招标试行办法》。这些办法和规定对政府采购及招投标程序等做出了具体细化的规定，为政府采购工作顺利开展提供了法律指导。此外，中国人民解放军总后勤部在2000年发布的《总后勤部军用物资采购招标管理暂行办法》，成为军用物资采购过程中必须遵守的规范。全国有近30个地区相继制定了政府采购的地方性法规。2002年6月29日第九届全国人民代表大会常务委员会第二十八次会议通过了《中华人民共和国政府采购法》（以下简称《政府采购法》），自2003年1月1日起施行。该法对政府采购的范围、当事人、政府采购方式、政府采购程序、政府采购合同、质疑与投诉、监督检查、法律责任问题都做出了明确规定。《政府采购法》与相关的政府采购法规、规章构成了我国政府采购法律体系的基

本框架。这一框架体系的形成标志着我国政府采购制度的初步确立，也为我国政府采购活动的依法进行提供了法律制度上的保障。

随着政府采购规模的不断扩大，与政府采购相关的利益主体也逐渐显现，并且对政府采购制度改革提出了自身的要求。

（一）纳税人

政府采购资金是公共资金，主要来源于一国的纳税人。政府公共资金的不合理使用，不仅意味着公共资金的不合理分配，还会导致纳税人支付更高的税款。政府采购资金也不仅仅是对现有资金的使用，由于资金本身具有的机会成本属性，资金的不合理利用会影响整体国民的福利水平。当一笔公共资金用于政府采购时，可用于其他公共福利的支出就会减少。因此，作为政府采购资金的提供者，纳税人会强烈希望提高政府采购的资金使用效率。对于政府采购制度设计来说，资金使用效率成为改革的首要目标之一。纳税人总体上是分散的，尽管有人民代表大会等机构和制度，但如何避免其中委托代理机制可能产生的问题成为政府采购制度设计的核心问题。

（二）货物和服务的受益者

政府采购的出发点是为了满足实现公共职能的需要。政府所采购的货物和服务的受益者有两种情形：一种情形是政府采购的货物和服务的直接受益者是政府自身，如政府采购办公设备、会议服务等，这种情况下政府采购直接服务于政府本身，作为政府实现其公共职能的基础条件，确保政府履行公共职能的基本能力，公众是政府采购的间接受益者；另一种情形下，政府采购的货物和服务的直接受益者是公众，如政府向政府以外的实体购买基本药物、垃圾清运服务等。在这种情况下，政府采购的对象直接服务于社会大众。两种情形的共同点在于，政府采购的供应商履行合同的能力将影响政府公共职能的实现程度，从而影响货物和服务受益者的切身利益。因此，政府采购制度的另一个要求是保证供应商具有相关资质以确保其具有履行合同的能力。无论受益者是政府还是公众，都期望能够获得高质量、高品质的商品和服务，而这需要政府采购政府制度充分利用市场机制，通过市场竞争将不合格的供应商剔除出供应商队伍，并且在提高供应产品和服务质量的同时降低采购成本。

（三）政府采购的供应商

供应商是政府采购产品和服务的供应者，也是政府采购中的重要利益主体。

政府采购对供应商的利益影响主要体现在以下两个方面：第一，由于政府采购市场规模庞大，政府采购制度公平与否直接影响企业的竞争地位；第二，对于某些严重依赖政府采购市场的企业（如军工、信息基础设施、建筑工程等），政府采购直接影响其发展甚至生存。透明、公平、高效的政府采购制度能够降低企业的交易成本，是良好投资环境的重要组成部分。因此，对于供应商来说，政府采购制度要保证程序的公正性。这样，供应商才能在公正、合理的框架内展开公平竞争，采取有效措施提高服务水平并降低成本，以赢得政府订单。

（四）特定受益地区与特定受益群体

政府采购作为政府调控经济的一种手段和方法，往往需要兼顾其他公共政策职能，主要涉及产业与经济发展政策、社会政策和环境政策等。为了促进特定产业的发展，政府往往需要进行策略性采购，这时特定产业的供应商，尤其是国内供应商就会成为政府采购的受益人；为了促进落后地区发展、保护弱势群体，政府也往往给予符合政府经济社会政策导向的企业一定的优惠条件，或者要求中标供应商承担一定的积极义务以维护特定群体的利益；为了推行环境保护政策，政府往往要求供应商承担环境保护的义务，或提供符合环境标准的产品，此时环保技术水平较高的企业就会成为政府采购的受益人。特定受益群体的存在要求政府采购制度有效协调不同政策目标之间的关系以及政府采购的政策功能与政府采购其他目标之间的关系。这些特定受益地区与特定受益群体要求政府通过采购进行经济调控，这也是检验政府治理能力的一项标准。

（五）政府部门

政府在政府采购活动中是采购人，是政府采购市场的买方。由于政府采购体量巨大，政府采购市场是一个真正的买方市场，政府占据主导地位。但是，政府是一个独特的利益主体，由于其资金不是自有的，作为全体人民的代理人决不能仅以追求自身利益为目标。无论国内还是国外，无论东方还是西方，无论市场经济还是计划经济，政府人员都有在政府采购中滥用职权产生道德风险的可能。政府采购中的腐败不仅危及政府采购自身的公正与效率，还严重危及政府的公信力。因此，在政府采购制度改革中要将程序公正原则放在首要地位，以保证政策采购程序在形式上、内容上和过程上的公正，以此来有效杜绝腐败的产生。

以上多利益主体对政府采购制度的要求是不同的，但从总体上来说可以将其分成两种类型。首先是对市场机制的要求，表现为期望通过市场机制实现程序公正、得到良好的产品和服务等。这就要求在政府采购制度中考虑市场机制所需要的竞争机制、法律机制等。并且,这种需求涉及多个利益主体的利益,其相关机制的建立对几乎每个利益主体均是有帮助的。其次是对政府治理能力的需求,表现在期望通过政府宏观调控解决市场机制可能产生的失效问题。这就需要在政府采购制度中发挥政府采购的公共属性及调控能力等。这种需求尽管可能与多个利益主体的现实利益有冲突,但在宏观上,从其长期效果来看,对每个利益主体也是有帮助的。因此,从考虑政府采购相关利益主体的需求来说,在政府采购制度的改革过程中考虑经济体制改革和行政体制改革的协同问题是非常重要的。

四、经济全球化的机遇和 GPA 谈判的压力

我们必须要认识到,经济全球化已经成为我国深化各项政策改革的一个重要环境和考虑因素。人才、资本、资源、技术等生产要素在全球范围内流动,忽视经济全球化及全球治理体系和规则的变革就会落伍于世界和时代的发展。政府采购同时涉及经济体制和行政体制,因此其制度建设受"全球化"的影响较为突出,并且由于加入 GPA 的原因,我国面临的改革压力更大。

从生产力运动和发展的角度分析,经济全球化是一个历史进程:一方面在世界范围内各国、各地区的经济相互交织、相互影响、相互融合成统一整体,形成"全球统一市场";另一方面在世界范围内建立规范经济行为的全球规则,并以此为基础建立经济运行的全球机制。在这个进程中,市场经济一统天下,生产要素在全球范围内自由流动和优化配置。因此,经济全球化指的是各种生产要素或资源突破传统国家界限和社会制度差异在全球范围内自由流动以实现最优配置,在各国、各地区相互融合成统一整体的历史过程,该过程表现出不同的特征。

第一,经济全球化是生产的全球化,企业在全球范围内寻找廉价的资源,资源配置不再受国界的限制。比如生产企业不会只使用本国的生产资源,它会因为他国的工资水平低就使用他国的劳动力,因为他国的资本廉价就使用他国的资本。

第二,经济全球化是消费的全球化,消费者不仅在本国市场上购买消费品,也能在国际市场上购买消费品。中国制造的产品销往五大洲,我们也可在国内购买到来自世界各国和地区的消费品。

中国无疑是经济全球化浪潮的获益者。顺应经济全球化趋势,中国经济得以飞速发展,资本、资源得以充分利用,生产效率得以大幅提高,培养了一批像华为、京东方这样拥有核心技术的企业,积累了大量的外汇储备和人才等。虽然,当今世界出现逆全球化的现象,但经济全球化仍然是世界经济发展的主流,尽管我国人口红利逐渐减弱,但改革的进一步深化能够创造出新的红利。这也是政策

采购制度改革的一项基本要求，中国期望能够像加入WTO一样通过融入经济全球化实现中国经济的高质量发展。同时，随着我国一些企业实力的增强，在"走出去"战略的指导下，如华为、京东方等企业也在广泛拓展国际化战略，并已经成为世界级企业。因此，经济全球化对我国经济发展，对我国政府采购制度改革是一个重要的机遇。

我们也要清醒地看到，经济全球化是规则的一体化进程。从逻辑上来讲，企业在同一个国际市场上竞争必须共同遵守公平的竞争规则，由于各国企业在同一个国际大市场上竞争，通过竞争与合作，会形成大家都能接受的一致的竞争规则，并且会逐渐趋同在一致的规则下竞争。

全球化带来的全球市场开放和一体化使国内某个市场成为全球化市场的一部分，在国内市场中发生的任何买卖行为都是全球开放市场的一部分。政府的采购行为面对的也是全球化的市场及其规则，采购对象有可能是全球化市场中任何一个有竞争力的企业生产的产品。GPA正是根据全球贸易市场化的宗旨并针对各国政府采购市场的开放程度达成的一个协议。这项协议通过与缔约方的协商来达到开放各国政府采购市场的目的，从而使各国政府采购的对象不局限于国内，而是在国际市场的范围内进行采购。

可以说，加入GPA开放市场的国家既享受了经济全球化收益，也给这些国家并不成熟的国内产业带来了冲击。就政府采购来说，经济全球化使那些通过政府采购加以扶持的产业受到了冲击。那些羽翼尚不丰满的国内企业被直接推向全球化市场之中，面对那些具有强大竞争力的跨国企业，他们面临的往往是被收购或者破产的命运。所以，在经济全球化的背景之下，政府采购制度不仅意味着朝向效率和透明的绩效管理改革，也意味着如何在政府采购市场国际化的平台上扮演一个维护本国产业利益的保护者角色。我国仍然是世界上最大的发展中国家，尽管有一些企业具备了国际竞争能力，而且一大批企业的规模总量进入世界500强，但是像华为、京东方这样拥有技术核心能力和管理能力的企业还凤毛麟角，一些由于政策保护而进入世界500强的大型国企的真实竞争能力还较弱。因此，GPA对中国来说是一种机遇，但更多的是一种挑战和压力，关系到中国的国家利益。

中国目前已经深深融入经济全球化的潮流中，并且加入GPA谈判面临严峻的形势。为进一步利用好经济全球化的积极作用，同时维护好我国的自主发展权，在政府采购制度改革中要妥善处理本国发展需求与适应国际制度之间的关系。

政府采购活动同时涉及经济和政治因素，是经济体制问题和行政体制问题的一个交叉点，也是我国进一步实施经济体制改革和行政体制改革的关键问题之一。为建立一个更好的政府采购制度，必须"更加尊重市场规律，更好发挥政府作用"，切实考虑和协调政府采购活动中利益相关方的需求，充分利用经济全球化的趋势并谨慎应对加入 GPA 的压力，通过政府采购制度改革，实现对经济体制改革和行政体制改革的协同推动。

第三节　研究目的和意义

本书的研究目的主要有以下三点：（1）探索政府采购制度推动经济体制改革和行政体制改革协调发展的内在机制；（2）描述我国经济体制改革和行政体制改革过程中我国政府采购政策和制度的发展路径；（3）探索具有我国特色、符合我国实际的政府采购制度改革发展方向。

本书的研究有一定的现实意义。首先，我国经济体制改革和行政体制改革已经进入"深水区"，政府采购制度的发展也面临着重要转折，理清我国政府采购制度的发展过程，探索我国政府采购制度对经济体制和行政体制改革的协同推动路径，对于建设符合我国实际情况、具有中国特色的政府采购制度有着重要的意义。其次，政府采购制度是经济体制改革和行政体制改革的一个交叉点，而我国的改革提出了"更加尊重市场规律，更好发挥政府作用"的具体要求，本书从这两方面改革的协调发展提出我国政府采购制度的改革发展方向，希望能够探索出一条符合改革方向的新路并有助于我国深化相关领域的改革。再次，随着中国加入 WTO 以来国家实力的增强和国际地位的提高，随着经济全球化出现的新趋势和新发展方向，我国需要探索出一条与国际接轨并具有中国特色的新模式，而政府采购制度的改革能够为这一问题的深入探讨提供一个新的思路和视角。最后，我国正在开展加入 GPA 的谈判，谈判过程的艰辛程度不亚于中国加入 WTO 的谈判，本书试图通过对我国政府采购制度改革的研究来梳理 GPA 这一国际制度的内在机制，从而探索 GPA 与发展中国家需求之间产生冲突的内在原因，希望以此为我国加入 GPA 谈判提供相应支持。

本书的研究提供了一个新的视角，体现在政府采购理论、体制改革理论和经济全球化理论三个层面：（1）在政府采购理论方面，西方发达国家的研究者均是从完善的市场经济体制角度来研究政府采购的机制问题，没有考虑其自身发展过程中政府采购制度的演化历程，也忽视了发展中国家发展现状对政府采购制度的切身需求。本书试图突破仅从完善的市场经济体制研究政府采购制度的约束，切实考虑我国发展中国家的现实情况及不同的政府治理路径，探索符合中国国情的政府采购制度理论框架。(2) 在体制改革理论方面,笔者试图建立行政体制改革与经济体制改革互动的协调机制,提出通过政府采购制度改革促进两方面体制改革协调发展的理论模型,以进一步丰富体制改革理论。(3) 在经济全球化理论层面,笔者试图通过对经济全球化、贸易市场化与政府治理能力和宏观调控能力之间的矛盾关系的探讨,分析我国政府采购制度改革对国际经贸制度和规则的协调促进作用。

第二章

市场经济体制下的政府采购制度发展与挑战

现代政府采购制度发源于西方国家,这些国家完善的市场经济体制对政府采购制度的形成和发展提供了良好的土壤与环境。发达国家建立起来的符合市场经济体制的政府采购体制,一度成为发展中国家的学习榜样。在经济全球化浪潮席卷世界的背景下,西方国家也试图用他们的政府采购制度标准叩开其他国家巨大的政府采购市场,以贸易自由化为突出特点的 GPA 是经济全球化浪潮的重要表现。但是,包括中国在内的众多发展中国家日渐认识到,完全自由化的市场体制并不能解决发展中国家普遍面临的地区发展不平衡,企业竞争能力羸弱,社会、环境矛盾突出等问题。因此,本章将围绕政府采购制度是如何在市场经济体制下形成和发展的,西方国家市场经济体制下政府采购制度的形成,市场经济体制与政府采购体制的关系等问题展开研究,并对西方国家完全自由主义的政府采购制度进行批评,指出其矛盾之处及面临的新挑战。

第一节 政府采购及政府采购制度

一、政府采购的市场特性及市场化原则

政府采购(government procurement)是指行政主体为了公共产品的供给,从市场购入货物、工程和服务的行为。GPA 将政府采购定义为成员国的中央政府和地方政府以任何契约形式采购产品、工程和服务,包括购买、租赁、分期付款购买、有无期权购买等行为。我国《政府采购法》规定,政府采购是指各级国家机关、事业单位和团体组织,使用财政性资金采购依法制定集中采购目录以内的或

者采购限额以上货物、工程和服务的行为。

从以上定义可以看出，由于政府采购中的采购主体与一般性的商业采购（也称私人采购）不同，政府采购不具有营利性。因此，如何合理使用和节约资金，如何通过规模购买和高度竞争来实现采购的目的，成为政府采购的核心内容。

（一）政府采购的市场特性

由于政府采购独特的资金来源、特殊的采购主体（各级政府组织）等，使政府采购不同于私人或商业采购，即表现出很强的市场特性。

政府采购的市场特性是由政府采购资金的来源决定的，而这种公共性的资金来源决定了要充分利用"市场"使资金得到高效利用，同时需要制度支持以保证市场机制在政府采购中充分发挥资源优化配置的作用。

政府采购的资金来源于财政拨款和需要由政府偿还的公共借款，这些资金最终来源于纳税人的税款和政府公共收费。前面提到，政府采购是财政支出的一个组成部分，需要通过安排财政预算方可采购，非经财政预算程序不得擅自进行采购，因此，不经过财政预算安排的采购也不能称其为政府采购。

政府采购在一般的情况下都要按照市场规则进行商业化运作，保证政府公共资金的高效利用是政府采购最基本的和首要的目标。其中，高效性包括采购的经济性和有效性。政府采购的经济性是指对采购资金的节约和合理使用，主要是通过购买规模实现采购物品物美价廉，使采购具有规模效益。有效性是指政府采购部门必须在采购合同规定的合理时间内完成所需采购，能够审慎合理地调动和使用资金并使采购"物有所值"。政府采购的经济性与有效性是紧密联系在一起的。它要求政府采购部门在最合理的时间内，以最有利的价格采购到质量最符合标准的货物、工程和服务。这是政府采购最基本的和首要的目标。

在实践中，政府采购的经济性和有效性大多都是通过公开竞争招标采购实现的。正因为如此，非营利目的的采购活动很容易滋生滥用资金和贪污腐败等不良行为。因此，各国都建立政府采购制度对政府采购行为进行严格的规范和管理，以保证采购过程的公开、透明及效率性。

政府采购的市场特性需要制度保证，需要规范的采购程序支持。政府采购程序是由《政府采购法》规定的，并且与民商法中的任意性规则要求的买卖方式不同，《政府采购法》规定的采购程序主要是非任意性规则。从这个意义上讲，采购主体在采购过程中不能体现个人的意志和偏好，必须严格按照政府采购法律规定的程序进行。政府采购是非营利性行为。在不以盈利指标为衡量标准的条件下进行采购，容易导致财政资金的滥用。所以，国家需要通过采购立法，依法管理，以提高资金的使用效率，避免浪费。因此，法制化管理是政府采购最重要的特征之一。

政府采购与商业采购不同，不具有商业秘密性，因此按照《政府采购法》的有关规定，政府采购的所有内容和程序都必须是公开透明的，不能有任何"暗箱操作"，以便对采购进行有效的监督。对政府采购的监督是多方面的，不仅有财政监督、行政监督、审计监督、法律监督，还有社会舆论监督及大众监督，即所有的监督方式方法都适用。监督的内容既包括对政府采购计划和程序的监督，也包括对采购行为的监督，任何采购违法行为都应依法得到惩处。

在我们着重分析政府采购的市场特性的同时，我们也应当看到政府采购的政策特性。这是由于其独特的非商业特性及其采购主体决定的。其中，政府采购资金来源的公共性决定了政府采购活动的非商业性，即政府采购不以营利为目的，不是为卖而买，购买的最终目的是使用，通过采购为政府和公共实体向社会提供公共物品和服务。

政府采购的主体——依靠国家财政资金运转的政府机构、社会团体和企事业单位等公共实体，通过政府采购实现政策功能，因此，政府采购的政策性很强，是国家宏观经济政策的一个重要组成部分，除了最大限度地节约财政资金外，还需要实现购买本国产品、保护民族工业、扶植中小企业、开发落后地区、鼓励科技创新等政策及配合其他经济政策实现国家宏观经济战略等目标。由于政府是市场上最大的买主之一，在很多情况下其行为可以影响甚至左右市场，因此，政府可以充分利用灵活的采购政策，有倾向性地调整方向来鼓励或抑制国内相关产业的发展，从而实现调整产业结构的目的。所以，政府采购的过程也就是执行政府经济政策的过程。

(二) 政府采购的市场化原则

由于政府采购的公共资金来源及采购主体特征，政府采购中需要遵循市场原则。市场原则可以分为核心原则和辅助原则。核心原则是市场体制中的竞争原则，辅助原则是要保证竞争的公平性，同时限制所有参与政府采购的各类主体的行为。

1. 政府采购的核心市场原则

政府采购的核心市场原则是竞争原则，也就是说在采购制度的建设中首先要保证采购资金的使用效率。该原则能够使政府采购部门在最合理的时间内，以最有利的价格采购到质量最符合要求的货物、工程和服务。

政府采购与其他采购的重要区别在于它不具有商业性，它的一个重要假设是竞争价格是一种合理价格,其采购利益要通过供应商或承包商间最大程度的竞争来实现。通过竞争,政府采购可形成买方市场,促使供应商提供优质、高效、廉价的商品和服务,形成对买方有利的竞争局面。政府采购必须以竞争性采购为主,通过广大供应商之间开展的积极竞争,使采购主体能够以最有利的价格获取合乎质量要求的货物、工程和服务,从而节约采购资金,使国家财政资金得到合理的使用。

实现政府采购竞争的主要方式是招投标,设计合理的招投标过程和机制充分体现了平等、信誉、公正合法的现代竞争规则,是有组织的、公开的、规范化的竞争。竞争原则的实现主要是通过公开招标和邀请招标。公告的有效性对竞争程度有直接影响,因此各国对政府采购公告信息发布形式都有规定,其核心是公告能确保投标商有足够的时间去捕捉采购信息,进而考虑决定是否参与竞争。通过这种充分的竞争,可以实现诸多期望的效果:价格降低、品质提高、交货期缩短等。总之,政府采购的竞争性原则可以实现国家财政支出的最大效用。

2. 政府采购的辅助市场原则

要想使竞争原则成为政府采购遵循的核心原则,必须为竞争创造一个良好的竞争环境,建立一个运行良好的竞争机制。例如,在采用招投标方式确保竞争性时,政府也必须鼓励所有潜在的卖方都能有平等的机会和条件去参加投标(包括工程和服务)。但是,政府采购达到高效性是需要制度约束的,只有按照严格的采购程序,建立健全完善的监督机制,才能有效调动政府采购各参与方的积极性来实现这一目标。因此,政府采购的辅助市场原则主要有透明性原则和公正原则。

政府采购的透明性原则是指政府采购的法律、政策和采购程序的透明。与商业采购不同,透明度高是政府采购的一个显著特点,因此有人称之为"阳光下的交易"。遵循透明度原则,首先是向社会公开采购资金的来源,这要求财政预算方案向全社会公开。政府采购的资金主要来源于税收和公共收费,政府只是公共资金的管理者,需要对纳税人负责。采购的全部内容都要向社会公开,以便接受监督。其次,政府采购的法律、法规、实施细则和各类政策性文件都必须及时公开,便于任何部门、企业、团体或个人及时了解和掌握。政府采购政策性文件的公开化程度要求更高,不仅要提高透明度,还要向社会广泛公开,法律文件也要及时向社会发布,便于公众及时了解和把握。再次是政府采购的程序必须是透明的。政府采购对其程序公开的程度要求也非常高,要求采购程序必须全程透明,以便于社会监督,所以政府采购的程序也必须依法公开。最后是投标过程必须是透明的,包括政府采购的标的必须公开、评标标准必须公开、开标必须公开并要接受投标人的质疑和投诉。由于政府采购使用的是公共资金,因此政府采购管理机构具有管理责任。接受投标人的质疑和投诉,便于投标商能够自行评估其投标成本与风险,提出最有利的竞争价格。同时,还要防止采购管理机构和其上级主管部门做出随意和不正当的决定,损害纳税人的利益。因此,公开化是政府采购管理的一个重要特征。

为保证透明性,需要制定相应的政府采购法律法规。依法规范采购行为,可以最大限度地排除"领导指示"、熟人走后门等人为性干预,防止"暗箱操作",限制采购管理部门做出任意性决定,对采购官员的行为进行有效监督。采购官员是政府采购活动的管理者,手中有很大的权力,这种权力的行使只有受到法律监督,才能保证采购操作规范化,提高资金的利用率,避免公共资金的浪费和防止腐败。因此有人将政府采购官员戏称为"玻璃缸里的金鱼"。透明度高使政府采购具有可预测性,投标商可以估算出参加采购活动的代价和风险,提出最有利的竞争价格。

政府采购需要建立一种公正的制度,使采购主体与承包商、供应商之间建立一种公平的交易关系。如果采购主体或采购官员未按法定程序或违反了采购法律,致使承包商或供应商受到损失,要依法赔偿承包商和供应商受到损失的部分,这还需要建立相应的裁判机构。同时,如果承包商和供应商有弄虚作假行为,也将受到制裁。政府采购的裁判机构各国有所不同,有些国家是建立专门的裁判机构,有些国家则通过仲裁或法院来解决。如果承包商或供应商弄虚作假,将直接损害国家和公众利益,不仅裁判机构将依法对其造成的损害做出处罚,情节严重的还将交由司法机关处理。同时政府采购主管部门也有权取消其参与政府采购的资格。

在促使政府采购市场竞争不断深入的同时,政府还要发挥其政策职能,这就要求政府采购要体现出公平性原则。公平性原则主要有两个方面的内容:一是机会均等,指政府采购原则上应保证所有的承包商或供应商参加政府采购的机会均等,凡符合条件者都有资格参加,这是他们依法具有的权利。政府采购的主体不能无端排斥有资格参加政府采购的承包商或供应商参加政府采购,无权剥夺其依法取得的这种权利。二是待遇平等,指政府采购应对所有参加者一视同仁,给予其同等的待遇。对投标者的资格审查标准及投标评价标准等都不能采取差别待遇,造成人为的歧视。如果标准有高低之分或有不同标准,应予以说明。当然,在公平性原则中还应体现政府采购的政策功能,如对中小企业、少数民族企业给予一定的照顾,扶持其发展;给予国内企业优先参加政府采购的权利,以保护国内市场。此外,由于政府采购的贸易保护性,政府采购对本国采购和国外采购、对本国产品的采购和进口产品的采购还不能实行统一要求,各国都是如此。特别是在《政府采购协议》尚未列入世界贸易组织"一揽子"协议、政府采购的规则也不统一的情况下,这些做法都是允许的,各国都在普遍使用。

二、市场经济环境下的政府采购制度发展

政府采购制度是为使政府的购买行为规范化而建立的一系列制度和规则的总称,包括政府采购政策和法律法规、采购程序和采购的监督管理机制等制度和规则。政府采购制度是政府采购事业健康发展并充分发挥作用的基础和保障。如果从其产生算起,政府采购的发展历史已有220余年。但真正意义上的政府采购制度的发展和完善是在20世纪30年代之后随着政府采购规模不断扩大、世界经济全球化的背景下产生的,距今也不过80多年的时间。

(一) 自由市场经济对政府采购制度的推进

政府采购起源于自由市场经济,完善于现代市场经济。政府采购制度最早形成于18世纪末至19世纪初的英国。1782年,英国政府首先设立文具公用局,负责采购政府部门所需办公用品,后发展为物资供应部,专门负责政府各部门所需物资的采购。英国的重要贡献在于首次对政府采购进行立法,进而对政府采购实行法制化管理,规范了政府采购行为,为以后的政府采购制度的发展奠定了基础。

现代市场经济体制下政府采购制度的典范无疑是美国。美国的政府采购最早可以追溯到独立战争时期,当时采购的目的主要是为军事部门采购战争所需物资。早在1761年,美国就通过了一项联邦法案即《联邦采购法》。该法规定,超过一定金额的联邦政府采购都必须使用公开招标的方式进行。该法案还对招标的程序进行了详细的规定。1949年,美国国会通过了《联邦财产与行政服务法》,为联邦服务总署(GSTT)提供了统一的采购政策和方法,确立了联邦政府总务局(GSA)为联邦政府绝大多数公共部门组织集中采购的机构,为现代政府采购制度的建立奠定了基础。

随着经济全球化和一体化的发展,普遍采用市场经济体制的西方发达国家期望通过自由贸易释放本国产能,试图通过国际化建立政府采购制度的标准,以自由贸易为核心理念打开各国的政府采购市场,这一战略行为也促使相关国家逐步建立起了政府采购制度。例如,关贸总协定(GATT)和世界贸易组织(WTO)

及亚太经合组织（APEC）等国际或区域性组织的一项重要议题就是促进各国政府采购市场的开放。

强调以市场竞争原则、推动贸易自由化的典型代表是《政府采购协议》。GATT 从 20 世纪 70 年代起就开始着手政府采购方面的谈判，1978 年在"东京回合"（第七轮谈判）达成了第一个《政府采购协议》。该协议于 1979 年签订，1981 年开始使用。《政府采购协议》的实施极大地推动了各国政府采购的立法，为开放各国的政府采购市场奠定了坚实的基础。针对该协议的非强制、高门槛等局限性，"乌拉圭回合"（第八轮谈判）对《政府采购协议》的内容进行了大幅度的调整，并在此基础上达成了新的《政府采购协议》，该协议被置于世界贸易组织多边体制的管理之下，于 1996 年正式生效。协议中规定，采购实体不仅包括中央政府，也包括地方政府和公共事业单位，并规定了各级政府和公共事业单位采购相应的门槛价。但是，由于世界贸易组织成员经济发展水平参差不齐，特别是一些发展中国家的反对，该协议仅为世界贸易组织的诸边协议之一，仅对签字成员有约束力，并不是世界贸易组织的"一揽子"协议内容，对世界贸易组织的成员不具有普遍的约束力。而《政府采购协议》的成员方希望有更多的世界贸易组织成员参加，以美国为代表的发达国家采取了一些措施，迫使希望加入 WTO 的国家或地区签署该项协议。

（二）我国市场经济改革对政府采购制度的推动

我国政府采购制度的不断完善和发展是与我国社会主义市场经济体制改革同步的。在计划经济时期，我国政府采购行为是通过计划进行管理的。改革开放初期，计划手段淡化，同时期市场经济体制还不完善，政府采购制度也几乎空白，致使政府盲目采购、重复采购等问题突出。但随着我国市场经济改革的不断深入，政府采购制度的建设也在不断的推进和发展。

1. 政府采购制度建设的破冰阶段

1992 年 10 月，党的十四大明确指出，我国经济体制改革的目标是建立社会主义市场经济体制。这一经济体制就是要在社会主义国家宏观调控下发挥市场对资源配置的基础性作用，在经济活动中遵循价值规律的要求，适应供求关系的变化；运用价格杠杆和竞争机制的功能，使资源配置到效益较好的环节中去。1993 年 11 月，党的十四届三中全会又做出了《关于建立社会主义市场经济体制的若干问题的决定》，全面系统阐明了社会主义经济体制的基本框架和大力推进市场化改革的具体部署。

在建立社会主义市场经济改革目标的指引下，我国政府采购制度的建设也开始破冰，从国务院、相关部委到地方均推进了政府采购制度改革。

1996年，国务院领导指示有关部门研究政府采购制度。1995年11月，APEC在日本大阪召开领导人会议，在这次会议上，通过了《大阪行动议程》。在这个议程中，政府采购列入了APEC贸易和投资自由领域。在当时APEC的18个成员中，除中国外，其他成员都建立了政府采购制度。为此，为了尽快缩小与APEC发达成员的差距，国务院领导指示有关部门要将建立我国政府采购制度提到议事日程。

财政部门率先在政府采购领域取得重大研究成果。财政部在1995年开始研究财政支出改革问题，其中，政府采购制度成为一项重大课题。1996年10月，财政部完成了第一阶段的研究任务。研究结果表明，政府采购是加强财政支出的一种有效手段，它的运作涉及预算资金安排、预算执行、支出管理政策等财政方面的事务，因此，财政部责无旁贷地承担起建立我国政府采购制度的改革任务。到1997年，财政部正式向国务院法制办提出制定《政府采购法》的请示，与此同时，初步完成了《政府采购法》的草拟稿。

在地方上，上海市财政局启动了政府采购试点活动。1996年3月，上海市财政局按照国际政府采购规则，对上海市胸科医院采购双探头装置实行政府采购，比原计划节省外汇5万美元，节汇率为10.4%。由于实行政府采购的节支效果显著，河北省、深圳市等地区陆续开展了政府采购试点活动。卫生部在中央单位率先开展了政府采购试点。

2. 政府采购制度建设的深入

1997年9月，党的十五大提出了我国今后社会经济发展的整体构想，指明了经济体制改革特别是国有经济改革的总体方案。在中共十五大之后，财政、税收、金融、外汇、计划和投融资体制改革继续向前推进。我们国家形成了以分税制为核心的新的财政税收体制框架，确立了以增值税为主体的流转税体系；加强了中央银行对货币供应的调控能力和对金融机构的监管职能，使政策性金融与商业性金融开始分离；明确了以市场供求为基础，单一的、有管理的浮动汇率制度，实现了人民币在经常项目下可兑换；国家计划管理从总体上的指令性计划向总体上的指导性计划转变，推行项目法人制、资本金制度和招投标制度，加强投资风险约束。市场流通领域的改革向纵深发展。商品市场进一步发展，要素市场逐步形成；取消了生产资料价格双轨制，进一步放开了竞争性商品和服务的价格；在健全市场规则、整顿市场秩序方面取得了新的进展。

在社会主义市场经济体制改革的关键时期，政府采购制度的建设也在不断深入。

（1）在政府采购的机构建设方面。1998年，国务院实行机构改革，在批复财政部的"三定"方案中，赋予了"拟定和执行政府采购政策"的职能。财政部在预算司设立了专门机构，负责执行政府采购管理职能。一些省、直辖市、自治区和计划单列市也开始在财政部门建立政府采购管理机构，有的还同时建立了集中采购机构，负责集中采购事务，如政府采购中心。

（2）在制度建设方面。1999年4月，财政部颁布了《政府采购管理暂行办法》，这是我国第一部有关政府采购的全国性部门规章，从而填补了我国政府采购长期以来无法可依、无章可循的局面。在此之前，深圳市人大还颁布了深圳特区的《政府采购条例》，成为我国第一部政府采购的地方性法规。截至2000年6月，全国绝大部分地区都颁布了地区性的政府采购管理办法。

同时，政府采购范围不断扩大，规模迅速增长。政府采购的范围由简单的标准商品扩大到部分复杂品目。政府采购制度引起了全国人大和中纪委的高度重视。1999年4月，全国人大将《政府采购法》列入了"九届全国人大常委会立法规划"，计划在2002年颁布。在1999年中纪委召开的第四次全会上，把推行政府采购制度列入了反腐倡廉的一项治本措施。

3. 政府采购制度建设的不断完善

2002年，中共十六大报告指出，21世纪头20年改革的主要任务是完善社会主义市场经济体制。即在2020年建成完善的社会主义市场经济体制和更具活力、更加开放的经济体系。中共十六届三中全会通过的《关于完善社会主义市场经济体制若干问题的决定》，对形成完善的社会主义市场经济体制提出了全面的要求。

这一阶段将行政管理体制改革作为重点工作加以推进，强调要打造行为规范、运转协调、公正透明、廉洁高效的政府，着力推进政府职能的转变。在该政策指引下，财政部对内部机构进行改革，政府采购的管理职能由财政部预算司调整到新组建的国库司，国库司内设立了政府采购处，负责全国政府采购的管理事务。各省、市、自治区财政厅局内部也建立了相应的政府采购管理机构。新机构组建以来，在继续扩大政府采购范围和规模的同时，主要任务是抓规范化建设，从制度上、管理上和操作上规范采购行为，提高采购活动的效率和透明度。从2002年起，中央各单位正式编制政府采购预算。2002年6月29日，第九届全国人民代表大会常务委员会第二十八次会议通过了《政府采购法》，该法自2003年1月1日起正式实行。这表明我国政府采购已经走上了规范化和法制化的轨道。

第二节　新古典经济学对政府采购市场化特性的解释

政府采购受到西方学术界的重视始于 20 世纪 70 年代，当时西方资本主义国家陷入滞涨泥潭，需要通过国内制度变革和国际战略转变两条路径摆脱危机。经济危机使西方国家普遍遇到财政危机，迫切需要通过降低财政支出改善财政状况。因此，政府采购强调物有所值原则，通过强化以公开招标为核心的竞争机制提高财政资金的使用效率。与之相对应，深受古典经济学理论影响并深蕴本国政府采购制度的西方学者，将市场化和全球化等新自由主义的核心思想注入政府采购制度设计中，通过多条路径将政府采购塑造成一个核心目标明确、具有高度专业性的制度体系。在这一体系中，"物有所值"成为政府采购的首要目标，而"促进产业发展""改善社会公平"等均作为次要目标居于从属地位。对财政资金使用效率最大化的追逐决定了充分的市场竞争是实现政府采购首要目标的最佳途径。

一、政策理论

政策理论是从国内政策实施的角度，探究政府利用政府采购推行公共政策的意愿与能力。在理论层面上，政府采购由于存在典型的委托代理关系和信息不对称问题，成为信息经济学和激励理论的研究热点。在实证研究层面，研究者通过计量分析和个案研究来分析政府利用公共采购推行各种经济、社会政策的实际效果。指出政府由于在知识、信息、能力等环节的不足，有时难以确保政府采购支持经济、社会等政策目标实现时达到手段与目标之间的一致性。伊文奈特和霍克曼（Evenett and Hoekman，2004）的研究认为，由于能力不足、腐败和合谋问题的存在，政府采购的政策目标和实际政策效果之间存在严重的鸿沟。泰勒（Taylor，1996）利用交易成本理论解释了为什么政府采购中会出现补偿贸易这一非标准条款，指出尽管补偿贸易能够在一定程度上降低交易成本，但只有在存在严重市场风险或合作收益很高的情况下才适宜使用补偿贸易，否则补偿贸易极易堕化、损害整体福利。贝茨（Bates，1995）和威廉姆斯（Williams，1996）对美国利用政府采购支持少数民族企业的政策进行了实证研究，发现在美国的少数民族开办的企业中，有 10% 以上的企业是美国政府采购的供应商，这一比例高于其他类型的小企业参与政府采购的比重，这些少数民族企业供应商集中于建设、批发、商业服务及其他技能密集型的服务业。通过对 1987~1991 年美国 4412 个少数民族企业的跟踪调查以及与其他小企业之间的对比研究，发现少数民族企业对政府采购的依赖程度越高，存活时间越短。给予少数民族企业优惠的采购政策并没有增强这类企业的竞争能力。对此的解释是，政府采购要求中标供应商向少数民族企业提供分包机会，催生了大量的项目公司，这类公司只为某一政府采购项目突击成立，项目完成后公司便解散，并无长远规划。此外，少数民族企业等小企业普遍存在能力不足的问题，能力不足的企业获得大订单合同反而会加速企业的衰落。研究建议，少数民族企业等小企业应该多元化客户来源，单一严重依赖政府采购不利于企业成长。达根和毛顿（Duggan and Maorton, 2006）关注药品领域的政府采购对市场资源配置的扭曲作用。他们对美国联邦和州政府施行的公共医疗补助制度中政府采购的处方药进行统计，发现随着药品市场价格的提高，该药品在政府采购中占据的份额也随之升高。此外，参与该制度越多的企业越倾向于推出新的药品品种，原因在于该制度根据平均价格决定招标价格以及给予新药更高的中标价格的定价机制给了药品供应商不当激励，从而造成市场扭曲。

二、治理理论

公共管理与公共政策领域的治理强调"善治"，在经济领域包括避免公共开支浪费，改善基础医疗、教育和社会保障，降低管制以推动私人部门发展，提高政府的透明度与责任感等。治理理论强调政府合法性和行政效率自身的政治和经济价值，实现了新公共管理与自由和民主的联姻。治理理论面对政府采购内生的种种问题，试图从机制上寻找问题出现的原因。伊文奈特（2003）认为，缺乏充分足够竞争的政府采购市场充斥着官员寻租和利益集团活动，缺乏公平公开原则的采购程序和糟糕的政府治理行为将阻碍国内外供应商参与政府采购的积极性，从而导致政府采购合同大量落入少数的"内部人"公司。其结果是政府采购的价格升高、质量降低、交货迟延等现象极为普遍，最终导致纳税人的利益受到损害。戈登（Gordon, 1998）等研究了欧盟政府采购指令在 1987~1994 年对欧盟内部市场的影响，报告指出采购机会的公开透明、采购程序的公平公正以及相关规则的清晰准确、执行有效，显著提高了政府采购市场的竞争程度。洪贾（Hunja, 2003）通过对阿根廷、印度、印度尼西亚和智利等发展中国家政府采购改革的研究指出，由于既得利益集团的阻挠、缺乏上层政治意愿、缺乏技术知识和能力以及相关法律、制度问题的复杂性，发展中国家实行单边的政府采购改革困难重重。

该理论还研究了政府采购条款中出现与国际贸易有关的歧视性政策的政治原因。霍克曼（1995）等认为，尽管单边贸易自由化是有利于国家的选择，但这一做法违反了民众的一般常识，说服民众接受这一决定的政府成本较为高昂，因此政府往往选择通过国际贸易谈判做出互惠安排，而不愿实行单方的贸易自由化。此外，贸易自由化的国内受益者规模庞大，利益分散，而歧视性采购政策的受益者规模相对较小，利益集中，因此后者能够摆脱集体行动的困境，在国内政治竞争中推动自己利益的实现。拉芬特和蒂罗尔（Laffont and Tirole，1991）证明了采购规则的制定者对歧视性采购政策的偏爱是因为与本国供应商进行选票交易的成本要低于外国供应商。德尔塔斯和伊文奈特（Deltas and Evenett，1997）则认为，歧视性采购政策为相关的国内企业提供了大量租金，并进一步激励这些企业维持现有政策，这就是美国的《购买美国产品法》尽管没有实现其预定的贸易效应却一直存在且不断强化的原因。基姆（Kim，2006）则反过来研究了GPA的成员方开放政府采购市场意愿的相关因素，其研究结果表明，政府竞争程度、选举制度设计和国内市场结构决定了政府开放采购市场的意愿。由于民主政府受到严格的预算约束，竞选人愿意扩大政府采购的竞争程度、提高政府采购的经济效益从而获得更高的选民支持率；在市场结构方面，参与产业内贸易越多的企业越倾向于阻碍政府采购贸易自由化进程，这些企业形成利益集团通过游说来争取符合自身利益的公共政策。

无论是从结果上强调政府干预市场竞争会引起资源有效配置失效的政策理论，还是制度上强调政府干预市场仅仅是关注某些利益集团利益的治理理论，西方市场经济发达国家的一些学者逐渐形成了以新自由主义为特征的理论体系。该体系以新古典经济学为基础假设，将"物有所值"作为政府采购的首要目标，把政府采购的公共政策功能作为次要目标居于从属地位。而要实现财政资金使用效率最大化，最佳途径是充分的市场竞争。这一逻辑思维也体现在西方国家所推行的GPA中，表现为以贸易自由化为理论依据期望其他发展中国家开放本国的政府采购市场。

第三节　新古典经济学政府采购理论的思考

新古典经济学以"理性人"假设为其理论基础，着重于经济的微观基础和事物的规律性，忽视了历史和社会的复杂性及宏观性。并且，凯恩斯经济学理论诞生后，政府采购演进为国家干预经济的有效政策和手段。随着政府采购制度的不断健全和完善,其在国家干预经济的过程中发挥着越来越重要的作用。政府采购政策也成为各国政府调控经济和社会发展的基本手段,是政府发展经济、消除贸易歧视、保护环境的有力武器。凯恩斯经济理论在经济实践活动中的成功不仅为我们重新思考新古典经济学指导下的政府采购制度发展提供了一个新的视角,同时也提供了反思其有效性的一个成功范例。

一、政策理论的局限性

西方学者应用政策理论研究政府采购制度问题具有明显的目的性,即通过大量的实证研究,从微观层面论证政府失灵的普遍性和不可避免性,从而批驳以纠正市场失灵为由利用政府采购推行各种政策功能的做法。这种案例研究的一个基本假设或研究者的潜在意识是由古典经济学中寻租理论、委托代理理论等对政府干预市场本身的合理性存在严重的偏见,因此将政策失效的案例在无形中进行了放大,而选择性"忽视"了一些证明政策有效性的案例。有趣的是,在经济学家研究政府采购政策的范围之外,其他一些研究创新、环境保护等微观管理及宏观社会问题的学者对政府采购的调控职能却推崇备至。

(一) 政府采购对技术创新的支持与推动

传统对政府采购促进经济发展的功能认识主要集中于政府采购对宏观经济的乘数效应和对幼稚工业的保护作用。技术进步与竞争力理论的结合产生的国家创新能力和国家竞争力理论,逐渐开始注重政府采购对科技创新的支持进而推动国家创新能力的构建。埃德基(Edquist,1999)等从创新体系方面证明了政府采购对技术创新的拉动作用;考德威尔(Caldwell,2005)等从促进市场竞争的角度指出政府采购作为鼓励创新的政策工具有助于提高供应商的创新意愿;欧德尔(Elder,2005)等系统研究了政府采购与技术创新之间的关系,不仅提出公共技术采购促进技术创新的功能,而且指出创新采购的核心问题是采购风险和不确定性,以及采购人员及其组织面临的挑战;阿什霍夫(Aschhoff,2008)等对德国1100家创新型公司进行了长期的跟踪研究,发现经济落后地区的小型企业及从事技术型服务的小型企业通过公共创新采购能够得到明显的收益;丁(Ding,2006)等对巴西、法国、英国、美国及印度在政府采购创新技术方面的经验进行了研究,指出严谨的制度设计、有效的激励机制及严格的执行措施能够保证政府采购支持技术创新等公共政策环境的建立,否则政府采购会陷入保护落后产业及寻租腐败的泥潭。National IST Research Directions Forum Working Group on Public

Procurement（2006）总结了美国和东亚国家利用政府采购促进技术创新的经验，指出政府采购能够分担企业技术创新的成本，有助于技术研究成果的市场化。罗尔斯塔姆（Rolfstam，2007）研究了英国 Bracknell 能源中心通过政府采购促进技术创新的案例，提出了一个技术创新的政府采购规划和组织架构；新西兰经济发展部（2005）的报告也支持政府采购促进技术进步的政策；菲利浦（Philipsa，2007）等研究了医疗保健部门将数字信号处理技术引入听力辅助项目的经验，提出公共健康福利部门作为技术采购者对私人部门的技术创新和技术升级的重要作用。

（二）政府采购对环境保护的支持和推动

20 世纪 80 年代以来，随着环境问题的日渐突出，世界各国政府越来越注重可持续发展问题，强调经济和社会发展的前提是保护环境，保证资源的永续利用，并从 5 个方面提出了应重点关注的内容：环境保护、能源开发、清洁水源、发展援助和绿色贸易。可持续发展理论对政府采购产生了深远影响，环保和节能成为政府采购的重要目标，可持续性政府采购成为全球共识，各国政府纷纷要求供应商遵循相应国家的环境法律、法规和标准。在这一方面，美国、加拿大、英国、挪威、日本、欧盟等纷纷开展了政府绿色采购，欧盟在 2004 年还专门发布了绿色采购指南手册，详细介绍了欧盟进行绿色采购的制度、组织和机制。我国的一些学者也探讨如何完善绿色采购制度。

（三）政府采购对社会公平的重要意义

以竞争和机会均等为基础的市场经济无法消灭财富不均等问题，放任自流的市场自由竞争必然导致垄断和社会差别，因而需要政府对社会经济生活进行必要的干预，维护社会公平。这就要转变发展的理念，要改变单纯发展经济的狭隘思想，将发展的最终落脚点定位于社会公平和可持续发展。政府采购在提供机会均等和实质公平方面具有不可替代的作用。实际上，在 19 世纪，美国和欧洲的政府采购合同条款就包含了有关劳工标准和促进就业的规定；20 世纪开始在政府采购条款中强调给予残疾人公平的就业机会；美国民权运动时期，政府采购又被赋予了消除种族歧视和性别歧视的内容；一些国家，例如马来西亚、南非、加拿大、欧盟等国家和组织在政府采购中明确了扶持中小企业发展的内容。近年来，随着人们对政府采购纯商业模式无法为吸引弱势群体就业的中小企业提供参与竞争的机会、无法弥合地区发展差异等问题有了清晰的认识和理论依据，政府采购日渐开始注重社会公平正义，促使企业的外部成本内部化。麦克格鲁登（McGrudden，2007）从人权法的角度关注政府采购与社会公平之间的理论和实践联系，应用"购买社会正义"来描述政府采购促进社会发展的功能。并且，研究者从合法性角度对政府采购这一功能进行了深入研究。例如，马达斯（Mardas，2005）研究了欧盟成员扩大后新成员"购买国货"政策的合法性，海恩斯（Haynes，1997）研究了马萨诸塞州以保护人权为由歧视缅甸供应商的合法性问题，皮茨沙斯（Pitschas，2000）等研究了德国对宗教团体的歧视性采购措施的合法性问题。

我们可以看到，在标榜自由市场并通过 GPA 给诸多发展中国家施加压力的美国，其政府采购相关法案条款中发挥各种政策功能的做法包括产业政策、社会政策、环境政策等举措屡见不鲜。例如，美国《购买美国产品法》明确规定限制购买进口产品、对国内产品实行价格优惠等条款来保护国内就业及国内企业利润；其《小企业法》要求分包合同必须保证技术转移并要求预留份额，旨在促进新兴产业发展，促进中小企业发展并促进技术创新；美国有关的"劳动力过剩地区合同预留政策"中的预留份额也旨在保护落后地区的发展，其"合同顺从计划"旨在保护弱势群体的利益。

二、治理理论的局限性

治理理论通过政策形成机理的研究来否定调控政策的经济合理性，从而反对在政府采购中出现歧视性政策。但是这一理论受到了多方面的批评：首先，这一理论的研究框架中对"国家"这一主题的定位不清晰，仅将国家定义为利益集团竞争的舞台，忽视了国家独立于社会进行决策的自主性，因此在解释相关现象时有些力不从心；其次，该理论是古典政治经济学的核心理论，是为新自由主义的市场化、自由化和全球化服务的，其研究本身就存在诸多矛盾之处，对政策调控的否认恰恰说明现实中完全经济理性的政策是不存在的，政府采购政策难免受到本国利益集团的影响，即使在发达国家也不能做到本国福利最大化。

三、对中国政府采购制度建设和发展带来的挑战

新古典经济学理论将政府采购视为一个自给自足的、技术导向的鼓励体系，与政府其他公共职能和政策机制相分离。这一理论以提高政府采购的效率为核心，强调强制性竞争制度，以制度设计为首要价值，而将政府的政策调控视为干扰因素，政策机制退居为次要位置。

这一理论适用于西方国家的市场经济体制，忽视了市场机制不断成熟发展的过程。其理论形成也清晰说明，政府采购在主要发达国家的发展历程中作为重要的经济政策和社会政策工具发挥过重要的作用，即使是在采购效率成为政府采购制度首要目标之后，发达国家也从未完全放弃政府采购的政策功能，西方发达国家产生的理论有其深刻的背景，而与之相关的政策决策的根本出发点也显然是本国的国家利益。

效率优先的政府采购制度设计是建立在西方发达国家特定发展阶段的制度需求基础上的，这一设计在理论上过于强调微观政府失效，忽视了国家整体的自主性和能动性。凯恩斯经济学理论及相关的实证研究也表明，政府采购作为一项政策工具在特定条件下是能够达到既定的政策目的。

我国是世界上最大的发展中国家，地区经济发展不平衡，产业结构不合理，现在还处于关键的供给侧结构性改革阶段，技术创新需求强劲，工业化带来的环境污染问题严重。这些现实问题要求我们绝不能完全照搬国外已有理论，特别是在对国家未来发展有着重要影响的顶层制度建设上更要谨慎，需要我们更为深入地认识相关制度的本质，并结合我国政府采购制度建设的具体情况开展理论和实证研究，提出我国政府采购制度改革发展的政策建议。

第三章

政府采购制度市场化改革的交易费用理论分析

政府采购是政府宏观调控与市场机制的结合点，政府采购制度的构建需要综合考虑政府采购这一政府行为的经济效果和影响。在理论层面上，市场机制理论、贸易自由理论、交易成本理论、公共支出理论等对政府采购的微观和宏观经济影响均进行了深入的分析，得出了很多不尽相同但非常有趣的结论。政府采购制度的市场化改革主要是以开放政府采购市场为主要特征，而开放政府采购市场有诸多方面的益处，如有利于培育整个国家的市场经济观念、规范政府行为、培育规范的市场行为及运作机制等。但最为重要的是，市场机制能够有效地降低政府采购过程中产生的各类成本，使采购过程中的交易费用更低。当然，在该过程中可能出现一些负面问题，例如市场失灵等。因此，本章将从交易费用角度详细介绍和分析有关政府采购的相关经济学理论，从交易费用理论的角度对政府采购市场化改革进行分析，指出政府采购偏向于市场机制的益处及问题，以期为政府采购制度改革发展提供理论依据。

第一节　政府采购的交易费用分析

作为一种节约交易费用的制度安排，政府采购制度是人们为了更好地解决公共支出的效益、节省政府成本的一种制度安排。可以说，政府采购中所发生的全部费用，都属于交易费用范畴。之所以将其作为一个专门的问题来讨论，就是因为我们要通过论证，发现在政府采购活动中哪些交易费用是可以节省的，哪些是不能够随意缩减的，哪些费用甚至还要增加等问题。这里需要强调的是，比政府采购占 GDP 总额的百分比更重要的指标，是政府采购额占财政支出总额的百分比。

一、政府采购交易费用

交换关系是经济活动中广泛存在的关系,交易行为也是经济活动中广泛存在的行为。作为一种节约交易费用的制度来安排,政府和政府采购本身的全部活动发生的费用实际上都是交易费用。

交易费用(transaction cost)是指经济活动中因交易行为而产生的成本或费用。[①] 交易费用理论中所涉及的交易,既包括人们通常所说的市场交易,也包括现实中存在的企业内部交易、政府(公共)部门内部交易和公共部门与非公共部门之间的交易等类型。这几种类型的交易虽有明显的共同之处,如为完成这些交易的行为、达到这些交易的目的,必须为之付出资金、时间、精力等形式的代价。但它们各自毕竟有其自身的特点,与之相应的交易费用也有其不同的特点。

政府采购条件下的交易费用,是指在公共财政产权条件下围绕与政府采购部门运行有关的各种交易行为而形成的费用。在日常经济运行中,与政府采购部门相关的交易费用也必然是一种广泛存在的现象。从预算的形成过程,到确定采购需求的过程;从财政收入过程,到财政支出过程;从对政府采购部门运行的监督,到对公共部门产权的约束;从政府采购的过程,到公共品提供的过程,各种各样的交易费用分布于政府采购活动运行的各个方面,构成了一种非常突出的经济现象。为便于显示交易费用在政府采购部门运行中的广泛存在性,我们试以某地方政府对"医疗器械"这一准公共品的提供过程为例加以说明,如表3-1所示。

表3-1　政府采购医疗器械产品过程中的主要活动和涉及的交易费用种类

政府采购"医疗器械"产品过程中的主要活动	参与活动的政府部门、机构	相关费用的种类
采购单位提出采购计划	由医院进行	筹划决策费用
对采购计划进行审核	财政部门进行	审查决策费用
确定采购需求	由医院进行	筹划决策费用
采购活动的实现分析和预测	政府采购代理机构	搜寻信息、筹划决策费用
择优确定采购方式	由医院进行	筹划决策费用
发布政府采购信息(招标信息)	政府采购代理机构	组织费用和决策费用
审查供应商的资格	政府采购代理机构	搜寻信息、筹划决策费用

---

① 本书交易费用定义见斯蒂格利茨:《经济学》(上册),中国人民大学出版社1997年版,第65、448页。

续表

政府采购"医疗器械"产品过程中的主要活动	参与活动的政府部门、机构	相关费用的种类
聘请专家审标	政府采购代理机构	筹划决策费用
供应商竞标	供应商、政府采购代理机构	筹划决策费用
供求双方签订采购合同	医院、供应商	筹划决策费用、协商谈判费用
履行政府采购合同	供应商	监督实施费用
采购产品的检查和验收	医院	监督实施费用
财政部门和供应商的资金结算	财政部门、供应商	实施费用、监督费用
采购代理机构及监管部门的绩效评估	主管部门、媒体、公众	评估费用

表3-1中所列活动是某地方政府在采购医疗器械产品过程中的主要活动，从中可以看出，交易费用在政府采购活动中无所不在。如果把我们国家中央和地方政府购买货物、工程和服务等活动全部加起来，由此发生的交易费用的规模十分巨大。如果再加上因政府采购部门的运行而发生在部门外部的相关交易费用，则其规模将更为可观。由于政府采购部门的活动牵涉千家万户的切身利益，运行中必然会因为种种原因而产生大量外部相关费用，实际上这本身就是政府采购部门作为公共部门产权条件下交易费用的一个突出特点。政府采购部门之外的各种社会成员为配合政府采购部门而花费的交易费用，数量也相当庞大。从本质上讲，这些费用都是因政府采购部门的运行而产生的，甚至往往是为了政府采购部门的更好运作而产生，因此都属于全社会为政府采购部门的运行所支付的交易费用。政府采购部门内部的交易费用，再加上发生在政府采购部门外部的相关交易费用，共同构成了一个规模非常庞大的费用量。规模巨大的交易费用，足以构成决定政府采购部门运行效率高低的非常重要的因素，客观上势必要求我们对其加以高度重视。为降低政府采购部门的运行成本，提高资源运用效率，必须对政府采购部门产权条件下的交易费用问题进行深入、有效的研究。

二、政府采购交易费用分类

对政府采购部门运行中发生的林林总总的交易费用，无论从理论还是从实际上说，都有必要对其加以分类，以便深入认识其特点，抓住其中的重点、难点问题进行有效的针对性研究，进而达到合理控制交易费用的目的。

（一）政府采购中交易费用的一般划分

首先，按照交易费用产生的范围可以有"广义"和"狭义"之分。狭义的政府采购交易费用是指在政府采购过程中由政府采购部门直接支付的交易费用，广义的政府采购交易费用指的是狭义费用加上因政府的运行而在政府采购部门外部产生的各种交易费用。本书分析的重点集中在"狭义的交易费用"层面。狭义交易费用可分为两类：一类是基于政府采购部门属于公共部门的产权特点而发生的费用，如花费在约束、监督等方面的费用和部门间公务往来所形成的费用；另一类是与公共部门产权这一特定条件关系较弱的交易费用，这类费用与非公共部门的交易费用基本相同。

其次，按通行的理论标准划分。我们上面的"狭义交易费用"可以借鉴通行的理论进行划分。威廉姆森将交易费用分为事前、事后两个部分[①]。事前交易费用包括起草、谈判和维护相关协议的成本。事后交易费用则包括：（1）当交易偏离了所要求的准则而引起的不适应成本；（2）交易双方为努力纠正事后偏离而导致的争执协商的成本；（3）如果交易纠纷需要管理机构（不一定是法庭）的介入来解决，伴随这种机构的运作而产生的成本；（4）为使承诺保证生效的约束成本。在威廉姆森的划分中，事前费用的种类与上列一般划分相似，不必多加说明；而事后交易费用的几个具体种类，在公共部门运行中也可找到不少相同的例子。如某公民对某政府机构施政失当的投诉，因消费者对教育、医疗、公交等准公共品质量不满而引起的争议等，都是典型的例子。

对交易费用种类的通行理论划分，主要是从企业的角度按一般市场交换过程来进行。按交易从产生到结束的过程，通常把相关的交易费用划分为搜寻信息费用、筹划决策费用、协商谈判费用和监督实施费用等几类，迈克尔对交易费用的划分就基本按此进行[②]。政府采购中涉及的交易费用明显涵盖了这几个具体种类。

再次，按交易费用界定的难易程度划分。在理论分析中，交易费用与其他费用（如组织费用、直接生产成本等）之间如何界定，是个非常有争议的问题。如果说对一般经济运行中的交易费用的界定都存在争议的话，[③] 那么，对公共部门运行中交易费用的界定难度就更大。在一般经济活动中，交易过程与后续的生产或消费过程是较容易区分的，而公共部门的产品往往缺少消费的中介性，[④] 大量

[①] O. E. Williamson. The Economic Institutions of Capitalism: Firms, Markets, Reltional Contracting [J]. *Macmillan*, 1985.
[②] 迈克尔：《交易成本经济学》，经济科学出版社1999年版，第44页。
[③] 迈克尔：《交易成本经济学》，经济科学出版社1999年版，第32页。
[④] 布朗等：《公共部门经济学》，中国人民大学出版社2000年版。

服务性产品的生产提供往往是与对该产品的消费同时发生。因而,按照界定的难易程度,狭义交易费用也可分为两类:一类是较易界定的交易费用,如政府机构购买办公用品时发生的交易费用,这类交易费用相对较易把握;另一类是较难界定的交易费用。例如,医院在确定盖新的外科大楼时所花费的费用,既可视为决策费用而归于交易费用,也可看成为安排医疗产品的生产而支付的组织费用,还可看成与医疗产品提供直接相关的生产费用,对这类交易费用的把握,难度就大得多。

最后,按交易费用与市场的关系划分为两类:一类是市场机制较易对其发挥作用的,如政府机构为购置办公用品而花费的交易费用;另一类是市场机制难以对其发挥作用的,如在国防、治安等公共品提供过程中发生的各类交易费用。

(二) 对两方交易费用和多方交易费用划分的尝试

我们按照交易费用产生的利益主体的多寡,把政府采购活动中发生的交易费用分为两方交易费用和多方交易费用。首先我们要阐述一个理论前提,即两方利益问题。所谓的两方利益指的是在两权统一条件下,在交易行为发生的过程中,只有买者和卖者两个交易主体,这样利益就在买、卖两个交易方之间进行转移。两权统一是指所有权和控制权(或者经营权)的统一。经营权的行使要反映所有权的要求、代表所有者利益,所有权有天然要求掌握控制权的倾向。两权的统一可以通过其对应于同一个利益主体来实现,比如在民营经济中,掌握企业控制权的就是投资建立该企业的所有者。然而统一并非等同于合一,并不必然要求所有权和控制权集中于一个利益主体。国家作为民事主体,有别于自然人、法人、合伙组织,其显著特点是主体资格不能以具体的市场主体身份直接行使经营者的经营权,国家不能作为经营者,而是通过代理关系委托特定的代理人经营。然而,由于这个代理人并非天然股东,他并不能像真正的家族或个人所有者那样从切身经济利益上去关心所有者的利益。所谓两方交易费用,就是在两方利益这一前提下发生的所有的交易费用。多方交易费用指的是在至少其中一方存在代理人的情况下,即出现了非两方利益的前提下,利益在多个利益主体之间转移而产生的交易费用。

设两方交易费用为 $P_1 = (h + sc + sx + zz + xs + jd + \cdots)$,这里 h 代表筹划决策费用,sc 代表审查费用,sx 代表搜寻信息费用,zz 代表组织费用,xs 代表协商谈判费用,jd 代表监督费用。多方交易费用为:

$$P_2 = (ch + sc + sx + zz + xs + jd + \cdots + hk + ty + \cdots)$$
$$= P_1 + (hk + ty + \cdots) > P_1$$

其中，hk 代表回扣费用，ty 代表拖延等费用。在多方利益的情况下，多方交易费用中的 hk 和 ty 等费用大于零。

以上分析可见，多方交易费用大于两方交易费用。在政府采购过程中应该尽力降低多方交易费用，使之趋于两方交易费用。这样才能够实现既节省交易成本，又提高效率的目的。

三、政府采购交易费用的特点

政府采购交易费用的重要特征有如下几个方面。

首先，政府采购部门的交易费用必定为正，且必须维持一定的支出幅度。按照科斯定理来分析，充分清晰的产权可使交易费用向零趋近。但是，在公共部门产权条件下，由于产权的清晰度较低，交易费用不可能为零，必然是正值。作为政府采购部门本身，由于其特殊的产权属性和交易特点，实际上如果按照粗略的算法，政府采购部门本身发生的所有费用，都属于交易费用。为了保障各个部门的有效运行，为了防止个人对公权的不当使用，还必须在约束、监督等方面投放更多的费用。同时，与公共部门产权被高度分享这一特点相应，公共部门的运作与每一个公民的利益直接相关。在每一个公民的偏好都可能存在差异的情况下，众口难调，公共品的统一提供往往会使一些人的福利受损，从而造成事后交易费用的上升。

其次，政府采购部门的交易费用与"制度效率"成反比。制度效率是指由制度安排所决定的效率水平。在公共部门运行中，制度安排越合理，激励、约束机制越有效，就越能提高效率、降低交易费用。反之，如果制度安排不合理，则滥用公权、贪污舞弊、非效率、供应方引致的需求等一系列公共部门中较易出现的弊端就难免抬头，这势必造成公共资源的损失，也会引致交易费用的增加，直接造成事后交易费用的大幅上升。当然，即使制度安排得当，在执行过程中，在运用激励、约束机制的过程中，也需要花费一定的交易费用，用合理投放的交易费用来防止制度漏洞所带来的各种损失无疑是一种合理的选择。

再次，政府采购制度下交易费用支付方式的强制性。在市场交易条件下，人们支付交易费用是自愿的。当然，这种自愿心态往往会随条件变化而变化。按威廉姆森等的有关分析，交易者为维护自身利益，当参与交易的人数很少时，当事人会倾向于掩盖自己的真实偏好，以求获得一个有利于自己的交换结果，这会增加交换的难度，从而提高交易费用。而当参与交易的人数很多时，个别人扭曲信息已不可能为自己带来好处，在充分竞争下人们会按真实偏好进行交易，交易费用就可以降低。这种分析放在一般市场交易条件下，有其一定现实依据。但是在公共部门条件下，由于提供产品往往具有非排他性，尽管参与消费的人数很多，但仍易产生"搭便车"行为。所以，包括交易费用在内的用于维系公共部门运行的各种费用都是靠税收方式征收的。也就是说，人们支付交易费用实际上是带有强制性的。

最后，政府采购部门交易费用的量化非常困难。公共部门基本上是在市场失灵的情况下运行的，再加上公共部门运行过程中还要面对自身产权特点带来的问题，需要通过交易费用的投放才能解决好这些问题。在此情况下，政府采购部门运行中出现的交易费用，哪些支出项目是必要的，对于必要的支出项目，其开支到何种程度为宜，很难通过现有市场机制中的衡量体系进行衡量。在政府采购过程中，这些交易费用尽管会得到人们的认可，但这种交易费用的降低只是相对于"无穷大"这个参照系而言的，很难衡量到底降低到什么程度才为合理。对政府采购部门交易费用的控制管理远比非公共部门复杂。

第二节 政府采购交易费用的计量

一、交易费用和转换费用

交易费用、产权和契约理论是新制度经济学分析的基础，在这三大理论中，只有交易费用可进行量化分析。但是，这种量化分析研究实际上进展并不大。同时，这种交易费用的测度也被指斥为降低了交易费用的解释能力。一直到1987年，华莱斯（J. J. Wallis）和诺思（D. C. North）[1] 对美国1870~1970年这100年间的交易费用变化状况的研究问世，才标志着经济学界对交易费用的量化研究产生了实质性的进展。华莱斯和诺思将人们的经济功能分为交易功能（transaction function）和转换功能（transformation function），交易费用和转换费用则被看成是实施这两项功能的投入，从而对交易费用进行了测度并得出了交易费用所占比重在100年间不断提高，并于1970年达到53%的水平的结论。虽然对交易费用进行量化研究是一个有争议的话题，有的经济学家甚至认为交易费用的用处与它的

---

[1] Wallis, J. J. and North, D. C.. Measuring the Transaction Sector in the American Economy: 1870~1970, in: Engerman and Gallman (eds) [J]. *Long Term Factors in American Economic Growth*, Chicago: University of Chicago Press, 1986.

精确性定义是成比例递减的（Lance E. Davis, 1987）。我们也知道包含着人们精力、时间、思想感情等的交易费用实际是很难量化的，但笔者认为对交易费用进行核算具有理论和实际意义。本章在华莱斯与诺思交易费用测算框架的基础上，进一步探讨了政府采购的交易费用结构，建立了一个部门交易费用测算框架。

华莱斯和诺思认为，交易费用就是处理人与人利益关系的费用，是执行交易行为而投入的劳动、土地、资本和企业家才能的耗费；所谓转换费用就是人与自然的物质变换相联系的费用，是执行生产转换行为而投入的劳动、土地和资本的耗费。交易行为由购买投入品、中间投入、协调生产过程、获取信息、进行市场营销、产权保护等行为构成，转换行为由对自然物质的开发研究、变换和位移、消费性服务的生产等行为构成[①]。

假设一个经济体的生产函数为：

$$Q = f(L_f, K_j, D_j, IG_j, L_a, K_a, D_a, LG_a, E, T, I)$$

其中，Q 为产出量，L 为劳动，K 为资本，D 为土地，IG 为中间品，E 为企业家才能，T 为技术，I 代表制度，f 和 a 分别代表转换和交易功能。所谓中间品（IG）就是指企业所购买的用于转换和交易的最终产品，如机器设备、办公用具和交易服务。在现代的迂回生产体系中，经济发展首先表现为这种中间产品的扩展。从这个框架看，交易费用就是 L_a，K_a，D_a，IG_a，E 之和，转换费用就是 L_f，K_f，D_f，IG_f 之和。这里将技术（或制度）分为两种：一是交易增进的技术或制度（transaction augmenting technique or institution）；二是转换增进的技术或制度（transformation augmenting technique or institution）。交易增进的技术 T_a（或制度 I_a）变革就是提高交易投入生产率的技术（或制度）变革，转换增进的技术 T_f（或制度 I_f）变革就是能提高转换投入效率的技术（或制度）变革。这里的假设前提是技术和制度是一个经济生产体系中的空间平台，不直接构成生产中的成本投入，而且这一模型有两个假设性含义：

（1）$dQ/dT_f > 0$，$d^2Q/(dT_f)^2 < 0$；

$dQ/dT_a > 0$，$d^2Q/(dT_a)^2 < 0$；

$d^2Q/dT_f dT_a > 0$。

（2）$d(dQ/dIG_{ai})/dT_j > 0$。其中 IG_{ai} 代表 I 产业的中间交易中间品投入，dT_i 代表 j 产业的技术变革。

第一个含义是不管是转换增进技术或交易增进技术的进步都能增进产出，但是产出的增量会随着单独某项技术（转换技术或交易技术）不断增进而递减；只

---

① D. C. North and J. J. Wallis. Institutional Change and Technical Change in Economic History: A Transaction Cost Approach [J]. *Journal of Institutional and Theoretical Economics*, Vol. 150/4, 1994, pp. 609 – 624.

有交易技术与转换技术相互增进，产出才以递增速度增长。第二个含义是强调中间品的重要性。产业 j 的转换技术变革（或交易技术变革）所带来的产出品将以交易中间品的形式促进产业 i 的交易效率（或转换效率）的提高，从而提高产业 i 的产出效率。例如贝尔发明了电话，使电话成了现实，这对通信产业来说是一种转换增进的技术变革（这里并不否认通信为交易服务部门），因为它使得原材料转换成电话机成为可能。但对于其他使用电话机的产业来说，这是一种典型的交易增进的技术变革，它大大降低了信息费用、监督成本。再如计算机、互联网的发展都是与此相似的例子（Dale W. Jorgenson, 2002）。

制度变革也具有同样的情况，如证券市场的出现本是一种组织变革，但却对其他组织产生了连带变革，其他公司的筹资行为便可以通过这种中介服务解决，组织内筹资机构可以相应缩小，这样就节约了交易费用。

二、政府采购交易费用测度的基本框架

要解决政府采购中交易费用的可测性，在诺思和华莱斯的分析框架下，还需明确以下一些问题。

（1）将政府采购交易费用的度量落实到具体经济体层面上，使交易费用核算具有组织基础。诺思认为，科斯的交易费用理论将企业和市场对立起来，使市场交易费用难以测定。但实际上，交易费用在经济体内、外部同时存在，经济体追求的是交易费用与转换费用的总费用最低，市场和企业内部化交易的选择无非是由总费用最低决定的[①]。因此，交易费用的核算可以转化为对经济体内、外部交易费用的测度，交易费用的核算就有了组织基础。

（2）根据不同费用在商品和服务的价值形成过程中的作用，将其分为转换费用和交易费用，由此对政府采购中的交易费用进行划分。实际上，政府采购部门由于其公共部门性质和提供对象的公共品性质，可以把政府采购中发生的全部费用都认定为交易费用。所以，我们只能暂且把政府采购中的货款支出和其他支出定义为转换交易费用和交易费用。货款支出，即为买进货物、工程和服务而直接支付给供应商的款项。假定这一部分开支主要取决于采购过程中的纯技术因素，可以认定为转换交易费用（若该部分开支明显高于市场正常价格且与舞弊有关，则与交易费用有关）。其他开支即交易费用，包括搜寻信息费用、筹划决策费用、

---

① D. C. North and J. J. Wallis. Integrating Institutional Change and Technical Change in Economic History: A Transaction Cost Approach [J]. *Journal of Institutional and Theoretical Economics*, Vol. 150/4, 1994, pp. 609 – 654.

协商谈判费用和监督实施费用等。但交易费用与转换费用的划分是比较微妙的,有时甚至是不明显的。从整个国民经济系统内部来看,也具有相类似的情况,解决这一问题的关键在于应从不同费用在商品和服务的价值形成过程中的作用角度,将各部分支出在定性的基础上做出划分。

(3) 明确交易中介部门的间接交易费用与政府采购部门内部发生的直接交易费用二者具有替代关系。一个经济体的交易费用不仅包括经济体中发生的直接交易费用,还包括交易中介机构发生的运行费用,交易费用是内、外部交易费用的总和。一个经济体既可以直接进行交易活动,投入直接交易费用,也可以购买中介机构的交易服务,投入间接交易费用。当然,交易服务中介发生的交易费用只是政府采购外化的交易费用中的一部分,此外还有政府运行费用(若将政府视作制度运行中介的话)和信息搜寻费用等。

(4) 存在不可观察交易费用,交易费用的低估不可避免,所以准确地测度非常困难。在政府采购中,可观察的交易费用是指供应企业、政府采购交易中介组织发生的交易费用和政府提供公共服务时所产生的费用,不可观察的交易费用是指个人、供应商和政府采购部门为政府采购行为的顺利发生的搜索费用,由于这部分产生的费用很难进入任何经济核算体系,因而也无法进入交易费用统计范围,这与国民生产总值的统计很相似。在经济发展中,随着交易中介部门的扩展,不可观察的费用会不断转化为可观察费用。一个经济体的分配体系越发达,交易中介机构越多,不可观察费用就会越来越多地被转化为可观察费用,纳入可测度范围。按照这一思路,一个政府采购过程的交易费用核算框架由图3-1表示,能纳入核算范围的部分是除不可观察费用以外的其他所有费用。

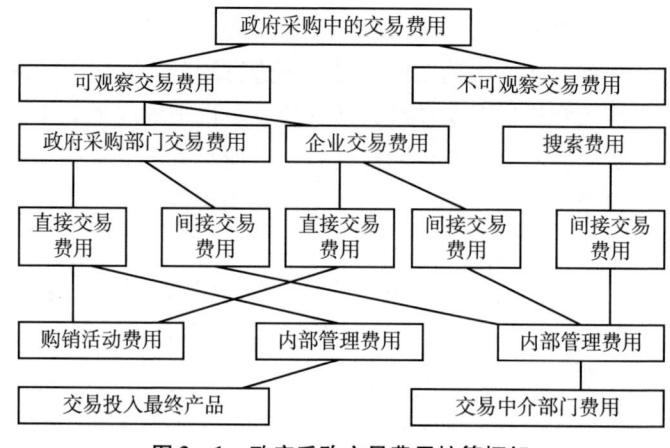

图3-1 政府采购交易费用核算框架

三、政府采购制度中交易费用的合理规模

我们把政府采购中出现的交易费用分为两类：第一类是与政府采购的公共部门属性关联度不大，可以尽量向"零交易费用"水平降低的费用。这类费用可以利用市场机制加以控制，如政府采购过程中发生的信息费用、洽商费用、签约费用、履约费用等大部分交易费用。这类费用的降低，既不会造成运行中的制度缺陷，操作中又有较现成的市场机制可以利用，把握起来相对较为容易。降低这类交易费用的途径，基本和企业降低交易费用的途径相同。第二类是按政府采购的公共产权属性要求，不可以过分降低、必须要保持一定支出水平的费用，如上面所说的决策费用、监督费用等。对这部分费用的掌握，是比较困难的问题。如通过公共部门提供国防、治安等公共品，固然能降低交易费用，但这种降低只是相对于"无穷大"这个参照系而言的，到底应该降到什么程度，需要保持什么水平才合理，总体把握起来难度就大得多。

政府采购制度中交易费用的合理模式。应该先找出制约第二类交易费用高低的关键因素，再根据这一关键因素与相关成本的关系，确定交易费用合理的支出水平。在此基础上，通过合理的制度安排把交易费用降低到可以增加总效率的程度。按此思路，试通过图3-2作比较展开的说明。

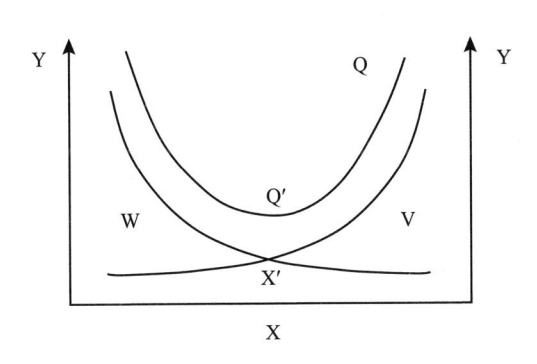

图3-2 政府采购的成本收益

图3-2中各线的基本含义是，横轴X代表制约成本高低的关键性因素的变动，纵轴Y表示成本的变化，右边纵轴与左边纵轴的意义相同。坐标内曲线W

和V分别代表两种相关成本的变化状况。W、V线上方曲线Q代表W、V这两种成本相加的综合结果。将此图形作为基本分析工具,根据不同情况调整其中一些线条的具体含义,我们就可以分别对几种较难把握的交易费用的规模或者程度进行分析判断。

首先判断合理的决策费用。此时,横轴X代表参与决策的人数。曲线W表示因决策失误所导致的成本,曲线V则表示因决策行为而导致的成本。曲线W的变化趋势是,当决策人数少时,靠少数人"拍脑袋",决策失误所导致的成本高;随着决策人数的增加,决策失误所导致的成本不断下降。曲线V的变化趋势是,当决策人数少时,决策行为导致的成本低,随着决策人数的增加,决策行为导致的成本不断上升。W、V这两种成本相加后的综合结果,体现为曲线Q。曲线Q的最低点Q',就是综合成本最小的地方。横轴上与Q'相对应的X',就是决策人数的最佳点。由于决策人数与决策费用之间存在函数关系,知道了决策人数的最佳点,也就知道了最佳的决策费用支出X'。

其次判断合理的监督费用。横轴X代表监督的力度。曲线W表示因监督不力产生的成本。在监督力度弱时,贪污舞弊、滥用公权的现象较严重,因体制漏洞产生的成本高;随着监督力度的加强,因体制漏洞产生的成本逐渐下降。曲线V表示因实施监督而产生的成本。当监督力度弱时,实施监督产生的成本低,随着监督力度的增强,实施监督产生的成本不断上升。综合这两种成本,我们同样能得到最低点Q',横轴上与Q'相对应的点X',就是监督力度的最佳点。监督力度与监督费用同样有函数关系,根据最佳监督力度,就可决定监督费用的最佳规模X'。

也可以用该图判断合理的实施费用。此时,横轴X代表维持实施效率而推行的约束激励机制的效力。曲线W表示因机制无效而产生的成本。在机制效力弱时,因工作消极、X—非效率等产生的成本高,随着机制效力的增强,因X—非效率等产生的成本趋于下降。曲线V表示为推行约束激励机制而付出的成本。当机制效力弱时,推行机制产生的成本低,随着机制效力的增强,推行机制产生的成本不断上升。根据综合成本最低点Q',利用机制效力与实施费用间的函数关系,就可得出实施费用支出的最佳规模X'。

当然,以上分析只是提供了理论上的标准。在现实经济中如何利用这些标准,仍需进行积极探索。参照这些理论上的最佳点进行制度设计是比较科学的。

第三节　交易费用视角下政府采购制度市场化改革的收益

一、政府采购交易费用的降低

对两方交易费用和多方交易费用的分析，显示出公共部门的交易费用显然高于私人部门。即使公共部门的产权安排已达到了较理想的程度，其交易费用仍会高于私人部门。而且，如果简单追求某些交易费用的降低，还会最终影响公共部门的效率。因此，在政府采购的过程中就出现了这样两个相互矛盾的趋势和特点：一方面，就是政府采购制度的形成会降低交易费用；另一方面，又造成了交易费用的提高。这种"矛盾"现象使我们对政府采购部门交易费用的研究具有现实意义。我们研究的目的是处理好这个矛盾，控制好交易费用的"度"，从而提高财政资金的使用效率。

产权经济学认为，交易费用过于高昂导致市场机制难以发挥作用，进而要求政府的介入，以解决交易费用无穷大的问题。政府要承担资源配置、收入分配、宏观调控等经济职能。政府采购的专业化、制度化、集中化可以解决分散采购成本高和采购人员本位主义思想等问题。因此，政府采购可以提高财政支出的效率。

首先，专业的政府采购部门设置可以降低交易费用。过去我国政府的采购工作是由财政资金的最终用户完成的，采购工作非常分散，采购队伍庞大，采购人员缺乏专业化。实行统一的政府采购制度以后，设立了专业的政府采购机构负责采购管理事宜。专业采购机构的组建，使完成每一次采购活动的单位交易费用下降。由于政府采购部门长期从事该领域的工作，有利于对相关信息的掌握了解，可以节约信息费用，而且专业采购部门的决策往往更快捷有效，可以节约决策费用，并且这种机构设置方式能使民众更容易监督政府的财政支出行为，便于民众和政府的沟通，从而为公众、为全社会节约大量的交易费用。

其次，规范的政府采购制度可以有效降低采购工作的事前和事后交易费用。比如实行招标制度，可以通过指定报刊媒体发布的招标公告使采购人在寻求合适的供应商信息上的花费明显减少；通过竞标，减少了采购人为寻求物有所值而付出的时间成本及其在资金上的花费；通过资格预审，使那些质量好、信誉好的供应商有机会参加投标，减少了投标企业的数量，减少了工作量，因而也减少了这些环节的费用;把采购人与供应商的逐个谈判变为评标委员会成员与投标人的集体谈判,使谈判费用降低;透明度的增加,减少了行贿、受贿的可能性,因此也减少了交易费用。再比如,由于招标文件和合同中对采购对象的要求非常明确具体,供应商和采购人在合同执行阶段产生纠纷的可能大大减少,从而降低了交易费用;由于在合同履行过程中,验收合格后才进行结算,因此,因采购周期延长或供应商延迟交货而造成的资金占用费减少了;由于政府采购代表的是市场较大的消费者,企业会尽量采取优惠政策,因此减少了很多包装、运输的费用,等等。

最后,政府采购中形成的规模经济可以降低交易费用。当今世界,公共部门在各国经济中普遍占有一定比重,具有相当规模。而规模经济的好处之一就是能够降低交易费用。如对办公用品等的采购,由于各政府机构加总后能形成规模可观的需求量,政府职能部门统一进行大批量购买,比之单个企业、单个家庭个别式的零星采买,所花交易费用的单位成本必然较低。通过对某些产品的统一生产或联合提供也可以降低交易费用。有些产品通过改变提供方式可以起到降低交易费用的作用,如国防等,都是明显的例子。

通过政府采购部门的作用降低了交易费用,从而提高政府财政资金的使用效率,实际上是政府采购制度得以存续和发展的重要经济原因之一。在一定条件下,降低交易费用应该是政府采购部门所具有的一项重要经济功能。然而,在当代公共部门经济学中论及政府弥补市场失灵问题时,往往侧重于强调政府的强制性作用,对政府采购部门在降低交易费用方面的作用论述还不够,这是必须从理论认识上加以调整的。

我国政府采购制度的实施过程中节约了大量的财政资金。如果从宏观上将全部费用分为交易费用和转换费用两类,政府采购的节支就是交易费用的节省,节约率就是交易费用的降低率。

二、政府采购引起社会整体福利的增加

政府采购在本质上是一种交易行为,也必然伴生相应的交易费用。科斯定理表明,在交易成本不为零的情况下,制度的安排是至关重要的。他在分析企业存在的原因时指出,随着分工和专业化的发展,进行生产时所需的生产资料和其他半成品都需要通过购买的方式进行市场交易,市场交易的本质就是价格机制。进行市场交易是需要成本的,这就使得很多情况下通过价格机制协调经济活动变得很不划算,因为"市场发生的每一笔交易的谈判和签约的费用都要考虑在内",于是人们就寻求一种替代方式,以降低越来越高的交易成本。显然,不同规则下

的交易费用是不同的。计划经济条件下的政府采购是各单位使用预算资金到市场上进行自发的、分散的采购,同一交易过程被各单位反复进行,同一交易成本被反复支出,造成了大量的浪费。此外,封闭政府采购市场所带来的损失还包括地方保护主义的规模不经济的成本。如果政府采购不规范,就可能变成地方保护的工具,各地只搞封闭,排斥他人竞争,这样只会破坏商业公正,割裂市场,而且由于减少了竞争,从而形成了地区垄断,各企业的生产规模自然不足。

政府采购市场封闭,使在此领域的企业难以融入经济一体化和全球化的大环境,从而造成市场的不完全。而市场不完全的一个主要表现是结构性扭曲现象。这种现象在国际市场上表现得尤为明显。也就是说,封闭政府采购市场最基本的福利损失是消费损失和生产损失,主要体现在两个方面:一是不能以较低的国际价格获得政府采购的商品、服务和工程所承受的损失;二是本国的商品、服务和工程不能参与政府采购国际市场的竞争所承受的损失。具体如图3-3~图3-6所示。

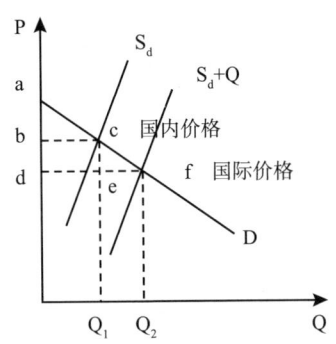

图3-3 不能以较低的国际价格获得政府采购的商品、服务和工程所承受的损失
(政府采购的商品供求弹性较小)

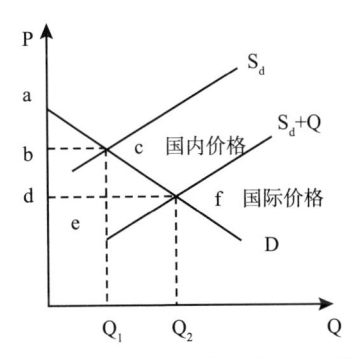

图3-4 不能以较低的国际价格获得政府采购的商品、服务和工程所承受的损失
(政府采购的商品供求弹性较大)

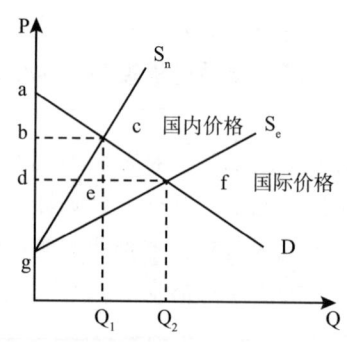

图3-5 本国的商品、服务和工程不能参与政府采购国际市场的竞争所承受的损失
（政府采购的商品供求弹性较小）

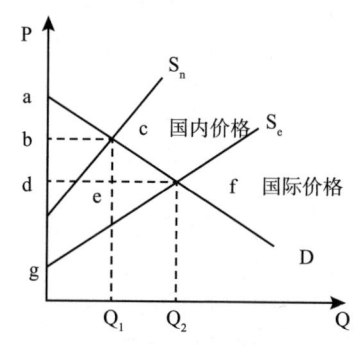

图3-6 本国的商品、服务和工程不能参与政府采购国际市场的竞争所承受的损失
（政府采购的商品供求弹性较大）

图3-3和图3-4反映了第一种情况下的损失。图3-3是政府采购的商品供求弹性较小的情况；图3-4是政府采购的商品供求弹性较大的情况。在图3-3中，S_d为政府采购封闭情况下的国内供给曲线，S_d+Q为政府采购开放情况下的国内加进口的供给曲线，D为政府采购的需求曲线。在政府采购不对外开放的情况下，政府以国内价格购买所需的商品、服务和工程，承担的现实损失是bcde，因减少购买数量Q_2-Q_1而产生的损失是cef，总的损失是bcdf。图3-4的含义和图3-3基本相同，但图3-4反映的是政府采购对象供求弹性比较大的情况下政府在采购中承受的经济利益损失。它说明政府采购对象的供求弹性越大，政府承受的经济利益损失越大。

图3-5和图3-6则反映了第二种情况下的经济利益损失。D为国际市场的需求曲线，S_n为该国不进入政府采购国际市场时，政府采购国际市场的供给曲线，S_e为该国供应商进入政府采购国际市场时，政府采购国际市场的供给曲线。

由于政府采购市场封闭，供应商丧失了进入国际市场的机会，蒙受的损失是三角形 efg。同样，如果国际市场上的需求富有弹性而该国的供给缺乏弹性时，供应商蒙受的损失会更大。如图 3-6 所示，供应商蒙受的损失为四边形，说明损失的扩大。造成上述第二种损失的原因，除了因为不能参加国际分工，从而获得比较利益外，丧失规模经济效应也是一个原因。

开放政府采购市场，可以尽可能地规避这些损失的产生。通过相互之间开放政府采购市场，使各国的供应商在国际政府采购市场中平等竞争，使各国政府能采购到世界上最便宜的商品，从而使各国政府采购资金的使用效率得以提高。开放政府采购市场，企业能够参与政府采购国际市场竞争的同时，也增加了国际市场的规模，分享了国际比较利益，把"蛋糕"越做越大，促进了世界经济的发展。图 3-7~图 3-9 将通过用 X 国政府采购市场中 Y 产品的供给和需求曲线，来说明开放政府采购市场对开放国的好处。

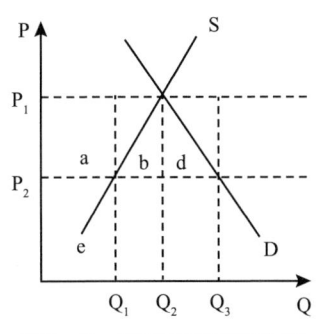

图 3-7 封闭政府采购市场

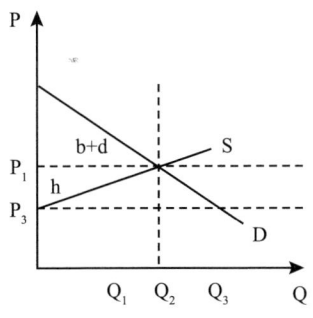

图 3-8 市场开放国际贸易

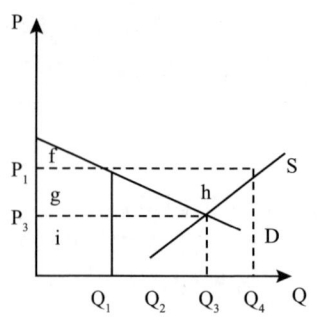

图3-9 国际政府采购市场

图3-7为X国封闭时的市场均衡状态：均衡价格为P_1，政府采购需求量与供应商供给量相等，为Q_2个单位。而国际采购市场的情形为图3-9，市场均衡价格为P_3，国际采购市场的政府采购需求量与供应商供给量相等，为Q_3个单位。当X国政府采购市场开放后，便与国际采购市场接轨，此时均衡价格为P_1，而政府采购市场需求量和供给量的均衡点为Q_2，国内市场供给量为Q_1，国际市场供给量Q_3所对应的价格为P_3，比原来的Q_4所对应的价格P_1低，提高了政府采购资金的使用效率，如图3-8和图3-9所示。由于价格的下降，X国政府采购部门获得国际贸易利益，消费者剩余增加了面积（a+b+d），本国供应商利润则减少a，但从整个X国政府采购市场看，其净获利面积为（b+d），并且发生了面积为a的利益由国内供应商向政府采购部门的转移。而世界其余国家与X国政府采购市场互相开放后的获得净利益为面积h。因此，开放政府采购市场最终使双方都受益。具体数据如表3-2所示。

表3-2　　　　　　　　政府采购市场开放后的收益

项目	政府采购市场开放前	政府采购市场开放后	开放前后获得的利益
采购部门	c	c+a+b+d	a+b+d
供应商	a+e	e	-a
合计	c+a+e	c+a+b+d+e	b+d
其他国际采购部门	f+g	f	-g
其他国家供应商	i	i+g+h	g+h
其他国家合计	f+g+i	i+g+b+f	h
整个国际政府采购市场合计			b+d+h

此外，各国一般都在签订政府采购开放协议时，强调允许给予本国供应商一定的

价格优惠,从而对本国供应商产生具有近似于关税的保护作用,如图3-10所示。

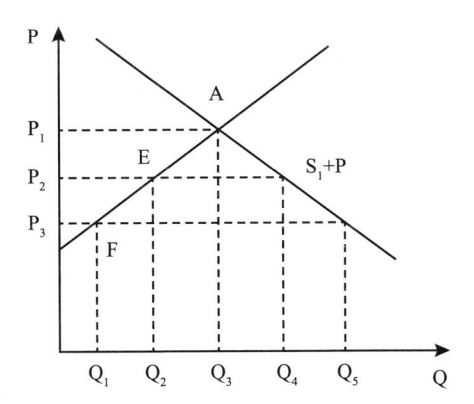

图3-10 开放政府采购市场对本国产业的保护

假设某种产品的政府采购市场没有开放前国内的均衡价格 P_1,均衡数量是 Q_3;开放后,本国供应商没有价格优惠时,该产品的价格由国际市场的价格 P_3 决定,本国需求数量为 Q_5,供给数量为 Q_1。$Q_5—Q_1$ 为外国供应商供给的数量,在政府采购中明确给予本国供应商价格 P 的优惠后,均衡价格变为 P_2,本国的产品供给增加到 Q_2,外国供应商供给的产品降为 $Q_4—Q_2$,从而对本国的产业具有一定的保护作用。

三、政府采购制度市场化改革的贸易收益

全球经济一体化是世界未来经济发展的必然趋势,其必然结果是要求各国尽量减少贸易壁垒,最大限度地开放包括政府采购在内的所有市场。随着政府活动范围的扩大,特别是对经济调节职能的增强,政府对社会商品和劳务的需求量呈扩大趋势,政府采购占社会总采购量的比重在不断上升。由于政府采购在整个经济贸易活动中所占的比例巨大,所以歧视性政府采购必然扭曲整个国际贸易额,使各国不能发挥比较优势。随着未来经济全球化格局的形成和发展,歧视性政府采购行为必然会被打破。政府采购制度已经延伸到国际贸易领域,政府采购市场必将像其他市场一样成为经济全球化的一部分。在竞争日趋加剧的国际贸易市场中,国家要保持或者进一步提高在国际贸易中的地位,就应寻找新的贸易机会,开辟新的进出口渠道。GPA 48 个成员的政府市场规模相当可观,年均采购总额达1.7万亿美元以上。据 WTO 统计,近年来美国、日本、加拿大、欧盟按照 GPA 规定,公共采购的金额占 GDP 的比重达10%~20%。可以说,世界政府采

购市场商机巨大。在经济全球化的大背景下，中国经济发展对国际贸易的依赖程度较高。中国国民经济的外向依存度由20世纪70年代的10%以下上升到近年来的40%左右，国际贸易和国际交往日益增多。由于开放政府采购市场是相互和对等的，只有在一定程度上开放政府采购市场，才能使真正有实力的产业进入国际政府采购这个无比广阔的市场。在当今世界经济全球化的大趋势下，对大国来说，不开放是最大的不安全。因市场封闭而躲过国际市场风波和经济、金融危机的冲击，只是暂时的侥幸，不能证明其抗冲击力和国际竞争力强。若要在国际竞争中立于不败之地，就必须在不断加大开放度的基础上，处理好开放与保护之间的关系，掌握对外贸易的主动权。

第四节 政府采购制度市场化改革的"市场失灵"

一、政府采购市场化改革的"潜在成本"

政府采购降低交易费用的功能是个不争的事实，但是，一些实际部门往往感觉采购成本有时并没有明显下降，一些相关开支反而上升了，这说明政府采购活动中相关开支形成的交易费用在攀升。为何会出现采购成本下降缓慢甚至在某些条件下不降反升的现象？经过调查分析，主要有如下表现：（1）成立专门的政府采购机构，安排专门的政府采购人员；审核手续比以前严密，导致相关的费用上升；为保证透明度，采购前要通过媒体发布信息，这都增加了开支。（2）政府采购施行的招标、询价等采购方式比以前简单的"到一家商店购买"操作起来更复杂，要花费更多的人力、物力；政府采购往往通过中介机构操办，按市场运行的规则，要向中介机构支付中介费，这就多增加了一笔开支。（3）在制度上出现漏洞的情况下，从以前的"小腐败""分散腐败"可能变成"大腐败""集中腐败"，这种腐败造成的糜费公帑现象付出的代价会更高。

如某地成立政府采购中心以来，假设政府采购新增加交易费用的总额为U，政府采购中心的办公费用是a，政府采购人员的工资为b，通过媒体发布信息的费用为c，招标、询价等费用为d，审核环节等费用e，中介费用f，其他费用为g，可见政府采购实施以后采购部门交易费用是在增加的。

$U = a + b + c + d + e + f + g + \cdots$ （其中a，b，c，d，e，f，g，$\cdots > 0$）

所以U也一定是大于0的数字。

交易费用的增加实际上与政府采购部门的产权特点有关,具体有如下几个原因。

(1) 政府采购属于公共部门产权,公共产权的内在属性会导致交易费用的上升。首先,产权的清晰度低。产权清晰度是决定交易费用高低的重要因素,清晰度越高,交易费用越低,反之则相反。而政府采购部门产权的清晰度从总体上远比非公共部门低,所以会造成交易费用的上升。其次,产权结构复杂。政府采购中的产权可分解为所有权、支配权、受益权等具体权利。而这些所有者、具体支配者和受益者之间的目标函数往往存在各种程度的不一致,为保障政府采购运行的效率,必须通过各种机制发挥激励、约束作用,这些机制力度越强,相关交易费用也必然越高。再次,产权分享度极高。政府部门所掌握资源的终极产权是一种被广泛分享的产权,产权层次越高,其公共程度就越高,相关决策者、消费者群体的规模也越大,从而在权力的运用、相关产品的生产和消费等方面所面对的局面就越复杂,交易费用就越高。最后,产权安排中多层级。公共部门产权在现实安排中往往具有层级结构、条块结构的特点,这一方面固然可节约一部分信息费用,但另一方面,职能部门之间的往来,又会导致交易费用的增加。这些产权特点的要求,导致了相关交易费用的居高不下。

(2) 政府采购部门决策的实施费用较高。即使通过一系列程序做出了决定,要实施这一决定,政府采购部门所需付出的费用也往往较高。在以往传统的采购制度下,交易决定一旦形成,实施交易的过程就变得较为简单,概括下来就是有关资源的转移、交割问题。此时的交易费用主要体现为有关资源的运输费用和资金的支付费用。但政府采购制度的实施情况则不同。比如在签订了购买协议以后,还要执行"采购单位的检查和验收""财政部门和供应商的资金结算"等费用导致交易成本提高。

(3) 政府采购制度下的监督费用较高。由于政府集中采购所形成的规模效应,监督成本必然要大大增加。为保证财政资金的支出效率,使用各种监督手段作为约束机制是非常必要的。受本身产权特点的制约,政府采购部门不可能像私人部门那样提供各种各样的物质鼓励作为激励手段。而代理风险和道德风险也是政府采购部门中必须着重解决的问题,同时也要防止滥用公权现象的出现。所以,投放于监督、约束方面的交易费用必须达到一定水平。从全社会看,为监督或约束政府采购部门而投放的费用是较高的。这不仅体现在政府为此运营的监察机构上,而且还体现在全社会为实行舆论监督而花费的成本上,体现在广大民众出于监督该部门运行的目的而花费的人力、物力支出上。如果将这些费用加总起来,其数额是较大的。

▶▶ 我国政府采购制度改革发展研究

　　以上几个方面，我们从政府采购的公共部门产权属性上分析了交易费用存在的原因，以此来说明大部分交易费用都是为保证政府采购资金的效率必须做出的开支，而不是一味追求交易费用的降低。在必要条件下，政府必须付出适度的交易费用①。但是，仍有一个问题困扰着我们——那就是为什么采购支出会"攀高"的问题。实际上，政府采购的所有支出都属于广义的交易成本范围，为了研究的方便我们又把其中的货款支出和其他支出区分开来。货款支出，即为买进货物、工程和服务而直接支付给供应商的款项。我们假定这一部分开支主要取决于采购过程中的纯技术因素，不计入交易成本（若该部分开支明显高于市场正常价格且与舞弊有关，则与交易费用有关）。另外，其他开支，这个部分是本书所要分析的交易费用。所谓交易费用是指经济活动中因交易行为而在交易过程中产生的成本或费用。前面我们已经介绍过威廉姆森的交易费用分类，即从某项交易过程的产生到结束，相关的交易费用一般包括搜寻信息费用、筹划决策费用、协商谈判费用和监督实施费用等。从采购成本上升的几方面表现可以看出，政府采购中的成本上升，主要是交易费用的上升。而其上升的原因主要有正常上升和非正常上升两个方面。

　　首先，由于制度设置的变化而出现的交易成本的正常上升。第一，交易成本的显性化。在分散采购阶段搜集信息、商谈价格等耗费的交易费用，是隐藏在其他办公费用之中的，没有直接体现出来；实行政府采购后，通过组建专门机构，原来分散隐藏在各部门的成本被集中显示出来，从隐性成本变为显性成本。这实际上只是一种交易成本的转化，而非实质意义上的上升。第二，政府采购功能的增加导致交易成本的增加。政府采购所依托的现代财政制度要求公开和透明以防止腐败现象的滋生，公布采购信息、实行公开招标、广泛询价等要求致使交易费用上升。第三，政府采购的宏观调控功能，要求政府采购中应该付出相应的成本。政府采购除了具有节省财政资金这一直接作用外，还具有宏观调控功能、调整产业结构功能、保护民族产业等不可忽视的外部性收益。这种外部性收益已经存在于建立政府采购制度时的预期中，对其相应成本更应加以考虑。第四，探索成本问题。我国目前仍处于政府采购制度建设的初级阶段，难免要走一些弯路，付出一些代价，做出一些调整变动，这也会造成交易费用在一定时期内的上升。

　　其次，一些交易成本的非正常增加及为此必须付出的相应交易费用。第一，政府采购中的X-非效率问题。公共部门经济学上的X-非效率是指由于人浮于事、开支过度等造成的低效现象。在建立政府采购制度和设置专职机构

―――――――――――
　　① 大卫·弗里德曼：《价格理论》，转引自张军：《现代产权经济学》，上海三联书店1994年版，第115页。

的过程中，如措施失当，造成职能机构中冗员充斥、开支铺张等情况，也会出现 X-非效率现象①，从而导致交易费用的上升。第二，政府采购中的舞弊问题。如果出现政府采购人员与供货商共谋舞弊的现象，其结果从表面上看往往是货物价格的居高不下，但实际上与交易费用有直接关系。第三，由于上述非正常增加的交易成本的存在，它不但导致正常的交易费用开支变成营私舞弊的花销，而且给交易费用中监督费用的上升带来了巨大压力，审计、纪检、监察等工作会大量增加。

经过我们的分类分析所得出的结论是，应根据交易费用产生的原因，合理地区别对待交易费用上升的问题。鉴于公共部门产权条件下交易费用的特点，在对待政府采购中的交易费用上升问题时，不能片面追求交易费用的下降，而应区别对待。(1) 信息费用，这部分开支应该尽量降低，应该立足于科学技术的发展和公共部门自身的优势；(2) 采购过程中的实施费用，应按制度要求保证开支，不能一味求简，造成漏洞，因小失大；(3) 因新制度建立而花费的探索成本，应争取尽快降低；(4) 决策费用，不能轻易降低。整个决策过程应以能有效考虑政府采购综合目标的实现为限度；(5) 与 X-非效率相关的交易费用，应坚决降低；(6) 腐败产生的交易费用大规模提升，是必须遏制的；(7) 监督费用，不能轻易降低。在特定时期，支出规模还应有所扩大，以达到杜绝营私舞弊、遏制贪污腐败的目的。

二、政府采购市场化改革的产业影响

政府采购基于其资金来源的公共性、非营利性、公开性、政策性等特点，只要符合公共利益和有助于实现政府职能，经济成本就成为次要考虑的目标。而独立的生产经营者，由于其目标是个人利益最大化，往往对不能给自己带来多少回报的投资项目无动于衷，同时也无力承担那些需要大量资金投入的公共项目。因此，政府通过直接投资参与经济过程可以弥补私人投资的不足来优化资源配置的效率。政府采购规模庞大，对市场的影响较大，甚至可以说政府采购对市场具有一定程度的操控能力。它可以通过资金的投向来参与市场资源配置，发展和限制不同的产品和产业，贯彻政府在结构调节方面的意图，促使产业结构优化，影响甚至改变一个产业的命运。通过政府采购支持国内刚起步但有发展前景的产业，

---

① 在刘伟、李凤圣所著《产权通论》（北京出版社 1998 年版）中的解释是由于信息在不同主体间的不对称，也可能发生投机和懒惰；产权界定越不严格，信息不对称便越严重，也越可能转化为投机和懒惰；从而监督成本上升，企业效率乃至整个社会经济效率蒙受损失，即所谓 X-非效率。

使受保护的对象经过一段时期发展之后得以成长，进而使一国的相关产业得到保护。

政府采购市场开放以后，本国的对外贸易量增大，将影响到本国的国际收支平衡。根据贸易系数的理论，假设在开放经济的四部门模型中，边际税率为零，投资为外生时，乘数为：

$$1/(1-c-x+m)=1/[1-(c-m)-x]=11[1-c-(x-m)]$$

其中，(c-m)为购买本国产品的边际倾向，(x-m)为边际出口倾向与边际进口倾向之差。当x=0时，m越大，则乘数越小；m=c时，即政府采购全部购买进口品，则乘数为1；m=0，则乘数为保护政府采购市场的通常乘数1/1-c。因而边际进口倾向有使收入增长的"渗漏"作用，即出口乘数对国民收入的增长有正作用，而进口则相反。这种利益和代价之间的不平衡使在开放政府采购市场中面临巨大国外产品竞争压力的产业，尤其是其中的传统产业，不得不寻求政府采购市场的保护。由于政府采购市场在国民经济中占有较大比例，许多产业依赖政府采购份额，开放政府采购市场后，国外许多产品会大批进入国内市场，这必然影响到国内许多企业产品的销售。在国外产品的降维打击下，如果国内企业不能对此做出正确的调整，就可能出现亏损，一些资产质量较差的企业就会在竞争中加速倒闭。国外产品进入国内政府采购市场的挑战要远大于国内产品打入国外政府采购市场的机遇，相应的进口乘数效应要大于出口乘数效应，这样就不可避免地会出现部分财政支出"外溢"，影响国内产业的发展机会，从而对经济发展产生影响，甚至在短期内产生经济摩擦。从短期看，重复建设的行业和缺乏核心竞争力的企业将面临严重困境，幼稚工业面临较大的冲击和威胁，在一定程度上增加了国内企业自我技术创新的压力；未建立现代企业制度和经贸行为不规范的企业将面临被淘汰的危险，企业管理的难度也将前所未有的增加。即便有些具有相对优势的国内产品，有时也很难进入国际采购市场。从各行业的分析来看，受开放政府采购市场影响比较大的行业主要有汽车工业、集成电路产业等。

三、政府采购市场化改革的收入分配影响

在国家存在就业不足的条件下，封闭政府采购市场能限制失业在国家之间的转移。政府为了"公平的收入分配"，对某些产业（尤其是停滞产业）采取"奖出限入"的保护政策，或针对国外的倾销和补贴实行封闭保护政策，通过保证本国供应商获得政府采购的市场份额以保护本国劳动者的就业。英国著名经济学家凯恩斯在《就业、利息和货币通论》中论述了这个问题。他认为，一国的总投资

包括国内投资和国外投资。国内投资额由资本边际效率和利息率决定，国外投资量由贸易顺差大小决定。贸易顺差可为一国带来黄金，可以扩大支付手段，压低利息率，刺激物价上涨，扩大投资，从而创造就业机会。不仅如此，在就业不足时期，贸易顺差就犹如增加政府支出或投资一样，同时对生产和就业也会产生刺激效应，并通过"乘数"作用使这一结果扩大。此外，政府采购还可以利用"乘数与加速交互作用原理"，采取扩张或紧缩的手段来调节经济的周期性波动：当经济过热时，在可利用的弹性区间内，适时、适量地减少政府采购，减少社会总需求。反之，则可适时增加政府采购来刺激总需求的增长，使其波动曲线趋于平滑。

此外，国家作为一个整体，会从开放政府采购市场中获益，但是这些利益不会自动均匀地将利益分配给全体社会成员，往往是一部分人获益另一部分人受损，而且这种利与害的分布往往是不对称的，会引起本国经济结构的调整，从而导致社会的收入分配格局发生变化，并可能由此衍生出一系列的社会矛盾。开放政府采购市场，能使具有相对优势的部门的生产进一步扩大，创造出一些就业机会，但失去比较优势的传统工业部门则会受到外国竞争的冲击，被迫减少生产，降低产品价格，甚至会发生倒闭。如由于出口商品的增加使某些企业和个人的收入增加，由于进口商品的增加使某些企业和个人的收入减少，有些企业甚至会因此破产，从而使一些人丧失工作岗位。这些失去工作的劳动者转业也比较困难，往往不得不接受较低的报酬去从事自己不熟悉的工作，有人还要蒙受"摩擦失业"之苦。劳动者及其生产资料从处于困境的、低效率的产业部门转向扩展中的、高效率的产业部门的过程，是缓慢、艰难而痛苦的。在社会保障体系尚不健全的情况下，摩擦失业率偏高对于经济增长会产生一些负面影响。一方面，摩擦性失业率偏高会破坏就业工资的"棘轮效应"：一旦工资涨上去便很难再降下来，就像"棘轮"一样，只能前进，不能后退。但较大的生存压力所导致的劳动者之间的恶性竞争会使工资水平下降，从而使本来就偏小的总消费水平进一步降低，造成经济形势恶化，进而使失业率进一步上升，最终造成就业和经济形势的恶性循环。另一方面，摩擦失业率偏高会增加失业者本身的不安全感，其扩散效应会同时增加在职群体的不安全感，进而增加社会整体的不安全感，进而会使消费倾向下降，并且会降低企业对投资风险的承受能力。

四、政府采购制度市场化改革的国际贸易影响

一个国家的进口和出口贸易总额在本国国内生产总值中所占的比重称为该国

的外贸依存度。外贸依存度反映了一个国家经济对外贸的依赖程度和参与国际分工的程度，折射出其经济发展战略的许多构成要素，并对其国际关系产生重要影响。由于政府采购市场开放使得本国对外贸易依存度增大，使本国经济的发展与稳定和世界经济的联系更加紧密，世界经济的波动对本国经济的影响将比以前更大。随着外贸依存度的迅速增长，中国在国际分工体系中扮演着越来越重要的角色，国外市场需求正在成为中国经济增长的一个重要因素，而且巨大的外贸进出口额也提高了中国和所有贸易伙伴的经济效率，形成了相互依赖的关系，帮助中国成功地摆脱了困扰绝大多数发展中国家的资本、外汇缺口的制约，但是，过高的外贸依存度将使中国在能源和原材料等问题上"代人受过"，加大中国经济面临国际经济波动的风险。如入世以后中国的贸易总量迅速增长，但中外之间的贸易摩擦也呈加剧之势，中国遭遇国外反倾销和贸易保护调查等贸易摩擦频繁发生。中国《加入 WTO 议定书》第 15 条（确定补贴和倾销时的价格可比性）给了中国企业两种选择：如果能够证明自己在制造、生产和销售该产品方面具备市场经济条件，没有拿政府的补贴，没有恶意竞争，没有做假账，那么就采用中国国内的价格或成本；如果不能证明，就采用替代国的价格或成本。这个条款能够倒逼我们的企业在国际规则的压力下不去搞恶性竞争，真正按照市场经济的规律来进行生产和销售。但是毕竟还有不少中国企业因为第 15 条的规定而被不公正地采用了替代国价格来确定倾销幅度，增加了企业的经营成本。专家认为，当世界经济发生剧烈波动和国际政治出现重大事件时，外贸依存度过高将使一国经济受到难以预测的打击。如果一国高度专业化生产一种或几种产品，国内其他需求依赖进口，这样就会形成比较脆弱的经济结构。一旦国际市场发生变动，国内经济就难以适应和调整。通过政府采购的支持，则可以保护和促进落后产业的发展，形成产业多样化格局，以保持国民经济结构的平衡，减少对外依赖的脆弱性。早在 17 世纪，英国重商主义者就利用国防论据来论证限制使用外国船舶和海运服务是正当的。因为如果英国只购买英国船舶和海运服务，就会促进英国造船工业的成长和商船数量的增长，这对加强英国的经济和军事实力十分重要。甚至亚当·斯密也改变了他原来对贸易壁垒的严厉攻击，而赞许为国家安全而进行贸易保护的行为，当代经济学家继承和发展了这一思想。一些经济学家从国防观点出发，强调保护扶植基础产业有着不可忽视的重要性。有些生产部门，如粮食等，并非所有国家都具有比较优势，然而这些部门对保障国家安全具有非常重要的意义，必须保持必要的生产规模。在电子政务的建设当中，由于政府业务的特殊性，也对软件系统的安全性提出了更高的要求。电子政务系统的核心应用系统和关键政务环节，要确保拥有技术的自主性和高度的安全性。操作系统不仅是一切软件运行的平台，也是决定信息安全的关键环节。如果政府网站用的是国外操作系统，一旦发现安全漏洞，就只能坐等外国公司发布补丁来修复，这样很被动，也很容易受制于人；发展基于开放源代码的自主操作系统，运行中如果发现了安全漏洞可以自行加以修补，这样，信息安全的主动权就能牢牢掌握在自己手中。被《中国证券报》与《信息科技》联合评出 2004 年中国 IT 业十大事件之一的"政府软件采购困局"，就体现了人们在信息安全方面对开放政府采购软件市场的担忧。

政府采购市场开放是一种渐进型的制度变迁。由于制度变迁的效益为许多人共享，制度变迁的成本却由制度的供给者承担，因此制度变迁方式的选择通常以成本最小化为原则。明晰政府采购市场开放过程中的成本效益关系，最大限度地控制采购过程的管理成本，降低采购的总成本，以最低的社会成本和财务成本实现最优化的收支，对节约有限的财政资金，缓解财政资金短缺矛盾，提高财政支出效益，无疑具有重要的现实意义。随着制度经济学的发展，在政府采购管理方面可以充分利用相关理论对制度本身进行经济分析，许多国家和地区也都采用某些数学模型，对政府行为进行成本效益分析。例如，登录美国国会预算办公室的网页，只要输入相应的近期美国的立法与法律草案的名称或代号，该法案可能产生的成本估算就一目了然。一些国家还专门设计了供公众"游戏"的预算模型，公众可以随意变更预算案，以检验政府方案的合理性。作为一个理性的政府，非常有必要对自己的行为进行成本估算。

目前我国的政府采购运行机制还需要花费较多的成本来实现资源的最优配置，过分强调对政府投资的成本分析，忽略了非投资行为的经济分析，尤其是政府立法行为的成本分析。一项政府立法无论是否直接涉及经济问题，都会产生经济上的效果。政府立法不但关系公共财政支出，更关系到公民的基本财产权利。尤其是涉及预算支出的项目，应当特别谨慎，以防出现财政赤字或挪用其他预算项目资金的问题。政府采购市场开放法律缺位的种种表现，如政府采购法律制度尚未形成统一的完整体系，立法层次和效力较低，缺乏可操作性；地方及部门立法不规范，缺乏协调性与科学性，影响了法律法规的实施效果；中国政府采购法律制度存在与 GPA 矛盾之处，法律法规和政策的透明度较差；政府采购立法条文规定过于原则、简单，缺乏相关的实施细则与配套性法律法规，导致法律规范操作性不强，等等。这些法律的缺位为公共权力的设租人和寻租人提供了便利。国家通过税收、行政费用等方式所获得的公共资产，必须合理使用，才能体现对社会的公共信托责任。此外，GPA 所规范的对象主要是政府部门和有关政策，而中国这方面的制度和法规仅是初步建立，存在着诸多薄弱环节。由于政府采购议题本身的敏感性和各成员方在组织机构和体制方面的不同，也容易在谈判过程中形成分歧和误解。不同社会制度、不同发展水平的国家要在经济全球化的进程中取得一席之地，就必须把自己纳入统一的全球经济体系当中，向国际通行的规则看齐，在开放条件下建立公平竞争的市场秩序与国际竞争秩序。因此，我们应认真研究、吸收反映人类文明和市场经济内在要求的商品和服务贸易市场化、贸易法规公开化等原则和精神，最大限度地使中国经济融入世界经济体系。但不同的国家各有其特殊性，其市场竞争秩序不可能完全一样。同样的产业在不同的国家由于历史的和环境的差异，会有所不同。在这种情况下，就需要实现国内竞争秩序、政策与国际惯例的协调发展。要实现这一点，既要求我们积极进行改革，改革那些与国际惯例不相符的东西，还要积极参加国际规则的制定。要实现开放政府采购市场的效益最大化，建立一支高素质的专业化政府采购管理队伍也是必不可少的，这些都会增加开放的成本。开放可能会失去一些经济利益，但是会得到更多深层次的收获，对中国市场经济法律制度的完善和良性运行将产生积极和深远的影响。事实上，开放可以构成制度完善的外部压力。如果国内法律规则的漏洞不着力修补，制度意识不加以提高，竞争意识得不到认同，采购中的请托关说、"暗箱操作"等弊病不能杜绝，那么，长期在成熟的采购制度条件下参与竞争的国际供应商一旦进入中国的采购市场，就会不断对中国国内的制度缺陷和采购竞争环境提出质疑；而国内供应商如果得不到良性法律环境的历练，在对等开放市场的条件下，也无法与国外的供应商进行有效的竞争。在谈判中，我们还可以充分利用外部力量，要求政府采购协议的签约方帮助我们进行相关能力建设，《政府采购法》的立法能力、实施能力，都属于能力建设的范畴。

第四章

基于政治经济学的政府采购制度改革理论框架

我国的政府采购制度改革要综合考虑政府与市场的交互作用与影响。理论上,能够将政府与市场及制度建设纳入在一个理论视角下的学科主要是政治经济学。因此,本章政府采购改革理论框架的构建将主要借鉴政治经济学的研究成果,在理论批判与借鉴的基础上,提出政府采购改革的一个新的理论框架。

在政治经济学的研究中,根据研究视角、基本假设及问题解释的不同,可以分为自由主义、现代主义和建构主义三大理论范式或理论学派。本章将在对这三个理论学派综述分析的基础上,分析这三种研究范式中有关政府采购改革的政府政策、制度和改革红利三者的关系,阐述三大学派的理论拓展进而对政府采购参与主体利益及政府采购制度进行深入剖析,指出我国政府采购改革的路径,提出我国政府采购改革理论框架模型。

第一节 制度改革模型

政府政策、改革红利和制度改革之间的因果关系涉及两个核心问题:第一,改革红利是内生成长的还是外生构建的;第二,除了能够产生改革红利外,政府政策如何影响制度改革。自由主义、现代主义和建构主义三大理论范式虽然均承认制度改革的动机是因为对改革收益或红利的认知,并且均承认不同利益主体在该过程中对自身利益的诉求,但对以上两个问题的不同回答体现了三大理论范式的不同。

一、自由主义的制度改革模型

自由主义制度改革理论的基本视角是利益，因此政府采购中的利益相关主体在制度影响下追求自身利益是其理论核心，所以制度是该理论的一个关键变量。新自由主义行政管理理论借鉴新制度经济学的思想和理论方法，将一个国家看成是一个治理市场，利益相关主体是该市场中的理性人，理性人通过市场规则进行交易。但是，这类市场也存在其他任何市场存在的"市场失灵"问题。理性的利益相关主体在追求个人利益最大化时，由于利益的多样性和利益冲突，理性的个体决策可能变成集体的非理性决策。建立良好的制度能够通过信息沟通降低不确定性，从而降低交易成本，促进利益相关主体的协作。同时，该理论认同政府政策因素或政治权利追求在解释制度改革中所起的作用，也解释了很多政府政策因素无法解释的现象，例如权利持有者本身对制度改革的追求、认可等。因此，在解释制度改革行为时，新自由主义认为除了权利以及有权利分配决定的体系结构等物质性要素外，制度、规范甚至是固化的观念等要素也会影响改革进程。这样，该理论将影响要素分为两大类：一类是权利和相对收益；另一类是制度和规范，改革模型的研究也就变为讨论哪类影响要素的解释能力更强。制度影响改革的机理和过程也很复杂，这是因为制度本身就是改革的内容，自由主义强调的是一旦制度趋于稳定，就会超越利益相关主体的局部利益，成为制约改革（促进改革）的因素。

二、现实主义的制度改革模型

权利是现实主义政治理论的核心，利益相关主体对权利的追求是该理论的基本假设。其实质是将利益相关者看成追寻权利的相似单位，权利追求是利益相关主体行为的唯一动因。按此逻辑，制度改革成为利益相关主体追求权利的战场或过程。但在利益相关主体对改革的解释上，由于认识不同，可以分为经典现实主义和结构现实主义。

经典现实主义认为，在社会利益主体无政府状态下，安全和生存成为利益相关主体的根本利益追求，因而利益相关者的最现实追求是通过改革追求权利。在该利益确定过程中，一些学者认为权利是内生的，利益相关主体通过改革中的利益冲突和妥协自下而上的形成利益格局，而政府政策仅仅负责最终解释和执行利益格局。在对制度的认识上，该理论仅仅认为制度具有工具性价值，制度被视为实现利益相关者利益的工具，是权利的附属品。

结构现实主义对改革的解释更为简约，该理论体系认为社会结构是制度改革的核心解释变量，而社会结构又体现了利益相关主体间的权利分配。这种权利分配包括物质权利、政治权利，社会结构的不同反映了权利分配及权利集中程度的不同。该理论摒弃了与权利资源分配无关的变量，将包括制度等利益内部的确定机制等进行了简化。在对制度的认识上，结构现实主义注意到制度的影响力，但也仅仅将制度看成是权利结构的"干预性"变量。

无论是自由主义理论还是现实主义理论，在对制度改革认识的逻辑上是类似的，认为利益相关者的利益和身份是内生的、固有的和物质的，制度形成之前就已经形成了。不同之处在于对制度的处理不同。前者强调制度对不确定性问题和市场失灵问题的作用，而后者降低了制度的作用，被内化到了社会结构当中。

三、建构主义的制度改革模型

建构主义理论的研究视角是不同利益相关者主体的共识，其基本假设认为制度是不同利益相关者达成的共识，而这种共识的改变促进了或者推动了制度的变革。这种假设与自由主义理论和现实主义理论的基本假设完全不同，主要体现在以下几个方面：第一，社会结构的形成并不由物质或权利决定，主要源于共有的观念及共识；第二，利益相关者主体的利益追求并不是内生的（不是天然决定的），而是社会结构即社会观念决定的（外生的）。建构主义强调社会结构本身与结构建造者之间的互动关系，明确了建造者对结构形成的推动作用，同时明确了结构对建造者的反建造作用。因此，制度革新是社会结构体系发展变化的结果。一旦制度形成，则会超越利益相关主体形成社会结构，对制度革新形成驱动力，同时对利益相关主体的身份和利益也产生建构作用。其基本机制是制度影响结构，结构决定利益，利益决定行为，行为最终决定制度。

以上制度改革理论模型中，建构主义的制度改革模型相对于自由主义和现实主义的制度改革模型更为完善和全面。这是因为，建构主义不仅说明了制度改革的间接因素，也指明了制度改革发生的内生因素。前者是指制度本身的自适应发展变化；后者强调制度的认识属性，认为制度的社会共识本质会影响利益相关主体的偏好，而这种偏好会内化利益相关者的利益追求，从而最终影响制度改革行为的发生。

第二节 制度的本质及有效性

随着政府采购中利益相关主体的增多，利益相关主体的相互关系不断加深，政府采购制度成为规范利益相关主体行为的主要策略，制度改革和建设成为政府采购日常管理活动的重要组成部分。政府采购制度的核心问题有两个：首先是"制度产生的原因是什么"，该问题是要回答制度的本质；其次是"制度的作用是什么"，这涉及了制度的有效性。

一、制度的本质

对制度研究的一个基础问题是什么是制度，或者说制度的功能是什么。正如本章第一节所说，政治经济学的三大主流理论是自由主义理论、现实主义理论和建构主义理论，从不同的侧面对制度进行了说明和定义，构建了不同的理论体系。自由主义理论从利益视角提出制度的概念，认为制度是解决市场失灵问题的一剂良药，也有助于促进利益相关主体间的合作；现实主义理论从权利视角理解制度，认为制度是利益相关主体追求权利的工具，制度体现了社会系统内不同利益相关主体的权利分配结果；建构主义理论从社会共识视角认识制度，指出了制度塑造了利益相关主体的身份，同时作用于利益相关主体的偏好，说明了社会结构对制度的直接功能和间接功能，也体现了对制度认识的客观性和主观性。

（一）自由主义的制度理论

自由主义政治经济学从经济的视角观察认识社会中形成的制度，强调制度在政治经济行为中的解释作用。其中，借鉴制度经济学中的科斯定理，提出了制度产生的原因：在某种规则下，当对社会利益相关主体间的沟通和监管成本小于利益相关主体在该规则下的合作收益时，这种规则就会逐渐固化为制度。根据对制度、对利益相关主体行为的不同影响，制度还可以分为不同的类型。例如，在利益相关主体的行为可以分为独立利益追求下的协作、未来不确定性下的不完全信息决策、冲突利益下的资源分配和不对等权利义务下的合作等。对以上不同行为的制度安排可以用"囚徒困境""猎鹿游戏""情人站""霸权合作"等博弈模型进行描述。为应对这些博弈模型所描述的制度执行难题、资源分配难题、多主体博弈难题和不对等力量难题，提出了采用市场准入和退出机制、协商机制、组织柔性机制、信息发布机制、协同机制等制度建议，对不同类型的制度安排和建设进行了系统阐述。

自由主义对制度的重视体现了理性主义的影响，其基本假设是利益相关主体的行为目的是对自身利益的追求，这与现实主义理论是一致的。与其他理论不同之处在于，自由主义认为这种利益追求外生于利益相关主体的利益博弈，社会仅仅是为这种利益博弈提供了一种博弈场所。

（二）现实主义的制度理论

现实主义从政治的视角观察和认识社会中形成的制度，强调权力在政治经济社会活动中的作用，其逻辑基础是利益相关者的权利，制度仅仅是权利的工具，是权利社会的附属品。在社会中，一些利益相关主体拥有相对于其他利益相关主体较多的权利，则这些拥有权利的利益相关主体会通过制度的建立维持其权利。当然，在权利的博弈中，制度只有在稳定的权利结构中才能够起作用。如果权利结构本身发生变化，则制度也有可能变化。

现实主义对制度依附于权利的认识弱化了制度本身的地位和作用。应用这种理论，制度是社会权利结构运行的结果，是一些利益相关主体强化自身权利的工具。在一个社会结构中，拥有权利的利益相关者会凭借自身的权利将制度作为一种"既成事实"强加给较弱的利益相关者，迫使对方放弃利益。这种游戏下，总有一方是获益者，另一方是利益损失者。制度的维持体现了社会权利结构的持续，制度的革新体现了社会权利结构的变化。由于总有一方是利益的获益者，则社会合作、协同等均较为困难。

现实主义对制度的现实定义过于看重社会权利组织的作用，忽略了当前社会多利益主体的社会格局，无法解释多元利益社会中的制度现实。

（三）建构主义的制度理论

建构主义综合了经济和政治的制度研究视角，从社会共识的逻辑起点研究制度问题。该理论不仅将制度看成是社会结构内生的产物，而且还会反作用于社会结构本身。区别于自由主义理论和现实主义理论静态地将制度与利益和权利联系起来，建构主义认为制度的构建本身是一个动态的过程，是社会利益相关主体在社会互动中通过能量、信息、知识、物质的交换形成的共有知识、文化、规则和行为模式，对利益相关主体的行为有统一的影响。除了影响利益相关主体的行为之外，制度还会影响利益相关主体的身份认同及其效用函数，这样制度就与利益及利益分配结合起来。这种认识综合了自由主义和现实主义对制度的认识，也超越了这两种理论的认识,制度被嵌入复杂的社会关系网络中。在这一网络中,利益相关主体通过学习和适应,内化了外部的制度。

二、制度的有效性

无论制度来源于"利益""权利"还是"观念",最终目的还是为规范利益相关主体的行为,获得利益相关主体的认可与遵守,这就是制度的有效性问题。从其效果来看,制度的有效性可以解释为利益相关主体的行为在多大程度上受到制度的影响,因此可以从制度是否得到了执行,利益相关主体是否认可和遵守该制度来衡量制度的有效性。其中,有两个问题需要回答:第一,制度是否真的有效;第二,制度为什么有效。前者涉及制度的有效性度量,后者涉及制度有效性的解释。如前所述,三大理论对这两个问题的回答也是不同的。

(一)自由主义的制度有效性

由于自由主义理论是从"利益"的视角来分析制度问题,因此在自由主义者看来,制度的有效性体现在其能否发挥"诱导"功能,帮助社会利益相关主体解决包括"信息不对称"、权利不对称等在内的"市场失灵"问题,以实现合作、协作。这种"诱导"功能通过影响利益相关主体的"利益"来实现制度的有效性。在制度的"诱导"下,理性的利益相关主体会根据自身的利益诉求,遵守制度或者提出自身的意见。

(二)现实主义的制度有效性

现实主义理论从"权利"的视角分析制度问题,因此在现实主义者看来,制度的有效性体现在权利的"强制"力上。在社会无政府主义的困局下,利益相关主体会追求相对收益,对掌权者来说会追求权利的稳固,而对非掌权者来说,会通过对制度的遵守获得自身的利益。因此,在现实主义理论下,制度的有效性是通过"强制"实现的,制度建立在掌权者对制度的"强制"力上。掌权者会通过监督、惩罚等硬性措施实现制度的有效性,降低制度执行中的机会主义行为或道德风险。

(三)建构主义的制度有效性

建构主义理论从"共识"的视角分析制度问题,因此在建构主义者看来,制度的有效性体现在利益相关主体在观念"共识"的"自愿"上。相对于自由主义的"诱导"和现实主义的"强制",建构主义对制度的"自愿"效力的解读更为乐观和具有创造性。利益相关主体通过互动产生的观念共识被称为制度,并且制度会影响利益相关主体的偏好和效用,这样制度的有效性更为主动。在对这种制度的认识下,利益相关主体会更为乐意接受制度,按制度行事的意愿会更高。在另一个侧面也反映了制度的清晰度、公平性、透明度较高。

第三节 改革红利

"红利"是经济学中的一个重要概念,其内涵非常丰富。随着我国供给侧结构性改革进入攻坚阶段,制度改革所带来的收益需要从多个视角,特别是国家整体的角度进行阐述和说明。

一、改革红利的概念

改革红利涉及的内容角度较多,可以从以下四个问题入手对其概念进行说明:(1)在改革红利的界定上,内生变量和外生变量的分析;(2)在改革红利的认识上,主观性和客观性的分析;(3)在改革红利的形成上,自下而上和自上而下的分析;(4)在改革红利的属性上,冲突性和相容性的分析。

(一)改革红利的界定

红利对于不同的客体在不同的视角下是不同的概念。从宏观上来看,一个国家的制度改革红利是一系列要素的动态有机组合。从内涵上理解,改革红利是一国通过各方面的制度革新获得的总体收益,反映了一国全体国民及各类利益相关主体的总体需求和利益追求。在红利的属性上,根据红利的重要性及实现的先后顺序,红利是可以分类的。当然由于改革本身的动态性,红利本身也是处于不断的调整过程中,在时间轴上是一种动态的形式。基于这种认识,可以从理性主义和客观主义的视角提炼界定红利的综合概念模型。

一般来说,改革红利是由三个层次的常量和变量决定。常量是指一定期间内不会改变的要素,例如一国的自然资源、人口资源、传统文化等,这些常量决定了改革的基本方向和路径。内生变量与国家的国情有关,主要是指一国宏观的"上层建筑结构",包括生产方式和政体结构。生产方式涉及与经济相关的所有变量,包括静态的经济实力、经济开放程度、居民生活水平、科学技术水平与创新能力、社会公平程度、财富分配制度等，也包括动态的经济发展趋势、社会结构与地位的变化等。政体结构包括宪政结构、政治体制等"硬指标"，也包括政党执政能力、政治文化、政治形象等"软指标"。这一内生变量决定了改革的方式与策略。在经济全球化的当代社会，改革不仅是一国内部因素决定的，国际经济形势、国际安全形势等外部因素对一国内部的经济、政治、安全均会产生影响、制约或支持作用，这也增添了改革红利的复杂性。

这种结构性模型清晰地说明了改革红利的决定因素，从多维、动态、综合的视角来分析改革红利的产生因素。当然，由于改革红利与社会利益相关主体对自身利益的认识相关，因此对改革红利的理解还需要讨论其客观性和主观性。

（二）改革红利的认识

由于与利益相关主体的认识有关，因此改革红利兼具客观性与主观性。改革红利的主观性体现在两个方面：一是对客观影响因素的主观认识，即制度改革决策者对国内外因素的客观认识；二是对改革红利实现路径的认识，即制度改革决策者在对影响因素认识的基础上选择改革路线的问题。由于对改革红利影响因素的认识是多元的，因此不同的认识会产生不同的影响路径。例如，对改革历史及其趋势的认识会影响制度改革决策者对改革红利的判断，改革决策者对外部因素的认识会影响对改革红利收益的可能性判断。实质上，这种对各类因素的主观判断不仅影响了改革者的期望函数，而且影响了不同目标值的权重判断。

主客观的不同认识也可以将改革红利分为主观红利和客观红利。对于某些具有权利的利益相关者来说，文化、信仰等因素会影响其对改革红利的主观判断，形成主观红利的基本认识，进而采取不同的制度改革措施实现主观收益判断。例如，当某些制度改革带来巨大收益的情况下，对外来改革收益的期望值就会越高，改革的动力就会越强。但实际的可能情况是在某方面改革的效率值已经开始下降，客观红利与主观红利的差别较大。当然，客观红利是制度改革的根本性因素，主观红利是在客观红利决定的框架内对制度政策的基本内容及其实现方式的认识。

改革红利的主客观模型给出了诸多因素影响改革红利的机制，但如何形成改革红利还需要更为深入的分析。

（三）改革红利的形成

改革是动态的过程，过程的不同、改革路径的差异也会造成红利形成的不同。其中涉及的主要问题是改革的主体是谁、决策者是谁、获利者是谁。从宏观路径上进行分析，改革红利的产生可以分为两种类型：一种是社会精英主导的自上而下的路径；另一种是社会大众主导的自下而上的路径。

社会精英是一个社会中在知识、智商、能力、道德等方面具有超常禀赋的个人或人群，是一个社会的代表，在社会群体中起着主导的作用，往往是重要事件的发起人和推动者。自上而下的改革推崇社会精英在制度变革中的作用，认为社会精英能够统筹全局，能够清晰地认识社会的历史，能够很好地预测未来发展趋势，能够强有力地推动改革的进程。在该进程中，红利由社会精英推动的改革所创造，红利也由社会精英制定的规则所分配。自上向下的改革中，红利的产生是综合优化、全局统筹的结果，其突出特点是能够在资源有限的情况下获取全社会的最大收益。在分配中，社会精英也能够基于社会全局的考虑制定规则确定收益的合理分配。而自下而上的改革更为现实地将社会看成是不同利益相关者组成的复杂系统，不论是社会精英还是普通大众，均能够公平地发表政治、经济见解，社会是多元构成的。在这种社会中，改革必定是不同利益相关主体利益博弈的过程，在一定规则下的利益博弈结果决定了改革红利的产生。这种博弈并不是零和博弈，因为在市场机制下最终实现的是博弈各方的交换和协作，这会使社会生产效率大为提高，社会总产出也会加大。社会分配也是利益相关主体最终的博弈均衡结果，尽管可能仅仅实现的是局部最优，但由于各方均不会改变策略，红利的分配是各方都可以接受的。

可以看出，无论是自上而下还是自下而上的改革，在红利产生和红利分配方面均有自身的优缺点。而在对社会的认识上，前者突出了社会精英的作用，而后者更为关注普通大众。在现实的制度改革中，以上两种方式往往是同时进行的，改革的产生既有社会精英自上而下的领导和推动，也有利益相关主体的利益博弈，红利的产生和分配也综合了两种路径，因此改革红利是一种混合过程。在该过程中，社会精英能够更为宏观地判断历史、文化及国内外政治经济现状对改革红利的影响，从总体上把握改革的整体需求，在社会中形成对改革的整体认同，这是自上而下的改革不可或缺的。而在个体利益层面，很难通过社会精英的控制实现统一的认识，因此在分布广泛、相互交错的局部利益、个体层面，需要不同利益相关主体的合理利益表达及合作博弈。因此，现实中的改革红利的形成和分配是自上向下和自下向上两种方式互动的结果。

（四）改革红利的属性

改革红利是制度性创新带来的收益，是社会利益相关主体博弈（如果将社会精英也看成是一类利益相关主体的话，其代表了主观的国家利益）的结果。对于这种博弈可以有两种认识，即最终的利益追求是冲突的还是相容的。这涉及改革红利的属性问题。

根据现实主义的观点，博弈过程中的利益冲突是改革红利的根本属性。在一个社会中，总有一些利益相关者所拥有的权利大于其他利益相关主体，在缺少宏观管理机制的情况下，这些利益相关主体会通过权利优势对其他利益相关主体的利益追求进行打压和控制，最终一部分利益相关主体的利益诉求并没有得到满足，或者改革红利被分配给了一部分群体，这就造成改革红利的冲突性。

但从整体上看，改革红利更多地表现为相容性，合作和共享是实现改革红利的根本途径。随着信息途径的拓展及技术进步，各类利益相关主体的利益诉求都会通过各种渠道得到表达，并且随着社会分工的细化及专业化，利益主体间的相互依赖程度越来越高，对统一机制及安全、稳定的追求会越来越高，博弈不再追求零和，而是正向的合作。在这种背景下，合作与共享更有利于改革红利的实现，相容性才是改革红利的核心属性。

二、改革红利的衡量

改革红利的多要素、多层次等特征致使测度较为困难。如前所述，因为制度改革带来的红利是一种主观认识，因此可以用效用对其进行描述，并且可以从重要性和紧迫性两个维度进行测度。其中，改革红利的重要性体现在不同的层次上，依次为物质财富的增加、产业经济的发展、福利措施的完善、社会和谐及民族复兴。改革红利的这5个层次是逐层递进的，前一个层次是后一个层次的基础，只有满足了低一层次的要求才能向高一层次迈进。在同一层次中，遵循简单的对比原则，收益越多，红利的重要性越高。而改革红利的紧迫性主要看各项制度改革所能带来的收益与改革成本的现值之差，改革收益与改革成本的现值之差越大，其紧迫性越高；这种差额越小，其紧迫性越低。

根据这种划分，可以在一个二维框架内对不同类型的改革红利进行定性和定量的综合评价。本书在这里并不讨论具体的测度方法，因为这类方法较多，包括AHP和模糊综合评价等。这里仅讨论得到具体评价指标之后的红利对比。可以看出，当在同一个维度进行比较时，改革红利的对比是比较容易的，例如在同一紧迫性维度，重要性越强则改革红利的数值越高。同样，在二维框架内，无论是同一横坐标还是纵坐标比较均较为容易。较为困难的是当前次要利益和未来重要利益的比较，因为这里已经将未来收益和成本转化为了当前收益和成本，因此通过数值进行比较是可行的。但是，因为未来的收益不确定性较强，这种纯数值比较还有很大风险，因此更为可行的方法是专家判断方法。

以上分析对制度改革决策者判断收益提供了一种概念框架，有助于决策者根据改革红利的各类影响因素进行分析，基于主客观认识及决策者的偏好进行相关决策。

第四节　政府采购制度改革的框架

一、研究范式的比较

现实主义、自由主义和建构主义从不同的方面对制度改革进行论述和研究，展现了不同视角下制度改革的核心问题及研究方法。仅从单个方面观察很难看出制度改革的全貌，而简单的综合又很难融合成一个统一的观点，因此需要新研究范式、新理论和新框架的支持。

现实主义理论与现代国家政府机关、组织在政治、经济生活中起到的重要作用息息相关，现实主义对"市场失灵""权利""计划""统筹"等概念的认识也是建立在大量对政府政策、政府机制的历史考察和实证研究的基础上。这些研究明确指出，制度的形成主要是社会利益主体之间协议和利益安排的产物，从表面上看其目的是为了社会经济发展，但实质上是权利的安排。现实主义以写实的笔触描绘了制度的产生发展过程，其中无论是经典的现实主义还是经过改造后形成的结构现实主义，其基本的思维框架或者学术思想还是政治学，采用了政治学的逻辑和方法，得出的也是偏向"政治"的结论和解释。

现实主义理论对制度改革的"权利"解读忽视了当代社会各种利益相关主体公平的利益诉求渠道和环境，忽视了政治社会中民主的进程，忽视了经济社会中反托拉斯法案避免垄断的趋势，忽视了弱势群体、中小企业在现代社会中的作用。当代社会正朝着一个更为多元、更为透明、更为复杂的方向发展，以往凭借"权利"凌驾于其他利益相关主体的现象势必被相关利益主体间的合作及协作所代替。即使有强有力的利益主体存在，他们也势必会通过协商、劝说使制度被大多数利益相关主体认可。这种标识了"合作""共赢""协作"等标签的制度改革势必成为改革的主旋律。在这种大背景下，自由主义和建构主义理论随之产生。

自由主义和建构主义批判了现实主义对"权利"的过分依赖，但同时也陷入了自身的逻辑假设中。在否认"权利"这一极端的同时，自由主义却又走向了另一个极端，试图用"利益"来解释一切。不可否认，在制度改革中，降低交易费用、促成价值扩散的确是制度改革中非常重要的经济考虑，特别是市场经济中的理性决策者更加看重"利益"因素。但如同"权利"无法解释所有现象一样，"利益"也同样不是唯一的标准。仅仅对"利益"进行关注，将制度建设等同于生意人之间的讨价还价，忽略了制度的阶级性，忽视了社会利益主体间的权利差异。而建构主义试图将"权利"与"利益"两种解释变量进行融合，用"共同意愿"来解释制度改革。这种融合借鉴了现实主义和自由主义中的解释并对其进行了综合，在认同"权利"和"利益"的基础上，提出了"观念"这一概念。但是，"观念"在统一了"权利"和"利益"的同时，却在解释能力上无法与"权利"和"利益"更好地等同起来。"观念"的共识更多是"权利"和"利益"之上的主观愿望，是"权利"和"利益"所决定的变量，不是"权利"和"利益"等同的基础解释变量。这种偏重于社会学理论的解释在研究范式上对实证研究提出了难题，只能通过演绎推理和命题证伪来解决。

应该看到，当今社会呈现越来越复杂的特点，很难从单一的视角对制度改革提出全面的、有效的分析方法和结论。在研究中，必须接受复杂性的现实，从复杂性理论来提出制度改革的方法和措施。复杂性理论是系统分解和整体综合的理论。在系统分解过程中，可以看到不同的理论从不同的视角提出了有价值的解释。例如，现实主义对权利这一因素的提炼和解释有助于我们认识制度建设与权利的关系，自由主义对利益这一因素的提炼和解释有助于我们认识制度建设中"看不见的手"所发挥的作用。同时，集各家所长，必须综合各种因素提出新的理论解释。建构主义进行了很好的尝试，但需要更为深入的综合，即提炼。也就是说，在制度改革理论构建中，一方面要接受现实主义、自由主义和建构主义在解释制度改革中的积极作用；另一方面，要更好地融合"权利""利益""认知"，提出新的模型和研究范式。

二、政府采购制度改革框架模型

本节围绕政府采购制度改革的具体问题，分析与理论构建有关的影响要素，提出有关政府采购制度改革的框架模型。

（一）政府采购制度的基本要素

（1）规范类型：制约性规范与构成性规范。政府采购制度是一套规制政府采购行为的制度选择，根据不同的属性、机理及有效性可以分为不同的类型。根据制度对行为的作用机理不同，可分为制约性规范和构成性规范。制约性规范将可操作性的规则细化，规定哪些行为是可以做的，哪些行为是不可以做的。这类规范是利益相关主体达成共识的形式化条款，是行为的细则。而构成性规范向行为客体表明了哪些行为是被倡导的，哪些行为是不被倡导的。这类规范还没有达到制约性规范的普遍认可，也很难进行细化。但这类规范会影响利益相关主体对利益的主观判断从而影响其行为，会将软性的规范内化为行为客体的身份和价值认识，并以此构成行为准则。

无疑，在可操作性上，制约性规范对利益相关主体的约束力较强，并且利益相关主体的重要性越大，这类制约规范的约束力越强，如对政策采购中政府的制约性规范。在制度改革和构建中，要重点关注这类规范的作用。其主要的考虑因素是这类规范是否能够得到主要利益相关主体的认同，并与改革的整体环境相适宜。同时，也需要重视构成性规范的作用，特别是在改革阻力较大的情况下，可以先通过构成性规范的作用提出行为准则，通过构成性规范的内化作用影响利益相关主体的价值认识，当时机成熟时再转变为制约性规范。

（2）政府采购成员资格：准入和退出。政府采购制度改革的研究不能从政府采购系统的内部视角进行研究，需要从该系统的外部进行研究，从没有利害关系的视角研究政府采购制度改革。对于整个采购市场来说，企业等利益相关主体与政府采购制度的关系有两种：一种是有资格者；另一种是无资格者。政府采购制度对参与者与非参与者的态度和影响是不一样的。反之，参与者和非参与者对政府采购制度的行为模式也是不同的。从这一视角分析政府采购制度改革有着重要的意义：第一，吸引/劝退或将一些企业纳入/清洗出政府采购系统，是一种身份的过渡，制度的建立要保证这种身份的过度不仅对政府有利，对企业有利，更重要的是要对整个行业、实体经济有利；第二，政府采购会将一些竞争能力强的企业纳入系统内，这些企业通常是一个地区、一个国家或世界范围内的有核心竞争力的企业，而将一些暂时实力较弱的企业划出系统，这就需要关注对系统内和系统外企业的影响，避免"马太效应"。

准入和退出制度对企业的影响有着不同的机理和机制。在整个社会经济活动中，各类企业有着复杂的相互关系，非政府采购系统内的企业与采购系统内的企业之间的合作、交流等也会使其受到制度的影响，从而在合作、交流、竞争中产生利益或价值相关。这种机制有三类：一是系统外企业与系统内企业有着直接的业务往来，制度的影响是直接的；二是以系统内企业为中介的间接渠道，例如企业链中的某个企业在政府采购系统内，该企业链中的所有企业均会受到影响；三是以制度为中介的间接渠道，例如某企业的某款产品被纳入了政府采购目录中，则该产品的标准会影响生产同类产品的所有企业。通过这三类渠道，准入和退出制度会对企业进行教育说服工作，非系统企业也可以通过这一过程进行学习和变革，向制度规范和标准看齐。

（3）规则内化的方式：正向内化和反向内化。制度能够影响利益相关主体的认识和行为，改变利益相关主体的偏好，甚至会改变利益相关主体的认同。这种假设高度肯定了政府采购制度的正向内化作用，但是在现实的政府采购中，也存在着反向内化机制，如对于是否加入 GPA，在不同的行业和企业之间存在巨大的争议。具体来说，正向内化可分为企业参与、遵守及非自愿违约三种类型，而反向内化可分为企业退出、游离和有意违约三种类型。如果需要建立一个完整的政府采购制度改革框架，就必须承认在政府采购制度中存在正向内化和反向内化两种现象，制度的建设就是要使正向内化放大，而反向内化变小。

（二）政府采购制度改革模式

政府采购制度是一项复杂的经济制度。要全面分析该制度，不仅要对制度进行形式上的、法律上的分析，还要对政府采购制度所处的政治经济环境及其发展历程进行分析。在时间维度上，不能仅仅关注当前的政府采购制度，还要研究和分析该制度的产生、变革及未来的发展趋势。

政府采购制度改革是对自身规则的否定及重新建设，根据主导力量的不同，可以将其分为三种模式类型：政府主导、市场主导、混合模式。

（1）政府主导模式。该模式认为，政府在政府采购制度体系中是需求者，拥有的权利也最大，因此愿意提供制度体系；非政府的利益相关主体，例如企业，能够从相应制度中获益，但是极少有企业具备制度改革中必需的协调能力，因此只能扮演免费搭车人的角色。这种改革模式认同政府的全局意识，其基本假设是政府对于国家利益、国民共同利益的代表和保证。在这种模式下，企业等其他利益相关主体，无论是系统内的，还是系统外的，均能够通过制度的溢出效应获得收益。

（2）市场主导模式。该模式认为，制度是通过利益相关主体重复博弈的产物，是重复交易的自动产物。在市场环境下，利益相关主体为了长期利益会放弃短期利益，一些行为就会在反复的交易中固定和稳定下来，从而形成制度。因为是在市场环境下进行的交易，这种制度形成模式的成本是最低的。

（3）混合模式。该模式认为，拥有权利的利益相关者仍然是制度的供给者，但其他利益相关主体承担部分成本。政府主导模式下，拥有权利的政府是制度的供给者，而其他利益相关主体仅是"搭便车"者，承担少部分成本。这种模式对于政府来说成本较高,并且政府可能会为了自身的利益而绑架其他利益相关主体。而在市场主导模式下,由于缺少制度的有效供给者,长时间利益主体间的博弈未必是一项有效的制度产生路径。因此,混合模式成为制度变革的一项有效模式,可以克服政府主导、市场主导的缺点,同时能够利用两者的优点。当然,在这种模式下需要良好的管理控制,特别是政府对自身的管理控制,否则不仅不能发挥政府和市场各自的优点,还可能呈现出两者的缺点。

对于我国政府采购制度来说,混合模式应该是一种切实理性的选择。

(三) 政府采购制度改革的有效性

无论采用哪种制度改革模式,最终形成的制度有效性才是制度改革的评价标准。在对有效性的理解上,一方面有效性被用来衡量制度是否对行为产生影响,影响的程度如何;另一方面有效性可以被理解为制度是否被服从、执行,制度的持续时间。还可以根据现实主义、自由主义和构建主义理解制度的有效性。从现实主义来看,制度有效性表现为是否能够改变社会利益主体的行为,利益主体间的冲突能否在制度框架内解决;从自由主义来看,制度有效性表现为制度能否帮助利益主体通过合作、协作等获得共同利益;从建构主义来看,制度有效性表现为制度能否获得长期存在,也就是制度能否获得众多利益相关主体的认同,能否适应社会。

以上的理解从不同的侧面来理解制度有效性,但这三种理解方式在完整性上均有不足。本小节将根据制度的特征提出一个测度制度有效性的框架。在该框架内,制度的有效性考虑了制度的"制约性规范和构成性规范""系统成员和非成员"两组概念,通过稳定性、经济性和扩散性三方面进行测度。

(1) 稳定性。制度的稳定性是指制度能够维持制度框架的稳定,利益主体对制度规范自愿或被迫接受。如果各利益相关主体愿意加入该制度,则制度的有效性较高。基于这种性质,可以对制度改革的诱因进行分析。首先,当制度嵌入的总体权利结构发生变化时,会诱发制度变革。这是因为在不同权利结构下,利益主体对相对收益的追逐会诱发对原有制度的违背,从而产生制度变革。其次,当利益主体间的相对权利发生变化时,也会诱发制度变革。这是因为新兴利益相关主体有变革旧制度的冲动,而旧利益主体权利的丧失会使其对旧制度的维护义务不再具有动力,因为对旧制度的维护会使利益丧失并且提升维护成本。

(2) 经济性。制度的有效性还体现在它能够降低利益相关主体行为所引起的不确定性,能够降低遵循制度的成本,增加违背制度的成本。在这种假设下,制度变革的诱因就是成本的降低。例如加入 GPA 的制度变革,本质上在于降低国家间的贸易壁垒，提高开放程度。

（3）扩散性。制度的有效性还体现在其能够塑造利益相关主体的身份认知，并将这种认知传播给其他利益相关主体。这种特性强调制度的内外化作用，内化是指系统内的身份认知，外化是指系统外的认知扩散。当制度的正向内化作用越强，制度有效性越强；正向外化作用越强，制度有效性越强。在这种假设下，制度变革的诱因是利益相关主体对制度的共识出现偏差，路径是正向内化还是正向外化的机制被阻断。

（四）政府采购制度改革的整合框架

探讨国家政策、改革红利和政府采购制度改革互动关系是构建制度改革理论的关键。以往的研究多从政策、利益相关主体等视角研究制度对改革收益的影响。本小节将综合现实主义、自由主义和建构主义理论，从政府政策视角提出一种政府采购制度改革的整合框架。

该整合框架的基本观点有：首先，改革收益或改革红利是决定制度改革的根本要素。其次，政策通过两条路径影响制度改革：一方面，一旦政策形成，便会成为超越国家之上的因素，对制度改革产生约束作用；另一方面，政策能够对利益相关主体的身份和利益产生构建作用，从而影响制度改革。该框架较为全面地刻画了政策对制度改革的影响，并且着重强调了政策对制度改革的塑造作用。在该模型框架中，对以往模型的扩展体现在以下两个方面：

第一，"制度"被分解为"制度供给"和"制度有效性"，前者体现了制度与改革红利的符合程度，后者决定了红利在制度下的可实现性。而"改革红利"可以分解为"红利的客观要素"和"红利的主观因素"，前者是判断红利与制度符合程度的基准，后者是联系红利与制度改革的主观认知。通过对"制度"及"红利"的分解，可以理清制度改革中要素及要素间的关系。

第二，制度对利益的内化机制是影响制度改革的机制。从国家政策的角度进行分析，制度的内化作用是制度改革的发生机制，并且这种机制发挥的路径与国家对改革红利的认知水平相关，随着对改革红利认知水平的深入，制度内化的效果更为明显。也可以说，内化机制影响决策者对制度供给所带来的红利合理性及有效性的判断，进而影响制度改革决策。内化机制决定了制度改革的路径。在该模型框架中，需要注意以下三点。首先，中国是一个发展中的大国，并且处在艰难的转型阶段，在制度改革上具有鲜明的国家主导色彩，并且有浓厚的整体主义特征。因此，在改革红利及制度改革的思维上，主要体现为社会精英自上而下与社会大众自下而上相结合推进改革的模式。其次，随着改革红利与政府采购制度供给匹配性程度的不断增强,民众对实施政府采购制度改革的意愿会不断增强。最后,制度的内化作用会通过利益相关主体对制度的主观学习及对红利实现的主观认知而实现(见图4-1)。

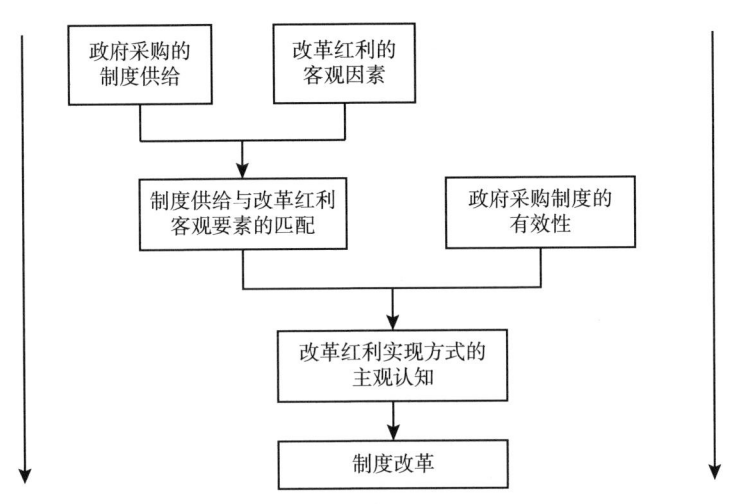

图4-1 政府采购制度改革的整合框架

基于以上整合框架,我国政府采购制度改革的总体目标是逐步建立法律制度完备、采购主体职责清晰、监管机制健全、政策功能完备、交易规则高效、技术支撑先进的现代政府采购制度。

本 章 小 结

政府采购制度建设是一项复杂的系统工程,需要综合考虑多种要素。本章基于现实主义理论、自由主义理论和建构主义理论,从政府政策、改革红利及政府采购制度改革三个层面的相互关系和作用机理进行了分析,提出了我国政府采购制度改革的一个整合框架。以上三个层面从不同的侧面对制度改革、改革红利的形成、原理、路径等因素进行了分析,给出了不同的假设及结论。在本章所构建的整合框架中,综合了三种理论的优点,结合我国国情,提出了从制度供给到改革红利主观认知再到制度改革的路径,并指出该路径中的制度内化机制及改革红利认知的发展过程。以上模型能够指导我国政府采购制度改革,能够发挥政府和市场的综合优势。

第五章

市场经济框架下的政府采购管理体制改革

政府采购管理体制能够规范政府采购利益相关主体的责权及行为,是政府采购制度改革的核心。我国现行的政府采购管理体制是以各级政府财政部门为核心的管理体系,政府采购管理体制改革要求建立一套主体明确、权责清晰、运转高效、管理科学的体制,改革后的政府采购管理体制既能够发挥政府的宏观调控作用,又能够充分发挥市场配置资源的决定性作用,使政府采购真正实现其政策功能。

第一节 政府采购管理体制概述

一、国内外政府采购管理体制

从管理学角度来说,体制指的是有关组织形式的制度,是国家机关、企事业单位的机构设置和管理权限划分及其相应关系的制度。体制是国家基本制度的重要体现形式,它为基本制度服务。基本制度具有相对稳定性和单一性,而体制则具有多样性和灵活性。

（一）国外政府采购管理体制

在西方经济发达国家及地区,政府采购已有200多年的发展历史,并形成了一套成熟的管理体制。

1. 美国政府采购管理体制

美国联邦政府采购政策管理办公室（the Office of Federal Procurement Policy,

OFPP）成立于 1974 年，为行政管理和预算局（the Office of Management and Budget，OMB）下设职能机构，负责联邦政府采购的统一政策管理，不负责有关法律法规的具体执行和监督工作。设立 OFPP 的目的是在行政机关采购制度的制定过程中发挥总体指导和协调功能，它通过发布普遍适用于各个行政机关的规章制度以协调指导具体采购活动的实施。OFPP 的主要职责是拟订有关法律草案，提出修改或制定法律的动议，代表政府各部门在国会立法时向国会反映意见和建议；组织制定联邦政府适用的政府采购政策和法规，不断规范采购程序；负责政策性指导，核批各政府部门依采购法律法规拟订的有关补充规定。

除国防部和交通部外，联邦政府其他机构及国会的政府采购统一由联邦总务署（General Servers Administration，GSA）负责。2005 年 9 月开始，将联邦总务署供应服务中心（Federal Supply Service，FSS）和联邦技术服务中心（FTS）整合成一个新组织，即联邦政府采购中心（FAS），负责具体执行采购事宜。FAS 内部设置部门包括信息技术部，负责联邦政府各部门 IT 产品采购和网络建设；综合部，负责制定有关政策和签订各类采购合同；公务旅行与交通部，通过颁发采购卡为联邦政府雇员提供公务旅行的交通（机票）和住宿（定点优惠）等服务；政府采购学院，负责政府采购专业化培训。FAS 的采购官员为通过培训和考核认证的政府合同官员，负责采购事宜，授予供应商合同，并直接承担采购责任，具备各种专业特长，可以为各部门提供质优价廉的货物和服务。

美国国会下设联邦会计总署（General Accounting Office，GAO），履行政府预算支出和政府采购监督管理职能。GAO 成立于 1921 年。根据美国宪法，GAO 负责审计联邦政府的各项财政支出情况，并对政府采购活动实施监督。GAO 负责对行政机关的采购计划进行评估并提出建议，可以获取所有的政府采购文件，对政府采购项目进行审计。此外，GAO 还是受理供应商投诉的权威机构。GAO 雇员都是资深政府采购法律专家，属于公务员。供应商申诉与投诉则由合同争议委员会和会计总署处理。美国政府采购形成了专门机构管理、专业人员采购、专业机构处理投诉的运行机制。

2. 韩国政府采购管理体制

韩国政府采购由专设的采购厅来负责。采购厅是财政经济院下设的副部级机构，内部机构设置为计划和管理办公室、审计和检查办公室、管理局、采购局、工程局、存货及对外采购局等。其主要职责是从国内外市场上采购商品和服务，政府重点工程采购和存货管理，负责进口商品的管理和政府资产管理等。

3. 中国香港特别行政区的政府采购管理体制

我国香港特别行政区的政府采购管理体制也相当成熟。由于中国香港是

WTO 成员,其政府采购行政规章精神与 WTO《政府采购协议》的规定是一致的,加之特殊的地理位置及历史等原因,决定了其政府采购管理、运作及机构设置的科学性和规范性。香港实行集中采购制度,除小额物品由各部门直接采购外,所有政府采购由集中采购机关直接进行,不涉及任何中介机构。财政司是香港政府采购的主管机构,财政司库务局下设政府物料供应处,并建立中央储备仓库,是中国香港的中央采购、物料储存及供应机构,为政府部门、机构和某些公共团体服务,工作人员均为公务员。财政司的主要职责:一是制定政府采购的规章和政策。现行规范政府采购程序的主要规章,是财政司根据《公共财政条例》制定的《物料供应及采购规例》,财政司库务局据此制定了一系列补充规定。香港所有政府部门的物料、服务、建造及各类工程的采购,均须遵循规例规定的招标程序。二是政府采购的管理事务,包括政府采购各类招标委员会成员的任命、政府采购信息的发布、部分供应商的资格审查、政府采购供应商投诉的受理、政府采购人员的培训与管理等。三是各政府部门通用物品的集中采购和供应。通过严密的采购审批和招标程序,对各政府部门通用物资实行集中采购、管理和供应等,并在政府物料供应储备仓库中保持着一定的储备量,采取批量采购、定量储存、及时送货和定期处置等措施,提高政府采购的质量和效率。

政府采购管理体制是规范监管人、采购人、采购执行机构和供应商之间关系的一整套制度体系。政府采购管理体制改革,就是在一个基本制度的指引下,建立一套更为科学合理的政府采购管理体制,处理好由谁管理、由谁采购、由谁验收、由谁付款、由谁监督、由谁仲裁等一系列问题。在市场经济视角下建立一套主体明确、权责清晰、运转高效、管理科学,既符合社会公众要求,又符合政府行政原则与市场规则的良性运行的政府采购管理体制具有重要的现实意义。一方面,尊重市场经济的管理体制有利于增强财政预算的约束力和透明度,减少盲目采购和重复采购,提高财政资金的使用效益,从而确保财政职能更好的发挥;另一方面,按照市场经济体制下职责分明、运行有序的原则,科学界定采购人、采购代理机构、采购监督管理部门、供应商和评审专家的权利、义务和责任,有利于实现内部协调和权力制衡,促进政府采购依法规范有序运行。

(二) 我国现行的政府采购管理体制

我国现行政府采购管理体制是按《政府采购法》规定建立起来的,即财政部门为政府采购主管机构,设立政府集中采购机构为执行机构,实行集中采购与分散采购相结合的混合采购模式。

各级人民政府财政部门是政府采购的监督管理部门,依法履行对政府采购活动的监督管理，其主要职责包括政策制定、预算编制、资金支付、信息管理、采购方式管理、合同管理、聘用专家管理、供应商投诉处理、集中采购机构业绩考核和政府采购管理人员培训、监督检查等管理工作。值得一提的是，目前，政府采购工程的招标投标监督管理除遵循《政府采购法》相关规定外，主要是按《招标投标法》及其相应的监督管理规定执行，由自然资源、工业和信息化、住房城乡建设、交通运输、水利、商务等各行政主管部门分别负责有关行业和产业招标投标活动的监督执法。未来随着《招标投标法》和《政府采购法》逐步整合，货物工程服务的政府采购管理监督权将统一由一个部门承担。

政府采购执行机构为政府采购代理机构。采购代理机构是依法设立或认可的独立法人，主要从事政府采购代理业务。根据政府采购代理机构的性质不同，采购代理机构分为集中采购机构和其他采购代理机构。集中采购机构是专门从事政府集中采购目录以内、限额标准以上的项目采购代理活动的机构。其他采购代理机构又称非官方采购代理机构，是指依法成立的、接受采购人委托、提供政府采购代理业务的社会服务中介组织，其主要职责是接受采购人的委托，代为办理有关政府采购事宜，如编制招标文件、组织评标、协调政府采购合同的签订和履行等。从法律意义上看，其他采购代理机构接受采购代理属于委托代理的一种，应遵守法律和监管部门的规定。

政府采购采取集中采购与分散采购相结合的混合采购模式，其特征：一是实行集中采购目录和采购限额标准制度，即集中采购的范围由省级以上人民政府公布的集中采购目录确定。属于中央预算的政府采购项目，其集中采购目录由国务院确定并公布；属于地方预算的政府采购项目，其集中采购目录由省、自治区、直辖市人民政府或者其授权的机构确定并公布。省级人民政府可以授权县级以上地方人民政府根据省级人民政府公布的集中采购目录和采购限额标准制定适用于本行政区域的集中采购目录和采购限额标准，但县级以上地方人民政府不得缩小集中采购目录范围。二是集中采购机构是政府集中采购的法定机构，负责实施集中采购。其中，通用产品与服务由政府集中采购，集中采购的范围以省以上各级政府财政部门确定的"集中采购目录"为基准；集中采购目录以内非通用产品，实行部门集中采购；没有纳入集中采购目录的项目可以分散采购或委托社会中介代理机构采购；有条件的采购人，经过政府采购监督管理部门批准，可以实行自行采购。

从总体来看，这种体制在政府采购实践中是有优点的，但也暴露出诸多弊端，招投标机制不完善；采购机构设置不明确，一种机构多种模式；采购监管机构和各方当事人的权责设定不明晰等。因此，应该继续借鉴国际成熟做法，总结我国近年来政府采购实践的经验，构建科学统一规范有效的政府采购管理体制。

二、国内外政府采购组织形式

政府采购组织是政府设定的采购管理体制的形式化表现。不同的组织形式表明了不同的管理体制，决定了不同组织间的责任权利关系，组织行为受此影响也显现出不同的特点。

（一）国外政府采购组织形式类型

政府采购的组织形式，在不同国家、地区间存在着较大差异，即使实行相似管理体制的国家之间，也存在差异；一个国家在不同历史时期，也实行不同的采购组织形式。大致可分为三类：

（1）完全集中型（集中采购），如香港。集中采购是指由政府设立的职能机构统一为其他政府机构提供采购服务的一种采购组织实施形式。一个部门统一组织本部门、本系统采购活动，也称为集中采购。

集中采购的实施主体为集中采购机构，一级政府的集中采购机构一般是一个，也可以是多个。集中采购机构的职能是受采购人委托开展的采购活动，实际上是一个代理机构，不具有政府采购的行政管理职能。集中采购机构的采购范围视集中程度而定，一般情况下，主要是跨部门的通用商品。实行集中采购有利有弊。其有利之处是，能形成批量，取得规模效益；减少重复采购，降低采购成本；统一策划，统一采购，统一配置标准，便于维修和管理；培养一支专业化采购队伍，保证采购质量；方便管理和监督；有利于政府采购政策取向的贯彻落实。其弊端主要是容易滋生官僚习气，采购效率不高；难以满足用户多样性的需求；采购周期较长等。

（2）完全分散型（分散采购），如新加坡。分散采购是指由各预算单位自行开展采购活动的一种采购组织实施形式。分散采购的组织主体是各预算单位，分散采购也有利有弊。其有利之处主要是增强采购人自主权，能够满足采购对及时性和多样性的需求。不利之处主要是失去了规模效益，增加了采购成本，不便于监督管理等。

（3）适当集中型（混合采购）。集中采购与分散采购相结合是指一级政府的政府采购组织实施形式既有集中采购，也有分散采购，二者同时并存的采购模式。集中采购与分散采购相结合的组织形式，也就是集中采购与分散采购并存，发挥各自的优势，这是当前国际上的主流组织形式。

实践中没有百分之百的集中采购或分散采购。集中采购与分散采购并存有利于帮助相关职能部门完全实现其政策目标。一个组织究竟在多大程度上实现集中采购和分散采购制度，没有标准模式。一般说来，在建立政府采购制度的初期，集中采购有利于这项制度的建立。当这项制度趋于完善之际，适度集中采购则可能更有利于提高政府采购工作的效率。当然，采购实体的目标、文化、资源和管理需求都对采购组织的集中化和分散化起作用。

世界各国政府采购的实践表明，适度集中采购组织形式适应了政府采购的经济性和有效性目标，有利于国家制定和实施统一的采购政策和目标，代表了政府采购制度的发展趋势。自 20 世纪中叶以来，许多国家采取的是适度集中采购制度。美国自 1949 年起确立了以联邦政府集中采购为核心的管理体制，确立了联邦事务局为适度集中采购的实施机构。韩国于 1955 年开始全面推行政府物资的适度集中采购制度，于 1966 年建立和完善了适度集中采购制度和供应制度，规定中央部门 20 亿韩元以上和地方 100 亿韩元以上的采购项目由采购厅集中进行。而在加拿大，政府部门采购只要超过 5000 加元，就必须由采购中心进行，采购中心采购的商品多达 1.6 万种，仅经过事前竞争确定的重点采购商品就有 1 万种。

（二）我国政府采购组织形式

我国的政府采购组织形式是集中采购与分散采购相结合的混合采购形式。

（1）政府集中采购，是指由政府设立的集中采购机构依据政府制定的集中采购目录，受采购人的委托，按照公开、公平、公正的采购原则，以及必须采取的市场竞争机制和一系列专门操作规程进行的统一采购。集中采购是政府采购的一种主要组织实施形式，由政府将具有规模的，包括批量规模的采购项目，纳入集中采购目录。属于通用的政府采购项目，采购人应当委托集中采购机构代理采购，有特殊情况报经同级财政部门批准的除外。集中采购机构不得把采购人委托的采购项目再委托其他采购代理机构采购。通用的政府采购项目，是指采购人普遍使用，可归集形成采购规模的标准化产品，必须由集中采购机构代理采购，部门和单位不允许自行采购。

（2）部门集中采购，是指主管部门（采购人）统一组织实施纳入部门集中采购目录以内的货物、工程、服务的采购活动。部门集中采购也属于集中采购，其范围主要是本部门、本系统有特殊要求的采购项目。对于这些采购项目，相关部门具有丰富的采购经验，对市场的了解也超过了集中采购机构，由这些部门组织集中采购，效益更好、效率更高，能更好地满足采购人需求。

集中采购目录中涉及某些部门、系统有特殊要求的项目，集中采购目录中属于非通用的，只适合某一部门或者系统使用的项目，应当由相关部门实行部门集中采购，不必委托集中采购机构代理采购。

部门集中采购与集中采购机构采购相比具有两大优势：一是对一些特殊的采购项目，相关部门具有丰富的采购经验和一定的专业知识，对项目性能的把握超过集中采购机构，能更好地满足采购人需求；二是部门集中采购更具操作性和灵活性，效率更高，减少了部分环节。随着政府采购制度改革的不断推进，集中采购机构专业化水平快速提升，电子化采购等执行手段日新月异，部门集中采购机构先天不足的缺陷也逐步暴露，限制了部门集中采购规模的增长，应积极发挥集中采购机构的主渠道作用。

（3）单位分散采购，是指采购人自行组织实施采购活动，分散采购的主体是采购人，即各级政府行政事业单位。分散采购是相对于集中采购而言，也是政府采购的一种组织实施形式。分散采购的范围是指政府集中采购目录以外、采购限额标准以上和政府集中采购目录以内、采购限额标准以下的政府采购项目。如果纳入集中采购目录中的采购项目，属于个别单位的特殊需求，采购人按其专业要求需要特别定制，不宜实行集中采购，而且不具备批量特征，可以由该单位自行组织采购，但事前必须得到省级以上人民政府授权机关的批准，否则，视为违法行为。分散采购项目可以由采购人自行组织采购，也可以委托集中采购机构或社会代理机构代理采购。

由此可见，列入政府集中采购目录的采购项目实行集中采购。政府集中采购目录之外的采购项目，达到采购限额标准以上的，实行分散采购；没有达到政府采购限额标准的，采购人可以采用《政府采购法》以外的其他采购方式，不属于政府采购范畴。政府采购组织形式适用范围划分如表 5-1 所示。采购组织形式与采购项目和采购预算关系如表 5-2 所示。

表 5-1　　　　　　　　　政府采购组织形式适用范围

我国政府采购组织形式	集中采购	集中采购机构代理采购	采购《政府集中采购目录及标准》中的集中采购项目，必须统一委托依法设立的集中采购机构代理采购
		部门集中采购	采购《政府集中采购目录及标准》中的部门集中采购项目，由中央部门或地方部门实行部门集中采购。中央部门和地方部门的集中采购可以自行组织采购，或委托采购代理机构代理采购
	分散采购		分散采购是指采购《政府集中采购目录》以外、政府采购限额标准以上和《政府集中采购目录》以内、采购限额标准以下的采购项目。分散采购项目可以由采购人自行采购，也可以委托采购代理机构代理采购

表 5-2　　　　　采购组织形式与采购项目和采购预算关系

项目范围	项目性质	项目采购预算总额	采购组织形式	是否编制预算	采购规则
集中采购目录以内	政府集中采购项目	不论采购预算金额	由集中采购机构采购	编制政府采购预算	有采购规则
	部门集中采购项目	公开招标限额标准以上（含）	原则上委托采购代理机构采购		
		公开招标限额标准以下	鼓励委托采购代理机构采购		
			按采购规则自行采购		
	目录中有标准的项目未达到标准，为零星采购项目	单项或批量采购预算标准以下	自行采购	不编政府采购预算	无采购规则
集中采购目录以外	限额标准以上（含），为分散采购项目	公开招标限额标准以上（含）	原则上委托采购代理机构采购	编制政府采购预算	有采购规则
		公开招标限额标准以下	鼓励委托采购代理机构采购		
			按采购规则自行采购		
	限额标准以下，为零星采购项目	分散采购限额标准以下	自行采购	不编政府采购预算	无采购规则

第二节　政府采购体制改革框架

我国政府采购体制改革需要在明确改革目标的情况下提出具体的改革措施。其中，改革目标是多方面的，因此需要对不同的目标进行综合权衡，提出切实可行的目标取向。而在改革框架的制定中，要确定好政府采购制度建设中的控制机制和组织管理框架。本节将在改革原则、控制机制及控制组织三方面提出改革框架。

一、政府采购管理体制改革原则

从根本上说，政府采购管理体制改革问题，是关系政府采购制度建设成败的关键问题。体制改革的关键在于所构建的新体制能否适应各方面的现实需求及未来的发展要求。因此，在经济全球化及我国供给侧结构性改革的大背景下，政府采购管理体制改革既要充分借鉴国外先进国家的经验，也要结合我国多年来改革的经验及教训。

在改革过程中，需要处理好执行与监督的关系、政府与市场的关系和利益相关主体间的权衡关系等。以此为目标，我们提出了"管采分离、机构分设、政事分开、相互制约、规范管理、强化监督"的政府采购管理体制改革原则。

（一）管采分离、机构分设

管采分离就是政府采购监管与执行职能相分离，财政部门作为政府采购监督管理部门，履行政府采购的计划、管理与监督职能。政府采购中心作为集中采购机构，负责政府采购计划的实施与执行。加强政府采购监督管理与操作执行相分离的体制建设，进一步完善财政部门监督管理和集中采购机构独立操作运行的机制。

政府采购管理与操作执行职能分离，是政府采购管理体制规范化的具体体现。管采分离、机构分设也是建立和完善财政部门、集中采购机构与采购人职责清晰、运转协调工作机制的前提。财政部门要更新管理理念，履行好监督管理职责，做到依法管理、监管有规。采购人和集中采购机构要依法执行政府采购，做到操作有方。在政府采购活动中，监督管理和操作执行必须并重，绝不能将二者对立起来，既要发挥监督管理的职能作用，又要发挥操作执行的能动作用，监督管理、操作执行要同时发挥作用，才能实现政府采购制度改革发展目标，才能保障政府采购政策功能的发挥。

（二）政事分开、相互制约

财政部门要严格采购文件编制、信息公告、采购评审、采购合同格式和产品验收等环节的具体标准和程序要求；要建立统一的专家库、供应商产品信息库，逐步实现动态管理和加强违规行为的处罚；要会同国家保密部门制定保密项目采购的具体标准、范围和工作要求，防止借采购项目保密而逃避政府采购的行为。

集中采购机构要严格按照《政府采购法》规定组织采购活动，规范集中采购操作行为，增强集中采购目录执行的严肃性、科学性和有效性。在组织实施中不得违反国家规定收取采购代理费用和其他费用，也不得将采购人委托的集中采购项目再委托给社会代理机构组织实施采购。要建立健全内部监督管理制度，实现采购活动不同环节之间权责明确、岗位分离。要重视和加强专业化建设，优化集中采购实施方式和内部操作程序，实现采购价格低于市场平均价格、采购效率更高、采购质量优良和服务良好。在集中采购业务代理活动中要适当引入竞争机制，打破现有的集中采购机构完全按行政隶属关系接受委托业务的格局，允许采购人在所在区域内择优选择集中采购机构，实现集中采购活动的良性竞争。

（三）规范管理、强化监督

政府采购监督管理和操作执行是政府采购工作的两个方面，是政府采购制度改革的基本力量。任何一项制度都需要通过规范的操作执行去实现，而操作执行好坏关系着政府采购制度改革的成败。所以，财政部门要履行好监督管理职责，以监督促管理。从某种意义上讲，管理就是服务，财政部门要在制度规则、管理环境、经费保障等方面为集中采购机构提供支持和保障，真正做到寓管理于服务之中。集中采购机构要通过专业化操作，将各项制度规定落实到每项具体采购活动中，确保采购各个环节程序规范合法，对采购人超出法规制度规定的不合理要求也不迁就，只有通过监督管理与操作执行双向互动，形成合力，才能有效实现公开透明、运转高效和采购结果最佳等政府采购制度目标。

一是规范财政部门监督管理与集中采购机构独立运行的机制，通过改进管理水平和操作执行质量，确保采购的规范和公平，力求采购价格、采购质量和服务效能的最优，实现效率和效益的统一。鼓励对一些通用性较强的项目实行地区内协作联动采购，提高政府采购集约化水平。

二是坚持预算约束，加强政府采购预算管理与执行。不断细化政府采购预算编制，做好政府采购预算与计划的衔接工作，确保采购计划严格按政府采购预算的项目和数额执行。建立采购计划执行分析评价制度，提高计划执行的有效性。

三是积极推进监管方式创新，建立监督与处罚并举的动态监控体系。实行政府采购全流程标准化管理，使信息发布、标书编制、开标评标、合同签订、质疑投诉等环节既紧密衔接又相互制衡。加快供应商诚信体系建设，建立健全对采购人、评审专家、供应商、集中采购机构和社会代理机构的考核评价机制和不良行为公告制度。完善财政部门监督管理、审计部门审计监督相结合的工作机制，实现监督检查制度化、常态化和规范化。

政府采购的操作执行、监督管理相辅相成、不可偏废、缺一不可。各级财政、监察和审计部门要依法履行《政府采购法》所规定的各项管理监督任务，既到位又不越位，相互协调相互配合，共同把管理监督工作落到实处。要通过有效的管理监督工作形成制约机制，一方面有利于政府采购工作的顺利开展，提高政府采购项目的质量和效率；另一方面从源头上防范抑制腐败问题的产生。

二、符合市场化要求的政府采购控制机制

市场化背景下的政府采购控制制度,是指适应社会主义市场经济的内在要求,根据政府采购法律、法规、规章和制度的规定,结合政府采购业务管理的特点和要求而制定的旨在规范政府采购管理活动、体现政府采购原则的制度和办法。不仅包括政府采购预算编制、确定政府采购方式、组织采购活动和处理投诉质疑,还包括对政府采购活动进行综合计划、控制和评价而制定或设置的各项规章制度。

建立健全的政府采购控制机制,是贯彻国家政府采购法律、法规、规章、制度,保证政府采购工作有序进行的重要措施,是加强政府采购管理的重要手段,也是我国进行全面深化改革的重要组成部分。加强政府采购制度建设是使各项权力得到约束、制衡和监督,政府采购活动实现规范化、程序化和法制化的重要保证,也是防范采购风险的必要措施。

(一) 建立政府采购控制制度

政府采购控制制度是对政府采购标的功能、价格、质量以及采购进度和采购行为的控制。政府采购控制制度包括政府采购预算控制、采购质量控制、采购进度控制和采购行为控制制度。

(二) 建立健全内部监督制衡机制

划清政府采购的政策制定、预算编制、执行采购计划、监督、验收等职能的界线,形成各部门和机构、法人之间的相互制约机制。财政部门负责采购计划的审批、监督检查和政府采购市场准入,其中监督检查包括政府采购法律、法规、规章的执行情况、采购人员的职业素质和专业技能培训、受理供应商投诉、审查供应商准入资格等。政府采购代理机构负责具体组织实施采购工作。采购人提出采购需求和负责验收货物。供应商提供质优价廉的商品和服务。

(三) 合理安排机构设置和人员分工

从控制范围看,内部控制应涵盖政府采购的全过程、全链条,包括单位内部相互制衡和单位与单位之间的相互制衡;从控制内容看,不仅要对具体业务活动进行控制,还要把控制环境、控制程序纳入政府采购范畴;从时间上看,不仅要事中控制,还要实施事前和事后控制;从纵向层级看,要从一般采购经办人员控制

逐步扩大到决策层甚至最高决策者，形成人人、事事、时时都能遵守内部控制制度。

（四）做到不相容岗位的分离

一项政府采购业务活动必须分配给具有相互制约关系的两个或两个以上的职位分别完成。在横向关系上，一项工作至少要由彼此独立的两个部门或人员办理，以使该部门或人员的工作接受另一部门或人员的监督和制约；从纵向关系上，一项工作至少要经过两个或两个以上的岗位和环节，以使下级受上级监督，上级受下级制约。严禁一个部门既管审批又管执行，既管采购又管验收等行为。

三、政府采购管理机构及职能

政府采购制度改革的关键是建立符合社会主义市场经济内在要求，同时与我国行政管理体制改革相适应的政府采购管理机构，进一步完善机构职能。

（一）政府采购管理机构

政府采购管理机构是指负责政府采购管理和监督工作的职能机关。从国际惯例看，政府采购的主管部门主要是财政部门。就我国而言，各级财政部门为政府采购的管理部门。第一，是政府赋予的职能。在1998年机构改革中，国务院赋予了财政部"拟订和执行政府采购政策"的职能，确立了财政部门为政府采购监督管理部门的地位。第二，政府采购是财政支出管理的一项制度。政府采购资金主要来源于财政支出，可以说没有财政支出就没有政府采购行为。政府采购行为是财政支出由货币形态向实物形态转变的过程。因此，实行政府采购制度是财政管理职能由预算分配延伸到支付使用的过程，由货币形态延伸到实物和其他形态，通过采购资金的管理规范采购行为，通过采购行为的规范促进采购资金的管理，提高采购资金的使用效益。政府采购与财政支出管理是一个事物的两个方面，不可分割，不可替代，是财政部门的内在职能。第三，其他部门不能替代财政部门在政府采购管理方面的职能。政府采购是对采购项目的全过程管理，包括编制采购预算、选择采购方式、执行采购程序、支付采购资金等，其中的预算编制、采购资金支付等事务是财政部门的职能，其他部门不可替代。第四，财政部门具有推动政府采购工作的手段。其中，最有力的手段是采购资金的支付。政府采购相关当事人不按规定开展采购活动，财政部门可以拒绝支付采购资金。

《政府采购法》规定我国政府采购的主管部门为财政部门。根据《政府采法》第十三条的规定:"各级人民政府财政部门是负责政府采购监督管理的部门,依法履行对政府采购活动的监督管理职责。各级人民政府其他有关部门依法履行与政府采购活动有关的监督管理职责。"

财政部作为中央政府采购监督管理部门,具体职能由财政部政府采购管理办公室执行,与国库司合署办公。由于加入《政府采购协议》谈判工作的需要,财政部政府采购管理办公室分为政府采购管理处、政府采购国际事务处和政府采购监督裁决处,政府采购管理处负责国内政府采购政策管理职能;政府采购国际事务处负责加入《政府采购协议》谈判及其他政府采购国际交往相关工作;政府采购监督裁决处负责政府采购监督和投诉质疑裁决等项工作。在地方,各级财政部门作为政府采购监督管理部门,其下设政府采购管理处(政府采购管理办公室等)执行其所辖区域内的政府采购监督管理,如河南省、广东省财政厅等下设政府采购管理处(以下简称政府采购处),北京市、黑龙江省、湖南省、福建省财政厅(局)等下设政府采购办公室(以下简称政府采购办,下同),等等。

按照管采分离规定,政府采购管理部门不得设置集中采购机构,不得参与政府采购项目的具体采购活动。采购代理机构与行政机关不得存在隶属关系或者其他利益关系。财政部门要依法履行监督管理职责,不断改进管理方式,提高审批效率,整合优化采购环节,制定标准化工作程序,建立各种采购方式下的政府采购价格监测机制和采购结果的社会公开披露制度,实现对采购活动及采购结果的有效监控。

(二) 政府采购管理机构职责

各级财政部门是负责政府采购管理的部门,依法履行对政府采购活动的监督管理职责。政府采购办(处、科)是财政部门负责对政府采购管理的具体办事机构,其主要职责:(1) 政府采购制度监管。组织执行《政府采购法》及其有关行政法规,拟订政府采购规章、制度,制定政府采购监督管理的具体办法、程序。(2) 政府采购预算管理。拟订政府集中采购目录或限额标准以及公开招标数额标准,参与本级政府采购预算的编制、批复及政府采购资金的管理,具体组织本级政府采购计划的编制、执行及资金的审核等。参与制定政府采购项目的配置标准。(3) 政府采购信息管理。指定政府采购信息发布媒体,管理政府采购信息发布,维护、管理政府采购网络,统计、分析政府采购报表。(4) 政府采购方式管理。审批采购人货物、服务类采购因特殊情况需采用公开招标以外的采购方式。(5) 政府采购合同管理。监督执行政府采购合同条款,规定政府采购合同样式,受理政府采购项目合同备案,制定政府采购的委托程序、委托书格式。(6) 政府采购投诉管理。受理和处理政府采购投诉，受理政府采购的行政复议。（7）政府采购专家和代理机构资格管理。负责政府采购评审专家的资格认定，管理本级政府采购"专家库"。负责采购代理机构的资格申报和认定。（8）政府采购人员管理。规定政府采购人员专业岗位任职要求，负责其资格认证和业务培训。（9）政府采购监督检查。监督检查政府采购法律、行政法规和规章的执行情况；监督检查政府采购范围、方式和程序的执行情况；监督检查政府采购项目的采购活动，监督检查政府采购人员的业务素质和专业技能。处理政府采购活动中的违法违规行为。负责对下的业务工作指导。（10）规定并实施对同级集中采购机构业绩考核的内容、标准、方式，并定期如实公布考核结果，监督检查同级集中采购机构的采购活动和管理制度执行情况。参与规定同级集中采购机构的预算体制以及政府采购经费的管理办法。

除此以外，《政府采购法》还规定审计机关和监察机关对政府采购活动的监管责任。审计机关主要负责对政府采购监督管理部门、政府采购各当事人有关政府采购活动进行审计监督。监察机关主要负责对参与政府采购活动的国家机关、公务员和国家行政机关任命的其他人员实施监察。两者都属于事后监督，审计监督的重点是资金使用的合法性及执行有关财经纪律等问题，监察监督的重点是政府采购及公职人员的行为。此外，财政部门在政府采购工程监督管理方面，要注意协调资金监督管理与自然资源、住建、交通、水利和农业农村等行业监督管理部门的关系，既不能缺位也不能越位。

第三节 市场经济框架下的政府采购当事人行为分析

政府采购行为包括政府采购的管理行为和执行行为。采购当事人是政府采购的执行行为主体，指的是参加政府采购活动的各类合法主体，都是直接参与政府采购商业活动的各类机构，不包括政府采购的监督管理部门。政府采购体制改革就是要明确规范政府采购的各方当事人的行为，根据不同主体的行为特征做出相应规定，明确各主体参加政府采购活动的权利和义务。

政府采购当事人包括三类：一是采购人，是指依法进行政府采购的国家机关、事业单位、团体组织。二是政府采购代理机构，采购代理机构为集中采购机构和其他社会代理机构。按规定，只有设区的市、自治州以上的人民政府根据本级政府采购项目组织集中采购的需要才可以设立集中采购机构。集中采购机构性质属于非营利事业法人，根据采购人的委托办理采购事宜。三是供应商，是指向采购人提供货物、工程或者服务的法人、其他组织或者自然人。

一、市场经济框架下的政府采购行为原则

政府采购当事人在政府采购活动中依法享有相关权利，同时应当依法承担义务，自觉接受财政部门的管理与监督。政府采购属于采购人与供应商进行的一种商业性交易活动，如果不加强管理，或者缺乏规范，很容易受利益的引诱，滋生腐败。同时，由于政府采购资金主要是财政性资金，不是单位自有资金，也不是个人资金，必须有严格的制度做保障，否则，会对政府和社会，甚至国家造成负面影响。另外，在政府采购活动中，政府采购的当事人虽然是平等的民事主体，但需求方均为政府性机构，掌握着商业机会的分配权，容易发生寻租现象。因此，必须禁止政府采购当事人的不正当行为，维护公平竞争，捍卫政府采购的公正性。

（一）政府采购当事人不得相互串通和排斥其他供应商参与竞争

政府采购中的当事人相互串通和排斥其他供应商的行为多种多样。按规定，下列行为应当属于禁止之列：（1）采购人向某些供应商泄露标底；（2）采购代理机构在报价前为某些供应商撤换标书或者修改报价，或者泄露其他供应商的投标信息；（3）采购人为了使某个供应商在投标中处于优势地位，利用行政手段或者在招标文件中制定歧视性的技术规格，排斥其他供应商；（4）采购人与供应商或采购代理机构串通抬、压报价；（5）供应商之间私下形成联盟，抬高报价等。

（二）供应商不得以不正当手段谋取中标或成交

供应商是市场主体，以营利为目的，应当严格按照规定的正当渠道获得商业机会。对不择手段，如找关系、跑路子，拉拢腐蚀直接影响政府采购合同授予的有关机构和人员的供应商和行为要坚决予以制止。按规定供应商不得向采购人、采购代理机构、评标委员会组成人员、竞争性谈判小组的组成人员、询价小组的组成人员行贿或者采取不正当手段谋取中标或成交。

（三）采购代理机构不得以不正当手段谋取非法利益

采购代理机构应当包括取得规定资格的社会中介机构和集中采购机构。这些机构的收入来源于接受采购人委托收取的代理服务费或财政预算拨款。由于市场

竞争激烈，商业机会有限，而且政府采购委托事务容易受到行政干预，有些代理机构为了招揽代理业务，往往会采取行贿或者服务费分成等办法。另外，有的采购代理机构为了取得更多收入，容易出现与供应商串通的行为，通过各种方式帮助特定供应商中标，然后从中标供应商处获利。为了规范采购代理机构的行为，保护采购当事人各方利益，规定采购代理机构不得向采购人行贿或者采取其他不正当手段谋取非法利益。

二、市场经济框架下的采购人行为规范

采购人是指依法进行政府采购的国家机关、事业单位、团体组织。根据我国宪法规定，国家机关包括国家权力机关、国家行政机关、国家审判机关、国家检察机关、军事机关等。事业单位是指政府为实现特定目的而批准设立的事业法人。团体组织是指各党派及政府批准的社会团体，如工青妇组织、协会、学会等。按此规定，政府采购适用范围不包括企业单位，但应当包括专职承办行政事业单位委托采购任务的企业。

作为政府采购当事人之一，采购人处于特殊地位，扮演着重要角色。采购人是采购商品和服务的使用者，采购效果好与不好，采购人最有发言权，而且相比于供应商和采购代理机构，采购人有着与生俱来的优越性，没有采购人的支持和参与，政府采购制度改革难以成功。

（一）采购人权利

（1）有权申请依法保护其采购合法权益，政府采购人的合法权益受国家法律法规的保护。

（2）有权自行选择采购代理机构。由采购人与采购代理机构签订委托代理协议。任何单位和个人不得以任何方式为采购人指定采购代理机构。纳入集中采购目录除属于通用的政府采购项目应委托集中采购机构代理外，属于本部门（系统）有特殊要求的项目可实行部门集中采购，属于本单位有特殊要求的项目，经省级以上政府授权机关批准也可以自行采购。

（3）非集中采购目录内项目的采购。采购未纳入集中采购目录的政府采购项目，经采购监督管理部门批准后可自行采购，也可以委托集中采购机构在委托的范围内代理采购。

（4）有权拒绝他人违规指定的供应商，依照法定的政府采购方式和程序进行采购。

(5) 有权规定采购项目的特定条件，根据采购项目的特殊要求，规定供应商应当具备一般条件之外的特定条件，但不得以不合理的条件对供应商实行差别待遇或者歧视待遇。

(6) 有权审查供应商的资格，可以要求参加政府采购的供应商提供有关资质证明文件，并根据供应商的必备法定条件和采购项目的特定要求，对供应商的资格进行审查。

(7) 有权通过合同规定采购联合体的连带责任，可以向以联合体形式参与政府采购的供应商索取联合协议，与联合体各方共同签订采购合同，规定联合体各方应承担的连带责任。

(8) 有权认可供应商采取分包方式履行采购合同，中标、成交供应商可以依法采取分包方式履行合同，但应经采购人同意，并就采购项目和分包项目向采购人负责。

(9) 有权控告检举采购违法行为，针对政府采购活动中的违法行为向有关部门和机关进行控告和检举。政府采购人认为自己的合法权益受到损害，可以向政府采购监督管理部门提出书面投诉。

(二) 采购人的义务

(1) 维护国家利益和社会公共利益及促进经济社会发展，自觉规范采购行为，提高采购资金使用效益，促进廉政建设；使政府采购有助于实现国家经济和社会发展政策目标；除法定特殊情形外，应当优先采购本国货物、工程和服务。

(2) 依法执行政府采购制度和遵循政府采购原则，法律规定应当实行政府采购的项目都要实行政府采购；凡纳入由省级以上政府确定公布的集中采购目录的政府采购项目，必须委托集中采购机构实行集中采购；遵循公开透明、公平竞争、公正诚信的政府采购原则。

(3) 维护政府采购市场秩序和确保供应商公平竞争。不得阻挠和限制供应商自由进入本地区（行业）政府采购市场，不得对供应商实行差别待遇或歧视待遇，不得排斥其他供应商参与竞争；不得与采购当事人相互串通损害国家、社会和其他当事人的合法权益，不得接受政府采购相关当事人的贿赂和其他利益。

(4) 认真编报和严格执行政府采购预算。将财政年度政府采购项目及资金预算编入部门（单位）预算，报本级财政部门汇总和审批；严格按照批准的预算执行政府采购。

(5) 按照法定方式进行采购。把公开招标作为政府采购的主要采购方式。因特殊情况需采用非公开招标的，应事先获得县以上政府采购监督管理部门批准；不得将应公开招标的项目化整为零，或以其他方式规避公开招标；在采用邀请招标、竞争性磋商、竞争性谈判、单一来源、询价等方式时，应当分别符合其法定的具体采购条件。

（6）按照法定程序进行采购。无论采取何种采购方式，都应遵循法定程序。如需采取其他特殊方式采购的，应事先经设区的市级以上政府采购监督管理等有关部门批准；采购人应组织对供应商履约的验收。凡大型或复杂项目应邀请国家认可的质量检测机构参加验收工作。验收方成员应当在验收书上签字。

（7）严格执行政府采购合同的有关规定。按照规定在中标、成交通知书发出之日起 30 日内，与供应商签订书面的政府采购合同。如果委托采购代理机构签订合同的，应提交授权委托书作为合同附件；于采购合同签订之日起 7 个工作日内将合同副本报同级政府采购监督管理部门备案；在履行合同中如需追加与合同标的相同的货物、工程或服务，应依法与供应商签订采购金额不超过原合同额 10% 的补充合同；不得擅自变更、中止或终止合同。如合同继续履行将损害国家和社会公共利益的，合同双方应变更、中止或终止合同。过错一方或双方应承担相应的责任。

（8）严格遵守政府采购回避和文件保存的有关规定。采购人员与供应商有利害关系的必须自行回避，或接受供应商的申请进行回避；采购活动所有法定必备的采购文件应妥善保存至少 15 年，不得伪造、变造、隐匿或销毁。采购人员及相关人员与供应商有利害关系，是指采购人员及相关人员：①现在或者在采购活动发生前 3 年内，与供应商存在雇佣关系；②现在或者在采购活动发生前 3 年内担任供应商的财务顾问、法律顾问或技术顾问；③现在或者在采购活动发生前 3 年内是供应商的控股股东或者实际控制人；④与供应商的法定代表人或者负责人有直系血亲、三代以内旁系血亲及姻亲关系；⑤与供应商之间存在其他影响或可能影响政府采购活动依法进行的利害关系。

（9）正确对待政府采购质疑与投诉事项。及时就供应商对采购活动的质疑依法做出答复；应在收到供应商提出的书面质疑后 7 个工作日内做出书面答复，并书面通知质疑者和其他有关供应商；采购投诉处理期间，如果政府采购监督管理部门书面通知要求暂停采购活动的，采购人应当暂停采购活动。

（10）自觉依法接受有关部门的监管。应接受政府采购监督管理部门和其他有关部门对其政府采购活动情况、执行政府采购法律法规规章情况以及执行采购范围方式程序等情况的监督检查，如实反映情况和提供有关资料；采购人的有关政府采购活动，应当依法接受国家审计机关的审计监督。

三、市场经济框架下的政府采购代理机构行为规范

政府采购代理机构是指政府设立的集中采购机构和经备案认定的采购代理机构。认定资格的采购代理机构是指在中国政府采购网和省级政府采购网备案认定的,从事政府采购货物、工程和服务采购代理业务的社会中介机构。取得资格认证的社会中介机构包括取得招投标代理资格的招标公司和设计、检验等社会中介机构。

我国自推行政府采购和招投标制度以来,社会上从事政府采购和招投标事务的社会中介机构众多,但在招投标能力和管理水平等方面存在较大差异。政府采购体制改革要加强对各类代理机构的监督管理,规范招投标行为,保证招投标质量。

(一) 集中采购机构行为规范

政府集中采购机构是各级政府依法成立的负责本级政府机关、事业单位和社会团体纳入集中采购目录项目采购的非营利性事业单位。从 2002 年开始,我国陆续成立了中央国家机关政府采购中心、中直机关政府采购中心、全国人大政府采购中心三家政府集中采购机构及国家税务总局集中采购中心等部门集中采购中心。2003 年以后,按照管采分离的原则,大部分省市都相继成立了政府采购中心,负责同级财政集中采购目录以内的政府采购项目。这样,我国建立了以集中采购机构为主、部门集中采购机构和社会采购代理机构相补充的政府采购执行体系。

集中采购机构是为采购人代理集中采购目录范围内的采购,只有接受了采购人的委托才能开展采购活动。集中采购机构进行政府采购活动时,应当符合采购价格低于市场平均价格、采购效率更高、采购质量优良和服务良好的要求。但在实践中,由于体制机制的原因,并没有完全达到这样的要求。

1. 采购价格低于市场平均价格

由于集中采购机构有采购规模优势,具有实现这一目标的条件。要促进集中采购机构发挥采购规模优势,采用公开竞争的采购方式,获得规模效益,降低采购成本,体现政府采购在节约财政资金、提高财政资金使用效益方面的优越性。

2. 采购效率更高

采购效率是指采购周期要短,及时满足采购人的需要。这项工作要求旨在促进集中采购机构加强内部管理,提高采购业务水平,增强采购的计划性,缩短采

购周期，按照与采购人签订的采购委托协议书要求，及时完成受委托的采购项目，为采购人及时提供所需的商品和服务。

3. 采购质量优良

采购质量是指对采购标的的规格、性能、安全等方面的要求，政府采购标的质量直接关系到政府提供公共产品和服务的水平。因此，必须保证采购质量，实现物有所值的目标。这就要求集中采购机构要全面提高人员素质，熟悉市场，准确掌握采购人的采购需求，确定科学的评标标准，强化检验和验收工作，替采购人把好质量关。

4. 服务良好

集中采购机构受采购人之托，其中心工作是为采购人做好服务。为此，集中采购机构要加强自身建设，提高干部职工的专业能力和专业素养，强化服务意识，克服官僚作风，始终要把采购人的利益放在第一位，当好采购人满意的采购员。

上述四项是对集中采购机构的基本要求，它们不是孤立的，而是一个有机整体，质次价高、效率不高、服务不周等存在的问题必须认真整改。集中采购机构能否做到上述四项要求，直接关系到集中采购机构的信誉和口碑。

（二）社会代理机构行为规范

政府采购社会代理机构（以下简称代理机构），是指经政府财政部门备案认定的，依法接受采购人委托，从事政府采购货物、工程和服务的公开招标、竞争性磋商、竞争性谈判、询价、单一来源等采购代理业务的社会中介机构。

代理机构在采购人委托范围内，按照国家有关法律法规以及政府采购的工作程序和规定组织实施政府采购活动，包括政府采购业务受理、采购文件编制和制作、信息公告发布、评审专家抽取、采购活动组织、采购文件备案、档案管理、质疑答复和协助投诉处理、信息统计、参加培训等内容。与集中采购机构的参公事业单位性质不同，社会代理机构作为市场经济条件下的理性经济人，在遵守市场规则的前提下追求利润最大化，较好地做到经济效益和社会效益兼顾。

政府采购代理机构受采购人委托从事采购代理活动时，其主要职责：（1）依法接受采购人委托，承办有关政府采购项目的采购事宜；（2）执行政府采购法律法规、规章制度和政策规定；（3）利用政府采购信息网络，搜集和整理供应商、产品和服务信息，调查市场供求状况，记录政府采购过程；（4）组织实施具体采购活动，要按照有关规定编制招标文件、发布政府采购信息，组织开标、评标和定标；（5）可以按照委托协议的要求，代理采购人与中标供应商签订采购合同并监督采购合同的履行,代理采购人对采购结果进行验收;(6)代理采购过程完成后,向社会公开采购结果,接受社会监督。及时将中标文件、采购过程记录、采购中标通知书、采购合同副本等以书面形式上报政府采购监督管理机构备案;(7)有权拒绝和防范任何单位和个人对采购过程的非法干预,按规定向采购人收取法定的代理费用。

四、市场经济框架下的供应商行为规范

供应商是指向采购人提供货物、工程或服务的法人、其他组织或者自然人,是政府采购当事人之一。根据《民法通则》第十七条的规定,法人是指具有民事权利能力和民事行为能力,并依法享有民事权利和承担民事义务的组织,包括企业法人、机关法人、事业单位法人和社会团体法人。其他组织是指不具备法人条件的组织,主要包括合伙组织、个体工商户、农村承包经营户等,自然人是指《民法通则》规定的具有完全民事行为能力,能够承担民事责任和义务的公民。

(一)供应商的权利

供应商享有的权利:(1)自主、平等地参加政府采购招投标活动;(2)平等地获得政府采购信息;(3)就政府采购活动事项提出询问、质疑和投诉;(4)法律、法规和规章规定的其他权利。

(二)供应商的义务

供应商应承担的义务:(1)遵守政府采购的法律、法规和规章;(2)按照政府采购招标文件的要求,编制投标文件,对招标文件提出的要求和条件做出实质性响应;(3)中标后,按规定与采购人签订采购合同;(4)严格按采购合同全面履约,为采购人提供符合规定质量标准的货物、工程和服务;(5)接受政府采购监督管理部门的监督、管理;(6)法律、法规和规章规定的其他义务。

(三)供应商的法律责任

供应商有下列行为之一的,各级政府采购监督管理部门可根据情节轻重,给予相应处罚或禁止参加政府采购活动;给采购人或其他供应商造成损失的,应当承担赔偿责任。(1)提供虚假投标材料谋取中标、成交的;(2)采用不正当手段诋毁、排挤其他供应商的;(3)与采购人、其他供应商或采购代理机构恶意串通的;(4)在招标采购过程中与采购人进行协商谈判的;(5)中标后无正当理

由不与政府采购单位签订采购合同的；（6）擅自变更或者终止政府采购供货合同的；（7）向采购主管部门、采购单位、社会中介机构等行贿或者提供其他不正当利益的；（8）拒绝有关部门检查或者不如实反映情况、提供虚假材料的；（9）其他违反法律、法规和规章的。

第四节　市场经济框架下的政府采购评审专家管理

政府采购评审专家（以下简称评审专家），是指符合规定条件和要求，以独立身份从事和参加政府采购招标、竞争性磋商、竞争性谈判、询价、单一来源等采购活动评审以及从事相关咨询工作的各类经济、技术、法律等方面的专家。

在我国 20 多年的政府采购实践中，已经摸索出了"统一建库，属地审核，分级管理，资源共享，随机抽取，管用分离"的政府采购评审专家管理机制，评审专家通过政府采购专家库进行管理。由政府采购监督管理部门建立统一的政府采购专家库，各级财政部门根据工作需要可以建立分库，专家库的管理和使用通过电子网络实现，维护管理和抽取使用相分离，已形成相互制约的管理机制。在未来的改革进程中，应进一步完善评审专家的进入和退出制度，提高评审专家的专业性和独立性。

一、政府采购评审专家管理

政府采购评审专家的资格认定主要包括职业操守要求、业务素质要求和从业经验要求等方面。凡经财政部门审核通过，即获得评审专家资格，纳入专家库管理。财政部门可以根据管理需要，颁发《政府采购评审专家聘书》。已发放《政府采购评审专家聘书》的评审专家应持聘书参加项目评审。

财政部门应当对评审专家的资格每两年检验复审一次，符合条件的可以继续聘用。评审专家资格检验复审以平时的记录为主，包括本人的职业道德、专业水平和评审能力以及有无违法违纪行为等。复审具体内容：本人专业水平和执业能力是否能继续满足政府采购评审工作要求；本人是否熟悉和掌握政府采购法律、法规、规章制度和方针政策方面的新规定，并参加必要的政府采购培训；本人在参加政府采购活动中是否严格遵守客观公正等职业道德规范，认真履行自己的职责；本人有无违纪违法不良记录；财政部门认为应当考核的其他内容。

经调查核实有下列情形之一者，作为资格检验复审不合格的评审专家：私下接触竞标供应商的;在项目评审中显失公正的;在项目评审中未按规定回避的;一年内参加项目评审无故迟到早退累计三次以及累计两次答应参加而又无故缺席或评审中临时无故退出的;不按规定参加资格检验复审的。

政府采购监管部门在政府采购评审专家资格认定、资格检验复审中是主要的管理者,保证了评审专家的权威性,也有益于提高政府采购评审专家的管理效率。在未来的改革过程中,可以通过引入第三方独立机构的评审机制,也可以引入多方采购当事人进行评价。如采购人、供应商的评价,特别是采购后评价,能够更为全面地对评审专家提出评价意见。

二、政府采购评审专家行为规范

(一) 评审专家的权利

评审专家在政府采购活动中享有以下权利:对政府采购制度及相关情况的知情权,对政府采购项目的独立评审权,推荐中标候选供应商的表决权,按规定获得相应的评审劳务报酬,法律、法规和规章规定的其他权利。

(二) 评审专家的义务

评审专家在政府采购活动中承担以下义务:(1) 应邀参加政府采购项目的评审,为政府采购工作提供真实、可靠的评审意见。(2) 参加财政部门组织的政府采购培训,严格遵守政府采购评审工作纪律,不得向外界泄露评审情况。(3) 发现供应商在政府采购活动中有不正当竞争或恶意串通等违规行为,应及时向采购人、采购代理机构或财政部门报告并加以制止。(4) 解答有关方面对政府采购评审工作中有关问题的咨询或质疑,配合财政部门处理供应商的投诉事宜。(5) 回避与本人存在利害关系的政府采购评审活动。有利害关系主要是指3年内曾在参加该采购项目的供应商中任职或担任顾问,配偶或直系亲属在参加该采购项目的供应商中任职或担任顾问,与参加该采购项目供应商发生过法律纠纷,配偶或直系亲属同时参加同一项目的评审活动,以及其他可能影响公正评标的情况。(6) 保持评审现场的安静,禁止喧哗和随意走动;关闭自身所有通信设备,不得与外界联系。(7) 在评审工作中不受任何采购人、采购代理机构、供应商或其他机构的干扰,客观、公正地履行职责,遵守职业道德,对所提出的评审意见承担个人责任。(8) 当工作单位、技术职务聘任资格、通信联络方式以及利害关系发生变化时,应及时向财政部门报告。(9) 法律、法规和规章规定的其他义务。

三、政府采购评审专家的法律责任

政府采购评审专家承担以下法律责任：

（一）通报批评

评审专家有下列情况之一的，财政部门将作为不良行为予以通报批评或记录：（1）被选定为某项目并且已接受邀请的评审专家，未按规定时间参与评审，影响政府采购工作的；（2）明知应当回避而未主动回避，在知道自己为评审委员会（谈判小组、询价小组）成员身份后至评审结束前的时段内私下接触投标（报价）供应商的；（3）在评审工作中，未按照采购文件规定的评审方法和标准进行评审或有明显倾向、歧视现象的；（4）违反职业道德和国家有关廉洁自律规定，但对评审结果没有实质性影响的；（5）违反政府采购规定，向外界透露有关评审情况及其他信息的；（6）不能按规定回答或拒绝回答采购当事人询问的；（7）在不知情的情况下，评审意见违反政府采购法律法规、规章规定的；（8）考核结果被财政部门认定为"不胜任"的。

（二）取消资格

评审专家有下列情况之一的，财政部门将取消其政府采购评审专家资格：（1）故意并且严重损害采购人、供应商等正当权益的；（2）违反国家有关廉洁自律规定，私下接触或收受参与政府采购活动供应商及有关业务单位的财物或者好处的；（3）违反政府采购规定向外界透露有关评审情况及其他信息，给采购结果带来实质影响的；（4）评审专家之间私下达成一致意见，违背公正、公开原则，影响和干预评审结果的；（5）以政府采购名义从事有损政府采购形象的其他活动的；（6）弄虚作假骗取评审专家资格的；（7）评审意见严重违反政府采购有关法律法规、规章规定的；（8）考核结果被财政部门认定为"不胜任"的记录累计超过两次（含两次）的。

评审专家在一年内发生两次通报批评或不良记录的，将取消其在本地一年以上政府采购评审活动的评审资格，累计三次（含三次）以上者，将永久取消其在本地从事政府采购评审活动的评审资格。对属于行政监察对象的评审专家在评审过程中的有关违规违纪问题的线索，各级财政部门要及时移送有管辖权的监察机关。

(三) 追究刑责

由于评审专家个人的违规行为给有关单位造成经济损失的，相关评审专家应当承担经济赔偿责任；构成犯罪的，将移送司法机关追究其刑事责任。

通报批评、不良记录和取消资格等对评审专家的处理结果，可以在政府采购监督管理部门指定的政府采购信息发布媒体上公告。

本 章 小 结

在我国全面深化改革的进程中，我国政策采购管理体制的改革需要进一步适应社会主义市场经济机制的内在要求。本章比较了我国与其他国家的政府采购管理体制及相应的组织形式，提出了我国政府采购管理体制面向市场经济体制的改革原则和符合市场化要求的政府采购控制框架。在市场经济框架下，对包括采购人、代理机构及供应商等采购当事人的行为控制需要更多地采用市场经济条件下的激励机制和监督机制，因此本章针对不同的采购当事人给出了不同的行为规范。我国政府采购体制改革需要完善市场化机制，建立符合市场化需要的相关制度，这样才能够在制度下实现良性循环，提高政府采购的效率和质量，真正发挥政府采购体制的作用。

第六章

我国政府采购体制改革中的法律制度建设

我国《政府采购法》于2003年1月1日起正式施行，与之相配套的一系列法规也相继出台，主要有《政府采购货物和服务招标投标管理办法》《政府采购供应商投诉处理办法》《政府采购信息公告管理办法》《政府采购代理机构资格认定办法》以及2015年实施的《政府采购法实施条例》等，我国政府采购制度在向法制化、规范化的道路上迈进了一大步。党的十八届三中全会提出"运用法治思维和法治方式推进改革"，这对我国政府采购法律制度建设提出了更高的要求。本章将从政府采购现有法律存在不足及我国相关法律法规建设缺失两个方面进行研究，提出完善我国政府采购法律制度建设的建议。

第一节 政府采购法律制度建设难题

政府采购过程中，采购相关当事人为了自身的利益，在没有有效规则的情况下，可能会利用信息的不对称、权利义务的不对称在损害其他相关者利益的情况下获取自身的不道德利益，破坏整个系统的生态。政府采购立法就是要通过法律法规规范相关利益主体的行为，这就需要分析政府采购过程中不同利益相关主体可能的不道德行为及破坏性行为。

一、政府采购中代理权滥用问题

代理权滥用是指政府采购中的代理人可能利用公共权力委托人信息反馈渠道单一、信息不对称、集中采购体制不足等缺陷，产生的一种滥用代理权的倾向和行为，具体表现为从公共资源需求方那里获得法外不当利益，即权力"寻租"，结果就是损害委托人——公众及政府的利益。此处所指的"代理人"主要指政府采购活动中负责组织、实施采购行为的各方公权主体,也包括采购代理机构。

通常情况下,采购人、代理人与供应商三方主体之间存在着两个法律关系:一是采购人与代理人之间的委托合同关系;二是代理人与供应商之间的采购合同关系。在这两种关系中,均存在代理权滥用现象。

(一)委托合同关系中的代理权滥用

1. 共谋行为

共谋行为就是不法串通,即具有委托代理关系的组织或系统内的部分代理人,在和初始委托人达成的代理契约——主契约之外,还在纵向的上下层级代理人之间以及横向的同层级代理人之间,为了自身的利益又达成某种私下协议。这种私下契约多数违反主契约利益,严重违背初始委托人的意愿,侵害了初始委托人的利益。在政府采购中以共谋方式滥用代理权的方式多种多样,比如在采购实践中,各级代理人之间、代理人与供应商之间共谋做假,共同侵害政府采购委托人及公众的利益。共谋行为在政府采购实践中是较为常见的一种现象,其原因多种多样。首先,众多的社会招标机构之间存在着激烈的竞争,具有通过讨好采购人获得合同的动机;其次,拥有政府采购权利的相关人员,在权利不受约束的情况下,也具有与社会中介机构进行"合作"的动机;最后,在具体的采购实践中,委托人也可以通过各种借口解除政府采购委托合同。尽管《政府采购法》规定了公开招标的采购形式,但现实中存在采购人通过隐蔽控制的方式获取"权力租金"。

2. 败德行为

败德行为是滥用政府采购代理权的另一种典型行为。这种行为是指某个代理人为了自身私利,利用信息不对称和状态不确定的便利,采取不利于委托人代理利益的行为。一般来说,败德行为可分为两种:(1)涉及一个代理人的行为,如偷懒、独吞等;(2)涉及多人的败德行为。在代理链条冗长的政府采购代理中,涉及多人的败德行为并不少见,这也就是我们常说的"集体作案"或是"窝案""串案"。

(二)采购合同中的代理权滥用

政府采购中的代理失灵实质是民法理论上的代理权滥用,主要形态为自己代理、双方代理、恶意代理和表见代理等。

(1)政府采购中的自己代理。在政府采购实务中,代理机构(包括集中采购机构和社会中介机构)向自己开办或是持股的企业购买工程、货物或服务,属于自己代理行为。此种代理行为无效,代理机构除了应当承担民法上的责任,还可能被追究公法责任。对于自己代理,民法理论上允许两种例外:第一,经过被代理人同意。此情况只适用于意定代理。第二,法律行为是为了履行债务。但第一种情形可能会被代理机关援引为抗辩公法责任的事由,尤其是在出现上级领导授意向本地关联企业采购时。

(2) 双方代理,即代理人以同一法律行为的双方当事人的民事行为。具体表现为在政府采购实践中,代理机构(包括集中采购机构和社会中介机构)接受供应商委托向与自己存在利害关系的法人或自然人购买工程、货物或服务卖给其所代理的采购人的行为就是双方代理行为。此种行为属于代理人同时代理双方为同一法律行为,不符合代理人利益最大化的代理要求,其性质同自己代理一样,也为法律明确禁止。

(3) 恶意代理,即代理人与第三人恶意串通损害被代理人利益。在政府采购实践中,具体表现为代理机构与供应商合谋,在损害采购人利益的同时为自己谋私利。这种情况是对政府采购制度的公然破坏,是政府采购法律法规建设中需要重点关注的问题。

(4) 表见代理,也称表示代理。我国《合同法》第四十九条规定:"行为人没有代理权、超越代理权或者代理权终止后以被代理人名义订立合同,相对人有理由相信行为人有代理权的,该代理行为有效。"表见代理应具备以下构成条件:①存在无权代理行为;②第三人在客观上有理由相信无权代理人有代理权;③第三人主观上是善意的且无过错。表见代理依法产生有权代理的法律效力,即无权代理人与第三人之间实施的民事法律行为对于被代理人具有法律约束力,被代理人与第三人之间产生、变更或消灭相应的法律关系。

二、政府采购活动中供应商权利滥用问题

供应商作为政府采购活动中的一个重要利益主体,为谋取自身利益,也可能通过各种方式违背政府采购原则,滥用相关法律法规赋予的权利,损害公众利益。这种权利滥用如果没有法律法规的制约,在逐利本性的驱动下,会对政府采购产生巨大的破坏作用。

(一) 违背诚信义务及合同义务

(1) 供应商以各种方式影响采购单位申请项目的非公开招标采购方式,达到采购自身商品的目的。例如,以外出考察所购设备为名,邀请采购单位人员外出

游山玩水，赠送礼物甚至提供贿赂。

（2）有的供应商在影响非公开招标采购方式不成的情况下，通过不正当的手段，向采购人员提供经济利益或好处，试图影响采购单位人员提供和编制具有倾向性、针对性和歧视性的采购参数，以排斥其他供应商。

（二）造假围标串标，谋取不当利益

该类现象是指在政府采购活动中，供应商提供虚假资料，或与采购单位、其他供应商、采购代理机构恶意串通，谋取中标、成交；或采取不正当手段诋毁、排挤其他投标供应商；或提供质次价高、假冒伪劣产品等。

（三）蓄意骗标弃标，拒绝签约履约

该类情况是指在招投标过程中，供应商置法律于不顾，施展非法手段谋取中标，并采取各种方式欺骗招标人的情况。供应商在投标文件中胡乱承诺，或以不合理低价先骗取中标，中标后无力按投标时的承诺兑现，遂向采购单位游说提价或偷工减料、以次充好，达不到目的就拒绝签约。在此类事件中，供应商可能由于种种客观原因无法履约，但不与采购人沟通，不坦诚说明不能履约的真实原因，不愿意承担损失，期望以拖延的方式逃避责任。

（四）滥用甚至恶意使用质疑权

《政府采购法》实施以来，供应商的维权意识有了明显增强，但由于主观和客观等多种原因，某些供应商滥用甚至恶意使用质疑权，给实际工作带来不利后果。其中，主要的问题有无效质疑、不当质疑、恶意质疑三种类型。

（1）无效质疑。有些供应商不了解相关法律法规，要么超出法律规定的可质疑的范围提出质疑，要么对采购文件有疑问却不在答疑时限内提出，而在临近项目开标或谈判时提出，要么不愿依据法律规定提供书面材料，只是打电话或者来人口头质疑，或者在质疑材料上不盖章、不署名、不留联系方式，从而导致无效质疑的产生。

（2）不当质疑。有些供应商在提出质疑时带有极大随意性，造成质疑不当。一是质疑主体不当，即项目的采购文件、采购过程和中标（成交）结果与该供应商没有关系；二是质疑证据不当。供应商不能提供采购文件和中标（成交）结果使自己的权益受到损害的事实与理由；三是质疑程序不当。有的供应商就同一项目反复质疑，还有的供应商不按法定程序直接向采购代理机构提出，而是将质疑分别向信访、审计和纪检监察等多个部门递送，影响了工作效率，也容易导致质疑超过时限，不利于问题的及时处理。

（3）恶意质疑。个别供应商不能正确对待竞争，一旦不能中标就四处告状，故意歪曲事实，断章取义，对采购代理机构施加压力，或者在质疑中提供虚假、伪造或过时的证据，拒不配合采购代理机构对质疑的调查，更有个别供应商不是从解决问题的角度出发，而是泄私愤造谣中伤，恶意进行人身攻击、恐吓要挟工作人员，严重干扰了正常的政府采购工作。

三、供应商权利受损问题

与采购人及代理机构相比，人们通常认为供应商是实际商业利益的获取方。这种潜在的认识特别容易造成其他主体对供应商利益的伤害。一方面采购人和代理机构可能会利用上述行为损害供应商利益，在商业活动中为自己谋取一份利益；另一方面，如果说一些供应商采取一些不道德或违法行为谋取自身商业利益，实际上更多损害的是其他合法供应商利益。因此，将保证供应商合法利益的实现明确列为《政府采购法》的一个基础目标，并用相关法律制度予以保障。

政府采购实践中供应商合法权益受到不法损害的情况屡有发生，归纳起来，主要表现在以下几个方面。

（一）信息获取不公平

公平地获得信息是实现公平竞争的前提。就目前实际情况而言，在政府采购过程中，供应商获取采购信息的渠道、时机等并不公平：（1）发出招标公告到开始投标之间的间隔太短，致使一些潜在供应商没有时间做好准备而失去参加竞争的机会。（2）招标公告信息不够透明。一些公告书只表明招标商品的种类，没有表明具体类型和型号。（3）信息发布环节多有问题。一些采购人故意发布模糊采购信息或是选择覆盖面较小的载体以及刻意选择发布时机，造成供应商难以平等地获取信息。（4）信息修改或澄清后发布不规范。

（二）参与投标的成本较高

供应商反应比较强烈的一个问题是投标文件的价格过高。目前，不少地方标书的售价漫天开价，少则几百元，多则几千元甚至更高，没有统一的规范和标准。较昂贵的标书成本会让一些有意参与竞争的供应商打退堂鼓。

（三）在合同变更、转让、中止、终止问题上的被动

供应商在公权力为主的政府采购过程中是弱势一方，如果没有相应法律法规

的保护，特别容易成为利益受损一方。《政府采购法》第五十条第二款规定："政府采购合同继续履行将损害国家利益和社会公共利益的，双方当事人应当变更、中止或者终止合同，有过错的一方应当承担赔偿责任，双方都有过错，各自承担相应的责任。"在政府采购实践中，供应商更容易被认定为过错方，从而承担赔偿责任。

（四）供应商纠纷质疑权利难以有效行使

作为一种经济活动，政府采购中供采双方发生意见分歧、纠纷甚至争执是难以避免的。在这对容易发生矛盾的双方当事人中，供应商相对处于弱势地位，希望有便捷、畅通的质疑和投诉途径来主张自己的合法权益。我国《政府采购法》对此做出了规定，财政部的相关文件也进一步细化。但一方面由于法律法规规定的投诉质疑程序过于繁杂和冗长，另一方面也由于有的供应商担心投诉会影响以后的投标，多数人在遇到问题时选择忍让，选择不投诉，因此在我国政府采购实践中，供应商的质疑和投诉率数据并不准确。

（五）供应商法律责任"公法化"的趋势明显

供应商不仅要承担属于私法上的民事责任，比如财产赔偿等，还要承担公法上的责任，比如被列入黑名单、在一段时期不得参与招投标等。

此外，在政府采购中，人为分割政府采购市场、歧视外地供应商、在评标开标中"暗箱操作"、任意更改生效的合同条款、无故拖欠货款等行为，都使供应商的合法权益受到较大损害。

第二节　政府采购法律制度建设思路

政府采购法律制度建设过程中面临着代理权滥用、供应商权利滥用的问题，该问题的核心是政府采购代理过程中各相关主体的违规、违法行为，表现为采购代理机制没有发挥其作用，也就是代理制度失灵。在我们完善政府采购法律制度时，有必要分析产生采购代理失灵问题的原因，并提出相应的建设思路。

一、采购代理失灵问题原因分析

正如上一节所示，政府采购代理失灵的实质在于政府采购代理权被滥用，其原因是多方面的，有采购代理制度本身的原因，也有在实践中出现的问题，其主要表现在以下几个方面。

（一）法定代理和委托代理两种代理关系没有明确的界定和区分

现行法律从称谓上没有区分公法人为主体的集中采购机构和私法人为主体的社会中介机构，统一称为采购代理机构。尽管这种公、私同谓的规定方式简化了法律的形式内容，但容易导致将公法人的集中采购机构与采购人之间的法定代理权，与私法上的委托代理关系相混淆。混淆的结果是没有对政府采购的公法体系有一个清晰的界定，将政府集中采购需要形成的法定代理关系弱化为一般私法上的委托代理关系，也就没有很好地确定代理事项及双方的权利义务。

（二）《政府采购法》集中采购目录的制定过程不够公开、透明

过程标准化是标准化的重要内容，也是规范主体行为的重要保证。而政府集中采购目录的制定过程还不够公开、透明，集中采购目录制定内容不科学、不规范，为"权力寻租"提供了便利和空间。

（三）政府采购相关信息的不对称

政府采购过程中，采购主体间所形成的政府采购代理关系实质是一种多级委托代理关系。在这种委托代理关系中，所有参与方作为有限理性的经济人，都具有相当程度的机会主义倾向，即有通过信息的不对称获取利益的动机。反之，对政府采购行为的相关信息知道得越多，相对来说在这种隐含的委托代理中所拥有的潜在优势越大，潜在的收益就可能越大。因此，采购人、政府采购代理机构、采购监管部门之间委托代理关系的运行，存在着失灵的潜在可能性。

（四）委托人的监督机会主义与政府采购委托代理的失灵

从社会契约论视角分析政府采购行为，可以认为，政府采购权实际上就是社会公众将自己的一部分私权让渡、委托政府及其采购官员来执行，以最小的雇佣成本实现公众利益权利赋予。在该过程中，由于公众将自己的私权让渡和委托给采购官员，"权利"就已经变成了"权力"，其性质也从私有产品变为公共产品。为确保政府及其采购官员以公众利益为出发点，并依据社会公众的共同利益和意愿来行使采购权，就必须对政府及其官员的采购权力的运作进行必要的监督和规制。然而，由于采购权力委托代理链条长，监督成本大，尤其是委托人的监督机会主义，采购权力委托代理运作的失灵就更容易产生。所

以，采购权力的委托代理运作形式具有外部性特征，容易造成委托人对采购代理人的监督不力。

可以看出，政府采购过程中所采用的采购代理制度会产生自身的机制性问题、法律问题及实践问题，均是政府采购立法所要解决的问题，以使政府采购制度更为合理和完善。

二、供应商权利保护思路

如何更好地维护供应商的权利是政府采购法律制度建设的重要内容。一方面，需要完善本身已经建立的采购代理制度，使采购代理制度真正发挥作用；另一方面，在供应商权利赋予方面需要采取更多的措施。

（一）完善采购代理制度

1. 强制性信息公开

信息公开在政府采购中意义重大。透明度高的采购法律制度具有可预测性，供应商能够由此计算出他们参与政府采购的代价和其中的风险，从而判断是否参加某一项采购活动。如美国专门制定了《信息自由法》（Freedom, Information Act），该法案要求政府机构应当将所有有关政府采购的信息充分、及时地在有关媒体公布，或向任何有兴趣的人提供所有的采购信息和合同信息，但涉及有关承包商的商业秘密除外。可以说，强制性信息公开是改进政府采购制度的首选措施。通过强制性信息公开，可以提高政府采购信息公告的透明度，能够让供应商平等地获得各类采购信息。在实践操作中，需要考虑信息公开的渠道和相应的成本。但随着信息技术的发展，信息公开的途径日渐多样（但切不可通过多种渠道的方式来隐蔽信息），成本也在逐渐降低。例如可以通过网站、微信公众号的方式集中发布政府采购信息，这样既方便供应商知悉信息，也可以节约公共开支。

2. 扩大政府采购操作过程的透明度

公开招标是WTO《政府采购协议》和各国采购立法优先采用的采购方式。公开招标采购要经过多个环节，包括投标公告、供应商资格审查、提供招标文件、提交投标书、开标、评标和签订合同等，其中只要有一个环节不规范或透明度不够，都会损害供应商的合法权益。

3. 真正建立并贯彻"物有所值、充分竞争"的原则

政府采购制度能够发挥应有功能的一个决定性因素是供应商、承包商或服务提供者之间能否最大限度地实现有序竞争。只有通过良性竞争，才可以在政府采购过程中形成一种对买方有利的买方市场，才可以促使投标人改进技术和服务，想方设法降低产品成本和投标报价，从而使采购人能够以较低的价格采购到较优的商品。

4. 建立和完善质疑投诉程序

质疑投诉是政府采购体系的一个必要反馈过程。作为一种制度供给，供应商是该制度供给的消费者，也是该制度好坏的最终评判者。通过供应商的质疑投诉，可以反映出该系统出现的各种问题。如何使供应商更好地反馈信息，是投诉程序需要完善的地方。

5. 供应商法律责任"民事化"和"合同条文化"

尽量淡化供应商的公权责任，如果确实需要承担某种公法上的责任，可以通过双方磋商内化为合同条款，以合同违约责任的方式在合同条文中体现，这样可以对双方形成有效约束，避免政府采购方单方肆意施为。

（二）增加具体权利

对于供应商权利受损的问题，还可以以明确增加供应商权利内容来对抗政府采购方可能出现的武断和无常行为的情况。

1. 提出修改合同的权利

在政府采购中，合同的修改权一般都是由采购方行使。这就赋予采购方很大的权利来控制供应商，特别是当一些特殊情况发生时，采购方主导的合同修改往往会损害供应商的正当利益。在完善的市场机制环境中，采购方和供应商在法律上具有相等的地位，合同的法律效应不能单方面修改。为保证供应商的合法利益，应当赋予供应商修改合同的权利，并且要求合同的修改必须要通过双方协商完成。当然，为防止供应商恶意修改合同，赋予供应商修改合同权利的同时必须限制以严格的程序。

2. 要求享受优惠和照顾的权利

相对采购方具有许多"特殊权利"，供应商则需要负担一些特殊的义务。"特殊权利"的行使，必然加重供应商的负担，对于这种负担，不论具体合同中有无规定，都可以请求采购方补偿。这种补偿的请求权是政府采购合同的供应商应当享有的重要权利。规定这项权利，有利于维持合同双方地位和经济利益的平衡，是合同顺利履行的需要。因此，有权要求政府采购方给予法律和政策允许范围内的某些优惠或照顾，至于优惠和照顾的具体范围和内容，可以在合同中规定。

3. 根据情势变更制度提出解除合同的权利

情势变更制度在国际商事活动中得到普遍适用。情势变更制度的意义，在于通过司法权力的介入，强行改变合同已经确定的条款或撤销合同，在合同双方当事人约定意志之外，重新分配交易双方在交易中应当获得的利益和风险。这一制度的主要价值在于，当合同原有的利益平衡因激烈动荡而导致不公正结果发生时，施以法律的救济。鉴于政府采购合同的特殊性，《政府采购法》已经赋予采购人单方解除合同的权利，为取得采购方与供应商之间的实质性公平，应当在合同中载明，供应商可以根据情势变更制度提出解除合同，即由于国家经济政策、社会经济形势等客观情势发生巨大变化，致使履行政府采购合同将对供应商没有意义或者造成重大损害，而这种变化是供应商在订立合同时不能预见并且不能克服的，供应商可以要求对方就合同的内容重新协商；协商不成的，可以请求人民法院或者仲裁机构变更或者解除合同。

4. 不可预见情况的补偿权

在政府采购合同履行过程中，可能会出现双方当事人不能预见的经济变动，使双方当事人遭受灾难性的损失，使履行合同极端困难。这种情况称为不可预见的情况。在发生不可预见的情况时，虽履行合同极为困难，但为实现公共利益的需要又不能终止合同的履行，供应商有权请求采购方共同承担损失。这种权利其实就是民事合同中的无过错责任原则。当在民事或经济合同中出现不可预见的情况时，一般由双方当事人协商变更或解除合同。但政府采购合同是以实现社会公共利益为目的，一般不能停止履行。较为合理的解决办法是采购方和供应商分担损失。

5. 损害赔偿请求权

如果由于采购人的过错，使供应商遭受不应有的损失，采购人应当予以赔偿。这是供应商所享有的一种不能剥夺的请求权，是不能因行政命令加以改变的。一般来说，供应商的损失包括直接损失和间接损失。直接损失是指因违反合同而造成对方财产或利益的直接减少，如合同标的物本身的损坏或灭失。间接损失则是指因采购人违反合同而使供应商本来可以得到的利益未得到。供应商提出损害赔偿请求权，要求采购人偿付赔偿金应当具备一定的构成要件，除违反合同的构成要件外，还应具备以下要件，赔偿才能成立：一是要有损失的事实；二是损失是违反合同的直接结果；三是赔偿金应当用于弥补供应商的实际损失。当然，供应商因采购人违反合同而受到损失的，应当及时采取适当措施防止损失的扩大；否则，无权就扩大的损失要求赔偿。

三、防止供应商权利滥用的思路

在赋予供应商相应权利的同时，也要考虑到供应商滥用权利的行为是不可避免的。因此，在研究保护供应商权利问题的同时，也应当制定完善的防止供应商滥用权利行为的相关法律、制度规定，以防止其滥用权利，确保其诚信履约。

（一）增加供应商关于诚实谈判的随附义务

政府采购活动中，通常会要求投标人有义务向政府采购代理机构提供准确的、现行和完整的成本或价格数据来支持其竞标方案，这样才能使政府采购代理机构做出公平的决策。如果投标人提供虚假的或误导性的数据，将受到处罚。

（二）执行好《政府采购法》中防止供应商滥用权益的有关规定

《政府采购法》第二十五条规定了政府采购各方当事人的禁止事项，规定政府采购当事人不得相互串通损害国家利益、社会公共利益和其他当事人的合法权益；不得以任何手段排斥其他供应商参与竞争。供应商不得以向采购人、采购代理机构、评标委员会的组成人员、竞争性谈判小组的组成人员、评标小组的组成人员行贿或者其他不正当手段谋取中标或者成交。

（三）完善供应商滥用权利的法律责任规定

区分滥用权利的不同时期追究其违反合同义务的缔约过失责任或是合同履行中的违约责任。可以适度扩大法律责任的范围，同时考虑建立一些具体的法律制度，比如供应商质疑投诉保证金制度和供应商失信惩戒制度等。当然有关责任和制度要求必须明确规定在双方认可的合同文本中，这是笔者多次强调的一个观点。

第三节 政府采购法律制度的完善

法律制度建设是我国政府采购制度改革发展的根本所在，也是政府采购管理体制不断完善发展的动力。

一、完善现行政府采购法律制度

与一些发达国家相比，我国当前的政府采购法律还有很多不完善的地方，需要加以改进。

(一) 修订现行《政府采购法》的有关规定

一是可以扩充供应商的范围;二是对自然人作为供应商的资格条件做出规定;三是对政府机关作为政府采购供应商的问题做出规定。从我国的实践看,理论上存在这样一种可能,在某一个地区或部门,一些专业性很强的公共服务只能从某一个特定的政府机关获得。在我国目前体制下,出现此种情况可以用跨地区或部门协调以无偿使用的方式解决,但随着政府部门之间职能的日益明确,对于一些涉及经费较多的经常性辅助项目,可以用政府采购方式解决,此时相应政府机关自然成为供应商。

(二) 完善资格审查制度

完善资格审查制度,在资格审查中注重保护供应商的合法民事权益。在大多数国家的政府采购实践中,一般分三个阶段对供应商的资格进行审查:资格预审程序、资格复审程序和资格后审程序。一是资格预审(pre-qualification)程序。目的是在采购过程的早期剔除不符合条件的供应商。资格预审包括发出资格预审通告(邀请书)、出售资格预审文件和评审三个步骤,预审的内容和重点是潜在供应商的基本情况、财务状况、过去 5 年完成类似合同的情况及其人员和设备。由于资格预审程序既可以减少采购人的费用,也可以吸引力量雄厚的供应商或承包商前来投标,还可以使采购方了解潜在的供应商对采购项目的感兴趣程度,因此,它在采购过程中具有节省采购资金、促进竞争的作用,在政府采购活动中得到了广泛的应用。二是资格复审程序。其目的是使采购方能够确定供应商在资格预审期提交的资格材料是否准确有效。如果判定一个潜在供应商没有能力完成合同义务时,采购方可以拒绝授予合同。三是资格后审程序。也就是在确定中标供应商后,对中标供应商是否有能力履行合同义务的进一步审查。

供应商资格认证制度的有效和公正是建立在客观的规则和标准之上的。世界各国普遍立法规定,采购人必须使感兴趣的供应商在其需要时能及时得到这些规则和标准,并能保证持续使用。如果采购人更新资格认证制度的规则和标准,必须告知感兴趣的供应商新更改的内容。采购人如批准供应商的申请资格,必须在一段相对合理的时间内通知申请者。在欧盟,如果从递交有效申请到做出决定所需时间超过 6 个月,采购人必须在收到申请两个月之内通知申请人,向其阐明需花较长时间做出决定的原因和预期做出决定的日期。如果资格申请被拒绝或已有的资格将被收回,采购人必须将这一决定通知供应商,且必须根据适用的规则和标准阐明拒绝或收回的原因。

(三) 实行政府采购供应商事先注册制度

很多国家均采取该制度，规定实行参与招标的供应商或制造商的登记制度，由企业自愿申请，国家定期审查，合同的供应商或制造商录入供应商的企业名单。政府招标采购时，名单内的供应商可参加投标，不必再进行资格审查。例如，我国香港地区实行了政府采购供应商注册制度。负责供应商注册机构是工务局和政府物料供应处。工务局负责工程供应商的注册管理工作，定期对已注册的供应商进行审查，如发现履行合同的表现不佳等情况时，就会取消注册资格。政府物料供应处负责各类货物供应商的注册管理工作。已注册的供应商，在采用公开招标方式时，会自动获得招标文件，未注册的供应商必须亲自购买招标文件。在采用选择性招标方式时，只有注册供应商才能参加投标。在册供应商能否长久保留资格，取决于其投标及履行合同的表现。香港地区对供应商申请注册没有时间限制和地区限制，我国政府每年都在香港特区政府宪报和互联网上刊登公告，邀请有兴趣的供应商申请注册。

(四) 增加外国供应商作为我国政府采购主体的规定

美国法律明确规定，政府采购选拔供应商时必须包括实际的一定比例的非本国注册公司。在 GPA 协议下，试图排除国外供应商进入国内政府采购市场是不现实的。在 GPA 谈判期间，我国应当在尽快修改、完善《政府采购法》扶持国内企业民族品牌的有关规定的同时，把对国外供应商纳入我国政府采购主体的问题进行研究，考虑对《政府采购法》的条文进行修改并制定相关配套措施的草案。在草案起草过程中，要注意研究并尽可能地使草案符合 WTO《政府采购协议》及国际组织的有关规定，切实保护好国内供应商。国外保护政府采购市场的措施多种多样，一是采购外国产品的限制。二是产品原产地的限制。三是价格优惠。例如，欧盟规定，自来水、能源、运输及通信等公共事业在采购时，必须采购当地产品 50% 以上，凡 3% 价格差异以内的，应优先采购欧盟产品。四是贸易补偿，采购国为了培育当地产业或是为了改善国际收支，要求中标的外国供应商在当地的采购达到一定比例，或者必须转让某项技术，或者需在当地设厂进行生产制造等。

二、政府采购代理权的规制

政府采购代理权的规制是我国政府采购法律规范中的一个重点内容。代理机构在政府采购过程中是相关主体的联系纽带，是整个采购系统的重要环节，是政府采购法律体系构建的重点内容。

（一）健全政府采购责任体系

按照国际惯例，政府集中采购机构属于政府机关范畴，其雇用人员均属于公务员或参公管理。但我国由于设立集中采购机构与政府机构改革精简的取向出现冲突，因此政府集中采购机构被划为非营利性事业单位法人。一些学者认为，政府集中采购机构是政府采购职能的重要承担者和执行者，具有诸多行政职能，代表政府行使采购权，从政府组织行为学来看，其行为显然是一种政府行为。我国《政府采购法》第十六条将集中采购机关的性质确定为非营利事业单位法人，毋庸置疑的是，这种定位有利于政府采购的管办分离，有利于政府对政府采购活动的监督管理。但我们也应该同时看到，在进一步建立健全政府采购责任体系中，必须首先确定政府集中采购在行政体系中的职能定位，明确在业务操作、行政规范、监督管理等方面的责任才能更加有效地履行职能。

（二）规范社会中介代理机构

政府采购公共资金的性质决定了其对成本的关注，因此作为中介的政府采购代理机构不应以营利为主要目标。目前来看，世界上政府采购制度较为完善的国家和地区，较少存在以营利为主要目的的社会中介机构代理政府采购业务，政府采购均由政府设置专门的政府采购机构组织办理采购事务，集中采购机构多为政府采购机关。例如，美国联邦政府采购已有两百多年的历史，发展到今天政府采购各项制度非常完善。美国联邦政府设立了联邦总务署，在全美设立地方分局，负责联邦政府的各项采购工作，实施集中采购，没有中介机构参与政府采购，采购机构由行政机关设立，属于行政机关的一部分。中国香港实行的是高度集中的政府采购制度，所有的政府采购均由政府部门直接进行，不涉及任何中介机构。结合我国目前的实际情况，可以规范私法人的代理范围，扩大公法人的政府采购规模。

（三）改良代理模式

（1）强制性实行公开采购和集中采购制度。一是在许可范围内，尽量公开采购权力委托代理运行的所有适宜公开的信息，使其在委托人与代理人之间对称，减少采购权力委托失灵的机会。二是减少委托代理链，配合信息公开制度和健全法律监督体系，严格责任追究，进而从制度上切断代理人共谋的可能性。

(2) 完善社会中介机构进入政府采购市场资格认定的相关规定。根据政府采购市场出现的新情况、新问题，修订完善财政部发布的《政府采购代理机构资格认定办法》。

(3) 推行委托人的选择性激励政策。为了克服广大委托人对采购权力代理者监督中的因机会主义与"搭便车"引起的激励不足，应在委托人中间采取选择性激励措施，对于有效监督采购权力运作的委托人给予额外的激励，并分担他们的成本，这不仅较好解决了委托人的监督积极性不足问题，从另一方面也减少了采购权力委托代理运行失灵的机会。

（四）健全责任追究制度

结合民法代理理论，完善《政府采购法》和《招标投标法》，明确滥用代理权的法律责任（私法责任及公法责任），建立健全社会中介机构代理政府采购责任追究制度，侧重从法理上予以制约并规定相应具体制度，比如规定取消代理资质的情形，实行"黑名单"制度以及建立责任保证金制度等。

（五）制定表见代理排除制度

排除表见代理是指不论政府以何种形式发生作用，凡是与政府缔结契约的人皆须负担风险，确实查明有意代表政府行动的人，的确在其授权范围内活动，必须有实际授权才能约束政府，否则政府对该契约缔结行为不负责任。排除表见代理可能会对供应商的利益造成危害。因此为了维护基本的公平，在一定程度上需要合理地保护供应商利益，因此在实务中发展起来两种救济途径。一是所谓的"默示"授权（inlplied authority），这主要存在于契约管理阶段，例如当争议的权利是公务员的职务所不可分割的部分时，通常会认为政府有默示受约束的意思表示。二是确认（ratiflcation），原则上要尽量避免使用，除非特定的几种情况下才可行使确认权，例如政府已接受所采购的物品或服务，或已经从中获益；契约官审查后认定其价金公平、合理；契约官建议政府付款，而法律顾问也表示同意；未确认的官员在当初享有缔约权，而且目前仍然享有。

三、完善相关法律规定

在我国政府采购法律法规中，对一些问题的表述还存在一些不很清晰的状况，因此需要进一步完善相关法律规定。

(一)完善回避制度

1. 明确"利害关系"本身的内涵

明确界定利害关系指对政府采购项目的中标结果或者成交结果具有直接影响的一种事实状态或者可能性,在对"利害关系"的内涵进行界定的同时,还应指出"利害关系"的外延,可将我国三大诉讼法中有关"回避"的法律规定移植到政府采购法律制度中,进一步详细列举回避的法定情形。"利害关系"的实质应当是可能导致采购人及相关人员和评审专家袒护一方供应商,其界定离不开采购人及相关人员和评审专家自由评审权的行使;但另一方面,立法应当尽量量化其认定标准,以防止自由评审权的随意性。对此,我们可以参考借鉴其他国家的政府采购法规。如法国与日本两国对"利害关系"的界定非常细致。这种具体化的规定增强了回避制度的透明度和可操作性。

2. 完善关于回避人员的范畴

(1)根据回避制度中"利害关系"的规定,明确适用情况:一是应回避人员是供应商或其有关人员的亲属;二是应回避人员或其近亲属与可能供应商有利益或利害关系;三是与供应商有其他关系,可能影响采购活动公平公正竞争的。(2)将采购主体负责人和主管机关负责人纳入回避制度规定的范畴。采购主体负责人、主管机关负责人虽不具体操作采购项目,但对政府采购交易过程和交易结果有着举足轻重的直接影响。我国《政府采购法》有必要将采购主体负责人和主管机关负责人列入法定回避对象。(3)参照美国法律有关利益冲突回避的规定。美国公共契约法规定对公共契约的决标对象及承包商提出了很多回避要求。比如禁止国会议员参与契约或分享契约利益的条款,现职公务员不得介入任何与其未来可能的雇主有财务利害关系的事项,曾担任某项采购活动的官员,自其最后一次亲身促成该宗采购案的决标、契约修订或延长起,两年内不得以任何一种方式代表竞争承包商参与协商和谈判等。

3. 明确回避的管理机构和程序

法律还应该明确规定,政府采购活动开始时,采购主体应告知当事人有申请回避的权利和回避申请的期间,当事人也必须在此期间提出回避申请。

(二)完善专家制度

1. 规范专家评标

评标专家要在评标前集体讨论评标办法,统一评标口径,确定具体评审方法(必要时可请项目经办人或采购人介绍采购项目的基本情况),在评标过程中对评分情况做出书面的说明,同时要增加专家库专家数量,细分专家的评审专业,严格按程序选择专家,加强对专家工作的评议,专家库专家要定期更新,在有条件的地区要实行地区轮换制。目前,深圳市政府采购中心专家库涵盖42个大类、187个细类,基本满足了深圳市和所辖行政区政府采购项目的评审需求。深圳市的成功经验,值得向全国推广。

2. 加强对专家的管理

可参照国际上的做法,对评审专家实行"统一条件,分级管理,资源共享,随机选取,管用分离"的原则,从而强化专家的独立性,提高政府采购活动的透明度。一是评审专家条件法定化,对评审专家的条件做出明确规定。二是在现有基础上增加评标专家的数量,扩充专家库。三是明确专家的权利和义务。既要给予专家较大的自由和权利,也要让专家承担相应的责任,使其权责统一。四是加强专家日常管理制度。首先是加大评标专家回避制度的执行力度;其次是改革现行的评审费发放制度,逐步形成以专家绩效考核制度为标准的发放方式。五是加强监督和淘汰制度。让评标专家自觉接受监督,违反规定者用"禁入"制度将其及时淘汰。

第四节 政府采购合同法律建设

政府采购是当事人合意签订合同的采购行为,从某种意义上讲,政府采购过程其实就是采购合同的准备、订立和履行的过程。法律对政府采购制度的关注也是以政府采购合同为中心展开的,以合同方式进行是政府采购区别于其他政府需求获得方式的主要标志。因此,《政府采购法》实质上是政府采购合同法,政府采购最为核心的问题就是政府采购合同问题,政府采购制度正是构建在政府采购合同这一重要基石之上的。《政府采购法》以专章的形式对政府采购合同做出规定,体现了立法者对政府采购合同的重视,这种重视是合乎设立政府采购制度的初衷。本节以现有立法成果为基础,对政府采购合同的有关问题进行研究,在立法方面提出相应建议。

一、政府采购合同缔约方式

(一) 政府采购合同缔约的一般方式

目前国际上公认的四个政府采购国际规范是WTO《政府采购协议》(以下简

称《协议》)、欧盟制定的《公共采购指令》(以下简称《指令》)、联合国贸易法委员会制定的《关于货物、工程及服务采购的示范法》(简称《示范法》) 和世界银行的《国际复兴开发银行贷款和国际开发协会贷款采购指南》(简称《指南》)。这四个国际规范规定了公开招标（竞争性招标）、选择性招标、两阶段招标、谈判采购方法、征求建议书、询价采购等缔约方式，如表6-1所示。

表6-1　　　　　　　　　　政府采购国际规范

项目	《协议》	《指令》	《示范法》	《指南》
公开招标	公开招标	公开程序	招标	国际竞争性招标
征求建议			征求建议（征求服务建议）	
谈判	谈判	谈判程序	竞争性谈判	
两阶段招标			两阶段招标	两阶段招标
选择性招标	选择性招标	限制性程序	限制性招标	
询价采购			征求报价	询价
单一来源采购		相当于非竞争性谈判	单一来源采购	直接签订合同

(二) 我国政府采购合同缔约方式

我国把公开招标、邀请招标、竞争性谈判、竞争性磋商、询价、单一来源六种合同缔结方式规定为我国政府采购合同的缔约方式，其中公开招标方式适用范围最广，这体现了政府采购合同缔结必须实现充分竞争的要求。

1. 公开招标的缔约方式

公开招标，指采购机关或政府采购代理机构以招标公告的方式，邀请不特定的供应商或承包商投标的合同缔结方式。从国际范围来看，公开招标这一缔约方式不仅是各国政府采购规则的核心内容，也是各个国家政府采购制度的主要内容。与其他采购方式相比，这种缔约方式具有信息发布透明、选择范围广、竞争范围大、公开程度高等特点，符合政府采购制度"物有所值"的目标。所以，这一方式成为各国的主要缔约方式。比如，世界银行《贷款采购指南》将其作为最能充分实现资金的经济和效率的方式，要求借款国以此作为最基本的采购方式。这一方式的必备步骤包括事先公开邀请竞争、一次性竞标、决标标准事先确定、当场开标等，这种方式还禁止与投标人谈判。因此，世界各国都普遍认为这种方式能最有效地促进竞争、节约费用和实现高效率及其他采购目标。世界上，凡是实施政府采购制度的国家和地区，政府采购合同缔结的主要方式就是公开招标。《协议》《示范法》均有大篇幅的章节规定公开招标的内容。一般认为，政府采购中的公开招标具有三个主要特征：（1）公开，包括发布投标邀请、开标、中标结果、投标商审查标准和最佳投标商评选标准等都要事先公开；（2）公平；（3）竞争。对公开招标的缔约程序，《协议》的规定比较详尽。

客观而言，公开招标的缔约方式也不是万能的。从国际采购实践来说，以公开招标方式缔结的政府采购合同呈下降趋势。资料表明，真正采用这种缔约方式的政府采购一般占30%~40%。尽管公开招标缔约方式，具有促进公平公正竞争、减少腐败等优点而成为各国推崇的缔约方式，但也存在明显的不足之处，如程序和手续复杂，费时费力；采购缺乏弹性；需要的文件烦琐，难以考虑周全；无法规避国民待遇原则和非歧视原则为国内供应商提供更多商机等。就我国目前情况而言，公开招标面临的最大问题是被恶意规避的问题。为此，我国《政府采购法》第二十八条对规避公开招标方式的行为做了限制规定，采购人不得将应当以公开招标方式采购的货物或者服务化整为零或者以其他任何方式规避公开招标采购，也就是不允许采购人将一个符合公开招标数额标准的项目拆成若干低于公开招标数额标准的小项目而规避公开招标，或是对本应采取公开招标方式的项目，"先斩后奏"故意采取其他方式然后补办申请手续。

2. 其他五种非公开招标缔结合同方式

我国还对其他五种非公开招标缔结合同方式做出了规定。

（1）邀请招标采购，又称"选择性招标"，是《协议》所规定的招标方法之一，为国际公共采购的通行做法，是指采购人、政府采购代理机构向特定的部分供应商发出投标邀请，那些收到邀请的供应商可参加政府采购活动进行投标竞争的一种采购方法。由于此种方式带有限制性，不利于充分竞争，而且一旦操作不当，容易出现舞弊、采购周期较长等问题。因此，国际上对邀请招标有着非常严格的限制性规定，这种方式只能用于采购那些具有高度复杂或专门性质的采购标的，或是那些只能从范围较少的供应商或承包商处获得的采购标的等。

（2）竞争性谈判采购。也就是政府采购人或代理机构通过与多家供应商（不少于3家）进行谈判，最后从中确定中标供应商的一种采购方式。采用竞争性谈判必须满足以下几个条件：第一，采购标的复杂而独特，之前未曾采购过且很少有成本信息，不能事先计算出价格总额的；第二，招标后没有供应商投标或者有效投标供应商没有达到法定的三家以上，重新招标未能成立的；第三，技术复杂或者性质特殊，不能确定详细规格或者具体要求的；第四，采用招标所需时间不能满足用户紧急需要的。此种方式具有缩短采购周期、减少工作量，既能体现竞争，又能弥补招投标方式的不足等特点，是政府采购国际规则所确认的、各国普遍采用的方式。

（3）竞争性磋商采购，是指采购人、政府采购代理机构通过组建竞争性磋商小组（以下简称磋商小组）与符合条件的供应商就采购货物、工程和服务事宜进行磋商，供应商按照磋商文件的要求提交响应文件和报价，采购人从磋商小组评审后提出的候选供应商名单中确定成交供应商的采购方式。

（4）询价采购，也称"选购"、邀请报价，是指采购方对供应商的报价进行比较而确定最终供应商的一种采购方式。

（5）单一来源采购。指政府采购方在法律规定的特定情况下向某个特定的供应商直接购买采购标的的采购方式。我国《政府采购法》第三十一条规定可以采用单一来源采购方式的几种情况：发生了不可预见的紧急情况不能从其他供应商处采购的；必须保证原有采购项目一致性或者服务配套的要求，需要继续从原供应商处添购的，且添购资金总额不超过原合同采购金额10%的。我国现行规定的单一来源采购方式的适用条件与《指南》《示范法》《协议》等规则中的规定基本一致。在单一来源采购中，政府采购方处于相对不利的地位，由于缺乏竞争，滋生权力寻租的机会必然增加，因此，中外政府采购法律都对这种采购方式的使用做出了严格限制。

3. 国际上出现的新型缔约方式

依靠现代化手段进行政府采购是时代发展的必然要求。与此相应也出现了一些新的政府采购缔约方式。主要有采购卡方式和电子贸易方式。采购卡类似于信用卡，是财政部门统一制作发给采购实体的，采购实体的采购官员在小额采购时，不需要与供应商签订合同，在完成采购后付款时，只需划卡就可以。这种方式快捷、简便，有助于减少浪费。电子贸易采购方式是指运用电子邮件、电子信息、互联网等技术进行采购。无论是采购卡还是电子贸易，其合同订立都会采取与传统民商法合同不同的缔结方式进行，因此，加强对这些新型政府采购方式涉及的法律问题的研究十分必要。

二、政府采购合同缔结法律制度问题

（一）合同缔结法律制度面临冲突

我国《政府采购法》第二十六条将公开招标作为政府采购的主要采购方式。但除了对投标邀请书发布范围（第三十四条）、提交投标文件期限（第三十五条) 和废标 (第三十六条、第三十七条) 做出简单规定外，对于一些相关重要环节如招标、投标、截标、开标、唱标、评标、定标等没有详细规定。在招投标实践中，我国《政府采购法》和《招标投标法》两部法律的主管机关、信息披露制度、回避制度、质疑程序、投诉程序、法律责任等内容均不相同。在争议发生后，不论是政府采购方还是供应商在两部法律面前无所适从，无法有效解决争议并追究违法行为。根据我国《政府采购法》第四条规定，"政府采购工程进行招标投标的，适用招标投标法"。根据这一规定，如果政府采购工程不是通过招标投标的方法，则只能适用《政府采购法》的规定，有关参与我国《政府采购法》起草的专家也持这样的观点，认为不使用《招标投标法》的政府采购工程项目，应当按照《政府采购法》规定执行。但《招标投标法》规定，只要是使用了国有资金、涉及公用事业和社会公共利益的，都必须进行招标投标。因此，对于那些使用了国有资金、涉及公用事业和社会公共利益但又不是采用招投标方式采购的工程，缺乏适用的法律支撑。

(二) 缔约方式选择权归属不合理

根据合同自由原则，采用何种方式缔结合同应当是合同双方通过协商形成一致看法后做出的决定。由于政府采购的特殊性，法律规定了政府采购合同的缔结方式并把缔约方式决定权交给采购人，供应商没有参与协商的余地，只能处于被动接受地位。那么，法律就应当采取相应措施为供应商选择缔约方式提供补偿，这些补偿措施应当包括对每种缔结合同的方式列出明确的适用情形并选择相应的法定程序；同时，要在采购文件中公告决定或是记载采用某种缔约方式的理由等。这样使供应商以监督者的角色"变相"获得合同缔结的部分选择权，达到立法上实际效果的平衡。但是，无论是《政府采购法》还是《招标投标法》，对此问题的规定都有较大不足。两法均把决定权完全交给了政府采购人，但缺乏相应的补偿性规定。以邀请招标为例，《政府采购法》和《招标投标法》都规定了邀请招标这一缔约方式，邀请招标与其他采购方式一样，在我国公共采购领域里得到了广泛应用。我国《政府采购法》规定了可以适用邀请招标的情形。至于这种缔约方式由谁确定、以什么程序确定，法律没有做出规定。"特殊性"和"比例过大"不是明确的法律概念，赋予采购主体的自由裁量权太大。《招标投标法》未规定适用情形，从而为采购人提供了采购合同缔约方式的选择空间。可见，我国《招标投标法》和《政府采购法》对邀请招标如何操作没有做出详细的程序性规定。

(三) 合同缔结方式使用单一化

《政府采购法》确立了公开招标缔约方式优先适用的地位，但对其他缔约方式如何与招投标配合适用的问题没有做出规定。实际上，在很多政府采购中，同时采用多种缔约方式是很常见的。这就是《政府采购协议》中所指的混合合同（mixed contracts），就是在一个采购合同中，既有工程采购，也有服务采购和货物采购，并且三者构成一个不可分割的项目整体。《政府采购协议》对这三种采购标的规定有不同的规则，因此就需要对此类混合合同的性质及缔结方式做出规定，即确定它究竟适合哪种缔约方式。我国台湾地区"政府采购法"第七条第四项规定：采购兼有工程、财物、劳务等两种以上性质，难以认定其归属者，按其性质所占预算金额比例最高者归属之。我国《政府采购法》对混合合同及采用何种缔约方式的问题没有做出规定。

至于"统包"，指的是委托人（政府机构或拟与建厂房或设施的大企业）将某一工程，由设计开始，到施工及安装等全部阶段，合并在一个招标案，由一家得标厂商自始至终负责；在得标的承包厂商完成所有工作后，再交由委托人接收所完成的全部工程；委托人接收之后，立即可以就所完成的工程加以使用或使其运转。统包在我国大陆地区也称"总包"，主要适用于工程建设方面，人们习惯称为"交钥匙工程"，就是对工程项目建设过程中的可行性研究、勘察设计、设备询价与选购、材料订货、工程施工、试生产等工作的全过程进行总承包。关于总包，我国《政府采购法》和《招标投标法》都没有做出规定。由于总包在政府采购中并不少见，因此，有必要将其纳入法律规范的范畴。

(四) 某些缔约方式缺失

《政府采购法》没有规定两阶段招标方法。两阶段招标是指将政府采购活动分为技术规范征求和招标确定供应商两个阶段的一种较为特殊的采购方式。在第一阶段，政府采购人向多个潜在供应商就拟采购的标的广泛公开地征求意见和建议，在此基础上确立采购标的的技术规范。在第二阶段，政府采购方根据第一阶段所确定的技术规范，以公开招标的方式，邀请所有符合条件的供应商进行竞争投标。选择性招标和两阶段招标是最接近于公开招标的两种方法，因而有时被称为公开招标方法的变体，虽然它们一般不要求通过公告方式邀请投标，极易滋生滥用，使公开招标形同虚设，但可以克服公开招标中技术规格无法事先确定之弊端，在技术复杂的采购中有独特之优势。但我国《政府采购法》没有规定这种招标方式，在需要采购一些复杂技术服务时，无法采用此种方式组织招标。

（五）评标方式不规范

以何种评标方式决定中标厂商，是政府采购合同缔结中很重要的环节。评标是政府采购合同中采购方的自主行为，法律性质上属于一方当事人承诺以法定方式所做的考量和准备。由于涉及公共利益和自身利益，供应商无论是以纳税人身份还是合同潜在当事人身份，都有权事先知道评标标准，及时行使民事监督权确保其权利免受侵害，否则可以获得基于采购方缔约过失责任的对价赔偿。但目前我国没有这方面的法律规定，只是落脚到政府方的公权监督中。在政府采购中，评标的一个重要方法是综合评分法。综合评分法需对综合评分的主要因素以及相应的比重或权值进行确定（以下简称评标标准），是专家评审的主要依据，也是确定政府采购合同与谁签订的重要依据。评标标准是否科学、合理，直接关系到政府采购的成败，直接体现政府采购是否公开、公平、公正。在实践中，一些采购人制作评标标准的随意性、盲目性较大，可信度差，缺少量化指标，致使供应商明知其中有问题，也很难提出充足的理由，供应商在行使监督权时往往难以举证。

（六）开标程序不规范

开标程序是指采购主体将收到的处于密封状态的投标文件（包括招标以外其他采购方式中的报价文件、报盘文件等）依照法定程序进行启封揭晓。实践中，采购代理机构拆标、唱标缺乏透明度的情况屡见不鲜。现实中，在开标会上，唱标人所唱内容与投标书不一致、虚假唱标或者拒绝全部唱标的现象并不少见，其行为显然有悖于法律所倡导的公开透明、公平公正原则。造成这种情况的重要原因一方面是因为我国《政府采购法》规定的所有政府采购方式，都没有规定开标程序。在法律无明文规定或明确禁止的情况下，为在开标程序中进行"暗箱操作"提供了制度上的可能。我国《招标投标法》虽然规定了公开招标的开标程序，但同样也存在着立法缺陷。《招标投标法》规定，开标由招标人主持，邀请所有投标人参加。开标时，由投标人或者其推选的代表检查投标文件的密封情况，也可以由招标人委托的公证机构检查并公证；经确认无误后，由工作人员当众拆封，唱读宣布投标人的名称、投标的价格和投标文件的其他主要内容。招标人在招标文件要求提交投标文件的截止时间前收到的所有投标文件，开标时应当当众予以拆封、宣读。开标过程应当记录，并存档备查。实践中，开标活动基本是由招标代理机构进行的。事实上，开标程序中的这些监标人并不能证明开标行为是否公正和透明。不论是什么样的监标人，都是受聘于招标公司的，其报酬都是由招标公司支付的。获取利润是招标公司生存和发展的动力，一旦获利目标受到影响，必然会产生道德风险。现行法律对开标程序设置的监督机制是不足的。

三、完善政府采购合同缔结制度

（一）政府采购合同缔结法律制度原则

政府采购行为是一种民事行为。民事行为有效的一个基础是双方当事人意思表示真实。从民商法学的观点来看，政府采购合同的签订是一种基于双方真实意思表示基础上的行为。政府采购合同的缔约方式应当是符合双方利益实现的，符合民事行为有效诸要素的要求，体现公平、公开、公正，有利于促进完全、充分竞争的。从某种意义上讲，政府采购缔约方式其实也是政府采购法律规范的核心问题，即政府采购程序性规则问题。为了实现政府采购的目的和初衷，政府采购的缔约方式应当具备以下几个特点。

1. 竞争性

除特殊情况外，所有采购均应通过竞争性或准竞争性采购程序进行，同时，采购实体必须严格履行采购招标通告程序，以使所有有兴趣的供应商均享有平等的参与竞争机会。所谓竞争性采购程序主要是指公开招标方式，准竞争性采购程序主要是指邀请招标方式。

2. 公平性

禁止使用可能歧视潜在供应商的技术规格，采购实体在拟订或说明拟购产品特征的技术要求时，如质量、性能、安全度、试验及试验办法、符号、术语、包装、商标及标签等，不得以特殊要求构成对供应商的歧视。采购实体规定的技术要求应是对采购标的性能而非对设计的说明，有国家标准的，应使用国家标准。

3. 公开性

"黑箱操作"为供应商所深恶痛绝，损害守法供应商利益的肮脏交易往往是在阴暗的角落里完成。以招投标方式进行政府采购的缔约过程应公开透明，这样才能保证广大供应商的知情权和监督权。对于采用招投标以外方式缔约的或有法定事由不适宜立即公开的，应当考虑"适度公开"或是"嗣后公开"，即在一定范围内公开或是完整记录后择机公开。

4. 法定性

法律应对采购程序做出详尽规定，程序规则失于宽疏，会导致采购官员的自由裁量权过大，为侵害供应商的利益留下更多的空间。在整个采购活动中，采购机关决定选择哪种缔约方式在采购活动中处于主导地位，因此有必要对采购机关在缔约方式选择上享有的自由裁量权进行有效控制和规范。一方面，可以用公法规定其选择缔约方式的程序；另一方面，在招标书或是采购文书中应当详细列明决定选用该种缔约方式的依据和标准。

5. 合理性

供应商提交标书的期限合理。如果法律留给供应商提交标书的期限过短，就可能给距采购方较远的供应商准备投标造成实质性困难，也就在客观上剥夺了这些供应商进入市场的权利。

6. 精细性

缔约程序规则过于粗糙和简陋或得不到采购官员的切实遵守，就等于将采购操作问题交由采购官员自由掌握，而往往正是这些操作性问题决定了供应商的命运。在程序规则薄弱的情况下，采购实体的采购倾向与采购官员的个人偏好更容易渗透到合同授予的决策中去，从而影响结果的公正，损害供应商的合法权益。

7. 互动性

互动是为了排除采购方的独动。采购方与供应商之间良好的互动关系也是采购成功的关键，所以政府采购必须设计科学有效的采购方式，程序规范为自由裁量权设定合理的边际，并通过公开透明的采购方式使采购活动各方能相互信任、精诚合作。

(二) 完善政府采购合同缔结的法律制度措施

按照上述确立的原则，就总体而言，可以从以下六个方面对政府采购合同缔结进行完善。

1. 统一立法

为了解决公开招标和工程采购的法律缺位和冲突，建议将我国的《政府采购法》和《招标投标法》统一合并为《公共采购法》，将强制招标内容完全纳入《公共采购法》中。

2. 明确规定政府采购合同不同缔约方式的适用条件

我国《政府采购法》规定了多种可供选择的缔结合同的方式，但是对哪种情况适用哪种方式的规定并不详尽。有必要对采购方式适用条件做出进一步明确合理的规定，要求采购人在政府采购活动中根据特定的采购要求和市场条件选择适用的采购方式。如果政府采购法律对合同缔结方式适用规定和适用条件只有原则性要求，其实与没有规定相差不大。因此，应当对我国《政府采购法》规定的几种主要缔约方式的适用条件进行修订和细化，适应政府采购实践的需要。

3. 形成完善的政府采购合同缔结方法体系

一个完善的《政府采购法》中所包含的采购方式实际上是一个完整的体系。在这个体系中，各种采购方式有机结合，互相补充，相得益彰。因此，我国应对《政府采购法》中各种采购方式的适用条件进行必要梳理与调整，形成相互适应与配合的关系。如对公开招标涉及其他采购方式的，补充相应的适用条件。还可在《政府采购法》中明确规定两阶段招标，对难以确定技术标准的涉及高新技术产业的采购项目，如大型计算机和通信系统等技术升级换代设备，两阶段招标可以广纳各个供应商的技术规格，更好地实现"物有所值"的原则。同时，把采购卡、电子交易等新型政府采购缔约方式及时吸收进来。

4. 对政府采购合同缔结的具体程序进行细化

政府采购合同的缔约方式存在于政府采购程序中，两者相辅相成、密不可分。缔约方式与采购程序是互为作用的，选择什么样的缔约方式，也就等于选择了什么样的采购程序。我国《政府采购法》并没有妥善对此问题做出清晰界定，甚至在一定程度上把政府采购合同的缔约方式与采购程序混同。我国《政府采购法》对缔约方式的选择和采购程序的规定不够详尽合理。我国应借鉴国际上政府采购立法与实践的经验对采购程序做出详尽合理的规定。同时，进一步完善评标方法，规范评标标准，规范专家评标，规范开标程序，明确规定开启报价文件应当在谈判文件确定的提交报价文件截止时间的同一时间公开进行，开标的地点应当为谈判文件中预先确定的地点。

5. 逐步扩大协议采购范围

协议采购在西方发达国家的运用十分广泛，以这类方式采购的金额占美国政府采购的80%。在我国深圳、上海以及中央国家机关等，协议采购仅占全部采购额的25%，全国平均水平更低。因此，必须加大协议采购推行力度，通过科学制定集中采购目录及限额标准，扩大协议采购项目的实施范围。一是要扩大协议采购项目种类。要在完善现有货物类协议采购项目的基础上，研究专用机电设备、卫生洁具、办公用品、办公家具等项目实施协议采购的方式方法，慎重调研，成熟一项，推行一项，管好一项。二是要扩大协议采购货物的品牌、型号。要进一步吸引民族品牌进入协议采购库。

6. 借鉴国际上新型政府采购缔约方式

近年来，不少西方国家立足于提高政府采购效率和提高公共支出的质量，在政府采购方式上大胆创新，形成了不少新的采购方式，主要有合作采购（cooperative purchasing）、服务承包（service contracting）、循环利用（recycling）及价值分析（value analysis）等，这些新型的政府采购缔约方式对我国有较大的借鉴意义。国际上的这些新型缔约方式，在我国一些比较发达的地区已经进行了尝试，比如一些地方试行的合作采购，深圳市试行循环利用的采购方式。财政部及各省份正在推进"互联网+政府采购"行动，积极推进电子化政府采购平台建设，逐步实现在线开展采购评审、合同签定、投诉处理、信用评价、履约验收、资金支付等。这些方式中涉及合同缔结的法律问题无疑值得我们关注和思考。

本 章 小 结

我国政府采购制度改革的核心之一是政府采购法律制度的健全和完善，这是实现运用法治思维和法治方式推进政府采购改革的重要举措。本章从代理权滥用、供应商权利滥用及其权利受损三个方面分析了政府采购法律制度建设的关键问题，并从解决采购代理失灵、保护供应商权益及防止其权利滥用三个方面有针对性地提出了相关法律法规制度建设的思路。我国政府采购法律法规制度建设，既要进一步完善现行政府采购法律，也要逐步补充缺失的法律法规。针对政府采购合同立法的核心问题，本章分析了我国政府采购合同缔结法律中存在的问题，并提出了完善合同缔结法律制度的原则和具体措施。

第七章

GPA 框架下我国政府采购制度的完善

随着世界经济的发展，我国经济已融入全球经济一体化的浪潮中，特别是随着"走出去"战略及"一带一路"建设的实施，我国已找到一条符合自身特点又顺应当今世界经济大趋势的发展道路，在实现本国经济发展的同时，促进世界各国的共同繁荣发展。在当今世界经济秩序中，WTO 的《政府采购协议》（GPA）是一项重要的政府采购国际规则，以美国、欧盟、日本等为首的西方主要经济体均是其成员国。2007 年底，我国正式向 WTO 提交了加入 GPA 协议所需要的第一份出价清单，2008 年启动了加入 GPA 谈判，目前，已提交七轮出价。但在该谈判过程中，由于各方对 GPA 的理解、对我国当前经济转型的判断、应当承担的义务和责任等方面均有不同的认识，导致协商过程较为缓慢。在此，有必要对 GPA 的历史及其主要规则进行详细的分析，在借鉴的基础上设计我国政府采购制度建设的远景目标，进而提出我国加入 GPA 协议的应对措施。

第一节 GPA 的历史和框架

实际上，政府采购从国家诞生之日开始就已经产生，制定政府采购的规范，约束相关主体的行为一直是各国政府管理的重要内容之一。在政府采购规模日渐扩大和世界经济一体化的推动下，世界需要在各个国家之间建立一种共同的规则，以减少国际贸易中的摩擦和争端。GPA 由此诞生，而其作为一项政府采购的国际规范，也有一个从初创到不断成熟的过程。在这一过程中，其影响力不断扩大，参与国家也越来越多。

一、GPA 的建立与完善

（一）GPA 的产生

GPA 就是《政府采购协议》（Government Procurement Agreement），是世界贸易组织（WTO）的一项诸边协议，目的是促进成员方开放政府采购市场，扩大国际贸易。GPA 由 WTO 成员自愿签署，目前有美国、欧盟等 14 个参加方，共 41 个国家和地区签署了协议。GPA 成员方对政府采购原则、目录、流程等进行事前的共同协商，对签署双方的权利和义务做出明确、具体的约定，一经双方签署确定，即对双方形成共同的约束力。

GPA 的产生经历了三十多年的漫长过程。1946 年成立的联合国经济社会理事会会议上，为建立国际贸易组织（WTO）草拟章程时，首次提出了对政府采购进行规制的问题。1947 年，首次提出 GPA 的概念，并草拟了关于政府采购规制的一些准则。但之后的 20 年中，并没有实质性的发展。直到 1976 年，经济合作与发展组织（OECD）将讨论意见整理并形成《政府采购政策、程序和规则草案》并转交 GATT。1979 年 4 月 12 日，经过长期的讨价还价及东京回合多边贸易谈判，终于在日内瓦签订了《政府采购协议》（GPA 1979），该协议性质是一个诸边协议，GATT 的成员方自愿选择是否加入，并通过相互谈判确定政府采购市场开放的程度。协议于 1981 年 1 月 1 日起对协议的成员方正式生效。

（二）GPA 的发展

1981 年 1 月 1 日起，《政府采购协议》正式执行。但正如人们对新事物的认识有一个循序渐进的过程，GPA 的发展也经历了接受、质疑和修正等历程。

该协议实施后，在工业化国家（地区）产生了很大影响。一些世界主要经济体出于各自的利益考虑，纷纷加入该协议。最早加入东京回合协议的国家（地区）有美国、英国、奥地利、加拿大、欧共体六个国家（地区）、芬兰、日本、挪威、新加坡、瑞典、瑞士、中国香港。1983 年以色列加入，1982 年希腊、西班牙加入，1993 年匈牙利加入。

经过多年实践，协议并没有获得预期的效果，各国（地区）政府为保护本国企业采取了多种类型的贸易壁垒，但同时又批评其他成员的贸易壁垒违反了 GPA 协议。1985 年 6 月至 1986 年 11 月，各成员方举行谈判，就国内工业保护问题进行讨论。谈判委员会成立了一个工作组，主要负责起草文本，就争议问题进行沟通协调，进一步拓宽协议内容，对不完善协议进行修改，并增加了服务合同。1986年11月，经过数轮谈判，在1981年协议基础上修订完成了政府采购协议草案。同时，谈判委员会就协议拓宽领域达成一致，包括各成员同意建立一个工作计划，详细评估服务合同的范围。

（三）GPA的完善

在1987~1996年的10年间，围绕着新协议草案的内容，相关国家（地区）又进行了多轮次的谈判，其主要内容是围绕文本的改进及有关争议的解决。较为著名的争议案例有美国州政府与加拿大一般企业之间的冲突、美国与欧共体之间的冲突、发展中国家就相互报复行为与发达国家的争论等。主要涉及一国具有战略性及国家安全的基础设施等领域，如水、能源、交通、电信等领域。

1993年12月12日，谈判成功结束，一份新的GPA协议（1994版）出台。成员的扩展是未来新协议优先考虑的问题，人们普遍希望在国际竞争原则基础上，带来更多的公共采购市场。1994年4月15日，新协议正式在马拉喀什签订。签约国有奥地利、加拿大以及欧共体12个国家、芬兰、以色列、日本、韩国、挪威、瑞典、瑞士、美国。新协议于1996年1月1日起正式施行，为保证各方利益均衡，在实体企业和服务业都详细标注了非歧视原则，以及通过谈判协商解决其他问题等。

（四）GPA的遗留问题

在经过数十年艰苦谈判，GPA成员解决了大量的问题与争议，《政府采购协议》最终形成并实施。但从东京回合谈判到巴黎、日内瓦回合谈判，从签订协议的成员看，发展中国家较少，如果没有发展中国家参与协议，这份协议就不能被称作是一个全球性的协议。

新协议提供了四种操作方法：开放、可选择、非竞争的限制、通过竞争性的可谈判。协议还包括一些针对发展中国家的特殊规定，特别是在产生争议时，如何解决，当然所有操作规定都是非歧视性的。《政府采购协议》一个重要条款就是在未来要扩大其成员方范围，协议中注明签约方在制定法律法规时要考虑是否有针对不发达国家和贫穷国家开放政府采购市场的条款，如有争议要积极沟通解决。东京回合谈判有30个观察国成员，大多数为发展中国家，他们希望将来准许其加入新协议，采用世贸组织争议解决办法，如发生贸易保护行为，可直接提交争议报告。

二、GPA 的基本框架

(一) GPA 的基本内容

很多专家学者将 GPA 称为第二个 WTO，主要是因为其所强调的高度开放性与 WTO 相同，而且加入 GPA 需要和成员方进行一对一的谈判，其复杂程度不亚于 WTO。经过修订的 2006 年 GPA 主要框架分为文本正文和附录。第一部分是协议正文，包括序言和 22 个条款。第二部分是附录，共有 4 个附录。协议正文主要对总体原则、操作及监督机制等方面做了详细的描述和规定，具体包括：协议目标、试用范围、协议例外、发展中国家待遇、采购程序、技术规格、招标与合同授予、信息公开与透明、质疑和审查程序、适用范围的修订、变更、争端解决程序等方面。

GPA 对政府采购各成员方的权利和义务做出规定：GPA 成员必须在约定的清单范围内开放政府采购市场，开放范围内的政府采购项目，从国内相关法律到具体操作，都必须坚持国民待遇和非歧视的原则，并按 GPA 规定的采购方式、程序和有关要求开展采购活动；国内法律与 GPA 规定相冲突时须按 GPA 规定进行修改；各成员要建立相应的机制确保 GPA 原则和要求的贯彻落实等。此外，GPA 还对成员提供信息的义务、投诉和争端解决，以及新成员加入、过渡性安排、开放清单的调整和修改、退出协议等事项做出规定。《政府采购协议》的附录共有 4 大部分，附录 I 是各成员适用于 GPA 的市场开放清单，包括 5 个附件，即中央政府采购实体清单及门槛价、地方政府采购实体清单及门槛价、其他采购实体清单及门槛价、服务项目清单和工程项目清单；附录 II 至附录 IV 为各成员发布政府采购信息的媒体清单。GPA 开放清单不是一成不变的，GPA 成员可申请修改，包括从中撤出实体、调整项目等。

(二) GPA 的基本原则

1. 非歧视原则

《政府采购协议》的第一原则即为非歧视性原则。在该原则下，各签约方必须保证建立一套行之有效的法律法规以扩大对外贸易额和消除国际贸易中的歧视，承诺在制定、实施政府采购法律、规章时不对国内产品与服务的供应商提供保护，不在国外产品与服务的供应商之间实行差别待遇。在非歧视总原则下，GPA 协议第三条对非歧视原则做了进一步的规定：对于本协议涵盖的有关政府采购的所有法律、法规、程序和做法，每一参加方应保证：（a）其实体不得依据与外国联营或所有权的程度给予一当地设立的供应商待遇低于给予另一当地设立的供应商待遇。（b）其实体不得依据供应产品或服务的生产国而歧视其在当地设立的供应商，只要该生产国依照第四条的规定属于本协议的参加方。非歧视性原则是世界贸易组织（WTO）的一个基本原则，通俗地说就是成员之间在开展贸易时与本国相比进行歧视是不合法的，非歧视性原则需要通过国民待遇原则来实现，因此，在世贸组织的基本原则中，非歧视性原则常常通过国民待遇原则和互惠原则来实现。国民待遇原则常被视为非歧视原则的第二种形式。而为了使非歧视原则能够更好地在实践中应用，GPA政府采购协议在其条款中为国外供应商提供了更为方便快捷的参与方式，尽可能地排除参与过程中不必要的外力干预因素。

2. 对不发达国家的差别待遇原则

《政府采购协议》参加方的主体是西方发达国家，但其中的成员并不都是发达国家。因此，世界贸易组织在制定政府采购协议时将不发达国家的实际情况也考虑在内。例如，发达国家通过谈判，列出对不发达国家的优惠条件，不发达国家在加入GPA谈判时，可与其他缔约方商谈排除使用国民待遇原则的采购实体、产品或服务清单。

3. 信息公开和程序透明原则

通过前面的比较分析可以看出，世界贸易组织在制定政府采购协议时要求各成员之间公平对待，不搞歧视。为了进一步实施这一原则，世界贸易组织要求各成员在开展采购时必须要有公开透明的采购程序，采购信息也要对外及时公开。根据信息经济学原理，外部性的成因由多种因素形成，其中一种最重要的因素就是信息的不对称。作为产品和服务的提供商，他们很难对某一特定政府的相关采购规章制度以及所需要的运作程序有相对明确且有针对性的了解，在此种情况下，如果产品和服务的提供商参与该类政府采购活动的话，其所需要的交易成本就大大增加，因为要花费更多的金钱精力去聘请专业的人员来对政府采购规章及程序进行解读消化。这种外部性所造成损失的直接承担方也包含提供采购项目的政府，更深一层损害的是公众利益。

4. 公平竞争原则

作为执行GPA协议的一个范例，示范法理所当然地传承了GPA协议的制定宗旨。如前所述，GPA协议的第一宗旨即为"非歧视性原则"，非歧视性的另一个含义即为一视同仁、公平对待。示范法为GPA成员提供了非强制性的示范作用，让使用者通过示范法了解国际间政府采购的主要原则，明确政府采购的国际规则，促进供应商和承包商为供应拟采购的货物、工程或服务公平竞争，明确采购方应给予供应商或承包商以公平和平等的待遇，从而促使采购过程在公平竞争的环境下达到节省开支、提高效率的目的。另外，在要求公平对待供应商或承包商的同时，示范法也通过一系列的名词解释、程序规则等明确了这一引申含义，那就是要通过公平竞争促进国际贸易发展。

第二节 我国政府采购现状及加入 GPA 的影响

一、我国政府采购现状

（一）我国政府采购的发展

20 世纪 80 年代，我国就已经开始推行招投标制度，形成了政府采购制度的雏形。随着招标投标制度的不断发展，以财政部门为主导的政府机关各项政府采购工作也开始了试点，如家电、公车、保险、办公用品、专用设备和计算机网络设备等。1995 年上海市财政局率先对政府采购开展试点，1997 年初河北省进行政府采购的试点工作。1997 年 1 月深圳市选择了两家车辆保险公司为政府公务用车提供保险服务，作为政府采购试点工作的范例加以推行。1997 年 11 月重庆市为市级行政事业单位购置一批公车，所采用的方式为向社会公开招标。此后，政府采购相关工作在全国各地轰轰烈烈地展开。

从 1998 年全面推行政府采购制度以来，我国政府采购的规模不断扩大，取得了显著成果。第一，政府采购使财政资金的使用效益显著提高，2003～2019 年，政府采购资金平均每年节约 11%；第二，采购信息公开数量显著上升，例如 2020 年，财政部门主动公开政府采购信息 49.49 万条，比 2010 年增加 25 万余条；第三，招投标方式越来越多样化，新的采购方式不断出现，如竞争性磋商、框架协议供货等；第四，采购项目范围不断扩大，逐步从简单的货物类采购，逐步扩展到服务类和工程类采购；第五，政府采购法律基本框架已经形成，2003 年实施《政府采购法》，2015 年实施《政府采购法实施条例》，全国绝大多数地区也制定了相应的地方性政府采购规章制度。

政府采购制度的不断完善提高了财政资金使用效率，成为我国财政支出管理制度改革的成功范例之一，但政府采购制度改革是一项庞大而系统的工程，我国政府采购制度还存在许多问题，有待进一步完善。

（二）政府采购范围有待进一步扩大

近年来，政府采购的范围不断扩大。货物类包括公务车辆、桌椅、电脑等办公用品以及大型设备、专业设备，等等。很多地区的政府采购目录将药品、煤炭以及建筑装修材料等商品纳入其中。工程类采购包括办公用房建设、装修、维修、市政工程、绿化，等等。服务类采购包括办公楼物业、政府网站的开发维护，等等。

由于采购过程的复杂性，对采购人员的专业性要求较高，因此在政府采购范围的确定上按照先易后难、先小后大的原则来进行。当前政府采购的范围主要包括以下几类：

（1）货物类。这是政府采购最为广泛的领域。每年的预算内财政资金和预算外财政资金用于购买货物类商品的数额较大，货物采购依据政府采购相关法规和文件规定进行，采购的货物大多有确定标准。

（2）服务类。服务类政府采购性质特殊，采购标准因不同的需求差异较大，因此采取不同的招投标方式。如政府机关物业服务，还有政府的网站建设，车辆租赁等，更多的是通过竞争性谈判等方式实行采购。

（3）工程类。由于政府采购的工程类项目，对专业技术要求高，实施难度较大，受主客观因素影响较多，各地做法不尽相同。有的地方仅将装修装饰工程以及房屋维修工程纳入政府采购工程类项目之内，规定了一定的采购限额。还有一些地方政府，虽然通常把工程类项目笼统地包含在政府采购范围之内，但缺乏明确、具体的操作规定。

GPA 的适用范围是附录一附件 4~5 所列的是货物、服务和工程采购，GPA 规定得比较详细和明确，而我们国家各地政府的规定则不够明确具体，这需要我们出台相应的法规制度进行具体的规范和完善。

（三）政府采购法律体系有待进一步完善

政府采购作为一种政府提供公共服务的方式，在我国发展得较为迅速。经过 20 多年的努力，我国政府采购法律制度从无到有，从雏形到粗具规模。到目前，我国已经形成了包含法律、法规、规章和规范性文件三个层次的政府采购法律体系。其中法律包括《招标投标法》和《政府采购法》两部法律，以及《行政复议法》《合同法》《行政诉讼法》中有关政府采购合同、政府采购活动质疑与诉讼等相关法律规定。法规方面主要有《政府采购法实施条例》《招标投标法实施条例》。另外还有大量的地方性的法规，如云南省制定的《云南省政府采购条例》，珠海市颁布的《珠海市政府采购实施办法》，天津市的《天津市实行政府采购制度暂行办法》，湖南省的《湖南省政府采购暂行办法》等。

规章和规范性文件方面主要有《政府采购货物和服务招标投标管理办法》《政府采购信息公告管理办法》《政府采购供应商投诉处理办法》《政府采购非招标采购方式管理办法》《政府采购管理暂行办法》《政府采购合同监督暂行办法》等。这些法律法规对规范采购当事人的政府采购行为，充分发挥政府采购功能起到了巨大的作用。

但是，我国政府采购法律体系与 GPA 协议的要求还有很大差距。例如《政府采购法》与《招标投标法》作为我国政府采购法律制度的核心法，本应相互协调相互统一，但实际上两部法律的内容存在矛盾和冲突，给我国政府采购实践操作带来了许多问题和困惑。第一，两部法律前者是实体法，后者是程序法，采用的是两法并立的立法模式，两部法律在政府采购法制中的地位是一样的，这在国际上实属罕见。第二，《政府采购法》中规定工程需要招投标的适用于《招标投标法》，那不需要用招投标方式进行采购的工程到底应该适用哪部法律并没有完全明确。第三，两部法律规定的采购资金来源不一致。《政府采购法》规定的采购资金来源是财政性资金，而《招标投标法》规定的招标资金来源是国有资金或国家融资资金。第四，两法规定的监管部门也不相同。《政府采购法》规定的监管部门是各级政府财政部门，而《招标投标法》规定的监管主体是有关行政监督部门。那么既适用于《政府采购法》又适用于《招标投标法》的工程到底应该由谁来监管呢？在实践中，两部法律的冲突导致对工程项目政府采购监管的弱化。

（四）采购方式的应用程序需要进一步细化

我国政府采购主要通过公开招标、邀请招标、竞争性谈判、竞争性磋商、单一来源采购、询价以及国务院政府采购管理部门认定的其他采购方式来进行。

（1）公开招标，即采购方在公开媒体上发布公告，企业投标，采购方择优选择供应商的方式，是最主要的招标方式。我国《政府采购法》规定，采用公开招标方式的具体数额和标准，属中央的采购由国务院规定，属地方的采购由省、自治区、直辖市人民政府规定。

（2）邀请招标，即招标方直接邀请特定的不少于三家的供应商来参与竞争投标，从中选出中标者的方式。邀请招标一般在三种情形下适用，一是涉及国家秘密或安全的项目，有招标的必要但不适宜完全公开，此时可用邀请招标；二是由于种种原因导致可选择的供应商十分有限，可以选择邀请招标；三是若通过公开招标的方式导致其花费在合同金额中所占比例太多,不是依法规定一定要公开招标的项目,可以选择邀请招标。

(3) 竞争性谈判,即采购方邀请若干家供应商通过谈判择优选择的方式。竞争性谈判一般在以下情形下适用:一是采用公开招标的方式,没有供应商投标或没能找到合格的供应商;二是由于项目比较特殊或复杂,需要谈判来确定具体规格和要求;三是由于紧急需求,而采用招标要花费的时间过长;四是因为各种原因导致价格总额不能事先计算出来的情形。

(4) 竞争性磋商,指采购人、政府采购代理机构组建磋商小组与符合条件的供应商就采购货物、工程和服务事宜进行磋商,采购人从磋商小组评审后提出的候选供应商名单中确定成交供应商的采购方式。

(5) 单一来源采购,即在特殊状况只能选择唯一一家供应商进行采购的方式。一般是因为发生了不可预见的紧急情况而不能从其他供应商处采购,或者是在必须保证原有采购项目一致性或者服务配套的要求下,需要继续从原供应商处添购。我国《政府采购法》规定,添购的资金总额不得超过原合同采购金额的1/10。

(6) 询价,即成立询价小组,比较不少于三家的供应商的报价,从而选择出最具价格竞争力的供应商的方式。询价的方式一般在需要采购的货品货源充足,且规格比较统一,价格变化的幅度也比较小的情形下适用。

我国政府采购有六种方式,可以说采购方式比较多样化。GPA中规定了三种采购方式即公开招标、选择性招标和限制性招标,同时对每种采购方式的应用做出了详细的规定。在采购程序方面,为了保证政府采购的公开性和无歧视性,GPA采用了大量的篇幅对采购程序进行了极其详尽的规定,比我国的相关规定更加详细和具体。

(五) 采购监督程序及机制需要规范

根据政府采购法律法规规定,我国政府采购一般遵循以下程序:第一步是采购人制定政府采购计划和申请预算,发布政府采购信息;第二步是审查,对供应商的资格进行审查;第三步是采购活动的实施,包括委托代理机构组织采购、签订相关合同;第四步是验收和付款,供应商在提供货物后采购人要验收,签署相关文件并备案,最后向供应商付款。整个采购程序都向社会公开。我国《政府采购法》规定,负责监督管理政府采购活动的部门是各级财政部门。同时监督主体还包括审计部门、依照法律和行政法规的规定对政府采购负有监督职责的有关部门以及监察机关等。监督的范围包括政府采购范围、方式、程序的执行情况,有关政府采购的法律、行政法规和规章的执行情况以及政府采购人员的专业化水平和综合素质等。至于救济机制，我国规定供应商若对采购事项有疑问或觉得自身权利受到侵害，可以通过询问、质疑、投诉、行政诉讼等方式寻求救济。质疑是投诉的前置程序，只有在质疑没有得到满意答复或未在规定时间内给予答复的，才启动投诉程序。

我国《政府采购法》规定了供应商的询问、置疑、投诉、行政复议和司法诉讼等救济程序和方式，而 GPA 规定各缔约方必须具备及时、有效、透明和非歧视的行政和司法审查程序以便于供应商进行质疑。GPA 规定给予供应商质疑的时间不少于 10 天，同时各缔约方应该建立或任命一个公正的行政或司法机关，该机关应独立于采购机构。由于该机关是公正、独立的，因而它具有极大的权威性，并能极大地缩短救济时间，提高效率，更大限度地节约救济成本。

监督机制既能约束政府的权力，也能为供应商的权利提供救济，因此建立健全的监督救济机制十分有利于我国政府采购法律制度的实施。我国政府采购涉及的问题既多又复杂，因此，政府需要加强监管，对政府采购行为进行规范，并建立合理的救济机制。当前我国政府采购监督和救济机制还存在下面这些问题：

首先，政府采购监督内容不全面。对于采购计划、采购合同、采购验收、准入资格审查、标书的真实性及标准化等一些政府采购活动的监督内容不完善，本应贯穿于采购活动始终的监督审查却只在采购活动事中着重强调，在事前和事后鲜有发挥作用。因此，我国政府采购法律制度应在现有的监督机制基础上，完善监管的范围，丰富监管的内容，促使监督程序贯穿于整个采购过程始终。

其次，政府采购监督机构权责不清晰。一方面，我国《政府采购法》和《招标投标法》对政府采购监管机构的规定存在冲突。前者规定政府采购监管职责由各级财政部门承担，而后者规定工程采购监管主体是自然资源、住建、交通、水利、农业农村等行业主管部门，监管主体的不统一导致监管工作的被动。另一方面，虽然我国有财政、监察、审计以及各业务主管部门等部门对政府采购进行监督和管理，但各部门权责不明、权限不清，无法联动统一，在政府采购实践中难以做到公平公正、客观独立。

二、加入 GPA 对我国政府采购的影响

我国目前还属于发展中国家，政府在社会公共产品和服务购买方面发展相对比较滞后。加入 GPA 意味着我国政府采购市场的开放，能够促进我国经济社会高质量发展。20 世纪 70 年代以来，西方发达国家政府采购在其政府管理体系改

革中就占据重要地位，并且经过不断的探索，其实践经验足够丰富。例如，欧共体于70年代颁布了《关于协调公共工程服务合同、公共供货合同的授予规则和程序》，这个指令也是促使GPA产生的重要文件。为了使更多的国家尤其是发展中国家能够加入这个协议，2012年，政府采购委员会对1994年的GPA进行了进一步的补充与修订，产生了当下GPA的版本，即GPA 2012。在当前全球经济一体化的背景下，GPA在国际采购市场的影响更具现实意义。政府购买行为始终是全球经贸交往的重要环节，各个国家秉持着严谨的态度来对待政府购买社会公共服务。作为在全球经济体系中占据重要地位的中国，更应积极面对以展现大国风采。

（一）加入GPA对我国政府采购制度价值取向的影响

法律法规是人类创造用于保护社会价值，保障人民群众生产生活安定的，制定国际社会的法律法规能够很好地规范国际范围内国与国之间的行为活动，保证各个国家的合法权益不受侵害，所以构建国际社会的法律法规体系具有很重要的现实意义。政府采购市场一体化是世界历史发展的必然趋势，加入GPA对我国政府采购制度的价值取向将产生一定的影响。通过对已加入GPA的国家政府采购实践的研究，加入GPA对我国政府采购制度的价值取向影响有以下几点。

1. 提高国内政府采购市场的质量效率

在法制严明的国家，经济发展的质量往往要好于制度混乱的国家，政府采购领域也是如此。加入GPA，按国际惯例完善法制环境和公平、公正、公开的市场经济体制能够促进采购市场的规范发展。例如，外国供应商的加入，不但能够使政府部门得到物美价廉的商品，而且还有利于国内供应商改进产品质量和技术、降低成本。而被市场淘汰的供应商，只能是那些竞争力差的企业。当然，我国需要结合自身情况保护我国民族工业同时促进它们的发展。融入国际采购市场这个大环境中，从中获取服务质量优良、科学技术先进、价格更为实惠的公共产品和服务，促进我国采购市场的发展，提高国内政府采购市场的质量和效率。因此，对于我国来说加入GPA是一个契机，应正确的把握。

2. 推进反腐倡廉

GPA中关于透明度原则的规定能够推动我国的反腐倡廉取得进一步成效，使得我国购买公共产品和服务的实践更为公正、公平、公开。在政府所主导的为公民提供公共产品和服务的项目中如果失去了公平性、公正性、公开性，政府公共资金使用将与原始目标构成偏差，使得公共产品和服务项目的采购成本不合理提升，这将影响我国政府的职能转变并造成公共资金浪费的恶性循环。因此，加入

GPA会促使我国在国际化采购的大背景下,进一步完善我国政府采购制度,使得政府采购处于公众的监督之下。政府采购过程中的清廉将有助于提升民众对政府的信心,有利于树立良好的政府形象。

(二) 加入GPA对我国政府采购制度的影响

加入GPA不仅意味着采购市场的完全开放,同时也需要制度建设与其相匹配。而我国目前的政府采购制度同政府采购市场开放存在一定的差距。

1. 加强政府采购立法

我国在政府购买社会公共产品和服务方面进程比较晚,西方国家已经有了完善的购买模式以及保证购买顺利进行的法律制度体系,我国可以借鉴他们成熟的经验来完善我国购买公共产品和服务的法律制度体系。这里所说的借鉴是有原则性的,不是完全的照搬,而是要根据本国的实际情况,从实际出发吸收借鉴可以在本国建立并完善的法律制度体系。GPA可以看成是一种国际政府采购规范,成功的运行需要本国相关法律法规的支持。我国应不断完善相应的法律体系,以更好地配合适应GPA。

2. 促进政府采购管理制度化

政府购买社会公共产品和服务是一个系统工程,涉及各个领域,资金的投入量非常巨大,这就非常需要有严格的流程管控与行为规范,完善详细的操作规范,保证政府购买社会公共产品和服务的过程公平、公正、公开。例如美国为了保证采购过程公平公正会进行六个环节的操作:第一,进行各种采购单据格式的规定;第二,公布招标内容以及规范发布格式;第三,培训参加招标的相关人员;第四,制定严格详尽的招标流程;第五,公布供应商名单;第六,严格交货和审查管理等工作。此外,在绩效管理方面,美国有专业的第三方组织,为政府采购效果进行专业绩效评估。我国也应该积极地引入第三方机构来进行绩效评估,这样才能保证整个采购过程是公正公平的。

3. 推动政府采购供给来源多元化

将西方发达国家政府购买社会公共服务和我国政府购买社会公共服务作对比可以发现,单一的公共服务供给来源将会导致垄断、腐败等众多不利因素出现,而公共服务供给方式来源多元化则能有效改进不足之处。

客观来讲,政府是最主要的公共服务提供者,具有积极的引导作用。但是,公共服务本来就属于一种社会属性的服务,我们积极引导各种类型的社会组织、团体或个人踊跃提供公共产品和服务,就能够发挥整个社会的主观能动性。参与的方式也是多种多样的,可以是以善款捐赠、物资捐助等形式,或者是提供具有公益性质的服务等。政府应该积极地鼓励各种社会力量参与其中,为公共服务体系建设贡献自己的力量。

增强非营利组织承接政府采购的能力。非营利组织是支持经济社会发展的重要力量,在提供公共服务方面发挥着举足轻重的作用。非营利组织具有自身有利的特点:不以营利为目的,具有自愿性、专业性和独立性等优势。在我国提供公共服务的重任应该在政府引导下由多方力量共同承担,这样能够调动各方积极性,集中力量干大事,更好地为社会提供公共产品和公共服务。

我国大力推动加入《政府采购协议》的谈判,加入 GPA 是历史的必然趋势。尽管加入 GPA 对我国经济有一些负面的影响和冲击,但从全局和长期来看,加入 GPA 是利大于弊。为了将负面影响转换为积极因素,我国政府和企业必须密切配合,合理利用 GPA 规则保护本国政府采购市场,完善法律法规,调整产业结构,积极支持我国企业更多地进入国际市场,在与国外企业的竞争中不断培养核心竞争优势。

第三节 我国加入 GPA 的应对措施

随着我国加入 GPA 的步伐日益加快,我国应当在现有政府采购法律制度体系基础上,针对购买公共产品和服务实践中所产生的问题进行改进,推动购买公共产品和服务法律制度的完善,这不仅有利于我国经济社会的可持续发展,而且也能够为我国进入国际采购市场打下坚实的基础。

一、落实 GPA 原则

毋庸置疑,加入 GPA 要求我们必须综合考量我国国情,尤其是经济发展水平,在充分了解 GPA 原则的基础上来完善我国的政府采购制度。

(一) 正确认识 GPA 非歧视性原则

通过研究美国等发达国家的政府采购制度,可以得出这样的结论:合理运用 GPA 规则可以帮助我们减少不必要的争端。例如,美国历史上为促进其国家经济发展,颁布了《购买美国产品法》,这虽然受到国际社会广泛争议,但美国采购"国货"的行为是符合 WTO 规则或国际规则的。以我国目前的情况来看,采购国货优先原则与 GPA 非歧视性原则在认识上没有做到统一。作为发展中国家,我国应当以采购国货为优先。国货优先原则与 GPA 的非歧视性原则这二者并不相悖，参照美国《购买美国产品法》的相关内容及举措，我们购买"国货"的行为不违背 WTO 规则或国际规则，在加入 GPA 之后的合理时间内，在该规定条款尚未作出修改前，仍具有法律效力与法律约束力。

遵循"国货"优先的原则与 GPA 规则并不存在冲突，主要表现为以下四点：第一，中国与其他非 GPA 的成员或地区并不存在条约关系，中国不需要对这类国家或地区承担任何义务（即给予最惠国待遇和非歧视性待遇的义务）。第二，GPA 协议中规定了任何一方成员在涉及国家安全或国防目的采购外，能由例外原则考虑"国货"或自产品牌的采购。第三，GPA 成员之间是允许通过谈判确定采购价格的，毕竟谈判尊重各方的意愿，谈判定价容易得到实施和认可。然而，其成员却无权对谈判之外的采购清单进行其他规定。第四，GPA 对发展中国家的一些规定对我国也有借鉴作用，可以作为遵循国货优先的依据。按照 2012 年 GPA 的规定，（1）各成员方应当按照这个原则，当发展中国家的成员有意愿时，应该提供与其他成员不同的特别福利；（2）如果发展中国家申请进入组织后，各个成员都需要在协商的条件里满足对其最惠国的帮助；（3）因为后续的发展要与另外的成员共同讨论，所以发展中国家能够通过协议允许的形式在限定的时间里进行过渡处理。当前，我国正积极为加入 GPA 作出相应的努力，针对采购市场开放实体、开放项目和门槛价等问题进行谈判。事实上，谈判总是以某种利益的交换和满足为目标，我国加入 GPA 在采购市场上能开放到什么程度？取得的待遇又如何？需要多长的过渡期？这都取决于谈判。我国的谈判工作究竟何时能够完成，要看 GPA 的成员是否满意我国的出价清单。我国若能完成谈判并加入 GPA，则需要在过渡期内，充分利用 GPA 规则中对我国有利的条款。

在当今世界，类似美国这样的经济强国也没有忽略使用国货优先这一原则，由于这一原则并没有同 GPA 规定相冲突，各参加方都可以合理利用。

（二）落实透明度原则

政府采购信息公开化、透明化有利于调动供应商提供公共产品和公共服务的积极性，并且能够提升政府采购的效率。提高政府采购信息透明度，建立信息公开披露制度，有利于政府采购活动的公平、公正。而我国政府采购信息透明度还存在不足，政府采购过程中有关信息的公开更多停留在条文上，并没有在实践中得到充分落实。作为我国政府采购政策体系中秉持的基本目标，为了使供应商在一个公平、公正的政府采购环境下进行竞争，透明度原则在政府采购过程中应当确保运用。我国《政府采购法实施条例》中进一步明确了政府采购活动中信息公开的途径，凡是采购金额达到规定标准时，只能由省级以上政府财政部门指定的媒体进行发布。这项规定明确了公开途径，完全符合GPA的有关规定。

与GPA相比较，我国的政府采购制度还存在众多不足，但落实透明度原则操作难度相对是较小的，完全可以做到与国际惯例相适应。因此，我国政府采购制度可在以下方面进行规制：采用公开招标方式采购的项目，向社会公示采购方案，尽可能大范围地征集竞标对象，支持符合条件的私营机构以及社会组织进行竞争，在评标环节必须做到公正合法，在竞标结束之后及时地向社会发布最后的中标者，同时，让各方监督是否公开透明，承标者也要自觉接受社会的监督。政府每隔一段时间就对公共服务承接方的工作状况进行评估，评估结果及时对社会公布并建立项目信息库。公共服务项目信息库的作用是方便查看每一个中标者的服务情况，为以后选择适当的承接方奠定基础。

因此，透明度原则作为GPA一项基本原则对更好地推动反腐倡廉、提高政府的公信力具有重要意义。

二、扩大适用范围和调整限额标准

（一）扩大政府采购主体范围

由于我国现行法律针对政府采购主体的范围没有做到充分的规范，导致我国同GPA中的规定没有做到相适应。我国一旦加入GPA，即与成员方对等开放各自的政府采购市场，会使国内企业遭受一定的冲击。所有的经济政策都应当与时俱进，我国市场经济的发展也要求相关体制政策的不断完善。目前在我国存在着两种性质的国有企业：一类是非营利性的公共性企业；另一类是以营利为目的的经营性企业。为了更好地监管国有企业，同时与GPA通行做法保持一致，我国应当对政府购买主体的范围进行相应的调整，例如将使用财政资金的非营利国有企业也作为相关主体，这样一来，在向GPA成员开放我国的政府采购市场时就能更好的应对。

GPA成员中的一些西方发达国家在政府采购实践中有相当成熟的经验和法律法规制度，我们应当加以学习，并结合我国的国情和政府采购的特点加以借鉴。要争取在加入GPA之前做好各项准备工作，既能与GPA规则相协调，又能保护好相应的国内产业。

(二) 扩大政府采购客体范围

在政府采购客体方面,我国应该根据采购对象的实际情况来确定政府采购的客体范围,尤其是要扩大服务采购项目。政府采购对象的界定取决于《政府采购法》的适用空间,政府采购客体外延的扩张推动政府采购行为的制度化与规范化。从发达国家的实践中可以发现,购买的适用范围同保护国内产业的力度是成正比的,适用范围越广,政策产生的作用越大。反之,适用范围越小,无法得到规范的采购行为就越多,非规范性的市场竞争也就越多,本国企业的生存环境也就越差。因此,扩大政府采购客体范围,可以促进国内政府采购市场适应国际规则,促进国内产业市场竞争力的提升。另外,为了应对我国政府采购市场国际化进程的需要,应提高采购目录内容分类科学性和实用性。例如,各级财政部门应该及时调整和修订《政府集中采购目录》和《政府采购品目分类表》,对某些比较成熟的采购项目,采取列举的方式给予认定和加以明确。同时,根据实际情况分阶段、分步骤采取"先内部、后外部"原则,逐步完善满足政府自身需要的采购服务,即逐步把咨询服务、政策性保险等专业技术服务纳入集中采购目录范围,然后再把社会管理与社会服务行业管理等满足社会公众需求的各种服务项目纳入各级政府采购目录,逐步拓展政府采购的范围,促进政府采购管理的规范化发展。

(三) 调整政府采购限额标准

GPA 在各国政府采购门槛价上仅作了区间规定,并将具体数额规定权限留给各个国家自身。GPA 规则显示,即购买货物及服务起始额度都是 13 万美元特别提款权,而工程是 500 万美元特别提款权。门槛价的决定权与限额标准是我国加入 GPA 并开放政府采购市场时保护本国产业的重要手段与有力工具。

如果政府采购限额标准和门槛价设置不科学,容易对我国民族产业的发展形成压力和威胁。另外,国际通行惯例则是地方的限额标准高于中央的限额标准。因此,我国应该在政府最高层面对门槛价予以规范,而各级地方政府以此作为参考依据,根据本地特殊情况实事求是地制定符合实际的门槛价和限额标准,以保护我国国内市场。换一个视角看,门槛价也是一个国家政府采购制度与政策原则的具体体现,政府采购的限额标准必须根据当前社会经济发展的实际情况来确定。

三、完善采购方式和健全公开渠道

（一）促进采购方式的层次清晰化

目前我国法律规定的采购方式的优点在于丰富性，而 GPA 所规定的采购方式的优点则在于层次性，如若能够将双方优点结合起来，为我所用，则必然对我国政府采购实践大有裨益。具体而言，就是改变目前通用的六种采购方式，适用国际采购规则中较为常用的三种采购模式即公开招标、选择性招标和限制性招标。公开招标的重要性不言而喻，对于每个国家来讲都是首要的采购方式。因为其具有最为公开透明的特性，公开招标方式始终应当作为购买公共产品和服务的首要方式。邀请招标、竞争性谈判等采购方式是我国的主要采购方式，却也是较难实现透明化的采购方式，"暗箱操作"行为难以杜绝。对此有一个应对性举措，就是将两者合并为选择性招标，同时加以严格规制，以求其具有可行性。另外有一种询价采购方式，亦有其缺陷，且运用较少，也可改为限制性招标，以求与国际接轨，只有根据具体的情况采用具体的采购方式才能使购买行为最有效、最经济。

我国政府采购方式应当在确保公平竞争的基础上加以灵活使用，这不仅能够使供应商的基本权利得到保证，而且使采购人获得优质高效的服务。

（二）健全采购信息公开渠道

当今社会是信息化社会，政府采购亦是如此，其在运行过程中涉及大量的数据和信息，如果能将其构建在统一规则和标准的平台上，必能更好地实现其公平性和效率性。因此，如同其他政府信息公开活动一样，务必要尽快建立起政府采购的大数据信息平台，有针对性地解决以往采购活动中出现的问题和不足，让公众更好地了解相关法律法规政策、采购条件、程序以及结果，并建立相关反馈渠道，加强内部监督和外部监督，切实同 GPA 规则相适应。

四、补正质疑投诉程序

众所周知，无救济无权利。政府采购活动中，采购主体通常拥有相当大的权力，从而让供应商处于相对劣势地位。因此，在政府采购活动中，任何一方受到不公平的对待或违法侵害都应该得到救济。在救济途径的设置上，原则上应该给权利受害人更多的、更为便捷的救济渠道。针对处于相对弱势地位的供应商权利的保护，GPA 成员都采取了积极的措施。我国也应当在法律层面的构建上作出同国际规则相适应的规制，主要措施如下。

(一) 质疑前置程序的可选择性

虽然质疑前置的程序安排可以使某些纠纷平息于质疑阶段，避免提起投诉程序，从而在一定程度上节约行政资源。完善的救济程序和后期保障有利于促进相关主体的竞争意识和竞争动力，同时也能提高采购的质效。然而质疑前置有时却从程序上增加了供应商寻求救济的难度，直接结果是很多供应商放弃了自己的权利，看起来似乎是加快了采购活动的进度，事实上却是埋下了隐患。

供应商是否获取公平正当的权力，是政府采购活动稳定进行的前提条件，其合法权益在国际社会中受到普遍的重视和保护，很多国家都有专门的救济程序，这样可以增强政府公信力，促进政府采购制度的完善。GPA 规则作为国际采购市场最为重要的国际法规则，其所规定的救济制度也致力于保护供应商的合法权益。因此，我国应该采取自主选择质疑前置程序这一制度，不能将质疑前置程序同投诉机制形成必然的关系。我国现行的法律法规没有同 GPA 相适应，这使得相对政府部门而言本来就处于劣势地位的供应商得不到公平、公正的解决办法。因此，为了体现政府采购制度的公平、公正、公开等基本原则，应当考虑将质疑前置程序同投诉机制处于或然的关系，更好地保护每一个供应商的合法权益。

(二) 申诉处理机构的独立性

GPA 规定"各个成员需要为自身设立或确定一个以上不依赖采购实体的合法行政以及司法部门，接纳同时检验供应商在整个采购行为里存在的不同意见"，这对建立独立的申诉处理机构起到很好的引导作用。目前，加入 GPA 的发达国家都依据本国国情，以 GPA 规定为依据设立了独立的申诉处理机构。例如，德国对于供应商权利的保障设立了两个独立的负责机构，使得供应商在自身的权利上有双重保障。供应商还有向普通法院进行申诉的权利。

因此，为了确保政府采购行为的合法性，同时保证供应商的合法利益，应当完善投诉机制和相关法律程序。独立是保证政府采购公平的一个前提，因此建立行政裁决机制，按照受理与审理相分离、随机组成合议庭、岗位互相制约的规则，建立随机选取受理人员、办理人员和审理专家，现场公开受理人员，在指定媒体上公开案件处理结果的政府采购行政裁决机制。这样做有利于规范政府采购行为，投诉处理结果的公信度可以得到很大的提升。此外，司法最终救济可以为供应商质疑程序建起最后一道围墙，即可以二次救济，司法终审。

（三）延长投诉处理的期限

GPA 关于质疑处理期限的规定更能体现出对供应商权利的保护，我国立法规定相对而言存有不足，应当以 GPA 规则为依据，进行修订完善。例如，对于供应商提出投诉的具体时限应修订为 20 个工作日。这可以保证供应商能够有充分的时间提出对自身权利合理保护的诉求。为我国加入 GPA 做好准备，我们应当在尽可能地将我国立法上的不足予以补正，在战略上作出有利的制度安排。

本 章 小 结

GPA 是规范政府采购行为与程序的重要国际性规则，在规定非歧视性原则的同时，基于各个缔约国特殊的公共利益与国家安全等因素规定的例外条款，同意成员以谈判并分别承诺的形式规定本国的权利义务。另外，基于扩大自身在发展中国家影响力的目的，GPA 规定了发展中国家的特殊待遇，以此吸引发展中国家，这对我国加入 GPA 构成了有利因素，具有积极作用。作为一个发展中国家，我国加入 GPA 既有不可替代的优势与机遇，也存在不容忽视的挑战和威胁，必须予以辩证分析。我国必须加强对 GPA 的研究，结合其他国家的成功经验与我国国情，借鉴国际上成熟的政府采购制度与市场开放制度，补足我国政府购买公共产品和服务立法上的不足，强化我国政府采购法律法规同 GPA 规则的衔接，不断提升中国加入 GPA 的谈判效率，并结合多样化的措施，强化对本国相关产业的保护。从我国国情与实际利益出发，我国既要以学习的姿态借鉴先进的国际法律制度，不断完善我国政府采购法律规范，也要慎之又慎，以批判的眼光与实事求是的思维去对待不符合我国国情的制度，而不是盲目地全盘接收。要实现我国对国际社会的承诺，国内市场必然会经历初期适应阶段的艰难，但只要提前制定完善好相应的法律规范，依法办事，则能使我国相关产业加快适应国际规则并不断提升自身核心竞争力，在竞争中获得更多更大的利益。

第八章

供给侧结构性改革下PPP政府采购的发展

2015年11月,中共中央总书记、中央财经领导小组组长习近平在中央财经领导小组第十一次会议上发表重要讲话,强调要推进经济结构性改革,在适度扩大总需求的同时,着力加强供给侧结构性改革,着力提高供给体系质量和效率,增强经济持续增长动力,推动中国社会生产力水平实现整体跃升。2016年1月,习近平总书记在中央财经领导小组第十二次会议上再一次强调:供给侧结构性改革的根本目的是提高社会生产力水平,落实好以人民为中心的发展思想。供给侧结构性改革是在适度扩大总需求的同时,去产能、去库存、去杠杆、降成本、补短板,从生产领域加强优质供给,减少无效供给,扩大有效供给,提高供给结构适应性和灵活性,提高全要素生产率,使供给体系能够更好地适应需求结构变化。中国共产党第十九届中央委员会第五次全体会议深入分析国际国内形势,就制定国民经济和社会发展"十四五"规划和二〇三五年远景目标提出诸多建议,明确指出"以推动高质量发展为主题,必须坚定不移贯彻新发展理念,以深化供给侧结构性改革为主线,坚持质量第一、效益优先,切实转变发展方式,推动质量变革、效率变革、动力变革,使发展成果更好惠及全体人民,不断实现人民对美好生活的向往"。政府和社会资本合作(public-private partnership,PPP)的本质是政府为创新公共服务提供方式而进行的一种特殊采购活动,依然属于政府采购的管理范畴。为推广PPP模式,规范PPP项目政府采购行为,根据《中华人民共和国政府采购法》和有关法律法规,2014年12月31日,财政部印发了《政府和社会资本合作项目政府采购管理办法》。2017年底,财政部发布《关于规范政府和社会资本合作综合信息平台项目库管理的通知》,国务院国资委发布《关于加强中央企业PPP业务风险管控的通知》和人民银行等发布《关于规范金融机构资产管理业务的指导意见(征求意见稿)》,进一步强化了我国PPP项目的规范管理。在深化供给侧结构性改革的指引下,如何进一步认识

PPP 项目，厘清其与政府采购的关系，改善 PPP 的法律环境，促进 PPP 政府采购发展，对于进一步降低政府债务风险，促进政府治理体系和治理能力现代化具有重要价值和意义。

第一节　PPP 概念及作用

PPP 是公共基础设施建设中的一种项目运作模式。在该模式下，鼓励私营企业、民营资本、社会资本与政府进行合作，参与公共基础设施的建设。按照这个广义概念，PPP 是指政府公共部门与私营部门合作过程中，让非公共部门所掌握的资源参与提供公共产品和服务，从而使合作各方达到比预期单独行动更为有利的结果。与 BOT（建设—运营—移交）相比，狭义 PPP 的主要特点是，政府对项目中后期建设管理运营过程参与更深，企业对项目前期论证、立项等阶段参与更深。政府和企业都是全程参与，双方合作的时间更长，信息也更对称。

一、PPP 项目的类型及特点

PPP 项目主要分为外包类、特许经营类和私有化类等三种类型。

（1）外包类：私人部门仅承担项目的建设、维护等过程中的一项或几项，政府为其提供的产品或服务付费，项目投资和经营的风险完全由公共部门承担。

（2）特许经营类：以授予特许经营权为特征，私人部门涉及项目的投资或运营，公共部门和私人部门需要共担风险。参与项目的公共部门需要协调私人部门的收益性和项目整体的公益性之间的关系，项目资产在特许经营期限之后需要移交公共部门。

（3）私有化类：私人部门负责项目的全部投资，也承担全部的风险，项目所有权永久归私人所有。私人部门在定价和服务质量等方面需要接受政府的监管。

我国 PPP 模式有以下特点：

一是合作形式以特许经营类为主。财政部原部长楼继伟在《推广 PPP：贯彻十八届三中全会精神的一次体制机制变革》一文中指出，"广义 PPP 是指政府与私人部门为提供公共产品或服务而建立的合作关系，以授予特许经营权为特征，主要包括 BOT、BOO、PFI 等模式"。国务院《关于加强地方政府性债务管理的意见》指出，"鼓励社会资本通过特许经营等方式，参与城市基础设施等有一定收益的公益性事业投资和运营"。财政部文件中提到的 PPP 项目运作主要方式是特许经营类，也包含了外包类中的委托运营和管理合同。

在我国 PPP 项目经营中，政府和社会资本的合作链条比较长，双方共担风险、共享收益，而且项目最终要交还政府。因此，我国政府和社会资本的合作形式主要是特许经营类，而外包和私有化类都不是 PPP 的主要模式。

二是以特殊目的公司为载体。国务院文件提出"投资者按照市场化原则出资，按约定规则独自或与政府共同成立特别目的公司建设和运营合作项目"。财政部解答国务院文件中提到，"对供水供气、垃圾处理等可以吸引社会资本参与的公益性项目，要积极推广 PPP 模式，其债务由项目公司按照市场化原则举借和偿还，政府按照事先约定，承担特许经营权授予、财政补贴、合理定价等责任，不承担偿债责任"。

因此国内 PPP 项目主要以特殊目的公司（SPV）为载体来实现。SPV 是政府和社会资本组成的一个特殊目的机构，共同承担风险，全过程合作，期满后移交给政府。

三是政府部门和社会资本分工明确。政府职能主要体现在以下几个方面：招投标和质量监管、特许经营权授予、价格监督、部分政府付费（含补贴）、融资支持基金（包括股权、债权、担保等形式的支持）。社会资本则需承担包括设计、建设、运营、维护、融资的大部分职能，项目公司可以按商业化原则举借债务，但政府不承担项目公司的偿债责任。

目前规范文件并没有将合作方定义为私人部门，而是定义为"社会资本"，而我国很多商业化的企业是国有控股的，国有企业已经成为 PPP 的重要参与主体。实践中，在 PPT 项目的推广阶段，市场经济的特征非常明显，破除了所有权的藩篱，外企民企同台竞争，国企积极参与。2008 年国际金融危机发生后，随着四万亿救市政策出台，PPP 市场格局出现了重大变化，央企开始成为 PPP 项目中的社会资本一方，央企逐渐成为 PPP 市场中的主角，并且相应改变了 PPP 的规则。

在传统公私合作模式下，公共部门或私人部门一般只各自负责项目链条的部分环节，而不是全程参与项目设计到运营的完整链条，双方都缺乏对项目全生命周期成本收益和质量的全盘考虑，"重建设、轻运营"的倾向易导致项目建成后不能发挥应有功效。财政部推广的 PPP 模式强调政府和社会资本的有效合作与风险适配原则，在项目全生命生命周期过程中密切合作，有利于保证项目建设和运营的高质量。

二、PPP 模式的作用

公私合作具有很长的历史，中东欧及中南美洲国家在 PPP 方面的巨大成功，使人们意识到推广 PPP 模式具有重要意义。PPP 模式实现了三个方面的革命。

（一）从传统融资进入项目融资模式

从金融市场的角度来看，PPP 项目融资不再是传统的信用融资，而是以项目未来前景为基础的项目融资。项目未来收益是主要保障，借款人接受收益监管和项目资产抵押、质押，融资方具有更全面的尽职调查义务和项目参与权。

通过成立 SPV，实现了项目和投融资主体之间的风险隔离。同时，PPP 模式以完整的契约体系和完备的法律架构维系并协调项目各方利益，未来还款主要依靠项目预期收益，是严格意义上的项目融资。财政只提供有限担保、政府信用有限介入或不介入融资安排，是 PPP 模式的关键特征。

（二）实现了私人资本对公共财政领域的合理参与

PPP 模式以政府与私人部门间的特许权协议为基础，公共部门通过特许权安排掌握项目主动权，并有效借助私人部门的专业能力，同时实现向私人资本的风险分散；私人部门对项目评估、决策、投融资、建设和运营全程参与，其获益途径可以来自项目运营和特许权，也可以是其他附带收益，如税收优惠、沿线优先开发权、其他业务牌照等。因此，PPP 模式有效解决了财政直接投资效率方面的先天劣势，同时在公、私两部门间建立紧密的利益联系，规避了道德风险。

（三）通过有效的竞争机制提高了各方的投资效率

PPP 模式从根本上重构了政府和企业在提供基础设施和公共服务上的关系。政府重新回归公共利益的代表者和监管者的角色。政府负责执行与社会资本之间的合同，而不再承担与监管者身份无关的担保职责，相应项目的融资也无法再依赖于政府的主体信用，金融机构只能按照社会资本的能力和项目自身的品质决定是否贷款。在 PPP 模式下，政府和市场各归其位，各方主体的权利、义务和风险分担回到了市场均衡水平，市场真正在资源配置中发挥决定性的作用。此外，PPP 还有助于规模效益的实现，社会资本可以在全国范围内比较集中地拿到多个同类项目，有助于企业向专业化的方向进一步努力，专业研发能力和管理水平都会大大提高。

三、PPP 项目与政府采购的关系

PPP 从一开始就被认为与政府采购息息相关，联合国国际贸易法委员会制定了两个很重要的示范文本：一个是采购法；另一个是私人融资立法的指南。这两个文件均是联合国贸易法委员会公共采购工作组制定的法律文件。联合国贸易法委员会希望把基础设施私人融资的法律文件升级为 PPP 法，在考虑基础设施融资框架的同时，放到 PPP 框架下来更新、修订。联合国贸易法委员会认为 PPP 法是应放在公共采购法的大视野下来思考，因此，PPP 项目选择社会资本合作伙伴可以适用采购的形式选择合适的合作伙伴。PPP 项目选择社会资本合作伙伴的过程也通过采购方式进行，我们称之为 PPP 项目采购，区别于普通的商业采购方式，PPP 项目中的采购者必然是政府，而其采购的内容则为公共服务，其采购目的为社会提供公共基础设施服务，因此 PPP 项目采购与政府采购更为类似。

PPP 项目采购与政府采购之间有着众多的相似之处，从主体、采购对象、权利义务配置等各方面均有联系。

（1）从主体角度讲，PPP 项目采购与传统政府采购类似，不论是政府采购还是 PPP 项目采购，在每一个采购合同中，合同的其中一方必然为政府部门，另一方则是与政府部门相对应的社会资本的供应商，包括社会组织、私营企业及其他一些社会机构等。

（2）从采购对象角度讲，政府采购的对象主要是货物、工程和服务。虽然 PPP 项目采购的对象大部分为建筑工程及公共服务，但其中也包含着货物和服务，这包括在政府采购对象的范围之内。

（3）关于各方的权利义务配置，与一般的商业采购相比，PPP 项目采购及政府采购的合同双方的权利义务配置是不平等的，尽管在 PPP 项目采购与政府采购均采用了合同的形式，双方的权利义务在表面形式上是平等的，但实际上很难做到真正平等地享有权利、承担义务。因为在整个 PPP 采购及政府采购过程中，政府部门需要充当的是公共利益维护者和判断者的角色，对合同的履行负有监督、控制的职权，并对具体的合同履行执行享有指挥权。

（4）从采购目的上看，PPP 项目采购与政府采购均是为了满足公共利益的需要，在采购过程中，不能仅以获得最大经济利益为目标，而是应该考虑到公益性及公共性的特征。

（5）从采购方式上看，目前各国在 PPP 项目采购中主要沿用的是传统的政府采购方式,即公开招标、邀请招标、竞争性谈判、询价、单一来源采购等,也有一些国家在 PPP 项目采购中会适用竞争性磋商等采购方式。

第二节　PPP 模式在我国的发展及存在的问题

一、发展历程

PPP 模式在中国的发展从 20 世纪 80 年代开始,距今已经有 30 多年的发展历程。总体来说,PPP 模式在我国的发展经历了六个阶段。

(一)探索阶段(20 世纪 80 年代中期至 1993 年)

20 世纪 80 年代中期到 1993 年是 PPP 模式在我国发展的探索阶段。中国实行改革开放以来,吸引了很多境外资金,其中有一部分资金尝试性地进入了基础设施领域,出现了一些有代表性的项目,包括深圳沙角 B 电厂 BOT 项目、广州白天鹅饭店和北京国际饭店等。探索阶段的项目都是投资人发起,通过谈判和政府达成一致的,没有引入竞争,这些项目主要由地方政府自发进行,没有得到总结和大规模推广。

(二)试点阶段(1994~2002 年)

1992 年初,邓小平南方谈话以及当年年底召开的中共十四大,确立了社会主义市场经济体制,为基础设施市场化投融资改革提供了理论依据。1993 年中国新一届政府就职后,国家计委开始研究投融资体制改革,包括 BOT 的可行性问题。1994 年,国家计委选择了包括广西来宾 B 电厂 BOT 试点项目,各地政府也推出了一些特许经营项目,比较典型的有上海黄浦江大桥标 T 项目等。试点项目在执行和运作过程中有成功也有失败,但都为后来的 BOT 项目运作积累了重要的知识和经验。整体而言,在这一阶段 PPP 模式尚处于试点阶段,未成为地方常规投融资方式,也没有出台专门的法律法规作为指引,试点项目的运作方式局限在引入投资人的机制方面,尚没有建立起规范的竞争机制。

(三)推广阶段(2003~2008 年)

2002 年中共十六大提出,中国社会主义市场经济体制已经初步建立,市场在资源配置中发挥基础性作用，为推广 PPP 模式提供了理论基础。建设部 2002 年出台《关于加快市政公用行业市场化进程的意见》，使 BOT 项目融资进入了一个新的阶段。2003 年春天发生了非典疫情，为了完成当年的经济指标，各地又临时推出了一批项目。这一阶段的实践拓展了 PPP 的运作方式，在 BOT 之外，TOT 也被引入。这一阶段，市场经济的特征非常明显：一是破除了所有制的藩篱，外企、民企、国企同台竞争；二是项目竞争过程公开透明，竞争达到白热化；三是溢价频出，效益提高的改革效果开始显现；四是传统企业受到了前所未有的压力，主动改革的积极性提高。

（四）反复阶段（2009~2012 年）

2008 年美国爆发金融危机，中国推出了四万亿经济刺激计划。2009 年成为 PPP 受冲击最严重的一年，充裕的流动性促使银行以宽松的条件为基础设施提供了充裕的资金，社会投资主体失去了讲条件的资本，PPP 生态遭到了破坏，大量运作中的 PPP 项目停止，一些执行中的 PPP 项目也被政府提前终止。

这个时期，国企尤其是央企拿到了银行大量授信，央企成为如火如荼的城市化运动的主要角色，很多项目都是以 PPP 方式进行的。当然在这个阶段有些地区还是比较规范的，继续推出了一些竞争性项目，让私人资本、外资和国企同台竞争，如大连垃圾处理项目，经过充分竞争，垃圾处理费每吨只有 50 多元。反复阶段的后期，市场出现了新的变化，还出现了不少并购整合的案例。

（五）普及阶段（2013~2017 年）

2013 年开始，我国 PPP 发展进入了新阶段。中共十八大提出了让市场在资源配置中发挥决定性作用，这为 PPP 普及及发展提供了理论基础。十八届三中全会明确"允许社会资本通过特殊经营等方式参与城市基础设施投资和运营"，此时 PPP 所肩负的责任不仅仅是为基础设施和公共服务提供市场化、社会化的融资支持，更重要的是担当中国发展方式和政府治理模式转型的抓手。这个阶段从中央到地方大量推出 PPP 项目。财政部和国家发改委分别建立了项目推介平台。截至 2018 年底，全国 4691 个 PPP 项目落地进入执行阶段，总投资额达到 7.2 万亿元。

（六）规范发展阶段（2018 年至今）

2017 年政府工作报告指出，要积极稳妥去杠杆。我国非金融企业杠杆率较高，这与以直接融资为主的融资结构有关。中央经济会议也要求要在控制总杠杆率的前提下把降低企业杠杆率作为重中之重。2017年底，财政部发布《关于规范政府和社会资本合作（PPP）综合信息平台项目库管理的通知》，国务院国资委发布《关于加强中央企业PPP业务风险管控的通知》，人民银行等发布了《关于规范金融机构资产管理业务的指导意见（征求意见稿）》，标志着PPP模式发展进入规范发展。

二、PPP发展中出现的问题

PPP模式本身是一项新的事物，各地方有些部门由于思维和工作惯性，对其理解并不是很深入，执行过程并不是特别规范，实施效果也并不尽如人意，还存在一些问题，主要体现在以下方面。

（一）对PPP的认识和理解还不深入

PPP是政府创新公共服务提供方式而进行的一种特殊采购活动，是政府公共服务供给侧结构性改革的重要组成部分，是一种转换政府职能的制度创新。在以往的基础设施建设过程中，政府不仅仅是供给者还是生产者，政府公共财政资源的使用效率低。PPP模式就是要以基础设施建设服务为突破口，实现公共产品和服务的供给改革。因此，PPP模式是一项牵一发而动全身的改革，涉及政府职能定位、政企关系、经济发展模式、基础设施项目政府治理等许多方面的内容。而一些地方政府仅仅将PPP模式看成是一种新的融资手段，仍然采用原有的思想、模式及体制进行PPP模式的执行，明显阻碍了该模式的推广和发展。包括一些社会资本、专家学者及部分政府部门等，都把PPP单纯地诠释为一种新的城乡基建融资模式，被误导为一种投资刺激工具和政策安排。如果政府相关部门仍然是用传统思维模式来管理PPP，无疑没有理解PPP在供给侧结构性改革中的重要作用，不但会影响PPP模式的落地，而且会影响地方体制、机制创新的大局。

（二）PPP的执行过程还不规范

在对PPP的认识还不是很深刻的情况下，PPP的执行难免会出现各种各样的问题。第一，对PPP的推动仍然强调行政命令，对项目规模、费用等进行随意修改，损害合作社会资本的正当收益。例如某省污水处理厂最初设计时，地方政府部门在未与企业协商的情况下，自行研究确定的日污水处理能力达到15万吨，但实际到现在日污水处理仅6万吨。结果是企业的生产能力大量闲置，成本大幅提高，收益得不到保障。例如一些污水处理企业与地方政府以BOT模式合作修建污水处理厂时,政府部门要求他们上马污水处理规模很大的处理设备,承诺通过加大管网建设使若干年后污水收集量达到规模。然而若干年后,污水收集量始终难以达到相应规模,造成企业设备大量闲置,无法获得合理回报。第二,招投标过程不规范。例如,部分地方在项目采购中采取"先上车后补票"的做法,先以政府会议纪要形式直接指定社会资本合作方,再到财政部门申请采用单一来源方式开展采购。还有部分地方为避免"二次招标",不顾项目需求的特点,将社会资本合作方的选择和项目施工方的选择合二为一采用招标方式进行,实际执行效果不甚理想。这种做法显现出一些地方政府在PPP项目中急功近利的心态,致使一些新的地方政府隐性债务发生。第三,政府在PPP项目公司中占据主导权,存在转嫁风险的可能。PPP协议中须明确政府作为监管者、"裁判员"的权利边界和限制,尤其需要保障社会资本方作为公共服务提供者、"运动员"的独立经营地位和决策权利。PPP协议还要重点保障在政府违约时(典型的如政府不按约付款),社会资本可获得的救济措施具备可操作性和有效性,例如约定争议解决机制使用第三方仲裁。此外,如果是政府参股的PPP模式,社会资本在项目公司中应该保持治理结构中的独立地位。项目公司不能因政府参股,变成一个国有企业或国有控股企业来管理。但在实际操作过程中,该原则的遵守并不严格,一些政府机构在PPP项目公司中的隐性权利非常大。

第三节 PPP模式纳入政府采购管理的意义

改革开放40多年来,中国经济持续高速增长,成功步入中等收入国家行列,已成为名副其实的经济大国。但随着人口红利衰减、"中等收入陷阱"风险累积、国际经济格局深刻调整等一系列内因与外因的作用,经济发展正进入"新常态"。供给侧结构性改革,就是从提高供给质量出发,用改革的办法推进结构调整,矫正要素配置扭曲,扩大有效供给,提高供给结构对需求变化的适应性和灵活性,提高全要素生产率,更好满足广大人民群众的需要,促进经济社会高质量发展。PPP模式有助于供给侧结构性改革,能够用PPP增量改革促进我国城市基础设施存量调整,在增加投资过程中优化我国基础设施投资结构,在经济可持续增长的基础上促进经济可持续发展,通过基础设施的完善不断提高人民生活水平。PPP模式有助于优化产权结构,在城市基础设施建设上同时实现国进和民进,通过多种形式的合作保证政府宏观调控与民间活力相互促进。PPP模式能够优化城市基础设施项目建设的投融资结构,促进多类、多渠道资源整合,实现资源优化配置与优化再生。PPP模式纳入政府采购管理有助于节约政府公共服务的交易成本，提升监管效率。

一、PPP有效地控制了政府支出风险

随着我国经济发展步入"新常态"，宏观经济下行压力较大，而各地安排的基础设施等投资计划规模巨大，在财政增收趋缓和支出压力增大的情况下，能够引入民间和社会资本的PPP模式在地方政府融资过程中势必发挥重要作用。随着PPP模式的广泛运用，对其所涉及资金的管理也亟待提上日程。

财政部PPP中心公布截至2020年11月数据，2014年以来，累计入库项目9954个、投资额15.3万亿元；累计签约落地项目6920个、投资额11万亿元，落地率69.5%；累计开工建设项目4188个、投资额6.4万亿元，开工率60.5%。15.3万亿元的PPP项目入库说明地方政府推动PPP模式发展的积极性高，6.4万亿元的PPP项目实际开工说明PPP模式的遴选和规制机制能够有效地控制地方政府盲目投资的冲动。实际能落地开工的PPP项目是经过社会资本方和金融机构按照市场机制检验的好项目，未落地项目正在各方共同努力下按照市场机制向前推进。政府信用系统、国企风险控制系统、上市公司风险控制系统、金融风险控制系统共同对PPP发挥作用，全方位控制了政府非理性投资的冲动。全社会共同努力，通过PPP模式提高了政府决策的科学性。

PPP模式有助于弥补可能的资金缺口，提高资金使用效率，规避金融风险。结合目前我国PPP模式的实践来看，由于契约中社会资本实际上处于相对弱势地位，占据强势地位的部分地方政府往往存在资金方面的延迟、缩水甚至是毁约的倾向，而一旦发生这样的情况，PPP项目即面临破产，没有保障可言。致力于保障社会资本与政府合作过程中政府资金的稳定性，就必须着重考虑将PPP资金纳入预算，并与此同时实现对此部分资金的风险监督和绩效监管。而将PPP资金纳入预算管理这一目标，将与PPP项目纳入政府采购管理共同实现。在我国，政府采购主要使用的是财政预算内资金，PPP项目纳入政府采购管理之后，势必使部分具有运行缺口的项目补贴资金从预算层面得到制度性保障。

PPP项目通常体量庞大，所需资金巨大，无论是政府还是民营资本一旦出现债务风险，在没有有效措施和资金来源规避风险的情况下，合作中拥有权力的一方可能会采取各种措施将风险进行转嫁，而弱势一方可能会脱离合作框架，致使项目失败。规范PPP模式，将PPP模式中的资金使用与预算内资金结合起来，为相关经费的使用提供了有效的制度性保障。并且预算资金是多年投入的，能够

为 PPP 项目提供稳定的现金流，这无疑增加了社会资本的信心。因此，预算资金的保证能够有效规避相关的债务风险，激励多种类型资金参与到 PPP 项目中来，真正实现双赢。

二、有效的竞争机制提高了投资效率

PPP 模式从根本上重构了政府和企业在提供基础设施和公共服务上的关系，政府重新回到公共利益的代表者和监管者的角色，政府负责执行与社会资本之间的合同，而不再承担与监管者身份无关的担保职责。相应地，项目的融资也无法再依赖于政府的主体信用，金融机构只能按照社会资本的能力和项目自身的品质决定是否贷款。而在平台公司为主要投资主体的模式下，政府和下属企业之间很难形成可预期的稳定的合同关系。在这种模糊的政企边界之下，政府和企业之间无法建立起以绩效考核为依据的付费体系，而这是 PPP 模式的核心优势所在。在 PPP 模式下，政府和市场各归其位，各方主体的权利、义务和风险分担回到市场均衡水平，市场真正在资源配置中发挥决定性的作用。此外，PPP 模式还有助于规模效应的实现，社会资本可以在全国范围内比较集中地拿到多个同类项目，有助于企业向专业化的方向发展。

PPP 模式有助于基础设施项目的全生命周期管理，有助于项目服务质量的提高。PPP 项目通常是周期较长的基础设施项目，在项目本身建设完成之后，还承担着服务社会公众的功能，在项目运营维护方面还需要进行大量的投入，同时某些市场化的项目还能够获得服务收入。无论是投入还是收入，对于合作双方来说都存在着信息不对称问题，需要进行监管。在监管缺失的情况下，项目运营维护成本及收入等信息可能被相关单位隐瞒，造成投入不足或收入随意变更等问题。在政府采购中规范 PPP 模式，可以拓展政府参与重大工程的时空边界，使政府参与到重大工程的建设和运营阶段中，保障公共产品和服务所需资金的投入，同时对公共产品和服务进行监管。这样可以避免公共产品和服务的投资不足，也可以防止资本方随意修改服务收费获取超额利润。

三、PPP 提供了有效的监管模式

相比其他政策工具，自 PPP 模式推行以来，国家发改委和财政部在项目监管层面做出了巨大的努力。目前，财政部全国 PPP 综合信息平台在推动项目信息透明度、项目信息综合统计方面卓有成效。项目库的相关信息为社会资本和金融机构提供了辅助决策功能，入库作为项目获得社会资本和金融机构青睐的必要而非充分条件，相关机构可以将入库作为参考条件，做进一步的合规审查和商业风险判断。有关各方应该认识到，透明度高的特点使得PPP的各种问题暴露出来，我们不能因此认为PPP的问题比其他不透明的政策工具更严重。相反，应当正确认识透明度高的优势，增强政府监管的可预测性。

将PPP项目纳入政府采购，有助于规范相关利益主体的行为，维护各方的正当权益，促进PPP模式的发展。从传统的政府采购流程来看，其至少具有以下几个方面的特点：第一，采购目标具有针对性，即按政府采购预算编制的采购计划经财政部门审批通过后，有针对性的采购目标即确定，一般情况下，无论这一采购目标是产品或服务，都具有较为严格的边界；第二，采购过程一般具有较为严格的流程，供应商为采购人提供目标产品或服务，采购人通过国库支付中心向供应商付款。

对于PPP项目而言，将其纳入政府采购管理显然提升了产品或服务水平，原因是：第一，PPP项目能够拓展政府采购的边界。政府采购项目一般具有严格的边界，PPP项目势必具有更为广泛的边界，原因在于PPP模式的应用范围一般是落在基础设施建设和公共服务领域，基础设施建设从前期到竣工、设备升级、专业维护等方面的配套服务与建设密不可分，且基础设施具有长期使用的特征，势必呈现跨越一个较长时间区间的特性，相关配套服务不是一次、两次能够解决的，而是一个长期的合作过程。第二，在拓展政府采购边界的基础上，PPP项目也能够减少政府支出的压力。如上所述，传统的政府采购项目完工后就要一次性支付完毕，而PPP项目则不必当期全部支付，从而缓解政府财政支出压力。实际上，鉴于PPP项目具有能够拓展政府采购边界和长期性的特点，在项目落成后，在其长期运行的时间内，也可以把相关维护、升级等配套服务交由社会资本方承担，可使PPP项目较政府采购而言呈现出"工程"加"服务"的升级特点，从而节省了政府在基础设施长期使用过程中的维护、升级等支出。

PPP模式是一种合作模式，一定要建立在利益共享、风险共担的基础上，这就要求合作各方有一个公平对等的地位，有一个公开公正的环境。由于PPP的合作是一种政企合作，政府拥有先天的权力优势，可能会将风险更多地转嫁给企业，或是通过强制措施损害合作方的正当收益。而政府采购法律框架能够在更高的层次提供一个公正公平的环境，将政府与企业放到了一个公正公平的框架中，打消民营资本和社会资本的顾虑，积极参与到PPP项目中。

第四节　PPP 项目竞争性磋商采购制度

PPP 模式的特点对传统的政府采购制度造成冲击与挑战，使 PPP 项目直接适用政府采购制度存在很多障碍，为了 PPP 项目能够更好地进行采购，必须进行一定的制度创新以适应政府采购法律法规。其中，财政部近年来提出的竞争性磋商政府采购机制较为引人注目。欧盟官方公报调查统计：应用于 PPP 项目的采购方式主要有四种：公开招标、限制招标、竞争性谈判和竞争性对话（与我国竞争性磋商类似）。其中竞争性对话的使用比例占 70%。"先明确采购需求，后进行竞争报价"分成两阶段进行，是竞争性磋商的创新之处。与 PPP 项目目标一致，竞争性磋商也以"物有所值"为其价值目标，这符合 PPP 项目采购的复杂性与多变性的特征，在 PPP 项目的落地过程中，竞争性磋商见招拆招，并不是一纸空谈，凭借的正是竞争性磋商方式较其他采购方式独有的优势及特点。基于此，竞争性磋商在很大的程度上保证了 PPP 项目的成功，为项目的实施减少了障碍，发挥了保驾护航的作用。因此，笔者认为应将竞争性磋商采购方式确立为 PPP 项目采购的主要采购方式，当然并不排除公共招标等其他政府采购方式的运用。

一、竞争性磋商的概念

财政部于 2014 年 12 月 31 日制定的《政府和社会资本合作项目政府采购管理办法》（以下简称《PPP 办法》）中指出：PPP 项目采购方式包括竞争性磋商、邀请招标、公开招标、竞争性谈判和单一来源采购。在传统政府采购方式的基础上，《PPP 办法》取消了询价方式，增加了竞争性磋商这一创造性的方式，并相继推出《磋商管理办法》。

竞争性磋商的概念，根据财政部印发的《磋商管理办法》第二条：本办法所称竞争性磋商采购方式，是指采购人、政府采购代理机构通过组建竞争性磋商小组（以下简称磋商小组）与符合条件的供应商就采购货物、工程和服务事宜进行磋商，供应商按照磋商文件的要求提交响应文件和报价，采购人从磋商小组评审后提出的候选供应商名单中确定成交供应商的采购方式。

竞争性磋商更接近于在欧盟国家盛行的采购方式——竞争性对话，竞争性磋商更多地借鉴该方式，可谓之竞争性磋商的前世。竞争性对话过程中既有对话，也有竞争，使用这种方式采购，采购需求特征会在多轮对话中逐步明晰，因此，竞争性对话被欧盟广泛应用于PPP项目或PFI项目中，竞争性对话作为竞争性磋商的渊源也被外界广泛认同。

二、竞争性磋商弥补传统政府采购的不足

与传统的政府采购方式相比，竞争性磋商有如下优点可以弥补传统政府采购的不足，以更加适应PPP项目采购。

（一）竞争性磋商更具灵活性、适应性

众所周知，PPP项目采购内容主要是公共服务及基础设施建设，且项目所耗资金巨大、所需时间长，采购对象复杂，采购需求很难在较短时间内明确，而竞争性磋商方式，通过建立磋商小组，使磋商小组和社会资本针对项目需要就采购货物、工程和服务进行磋商，能更好地理解项目，了解需求，因而更具灵活性。竞争性磋商方式开展的采购范围更加广泛；供应商的来源相对于公开招标更加丰富，更好地弥补了传统采购方式的缺陷。

（二）竞争性磋商可以有效控制恶性低价竞争

很多情况下，在政府采购的招投标环节，存在着只关注价格，却无视供应商的综合实力和服务水平等问题，竞争者之间相互压价、恶性竞争的现象屡见不鲜。相反，PPP项目采用竞争性磋商方式，在"竞争报价"的阶段，由磋商小组各成员采用综合评分法分别对提供最后报价的供应商的响应文件和最后报价按照事先制定的评分标准进行综合评分，从而有效控制了恶性低价竞争的局面。价格不再是决定成败的唯一因素，在磋商的过程中，更多地考虑供应商的资质、能力是否满足项目需求，能否响应文件，磋商结果为综合实力高者成交。此方法更多地从项目需求考虑，使选择的供应商更适用于项目，使项目更好实施，达成经济效益和社会效益双丰收。

（三）竞争性磋商聚焦物有所值评价

财政部《政府和社会资本合作模式操作指南（试行）》（以下简称《操作指南》）中规定，评审小组对响应文件进行两阶段评审：第一阶段，确定最终采购需求方案；第二阶段，综合评分。两阶段磋商的核心内容是"先确定采购需求，后采取竞争报价"，该机制更好地把握项目要害，磋商小组与社会资本供应方双

方就项目分歧展开磋商，最终站在项目的同一立场，双方合作交流实现项目目标和需求，在此基础上也能更好地体现公平合理，PPP项目采购进入更加合理的新阶段。

物有所值评价在目前被普遍认为是能否采用PPP模式的依据，而竞争性磋商方式能够将PPP项目采购聚焦到物有所值的目标上来，在定性评价方面，在是否增加供给、规避风险和提高效率方面提出有效建议；在定量分析方面，使PPP项目与传统政府采购项目的现值比较更具实践性和参考性，确定合理的物有所值量。使用竞争性磋商制度可以将PPP项目采购的价值评价标准聚焦到"物有所值"目标上，实现项目的价格、质量、效率的统一。

三、竞争性磋商的特点

竞争性磋商的特征有以下几个方面。

（一）是一种竞争性采购方式

按照潜在交易主体之间竞争程度的不同，采购方式可以分为竞争性采购和非竞争性采购两类。竞争性采购方式有：招标、竞争性磋商等。而非竞争性采购方式则包括：单一来源、订单等。竞争性采购方式中，需要具备有一定数量的供应商之间互相竞争、采购人按照既定规则确定成交等条件。因此，相关法规要求竞争性磋商应当有一定数量的供应商参与竞争，采购人制定采购文件，但不得擅自确定品牌型号和供应商，采购信息应当公开，评审标准应当公平，项目评审应当公正等。

（二）按照要约加承诺的方式确定交易合同

竞争性磋商完成后可以达到以下的结果：（1）选出合适的交易对象；（2）确定最终交易价格；（3）明确各方交易的条件。采购人制定并向供应商发送磋商文件，属于发出要约邀请；供应商向采购人提交响应文件及最后报价属于发出要约；采购人根据谈判小组和磋商小组推荐的成交候选供应商确定成交供应商，向其发出中标通知书属于做出承诺。完成要约和承诺的过程，结果导致采购合同成立。

（三）强制资格预审

与公开招标不同，参加竞争性磋商的供应商是特定和明确的，为此，采购方或磋商小组在确定参加谈判或磋商的供应商前,应当对供应商进行强制资格预审。邀请供应商的方式主要有三种:(1)从省级以上财政部门建立的供应商库中随机抽取;(2)采购人和评审专家分别书面推荐;(3)发布公告。如果采用公告方式邀请参加谈判或磋商的供应商,采购人应当在公告中事先公布供应商的资格条件。进行资格预审后,后面的评审阶段便可以不再对已经通过资格预审的供应商资格再次进行审查。若是供应商在后面发生了变化,必须及时告知谈判小组或磋商小组。

(四)引入了两阶段采购模式

PPP 项目的采购人往往不能准确提出采购需求。竞争性磋商创新地引入了两阶段采购模式,即"先明确采购需求,后竞争报价"的模式,在多轮谈判或磋商中,磋商小组根据供应商的初步响应,适时调整需求,使得调整后的需求更加符合项目要求,谈判中确定采购需求后再进行最后报价,供应商可以在同等条件下进行竞争比较,有利于公平选择成交供应商。这与传统的政府采购方式相比,可以更好地明确采购需求,准确选择供应商,提高采购的效率。

(五)磋商小组向采购人推荐成交供应商

磋商小组在谈判或磋商结束后不会确定成交供应商,而仅向采购人推荐成交供应商。采购人不可以授权磋商小组确定成交供应商。

四、PPP 项目竞争性磋商制度的完善

竞争性磋商制度是为了更好地进行 PPP 项目采购所采用的采购方式,仍会有不完善之处,有一些是由于制度本身设计缺乏问题,有一些则是由于新制度引入所引发的一些必然的"过渡期"问题。针对竞争性磋商制度的不足,笔者提出几点进一步完善的建议。

(一)明确政府的角色定位

由于竞争性磋商中采购人基本是政府部门,其推广离不开政府的积极推动,政府顺利完成角色转化是非常关键的。政府应由过去在政府采购中的主导角色,变为供应商的监督、指导以及合作者的角色。在采购过程中政府更重要的角色是监督者和促进者,因此政府应该加大竞争性磋商采购方式的推广力度,例如对于采购人员及供应商进行相关流程的培训,介绍该制度的优点,让所有采购参与方

从思想上重视竞争性磋商制度，以便在该制度的实施过程中进行更好的监管及指导。

（二）变更两阶段人员

磋商小组人员固定不变，一方面缺乏灵活性，无法涉及各个专业领域；另一方面在评审阶段可能会失去客观性。应将磋商阶段人员与评审打分阶段的成员进行变更，在选择专家之前可以将专家分为两类：一类是侧重于磋商阶段比较有实践经验，或者比较方便与供应商进行当面对话的专家；另一类是可以仅进行书面评审即可，不必花费大量时间参与项目的评审专家。这样分类可以比较合理地利用资源，同时，两个阶段的成员分开可以避免磋商阶段造成主观偏见，减少一些行贿、串通等不当行为的发生。

（三）完善多方参与的监管体系

一个良好的监督机制方能使竞争性磋商采购过程公平、公正、公开的进行。应以事前监控、事中监督和事后检查相结合的方式全方位地对竞争性磋商的采购程序进行监督。如前所述，PPP项目采购应当纳入政府采购体系，其监管也应与政府采购体系相适应。

（1）由财政部政府采购监督管理办公室进行统筹监管，包括采购法规、制度的制定、执行，受理政府采购过程中不法行为的投诉处理，各级政府相应的采购监督管理办公室监管和规范辖区的政府采购行为。美国白宫预算总局内设的联邦政府采购办公室，代表总统参与政府采购及相关政策和法规的制定工作、指导和监督各联邦机关依法采购。同时，联邦政府各部门设独立的监察办公室，负责审定是否需要对本部门的公共采购采取纠偏措施。

（2）司法层面应建立完善的司法救济制度，让各级法院受理关于政府采购中的申诉案件，并赋予申诉厂商及未能签约厂商的律师可以随时查阅政府有关采购记录。

（3）独立社会中介的参与。除了内部监督和司法监督外，社会监督是监督环节中重要的一环，由于社会中介如会计师事务所、律师事务所、审计师事务所等具有专业性及独立性，这些中介组织的加入是一股强有力的监督力量，使监督具有可靠性及公正性。

（四）建立透明公正的采购程序

透明的采购过程、法律与制度保障、政府和公众支持是PPP项目成功的重要因素。其中，透明的采购过程尤为重要。

（1）一个公正透明的采购程序是防止腐败滋生的重要保障，使采购流程具体化、透明化，减少权力寻租；

（2）颁布有关采购程序法律与规章制度，使政府采购单位与供应商能依据法规确定的程序进行采购活动；

（3）向未签约供应商及社会公众公布政府采购签约的供应商名称及签约数量，使采购结果公开，并且向未能签约的供应商公布并解释具体规章制度的执行情况。

第五节　PPP 项目采购法规体系的构建

为了完善我国政府投资的管理方式，加快转变政府职能，2014 年，财政部和国家发改委多次发文要求大力推广 PPP 模式。财政部文件规定，PPP 项目采购应根据《政府采购法》及相关的规章制度来执行。国家发改委文件规定，PPP 项目执行的方案通过部门审查之后，与行业的监督管理部门、项目的执行机构，依据《招标投标法》《政府采购法》等法律规定来选择社会合作伙伴。2014 年，国家发改委又牵头联合财政部等 11 个部门起草了《中国基础设施和公用事业特许经营法（草案征求意见稿）》，该草案规定，项目采购选择特许经营者应该通过招标等市场竞争性方式依法进行。2016 年，财政部起草了《中华人民共和国政府和社会资本合作法（征求意见稿）》，该草案规定，项目采购选择社会资本必须遵循《政府采购法》等有关法律程序。

PPP 项目的法律适用是遵循《政府采购法》还是《招标投标法》，一直都是理论界和实务界争议的焦点问题，国家发改委和财政部制定的规范性文件对 PPP 项目权力的分配都倾向于自己的部门。在项目的实际采购过程中因两法的适用范围、采购方式、采购程序、监管主体之间的矛盾也影响了项目采购的顺利进行，有些项目在采购初期为规避两法之间的矛盾进行模糊处理，使项目在存续期间因适用上的不明确造成法律纠纷。因此，本节将根据我国目前 PPP 模式有关法规体系存在的实际问题，提出解决问题的相应对策。

一、现行 PPP 立法问题

清晰而健全的法律法规制度及政策是 PPP 模式有效运行的重要保障。虽然我国在这方面一直在努力进行完善,但依然存在很多问题。

(一) 法律法规层级低、质量不高

目前尚未专门就 PPP 模式出台国家层级的立法文件,与 PPP 模式相关的法律文件,多为财政部、国家发展改革委和住房城乡建设部等部委以部门规章或部门规范性文件的形式出台的指导文件,法律位阶较低,权威性不够。实践中,虽然各部门规章和规范性文件对于 PPP 的规定更具有适用性和针对性,但由于层级过低,与现行的其他法律法规的规定存在冲突。

此外,部分法律法规本身的质量不高。由于国家和地方层面一些立法者本身对于 PPP 的基本性质、PPP 项目构成要件等问题尚未形成统一的、完整的认识,导致所出台的有关 PPP 模式的规定存在理解偏差,进而产生 PPP 法律法规文件内部冲突的问题。

(二) 存在多头管理、各自为政的现象

在我国政府采购领域,长期存在《中华人民共和国招标投标法》(简称《招标投标法》)体系和《中华人民共和国政府采购法》(简称《政府采购法》)体系交叉并存的局面。PPP 模式推开之后,政府选择社会资本究竟适用《政府采购法》体系还是《招标投标法》体系成为关键问题。财政部门认为 PPP 项目虽然通常都会涉及建筑物和构筑物的设计和施工,但 PPP 并不是以往政府购买工程的逻辑,政府在 PPP 项目的建设期并不向社会资本和项目公司支付工程费用,而是在项目开始正常运营交付公共服务后才开始支付运营费。因此,财政部门认为 PPP 选择社会资本在本质上是政府购买服务,并适用《政府采购法》的规定。发改部门则认为,如果社会资本只承担融资、建设管理和运营的职责,本身不承担项目的工程建设,则可以适用《政府采购法》体系。如果社会资本要自行承担工程项目的勘察、设计、施工、监理以及与工程建设有关的采购,那么社会资本的选择就应当遵循《招标投标法》对于工程招标的管理要求,必须按照《招标投标法》的规定通过招标的方式选择社会资本。

财政部和国家发展改革委自 2014 年以来陆续出台有关 PPP 和特许经营的部门规章和规范性文件,但两个部委在 PPP 的定义和适用范围、操作流程、合同性质和社会资本的选择等方面的规定存在差异。虽然 2016 年 7 月,国务院常务会议明确了相关部门的责任分工,由国家发展改革委和财政部分别负责基础设施和公共服务领域的 PPP 工作,然而目前,PPP 主管部委协调和统筹的问题尚未解决,多头管理的现象仍然存在,给项目实操带来了诸多不确定性,地方实践操作

中经常无所适从。

(三) PPP 项目负责部门的相关规定不够清晰

PPP 项目的立项需要通过国家发展和改革委员会、财政部以及自然资源部、住房和城乡建设部、交通运输部、水利部、农业农村部等多个部门的许可及审批以此获得基础设施项目的特许经营权，这个过程烦琐而耗时，投资主体需与政府部门进行磋商及谈判，而现行的法律法规对此规定并不完善。

(四) 对 PPP 模式的风险分担机制规定不完善

PPP 项目具有其自身的特色，例如参与主体多、历经的时间长，以及不同阶段面临着不同的风险。因此，PPP 项目能否有效运行的关键，在于对风险的有效识别与妥善管理，并制定出合理的风险分担机制。

目前，我国 PPP 项目的风险分担机制不完善。很多风险的法律后果经常需要私营部门来承担，如果部分地方政府不愿承担其需要承担的风险，PPP 项目将无法顺利实施。例如，当私营企业在项目合同约定的时间内，没有收回约定运营成本，政府应该支付给企业一定的补偿，这就是政府应该承担的风险即运营风险。如果政府不愿承担相应的风险，会对企业参与 PPP 项目的积极性造成伤害，使其没有动力加入到公共基础设施建设中，没有私营部门的参与，也就违背了推广 PPP 模式的初衷。

(五) PPP 项目融资有诸多限制

对于基础设施工程，大额的资金投入必不可少。但目前我国的法律法规政策和金融体系、信用体系以及资本市场的发育状况都不能很好地满足 PPP 项目的融资需求。当前我国 PPP 项目主要采用的是商业贷款，然而这种方式过度依赖商业银行直接融资，成本高且期限错配，银行会要求将符合抵押条件的项目资产或项目预期收益等权利为贷款设定担保，难以与 PPP 项目周期长、收益低的特点相适应。

二、合同授予方式中存在的问题

在《政府采购法》第二十六条中，明确规定了政府采购方式。从实践情况来看，我国自颁布实施《政府采购法》和《招标投标法》之后，通过公开招标来进行政府采购的项目越来越多，政府采购的数量也急剧增加。PPP 项目政府采购也呈现出相同的趋势。

公开招标是我国 PPP 项目政府采购的主要方式。需要承认的是，公开招标有其优势所在，例如公开招标信息，竞争主体广泛，各主体间的竞争使采购人得到的工程（货物或服务）不仅价格优惠而且质量有保证，降低了交易成本，但是，依然存在很多方面的问题。

（一）二次招标问题分析

目前，在实践中影响项目法律确定性的重要问题之一是项目公司二次招标的问题，也就是在选定社会资本之后，社会资本单独或与政府组成的项目公司在进行工程采购时是否需要进行二次招标。

二次招标之所以成为一个问题，是因为《招标投标法实施条例》第九条第二款明确规定，已通过招标方式确定的特许经营项目，投资人依法具有自行建设、生产或者提供的能力等，可以不进行招标，从该条法规可以进一步推出两个结论：一是以招标方式确定的特许经营项目，投资人如果不具有自行建设、生产或提供的能力，公司仍然应以招标的方式进行工程采购；二是没有以招标方式选定的特许经营项目，投资人无论是否具有自行建设、生产或者提供的能力，项目公司都必须以招标的方式进行工程采购。

实践中，对于以上两点都存在争议和法律适用的问题。首先，对于经过招投标方式选定社会资本的 PPP 项目，因目前法律对于具体招标应适用《招标投标法》还是《政府采购法》并未予以明确。因此，对于具备 PPP 项目建设工程所需相关资质的社会资本，能否适用于上述第二款规定，不经过招标方式而直接从项目公司处承揽建设工程仍存在争议。其次，对于采用非招标方式选择的社会资本能否免于二次招标的问题，主要涉及竞争性磋商这一财政部推广的采购模式。考虑到现有的 PPP 项目大量以政府付费或政府提供资金缺口补助为主，形成明确经营模式的项目尚占少数，许多社会资本仍以获取工程施工利润为参与项目的主要目的，这一规定显然不利于吸引社会资本参与项目，同时也意味着竞争性磋商这种采购方式就只能用于财务投资者，而无法用于施工类社会资本或联合体的选择，从而限制了竞争性磋商的适用范围。

在财政部《关于在公共服务领域深入推进政府和社会资本合作工作的通知》中规定，对于涉及工程建设设备采购或服务外包的 PPP 项目，符合《招标投标法实施条例》第九条的规定，合作方可以不再进行招标。这就意味着使用竞争性谈判和竞争性磋商等非招标方式选定的社会资本方不必就工程进行二次招标。然而，国家发改委在《传统基础设施领域实施政府和社会资本合作项目工作导则》中明确否定了财政部关于二次招标的解读，由社会资本方自行承担工程项目勘察、设计、施工、监理以及与工程建设有关的重要设备、材料等采购的,必须按照《招标投标法》的规定,通过招标方式选择社会资本方。

在实践中,通常由 PPP 项目的实施机构就二次招标问题进行决策,确定已非招标方式选择社会资本之后究竟是否还需要进行二次招标。至于法律层面的不确定性,只能留待更高层面的法律文件作出专门规定。

(二) 政府采购公开招标制度问题分析

首先,一方面,PPP 项目采购对象是工程和服务,相对传统政府采购更为复杂;另一方面,政府和企业之间存在严重的信息不对称,并且不同企业之间也有不同的优势或劣势。因此,在选择合作方之前,政府需要对企业做大量的信息搜集工作来了解企业的详细情况,并以此作为选择的标准。然而这不仅会花费大量的成本,也无法保证政府的选择是公平公正的。

其次,公开招标的合同不允许谈判。PPP 项目采购评审结束后,采购结果确认,谈判工作组的工作不再涉及招标文件的核心条款。而在 PPP 项目中,政府的目标不同于企业的目标,政府追求的是社会公共利益,即为公众提供良好的基础设施和公共服务,而企业关注的是能否获得经济利益。因此,采用公开招标时,政府容易从自身角度出发拟订合同,而签订合同时,企业不得通过谈判改变招标文件的实质性条件。在这样的合同条款下,很可能与企业的最终目标相背离,导致企业没有动力去对项目进行建设、运营,PPP 项目很有可能因此失败,而政府的目标也难以达成。

最后,公开招标的适用范围主要适用于采购过程中不作更改的项目,例如核心条件、技术经济参数明确、完整,符合国家法律法规及政府采购政策的项目。PPP 项目政府采购对象包含公共服务,而服务具有较强的不确定性,所以在政府采购中,评价项目服务水平的评标标准很难被制定得客观、准确、公正。因此,政府可能需要花费大量的人力、物力及财力来做项目运行前的准备。不仅如此,在项目的实施进程中,通过公开招标方式签订的契约中的价值目标很可能渐渐发生变化,从而与采购人的价值目标发生偏离,采购人的预期就可能与实际情况相差甚远。

综上所述,PPP 项目政府采购如果以公开招标为主,在特定条件下容易提高 PPP 政府采购项目的交易成本,没有完全实现采购人的预期目标,因此 PPP 项目政府采购公开招标制度的适用应实事求是。

(三) 政府采购竞争性谈判制度问题分析

竞争性磋商与竞争性谈判在很多方面弥补了公开招标的缺陷:竞争性磋商与

竞争性谈判可让采购人选取磋商或谈判对象，并且要求双方共同磋商或谈判，包括投入、方案的选择、回报、特许经营权的授予，等等。尽管 2014 年《政府采购竞争性磋商采购方式管理暂行办法》和《政府和社会资本合作项目政府采购管理办法》相继出台，但 PPP 项目与政府采购尚没有形成完美对接。

从适用范围上看，《政府采购法》第三十条对此进行了规定。程序上，《政府采购法》第三十八条对此进行了规定。评标方式上，采用的是最低（评标）价法，《政府采购非招标采购方式管理办法》对此做了规定，显然最低价法不能反映候选供应商的综合实力。并且，相关制度规定不适用于复杂、特别的项目，容易导致公共部门难以确定项目目标和标准，私营部门无法形成具体解决方案。最后，谈判的时间、谈判前期准备工作及谈判后期提交正式标书及评审程序的相关规定缺失，会导致无法形成一个好的竞争效果。

（四）特许经营项目中的法律依据问题分析

PPP 项目的边界和特许经营的范围问题也是受到相关法律制约的问题。不论是《招标投标法》还是《政府采购法》，立法阶段均没有特别围绕 PPP 项目的特点来开展。《招标投标法》的立法目的主要是为了规范"必须招投标项目"的招标投标活动，保证工程项目建设质量是立法的核心，因此很多条文都是针对工程招标的情况设计的。《政府采购法》的立法目的是为了规范政府采购行为，强调使用财政性资金的规范性，强调政府采购活动的公开、公平和公正。

实践中，PPP 项目尤其是特许经营项目，存在特许经营期内对特定范围内的特许经营内容进行垄断经营的要求。目前，一些特许经营的 PPP 项目在选择社会资本环节无法得到法律层面的支持。从《招标投标法》的角度，招标项目按照国家有关规定需要履行项目审批手续的，应当先履行审批手续；后续项目由于尚没有完成立项，因可研审批手续的缺失而无法合并招标。从《政府采购法》角度，在同一预算项下的添购或不同预算项下的合同追加，均不得超过原采购合同金额的 10%，这一比例无法支持一些特许经营类项目对合同稳定性的需要。

（五）合同性质与争议解决途径问题分析

目前对于 PPP 和特许经营协议的性质以及相应的争议解决途径有不同的规定。对于特许经营协议，2014 年 11 月新修订的《行政诉讼法》及最高人民法院的行政诉讼法司法解释明确将特许经营协议定性为行政协议，特许经营者认为，政府方在履行特许经营协议过程中侵犯其合法权益的，可依法提起行政诉讼或行政复议。

对于与特许经营协议安排基本相同的 PPP 合同，我国立法中并未对其性质认定作出明确的规定。财政部《关于印发政府和社会资本合作模式操作指南（试行）的通知》等文件，认为合同具备民事属性，其合同项下的争议属于平等民事主体之间的争议。国家发展改革委《项目通用合同指南》中也强调了合同双方的平等主体地位，提出合同争议可通过仲裁或诉讼方式解决。

目前，学界和业界对合同法律性质的认识存在一定的分歧，较为主流的观点是合同兼具行政和民事性质的混合属性。PPP 争议性质的认定，影响着合同中有关条款约定的有效性，也将直接影响到社会资本的地位及权利救济，进而影响到社会资本的投资安全。在实践层面，将特许经营协议或合同履行当中的争议定性为行政诉讼和民事诉讼也各有利弊。从合同争议解决的实际案例来看，PPP 项目社会资本方与政府的纠纷属于行政诉讼还是民事诉讼，最终还要由法院进行认定。考虑到 PPP 项目本身涉及因素众多、周期长、政府角色多重等特点，以及 PPP 项目合同的特殊性质和合同项下争议的复杂性，关于 PPP 争议解决方式的不同规定将直接影响社会资本参与项目的信心。这一问题，有待于在对 PPP 模式进行立法规范的过程中予以解决，明确 PPP 合同的性质，消除有关 PPP 模式争议解决途径的争议，以消除社会资本参与 PPP 项目的顾虑。

三、采购程序中存在的问题

采购程序是 PPP 项目政府采购中的一个重要内容。采购程序是否完善直接关系到 PPP 项目能否成功实施。而目前的 PPP 项目采购程序存在以下问题。

（一）项目立项与实施间的关系不明确

无论是财政部还是国家发展改革委，都强调 PPP 项目中的新建和扩建项目的实施方案应该依据项目建议书和可行性研究报告等前期论证文件编制。不同的是，财政部将立项流程作为编制实施方案以及进行物有所值论证和财政承受能力评价的前置流程，而国家发展改革委则主张对于一般性政府投资项目，各地可在可行性研究报告中包括项目实施专章，内容可以适当简化，不再单独编写 PPP 项目实施方案。两部委在项目前期操作细则上的不一致，使得理论界和实务界在对 PPP 项目可研报告与实施方案关系的认识上存在争议，也给项目实施造成了一定程度的混乱。

（二）立项流程和 PPP 决策流程缺乏有效融合

实务中，PPP 项目前期程序既需要按投资审批程序完成立项、可研批复，又需要通过物有所值和财政承受能力两个论证。其中，项目的可行性研究侧重工程本身的可行性，走发改系统；而物有所值评价和财政承受能力论证，侧重评价项目是否应该为采购模式，以及政府是否有能力采取 PPP 模式，走财政系统，两者归口是不一样的，目前在法律层面和审批层面均没有统合。而且，由于缺乏统筹的管理机构和部门间的协调机制，往往各自推进，很容易出现重复审批，或因政府部门间扯皮打架，导致审批环节衔接不上，决策周期延长。这在一定程度上增加了项目的实施成本和风险，甚至导致项目的失败或提前终止。此外，由于 PPP 项目投资方式、财务模式、法律框架、技术方案、采购需求等的确定，不同于传统基本建设项目，传统投资项目的审批制度与 PPP 项目存在不适应之处，也给 PPP 项目的落地实施造成了障碍。

（三）欠缺经营者退出机制

《政府采购法实施条例》的出台，是对 PPP 模式法律制度的完善之举，但是，不得不说的是，在增加市场准入机制的同时，仍欠缺对经营者退出机制的具体规定。缺少对经营者退出机制的相关规定，PPP 项目运行中若出现问题，不合格的企业无法退出，会导致社会优质资本和资源无法再次进入，PPP 项目的运行欠缺质量和技术保证，从而导致公共利益得不到保障。同时，缺少对经营者退出机制的相关规定，降低经营者的竞争性，无法激发出经营者积极进取精神，这不利于有限公共资源的优化利用。因此，在 PPP 项目广泛运用的今天，应当及时修改法律法规，明确经营者退出的情形、程序以及退出的补偿和赔偿机制等。

同样，PPP 项目资本金的合规退出也存在一定的问题。在现行制度下，PPP 项目资本金退出的途径有三条：一是社会资本方进行股权转让；二是项目公司在与债权人协商后逐年减资；三是项目到期由政府回购。

股权转让是社会资本方盘活项目资本金、现金流的最佳途径，如果运作得当，可以让投资人在项目早期就实现现金回流。该路径是否畅通取决于项目能否形成活跃的二级市场，取决于进入市场的 PPP 项目质量。目前来看，形势并不明朗。逐年减资是社会资本方盘活项目资本金现金流的次优路径。项目公司在还完银行贷款之后，可以根据现金流的情况开始逐年减资，也可以在还完银行贷款之前，在取得银行同意的前提下启动减资程序。这条路径从可行性的角度来讲没有问题，但是从 PPP 项目的回报机制来看，大多数项目在还完银行贷款之前，减资的空间不大，因此减资对于社会资本而言，远水不解近渴。项目到期政府回购对于社会资本而言是第三个选择，一定程度上是没有选择的选择。PPP 项目规模大，许多项目的投资达数十亿元甚至过百亿元，项目资本金达到几亿元甚至几十亿元，对于大多数民营企业来说，投资几个大型PPP项目可能就要面临现金流断裂的风险，至于大型央企和民营上市公司实力再强大，也很难支撑起万亿元PPP项目对项目资本金的需求。

（四）缺乏监督机制

PPP项目的本质是政府和社会资本合作，项目合作方的其中之一是政府，如果欠缺监督机制，政府容易出现滥用私权、徇私舞弊等不良现象，PPP项目的运营方也可能利用公共服务的垄断谋求不当利益。这不利于PPP模式的运用和发展。因此，PPP项目的运行和发展需要监督机制作为法律保障。然而，我国的相关法规并没有对此进行具体规范，仅是停留在概括性的规定。PPP项目监管的主要依据是2005年发布的《关于加强市政公用事业监管的意见》、2004年发布的《市政公用事业特许经营管理办法》等。在《政府采购实施条例》中，有几个条款涉及信息披露，仅是概括性的规定，没有涉及具体的披露形式、内容等方面。这样的披露没有对PPP项目运行起到有效的监督作用。在实践中，很多PPP项目的运行并没有得到有效的监管。因此，应当积极完善监督机制，明确信息公开的程序和内容，规定明确的监督主体、监督职责等，并积极引入人大监督、审计监督以及媒体监督、公民监督等社会监督。

（五）对中小企业保护不够

在我国社会主义市场经济发展历程中，中小企业发挥了重要作用，在国民经济中占有十分重要的地位。经济新常态下越来越多的中小企业适应经济结构转型和创新驱动的要求，推进经济高质量发展和公共服务水平的提高。如许多乡村旅游景区的厕所环境不够理想，通过小微企业的工作有效地解决厕所景观不雅的问题，和乡村旅游景区相得益彰，成为乡村旅游靓丽的风景线。随着PPP项目在我国越来越多地落地实施，中小企业拥有和大企业一样的机会参与其中。

然而，根据相关法律规定，只有经济实力雄厚，盈利能力强的大型企业才能有资格参与大型的PPP项目，中小企业则被排除在外，这样的规定并不能促进反而抑制了中小企业的发展。因此，我国在制定相关法律法规时应当对中小企业进行适当的扶持和保护，让其有机会参与到PPP项目中来，促进其更好的发展。但有一些专家学者认为，对于PPP项目而言，需要社会资本完成投融资以及长期的运营管理，相应地对社会资本的投融资能力、建设运营能力要求高，本身就制约了中小企业成为PPP的主力军。

四、PPP 执行过程中的问题

（一）PPP 立项时存在的问题

目前，关于 PPP 项目在政府投资管理体系中究竟属于政府投资项目还是企业投资项目，并没有较明确的界定。这个问题关系到特定项目走审批还是走核准程序，也关系到立项和报建主体，应该有一个明确的说法。

根据《国务院关于投资体制改革的决定》，项目立项分为审批、核准和备案三种，分别对应实行审批制的政府投资项目，实行核准制的企业投资项目，实行备案制的企业投资项目。国家发展改革委《传统基础设施领域实施政府和社会资本合作项目工作导则》中规定，将项目库的项目投资分为政府投资项目和企业投资项目，分别采用审批制、核准制或备案制："政府投资项目的可行性研究报告应由具有相应项目审批职能的投资主管部门等审批"，"实行核准制或备案制的企业投资项目，应根据《政府核准的投资项目目录》及相关规定，由相应的核准或备案机关履行核准、备案手续"。并明确提出："纳入 PPP 项目库的投资项目，应在批复可行性研究报告或核准项目申请报告时，可以根据社会资本方选择结果依法变更项目法人。"

根据国家发展改革委上述规定的逻辑，在现实中就会出现一个问题。如果项目按照核准或者备案程序办理前期手续，那么项目法人就是政府平台公司，而不是作为政府主体的实施机构。相应地，未来在选择社会资本时，选择社会资本的主体就成为平台公司，而不是实施机构，那么整个采购程序就难以适用《政府采购法》。因此，在财政部看来，在完成物有所值评价和财政承受能力论证之前，项目均应该按照传统政府投资的审批流程来进行。

（二）PPP 项目在土地管理方面的问题

PPP 项目执行与我国《土地管理法》主要在两个方面存在关系：一是土地的有偿使用原则与项目的公共服务属性之间的关系；二是项目用地的"招拍挂"流程与社会资本的遴选程序之间的有序衔接。

首先，土地的有偿使用原则与 PPP 项目的公共服务属性之间的关系有待协调。我国现行的以《土地管理法》为核心的土地管理法律制度对于用地者取得国有建设用地的土地使用权规定了有偿使用以及无偿划拨两种方式。但对 PPP 项目而言，一方面，项目提供的产出是公共产品和公共服务，具有公益性；另一方面，PPP项目的主体是具有市场主体性质的项目公司，项目公司本身是以营利为目的的，因此对于兼具有公益性和商业性的PPP项目，土地使用权应以何种方式获得存在争议。具体来说，我国现行的土地管理法律制度与PPP项目的不适应之处有以下几个方面：第一，PPP项目究竟是否属于《划拨用地目录》所界定的以营利为目的的项目没有明确的结论；第二，很多PPP项目的投资方以出让土地所有权的方式取得国有建设用地使用权，但常常会要求与政府签订协议，由政府收到土地出让金以后，以项目补贴返还的形式返还给投资方；第三，我国土地管理政策中的三条红线为项目融资配置构成了障碍。土地管理政策的三条红线是指：必须以"招拍挂"方式出让经营性用地的土地使用权；禁止宗地捆绑出让；土地出让收入必须实行收支两条线。但在实践中，政府和社会资本双方仍存在将土地收入定向回补PPP项目运营收入的诉求。

其次，PPP项目用地的"招拍挂"流程与社会资本遴选程序的衔接方式有待明确。按照现行法律，经营性土地使用权必须通过招标、拍卖、挂牌和协议等方式获取，必须严格执行《招标拍卖挂牌出让土地使用权规范》和《招标拍卖挂牌出让国有土地使用权规范》规定的程序和方法。而PPP项目采购社会资本方需要按照《政府和社会资本合作项目政府采购管理办法》的要求，依法采取公开招标、邀请招标、竞争性谈判、竞争性磋商和单一来源的采购方式。在这种情况下，PPP项目的社会资本遴选程序或政府授予特许权的招标程序常常难以与项目用地的"招拍挂"流程有效衔接起来，使得依法采购的社会资本方或特许权人面临"摘不到"特定土地的风险，这也成为社会资本方最为担心的一个问题。

目前，随着制度和政策的不断完善，这一问题已经得到了初步的解决，财政部联合国土资源部等部委发布的《关于联合发布第三批政府和社会资本合作示范项目加快推动示范项目建设的通知》，正式认可了项目加土地一次性公开招标的模式。然而，目前政策文件中并未对合并实施的用地范围及具体的合并程序给出结论。

（三）项目定价机制中的问题

盈利但不暴利是PPP项目成功的前提，也是PPP项目的特点和性质所决定的，是一个PPP项目成功运行的内在要求。无论是使用者付费、政府购买服务或者政府可行性资金缺口补助，实时调整PPP项目中的价格，防止社会资本暴利或过度亏损是项目执行中的一个重要问题。

作为双方都极为关心的核心问题，PPP项目合同、特许经营协议中自然会约定价格的调整机制问题，以增加协议的可预期性，确保项目后续执行。但同时，听证是调价的必经程序,PPP项目涉及的商品或服务的价格调整落实,都需要经过听证程序才能明确。但听证具有很大的不确定性,这就带来了一个问题,如果项目合同特许经营协议中约定的调价机制与调价听证会的结果不一致,该怎么处理?在关系社会公共利益的一些项目中,其定价和调整必须经地方政府和物价部门批准确定,社会投资人在决定收费标准时自主权非常小,处于弱势地位,难以根据运营成本或市场供求变化及时自行调整。而且由于收费标准调整期限较长,一旦确定,便在一个固定时期内无法调整,这将在一定程度上影响社会投资人的运营收入。实践中通常采用影子收费模式,对社会资本可能面临的调价风险进行隔离,即政府根据运营成本和合理利润确定影子价格,对影子价格和实际征收的使用者付费之间的差额予以补贴,以实现社会资本的合理收益。

五、PPP法律制度的完善

完善的法律法规是PPP模式发展的基础条件,也是重要保障。虽然对于我国的法律体系来说,PPP模式的运行并不存在实质性的法律障碍,但是,我国现行与PPP相关的法规政策大多效力位阶较低,权威性不足,甚至有些规定之间还存在矛盾之处。另外,我国相关的立法主要侧重于静态制度的构建,而对私营部门的甄选程序没有相关的规定,只能适用现行的《招标投标法》。适用《招标投标法》有关规定对于PPP项目的实施无法完全相契合且存在较多问题,因而存在私营部门缺乏合适的路径参与到公用事业和基础设施建设的问题。因此我们要做的是,结合PPP项目的特殊复杂性和创新性,设定适当的甄选规则和制度体系。

(一) 完善信息公开制度

PPP模式以公私合作的方式提供公共服务,不仅事关公共利益,还关乎着财政资源的合理使用。由于采取特许经营的方式,容易产生市场垄断,缺乏市场竞争和活力,也容易产生权力滥用的情况,因此应当建立信息公开制度。在欧盟的立法中,就明确规定,采购信息必须提前一个月发布公告。而我国虽然有规定,但并没有将公开的要求明确化、具体化,且缺乏操作性。

信息公开制度具有重要的时代意义和现实意义。首先,建立信息公开制度是为适应政府阳光行政的时代要求。在信息公开的大背景下,PPP项目公开,可以防止政府与私营部门寻求私下合作,预防腐败,减少腐败的发生。其次,信息公开能最大限度地引入市场竞争,提高公共资源的利用率,提升公共服务质量。并且,信息公开还能起到监督的作用,在有力监督的情况下,PPP项目参与者才能履行好自己的职责。最后，信息公开还能充分地吸纳社会主体参与，通过招标的方式选择实力最优者，保障公共产品和服务的质量。笔者认为，对于信息公开制度的构建，应该做好以下几点：（1）完善信息公开法律法规和相关的条例；（2）明确信息公开的内容，包括时间、地点、参与主体等；（3）经营者选择程序应公开化、透明化；（4）加强对于信息不公开的监管与惩罚力度，为信息公开制度提供法律保障。

（二）完善甄选私营部门合作伙伴的谈判程序

完善甄选私营部门合作伙伴的谈判程序，有利于提高谈判效率，促进方案的优化，保障PPP项目的成功运行。虽然《政府采购法》中规定了竞争性谈判制度，但制度本身却存在许多不足，无法满足PPP项目采购模式的要求，并且由于PPP项目采购模式不同于传统的政府采购，所以也无法直接适用该制度。由于PPP项目合同的相对复杂性和特殊性，需要在PPP项目运行前，政府和私营部门进行充分的沟通，明确采购的需求，然后针对需求提供适合的方案，鼓励私营部门提出一些创新的解决方案。只有这样，才能促进合作双方为PPP项目寻求最佳方案，保障PPP项目的成功运行。

因此，我国应制定适用于PPP模式的竞争性谈判制度，这一制度应包括以下内容：（1）规定双方前期必须进行有效沟通，明确需求，明确解决方案；（2）制定并明确对于相互竞争的私营部门之间的筛选规则，如影响得分有哪些因素，不同因素的影响程度如何等内容，确保筛选过程的公平、公正、公开；（3）规定在谈判中，双方必须达成最终版标书，确保谈判的效率，且后期无法再对实质性内容做变更。

（三）完善经营者进入退出机制

完善经营者退出机制是保障投标程序高效有序运转、加强市场竞争、提高政府采购效率和质量，保障公共利益的重要举措。虽然国家发改委在实践中为退出机制提供过指南，但只规定不可抗力和违约的情况，这是远远不够的。因为PPP项目相对于普通政府采购项目具有其复杂性和特殊性，不仅运营的时间长，投入的资金多，而且在技术和质量层面要求更高，若不能满足技术要求、质量要求的经营者，都应当退出。为经营者的退出建立科学的标准、程序，还可以防微杜渐，减少公共利益的损失。欧盟的采购指令对经营者退出机制做了详细的规定，约定了多种必须退出的情况，使得不符合要求的私营部门可以在必要的情况下得以退出，而优势资源能够再次进入，很好地保障了社会公共利益。我国的《政府采购法》对于经营者进入机制有较为完善的规定，但在经营者退出方面并未作出详细的规定。

因此，我国应当在借鉴欧盟相关规定的基础上，对于经营者退出机制在以下方面进行完善：（1）提高对于选择合作伙伴的要求，PPP项目采购模式相对传统政府采购模式在技术、质量等方面都作出高标准的规定，从而排除不符合要求的竞争者。（2）增加经营者退出的条件，在不可抗力和违约基础上，增加对经营者从事经营的责任能力、商业信用和专业技能等方面的规定。对经营者提供的产品质量、技术要求等作出详细规定，如果发现有以次充好、以劣充优的情形，即可启动经营者退出机制。因为PPP项目本身就比一般的政府采购要严格得多，经营者应当具备较高的经营能力。（3）经营者退出的程序，经营者退出的赔偿和补偿问题。只有完善相关规定，才能更好地保障项目的有序运转，从而保障公共利益。

（四）完善合同授予评价标准

合同授予评价标准是合同授予的核心问题，完善合同授予评价标准，有利于促进评判标的的科学性，更好地保障公共利益。目前，我国有两种合同授予的评价标准：综合评价法、最低价评价法。

最低价评价法在我国使用较为普遍，但是不得不承认的是，最低价评价法太过于强调价格优势，而忽略了质量的重要性，对于保护公共利益存在障碍。相比之下，综合评价法的评价体系更为全面，与欧盟指令中的最经济有利标的原则有着异曲同工之处。因此，我们应该借鉴欧盟指令中对最经济有利标的原则的规定，来完善我们的综合评价法，从而完善我们的合同授予评价标准。

首先，应该明确规定评分的项目，如技术、服务质量、费用等；其次，合理对不同项目分配其所占评分的比重。这些信息都必须公开，并让各方参与者知悉，这样既能保证授予程序的公平、公正、公开，又能选择出一个综合条件最优、最适合的投资者。这样做增加了PPP项目实施的科学性，有利于保障公共利益的实现。

（五）设立PPP专属机构

PPP专属机构在PPP模式的应用和发展中发挥着十分重要的作用，设立PPP专属机构，能为推进PPP工作提供必要的组织保障和技术支撑，更好地促进PPP模式的规范发展。世界各国（地区）中，已有很多国家（地区）设置了PPP的专属机构，如英国、澳大利亚，还有我国的香港特区。其中英国是将TIFU和财政部PPP政策小组进行了整合,设立了基础设施局(财政部下属单位)作为PPP项目的专属机构。

因此,对于我国而言,首先,应该确定以何种方式设立机构。参照其他国家(地区)的经验,有多种方式设立,如在财政部门之下设立PPP专属机构,或者,由政府设立一个独立的部门作为PPP的专属机构,也可以是完全独立于政府的专属机构。其次,明确专属机构的工作职责及工作内容。工作内容可以包括:(1)由PPP专属机构向国家立法机关提出PPP模式的立法建议,以促进PPP模式的法律制度建设;(2)由PPP专属机构负责PPP项目在各种环节上的组织、协调和监管工作;(3)由专属机构负责PPP项目方案的制订,对于PPP项目采购、实施、消除或解决冲突的机制也要做好规定,从而为项目运行的各个环节提供技术支持。

但是,PPP专属机构在不同时期发挥的作用是不一样的,在PPP项目的初始阶段,PPP专属机构会比较注重建立和完善法律法规,而PPP项目运行进入成熟阶段之后,在法律法规相对健全之际,则会重点关注资金的使用价值,提高项目的运作效率。

综上所述,我国的PPP模式在完善信息公开制度、甄选私营部门合作伙伴的谈判程序、经营者进入退出机制、合同授予评价标准、设立PPP专属机构等方面的相关法律制度不够健全和完善,我国应结合自身情况,借鉴发达国家的成功经验,完善我国PPP模式的立法,促进PPP模式在我国的应用发展。

第六节　PPP政府采购的改革措施

PPP模式是政府和市场结合的一种很好的方式,有助于在建设公共基础设施和提供公共服务的同时提高各类资金的使用效率。不可否认,目前PPP确实存在一些制度上和技术上的问题,但是推动开放竞争、强化绩效管理的大方向没错,PPP模式存在的问题要通过稳妥的方式进行改革。改革的过程要充分考虑市场各方的承受能力,合理设置政策的过渡期,把握好政策力度,给市场稳定的预期和正面的信号。针对以上问题,在未来的PPP项目政府采购中,需要做好以下几方面的工作。

一、做好项目的识别、筛选等工作,做到精准PPP

《财政部关于推广运用政府和社会资本合作模式有关问题的通知》要求"各

级财政部门要重点关注城市基础设施及公共服务领域,如城市供水、供暖、供气、污水和垃圾处理、保障性安居工程、地下综合管廊、轨道交通、医疗和养老服务设施等"。可见,财政部突出了PPP模式重点关注领域,而非列举所有适用于PPP的领域。发达国家的成功经验表明,基础设施领域是适用PPP模式的最佳领域,《公私合作伙伴关系:基础设施供给和项目融资的全球革命》一书中,将基础设施从经济、社会、硬、软四个方面进一步细分了四类基础设施。PPP的适用领域也从最初主要应用在硬经济基础设施(如高速公路、电力等),逐步向软社会基础设施(如社会保障、社区服务)等领域延伸。故PPP主要适用于泛基础设施领域,包括基础设施、市政公用、公共服务等。泛基础设施还有"需要持续服务""巨大的外部性""典型的规模经济"等特征,这些特征也决定了泛基础设施领域的服务供给,必须交由代表社会公众利益的政府。为了提升泛基础设施领域公共产品和服务的供给效率,满足公众多样化需求,缓解政府资金压力等诸多诉求,于是PPP模式应运而生。

财政部文件明确,"适宜采用政府和社会资本合作模式的项目,具有价格调整机制相对灵活、市场化程度相对较高、投资规模相对较大、需求长期稳定等特点。优先选择收费定价机制透明、有稳定现金流的项目。"财政部描述适合PPP项目的特点,反映了PPP项目的一些重要特征,财政部有化解地方债务、防范财政风险的偏重考量,所以优先选择有稳定现金流的项目。适合采用PPP模式的项目应具备以下几个基本特征。

(1)参与方至少有一方应为公共机构。如前所述,PPP适用于"公共所有"的泛基础设施领域,提供公共产品和公共服务,故PPP的参与各方必须至少有一方应为公共机构,即PPP中的"public",财政部《关于印发政府和社会资本合作模式操作指南(试行)的通知》特别明确公共机构为"县级以上人民政府或其指定的有关职能部门或事业单位"。除了公共机构,其他市场主体各方之间的合作项目为市场行为,不是PPP项目。

(2)需求长期稳定。公共产品(含公共服务)具备长期、持续、连贯的大量需求是PPP应用的基本前提,项目若非有长期稳定需求(如政府为履行其自身职能需要购买长期专业服务),则此类项目不适合采用PPP。

(3)参与各方应建立长期合作关系,合作关系应是持久且有关联的,也即PPP中的"partnerships"。PPP的本质是社会资本向政府提供一项公共服务,而非一项资产。以交通工程PPP项目而言,政府需要社会资本为其提供满足老百姓需求的出行服务,而非交通工程本身,故需要政府与社会资本建立长期稳定的合作伙伴关系,各尽其责、利益共享、风险共担,社会资本承担起设计、融资、建设、运营等全生命周期的责任，特别是运营环节，合作期限往往持续数十年，单纯的交通工程建设交付的项目并不适合采用PPP模式。

（4）研究制定适用于项目的资本金制度。过去在政府直接投资的情况下，项目资本金来自财政拨款，不用考虑资本金回收的问题。在PPP模式下，项目公司后期会沉淀大量资本金，又无法用于项目以外的投资，必须降低PPP项目资本金的比例要求并给资本金留出合理的退出通道。小股大债这一方便社会资本方后续灵活退出的方式被禁止之后，项目公司只能通过频繁减持或者购买理财产品解决沉淀资金的时间成本问题，这种解决方式是扭曲的。PPP项目资本金应区别于永续经营公司的资本金，PPP项目资本金比例适宜由社会资本和金融机构通过协议来解决，没必要通过政策干预。项目资本金比例过高是小股大债和明股实债的根源之一，也是PPP项目融资难的核心影响因素之一。

（5）实现市场充分竞争。众多PPP项目实践证明，只有竞争才能带来效益，而市场上出现的一些高成本的PPP项目，根源就在于缺乏竞争。对于政府来说，应当消除地方保护，给予国有企业、民营企业、外资企业同台竞争的空间，结合项目需求，合理选择政府采购方式，综合考虑企业专业资质、技术能力、管理经验和财务实力等因素合理设置社会资本的资格条件及评审因素，通过市场竞争实现PPP的初衷。

二、建立符合PPP规律的组织架构，避免行政干预

财政部文件明确"政府和社会资本合作项目由政府或社会资本发起，以政府发起为主"。即PPP项目的识别主体有两方面：政府方和社会资本方。政府方发起程序为"财政部门向行业主管部门征集。行业主管部门从国民经济和社会发展规划及行业专项规划中遴选潜在项目"，社会资本方发起程序为"社会资本应以项目建议书的方式向财政部门推荐潜在政府和社会资本合作项目"。

财政部明确了PPP项目的发起主体和程序，而在PPP项目推进实践中，社会资本发起较为鲜见，绝大部分为政府发起。在中国目前市场化不完善条件下，有如下几种措施可以预防或降低行政干预：（1）降低政府方持股比例，原则上不控股。（2）项目公司投融资及运营管理相关事项，原则上引进的社会资本方有相当的话语权，让专业的人做专业的事。（3）无论政府方持股比例多少，政府方董事席位可考虑仅设一席。（4）原则上总经理、财务总监等高级管理人员由社会资本方提名，并报经董事会通过后任命；可考虑政府方持有的股份作为公益股，避免过多的利益导向，或者利润分配由社会资本在符合法律规定的前提下设定相应

的利润分配机制。

要加强国有企业监管。一旦国有企业通过 PPP 形成区域垄断或者行业垄断，将可能滥用垄断地位扰乱市场正常秩序，破坏合同规则，提高市场定价，排挤民营企业，造成有效投资不足。因此，在促进我国国有企业做大做强的同时，有必要进一步强化公平竞争的选择机制，加强对服务质量、服务普惠性或服务价格的监管，完善项目合同格式条款，加强项目信息公开，并落实反垄断监督责任，力求为 PPP 创建一个稳定、公平、透明、开放的营商环境。

三、加快价格和收费制度改革

价格机制是影响 PPP 项目成败乃至行业发展潜力的关键因素，对于 PPP 项目而言，如果建设运营成本没有直接体现在使用者付费上，而将主要体现在一般性的税收上，个别使用者的使用成本就会被一般公众来分担。目前，在供水、污水处理、垃圾焚烧、发电、轨道交通等涉及价格的领域，PPP 项目的回报机制多设置了与项目运营成本挂钩的调价机制，未来一旦调价失败，多数情况下政府都需要承担按照影子价格与社会资本结算的风险。如果公用事业和公共服务的价格调整机制不能到位，PPP 项目长期可持续发展将面临极大的风险。未来的改革方向，一是按照社会资本方盈利而不暴利的原则积极稳妥地推动公用事业和公共服务的价格机制改革，向社会资本释放明确的市场预期，调动社会资本参与公共事业的积极性，提高 PPP 模式的可持续性。二是建立完善的社会保障机制，确保社会救助和保障对象的补贴与价格上涨机制联动。三是进一步强化地方人大在项目决策机制中的作用，防止地方政府盲目投资，通过价格上涨转移政府不当决策导致的付费压力。只有价格改革真正到位了，政府用于 PPP 项目财政支付压力才能真正降低，政府才有财力实施确需政府付费的项目，原本没有收益的项目才能转变为对社会资本和金融机构有吸引力的项目，PPP 才能实现真正的项目融资，届时股权投资者将不请自来，繁荣的资产证券化市场也将指日可待。

四、完善国家 PPP 综合服务平台，实现 PPP 项目公开化

国家 PPP 综合服务平台可完全依托国家电子政务外网搭建，各政府职能部门、社会资本和中介机构参与进来，享受有关 PPP 的各类公共服务。依托国家政务外网搭建的国家 PPP 综合服务平台主要有四方面功能。

一是项目投融资功能，让地方政府与全国的社会资本"自由联姻"。各地筛选PPP项目后，在综合服务平台"投融资子平台"上向全社会"亮相"，包括项目投资规模、融资管理、运营补贴和项目监管等信息。地方政府通过PPP综合服务平台筛选参与建设运营的社会资本。

二是项目管理功能，各政府部门进行"零障碍"监管PPP项目。PPP综合服务平台专设有"投资后管理子平台"，应建章立制要求各部门在平台上在线审批、立项和管理项目，各部门信息完全公开透明。社会资本投资后，可在平台上在线监控所投资项目的招投标、建设、运营全过程。

三是产权交易功能，社会资本参与项目"可进可出"。国家PPP综合服务平台上专设有产权交易功能。贾康认为，各类社会资本可通过此平台以基金、债券、信托等形式直接参与到PPP项目的投融资活动中，项目合作方如果想退出时则可借助此平台出售、转让股权，而平台上所投项目的经营数据完全公开，社会投资者可即时掌握项目进展指标，如同"K线图"一样成为社会投资者是否"入股"项目的衡量指标，以推动提高投资方和运营方的投资管理效率，形成长效机制。

四是促进金融供给多样化功能，打破金融机构对基础设施建设资金供给垄断。贾康认为，一旦PPP项目通过国家PPP综合服务平台交易，零散社会资本参与其中，可以对公共产品进行众筹式资金募集，将大幅拓展基础设施建设的资金供给渠道，必然让缺乏竞争的金融行业发生"鲶鱼效应"，逐步形成金融供给多样化，推动更为合理的基础设施建设资金市场化价格的形成。

在加强平台建设的同时，也要注意国家发改委和财政部的项目库不能为项目落地背书。项目库应采用"宽入库，严落地"的原则，强化PPP运作程序的规范性，进一步提高项目的竞争性，控制政府风险。进一步优化PPP的运作机制，推动PPP回归项目融资的初衷。入库仅仅是政府管理PPP支持体系的一部分，而不能作为市场主体判断项目质量的依据，避免过度行政化，建议对社会资本和金融机构明确这一要求，将落地与否的问题交给市场，按市场规则各负其责。政府不对入库项目进行背书，没有入库的项目只要满足政策条件仍然鼓励市场主体参与。

五、利用好专项债，促进PPP的新发展

在地方政府专项债发展迅猛的条件下，PPP成为提高政府专项债券使用效率的好帮手。目前，PPP与地方政府专项债结合是地方政府基础设施投融资的合规方式。与PPP项目的决策机制受制于社会资本和金融机构不同，专项债的决策，

只有政府自己很难形成约束机制。PPP模式在过去多年间积累的丰富经验能够为专项债改革提供强有力的支持：一是PPP模式的管理方式对专项债管理具有借鉴意义。PPP模式建立起一套完善的项目监管体系，包括对项目前期工作的重视、对项目执行过程的标准化流程管理、按效付费的绩效管理制度以及全生命周期的信息公开等，在专项债管理和制度建设过程中可以借鉴。二是PPP项目和专项债可以实现有效结合。目前，专项债发行主要依靠省级财政信用担保以及借新还旧的制度托底，债券投资人罕有关注项目现金流预期的真实性和准确性，这使得专项债在实操中出现"一般债化"的问题，极易形成新的隐性债务。PPP对接真实的市场主体，一旦专项债和PPP项目结合，将专项债资金用于PPP项目的政府方出资或通过政府转贷的方式用于PPP项目融资，那么专项债对项目现金流的预测就必须得到社会资本、项目融资方的共同认可，否则专项债部分资金流的测算失误就会危及整个项目的运转。这将倒逼专项债资金的使用更加合规、高效。三是PPP模式已经为政府投融资领域培养了一大批人才，包括政府公务人员、社会资本方、金融机构和中介机构，经历过政策的调整，经受住市场化波动，当他们为专项债业务提供服务的时候，会更敬畏市场并具有长远的目光。

六、进一步加强法制建设，完善PPP的法律环境

在PPP模式的立法过程中，财政部和国家发改委分别主导并推动PPP项目的立法工作。然而，这两部委在推动时的出发点不尽相同，因此一些政策法规存在矛盾之处。例如《政府和社会资本合作模式操作指南（试行）》与《关于开展政府和社会资本合作的指导意见》在社会资本定义，项目操作、监管主体等方面存在矛盾；《政府和社会资本合作法（征求意见稿）》与《基础设施和公用事业特许经营管理办法》在特许经营与PPP关系、适用范围界定、合作期限设定等方面也不相同。因此，一套完整、规范的PPP法律体系是PPP模式参与各方权利和利益的首要保障。

任何一个国家的政府采购制度设计，均是围绕着采购合同的订立来展开的。采购活动的过程，就是形成双方平等的权利义务关系的过程。因此，世界各国均规定采购人与供应商享有自愿订立政府采购合同的权利，前提是必须遵守《政府采购法》的相关规定。PPP项目采购也是如此。项目实施机构在选择与之订立合同的社会资本时，必须严格执行政府采购法定的方式和程序，并严格按照采购文件确定的事项和依法确定的采购结果签订PPP项目合同。项目合同一旦订立，对项目实施机构和社会资本就形成了法律层面的保护，任何一方都不得随意更改和

调整项目合同条款。因此，项目实施机构和社会资本方均应提高对项目合同严肃性的认识，在资格预审、采购需求形成过程、采购文件制定、采购合同文本制定、采购结果确认谈判等采购活动的关键环节，就双方关注的合同核心条款协商一致，防止出现后续履约风险。

对于PPP项目中政府面临的财政风险，有关法律法规需要在PPP项目合作中的财政风险防范上作出明确的界定和规范。未来应进一步明确政府和社会资本合作中的政府支出限额，规定在哪些情况下政府在PPP中的出资预算不得超出一般公共预算10%的限额，支出限额的调整幅度该如何设定，这一系列的问题有待在立法中进一步明确。要建立全面科学的财政风险监管技术和方法，科学、全面地评估和处置财政风险。未来风险分担上要进一步细化承担风险的层级主体，避免风险分担主体的模糊而增加地方政府财政压力。并且，针对政府和社会资本的共担风险，要进一步细化分担准则，明确社会资本的风险分担比例及限额，有效划定政府和社会资本方各自需要承担的风险责任，减少双方具体风险分担的不确定性，为政府和社会资本有效防范风险提供法律保障。

本 章 小 结

我们国家大力推广PPP模式，并不是把其单纯作为一项政府融资工具和稳增长的工具，而是寄希望于它能撬起一场公共服务变革。因此，PPP事业的所有参与者，特别是各级政府决策者唯有正确理解PPP模式在供给侧结构性改革中的重要作用，摒弃认识偏误，立足改革创新政府服务理念，那么据此推出的PPP才能真正激发社会资本的参与热情，促进区域及国家经济社会高质量发展，实现市场经济体制改革和行政体制改革的协同发展。本章分析了PPP项目纳入政府采购管理的可行性，引入了竞争性磋商政府采购机制，并提出了完善竞争性磋商制度的改革建议。本章还从PPP模式政府采购的立法问题切入，结合我国PPP项目政府采购立法现状，提出包括完善信息公开制度、甄选私营部门合作伙伴的谈判程序、经营者进入退出机制、合同授予评价标准、设立PPP专属机构等改革建议及措施，以完善我国PPP模式的立法。在PPP模式的发展过程中，有关各方突破政策约束进行了大量创新，出现了很多新的做法，需要根据实践对现行政策进行完善，促进PPP模式更好发展。

附录

笔者发表的相关论文

我国加入《政府采购协议》的利弊及对策

【摘要】 我国已经启动加入《政府采购协议》谈判，加入 GPA 是历史的必然趋势。本文从政治、经济和社会等方面分析了我国加入 GPA 的利弊，并据此提出了充分利用 GPA 规则、建立健全法律体系和培育企业核心竞争能力等相应的对策建议。

【关键词】 GPA；利弊；对策

一、引言

随着全球经济一体化及贸易自由化的发展，政府采购国际化的趋势越来越明显。据统计，国际政府采购总额每年都占世界贸易总额的 10% 以上。为避免歧视性政府采购政策阻碍国际贸易的发展，WTO 的前身 GATT 在 1979 年制定了《政府采购守则》，并于 1994 年和 2006 年进行了两次修订，形成了新的《政府采购协议》(the Agreement on Government Procurement, GPA)。GPA 是 WTO 的一项诸边协议，该协议旨在通过招投标等竞争性采购程序的规定来实现政府采购市场的非歧视性原则，降低和消除国际贸易壁垒，实现全球范围内的政府采购自由化。GPA 的主要内容是，要求加入 GPA 的成员必须开放政府采购市场，并在规定的开放清单中具体载明开放范围；开放范围内的政府采购项目，无论是国内法律还是具体操作，都必须坚持国民待遇和非歧视的原则，按照规定的采购方式、程序和有关要求开展采购活动；各成员要建立相应的机制确保相关原则和要求的落实，成员间有关政府采购的争议应当按照 WTO 争端处理机制予以解决。除此之外，GPA 还规定了各成员通用例外范围、对发展中国家和不发达国家的特别待遇，以及修改开放清单、加入或退出 GPA 的程序等事项。加入 GPA 谈判的一般规则是，申请方要与 GPA 成员对等开放政府采购市场。从目前 GPA 成员开放清单看，开放的采购实体范围非常宽泛，包括中央和省级两级政府机关，以及政府具有控制力和影响力的各类机构，如电力、城市供水、公共交通、机场、港口、科研院校、文化等公用事业单位、垄断经营企业和政府设立的社团组织。包括美国、欧盟、日本等世界主要经济体的 41 个国家和地区已经成为 GPA 的正式成员。

2007 年 12 月 28 日，中华人民共和国财政部代表中国政府向 WTO 秘书处正式递交了加入 GPA 谈判的初步出价清单和《中国政府采购国情报告》。2008 年 5 月 13 日，财政部公布了中国加入 GPA 初步出价清单。2008 年 2 月，中国政府派出代表团赴日内瓦与 GPA 成员开展了首轮谈判。这意味着自 2001 年我国加入 WTO 后，为履行加入 GPA 的承诺，开始了实质性的谈判工作。在我国加入 GPA 的步伐加快之时，从我国政府采购的实际情况出发，研究和分析我国加入 GPA 后的应对策略具有重要的意义。

二、我国加入 GPA 的利弊分析

我国《政府采购法》明确规定，政府采购是指各级国家机关、事业单位和团体组织，使用财政性资金采购依法制定的集中采购目录以内的或者采购限额标准以上的货物、工程和业务的行为。随着我国经济的发展，政府采购的规模不断扩大，中国政府采购规模已从 1998 年的 31 亿元扩大到 2008 年的 5900 亿元，年均增长率达到 13%。加入 GPA 开放我国政府采购市场，无疑会对我国一些竞争力较弱的产业带来冲击，一定程度上造成政府采购资金外流，影响国际收支平衡、加大失业等问题。特别是在一些资本、技术密集型的产业，欧美等发达国家在产品、价格和服务等方面均具有很大的竞争优势，其冲击和影响更大。GPA 禁止使用抵偿办法，这对以前实行当地含量、技术转让、合作生产要求等规定的产业和相关企业参与竞标十分不利。目前我国还没有正式加入 GPA，但国外的产品已经成为我国政府采购的一项重要内容，如软件产品在我国政府采购中已经占到了很大的比例。发达国家迫切希望我国签署《协议》的主要原因，是盯住了我国数额巨大，前景广阔的政府采购市场。

这种影响和冲击在我国加入 WTO 时就是国人所担心的问题，从近几年的发展看，这种担心已成为我国经济和社会不断提高竞争力的动力。在加入 WTO 后，我国在银行、保险、邮电、通信等很多领域均实行了适度的对外开放，很多主导产业的产品质量和技术含量均得到了很大的提升，产业结构也在竞争中得到了优化。因此，从我国加入 WTO 的经验来看，加入 GPA 虽然在短期内会对我国部分产业带来一些不利影响，但对我国经济社会等方面的长远发展具有积极意义。

第一，加入 GPA 有利于规范我国的政府采购市场。我国已经建立了以《政府采购法》为中心的政府采购法律制度框架体系，形成了"采管分离"的管理体制和运行机制，但是法律梯度体系及管理体制还不够健全，特别是各种监管机构的职能还没有完全构建起来，投诉和仲裁机制也没有很好地建立起来。而 GPA 把打击腐败行为作为《政府采购协议》的宗旨，并且对公开招标、公开竞争、程序透明、信息披露和质疑程序等内容进行了详细的规定和说明，这些均会从一定程度上规范我国的政府采购市场。

第二，加入 GPA 有利于我国龙头企业市场份额的扩大。我国一些企业已经在技术、产品和服务上有着国际竞争优势，这些龙头企业在进一步巩固国内市场的同时，也在不断地扩展国外的市场。但是，一些国家通常借口多种原因对我国的企业实施歧视性政策，妨碍了这些企业在国际市场上的发展。因此，加入 GPA 能够帮助这些龙头企业通过参与国际政府采购的方式扩大市场，提高我国企业和产品的竞争力。

第三，加入 GPA 有利于提高我国的政府采购效益。政府采购的根本目的是提高财政资金的使用效益，其方式是通过引入供应商的公开竞争，从而降低采购成本，获得价廉物美的商品。自我国实施政府采购以来，取得了很好的效果。2003～2008 年，我国政府采购资金年节约率在 11% 左右，累计节约财政资金 2600 多亿元。如果加入 GPA，这种竞争将扩大到全球的供应商，就可以直接利用国外供应商先进的生产技术和管理水平，采购成本有望得到进一步的降低，采购质量有望得到进一步的提升。

第四，加入 GPA 有利于提升我国的国家形象。随着经济实力的壮大，我国在世界经济中的作用越来越重要，特别是在几次全球性经济和金融危机中的表现日益体现出我国是一个负责任的大国，国际影响力日趋显著。加入 GPA 能够促进我国建立一个更加开放、透明的市场经济体制，并且可以利用协议中创立的争端解决机制，有理、有据、有效地解决政府采购活动中发生的双边或多边争端，促进国家软实力的发展，从而提升我国的国家形象。

因此，从全局和长期来看，我国加入 GPA 是利大于弊。

三、我国加入 GPA 的对策

加入 GPA 是大势所趋，要将这种挑战转化为机遇，需要我国政府采取具有针对性的政策。一方面，政府要在加入 GPA 的谈判当中以我为主，充分利用 GPA 的规则，争取更多的权益，保护本国产业的发展；另一方面，政府要建立健全自身的政府采购法律体系和采购制度体系，保证我国政府采购市场的公平和透明。同时，政府还要采取财政和税收等方面的政策措施，调整产业结构，加大对自主创新和节能减排的扶持力度，支持具有核心竞争力的龙头企业发展壮大。

1. 合理利用规则保护本国政府采购市场

必须明确的是，加入《政府采购协议》并不意味着要全面开放政府采购市场，即使是美国等发达国家仍然以各种理由保护本国政府采购市场。例如美国在《美国产品购买法》中允许政府部门优先采购国内产品，欧盟专门规定了对欧盟以外的第三国的采购限制。因此，我国也完全可以在GPA允许的范围内制定相应的政策和法规保护本国政府采购，例如优先购买具有核心技术和自主知识产权的国内产品等。

同时，我国还可以在谈判中利用"出价与要价"的谈判方式，选择开放的部门和产品以保护我国竞争力较差或是需要扶持的产业。GPA规定愿意加入协议的成员方首先提出本国（地区）的"让步"，列出本国（地区）将遵守协议各项条款的各采购部门、机构。相应地，才能要求谈判国家（地区）将哪些部门和机构列在政府采购国际协议的管辖范围。我国可以充分利用这种制度安排有重点地选择开放的部门数量和开放的程度。

并且，我国还应坚持我国发展中国家的定位，充分利用GPA对发展中国家的各种优惠。GPA为吸引更多的发展中国家加入其中专门制定了多条对于发展中国家的特殊待遇。例如，GPA允许发展中国家与谈判方商谈不属于国民待遇原则的实体、产品或服务清单；发展方还可以根据自身的需求修改适用范围。而发达国家则需要购买与发展中国家出口利益相关的产品和服务，并且为发展中缔约方提供一些技术援助。最新一版的GPA条款还扩大了发展中国家的过渡措施。因此，我国完全可以以发展中国家的定位合理利用GPA的有关优惠制度，为国内企业的发展创造条件。

2. 完善法律法规建立采购法制体系

GPA可以看成是一种国际政府采购规范，成功的运行仍然需要本国相关法律法规的支持。世界各国也在不断地完善自己的政府法律体系，以更好地配合GPA。以美国为例，除了专门的《联邦政府采购法规》之外，与政府采购相关的法律还有1000多个，包括《联邦政府行政服务和财产法》《购买美国产品法》《联邦采购合理化法案》《诚实谈判法》等。而我国由于政府采购工作起步较晚，因此相关的法律体系还不够完善。我国涉及政府采购的主要法律是《政府采购法》和《招标投标法》。因此，从法律体系的建设来看，我国需要做的工作仍然很多，可谓是任重道远。我国应该尽快出台《政府采购法实施条例》，进一步丰富政府采购法律制度体系,并且应针对采购过程中的相关重要环节制定更加细化的法律法规。尽管我国已经出台了与政府采购相关的政策法规,但这些法律法规的实施时间均不是很长,仍然有很多需要调整和改善的地方,例如要尽快做好《政府采购法》和《招标投标法》的衔接工作,明确相关法律的适用范围和情况。

3. 实施可持续发展培育企业核心竞争力

GPA 的目的是避免贸易壁垒,促进全球范围内的企业竞争。因此,培育我国企业的国际竞争力是应对 GPA 的重中之重。我们必须认识到,正是由于欧美各国有拥有全球竞争力的众多企业——看看世界 500 强的构成即可,因此这些国家成为 GPA 的积极倡导者,而广大发展中国家则对加入 GPA 心存疑虑。而我国除了极少数的产业和企业具有竞争优势之外,大部分的产业和企业的实力还很弱,缺乏核心技术和比较优势。针对这种情况,我国必须实施可持续发展战略,充分利用加入 GPA 的谈判准备期,培育企业的核心竞争力。

首先,我国应该加大科学技术和研发的投入,提高企业的创新能力。创新能力是企业获得持续竞争能力的源泉,也是攻占产业制高点的根本之道。我国应加大基础研究的投入,鼓励原始创新,掌握产业发展方向;鼓励产学研的结合和发展,形成科技带动产业、产业促进科技的良性发展循环;积极推进科学技术发展的中长期计划,利用重大科技项目推动我国科学技术的发展,带动高科技企业的产生、发展和壮大。

其次,我国应采取财政税收等多种方式促进产业结构调整。我国应紧跟当今世界产业布局的调整,采取各种措施抢占产业制高点。例如,当前环保和节能减排产业成为世界各国重点发展的产业,也会成为未来世界的主导产业。因此,完全可以在政府采购向相应产业倾斜的同时,采取更加灵活的措施促进产业结构的调整和新兴产业的发展。

4. 激励企业"走出去"拓展国外市场

加入 GPA 不仅意味着我国要承担开放政府采购市场的责任,而且为我国企业打开了一个更加广阔的市场,我国企业也拥有了与国外企业竞争的权利。因此,我国在谈判加入 GPA 的过程中还应采取更加主动的进攻态度,积极鼓励和扶持已经具有一定竞争能力的企业积极实施"走出去"战略,进一步扩展国外市场。特别需要提及的是,我国应加大对中小企业的扶持力度,支持中小企业"走出去"拓展国外市场,促进中小企业的可持续发展。中小企业在我国的经济发展中有着重要的作用和地位,并且我国的很多中小企业在世界上均具有一定的竞争优势,例如长江三角洲、珠江三角洲和京津唐三角洲等地区的民营企业和中小企业等。我国应在财税、融资等方面为中小企业"走出去"拓展国外市场提供良好的发展环境。

四、总结

我国已经启动加入《政府采购协议》的谈判，加入 GPA 是历史的必然趋势。尽管加入 GPA 对我国经济有一些负面的影响和冲击，但从全局和长期来看，加入 GPA 是利大于弊。为了将负面影响转换为积极因素，我国政府和企业必须密切配合，合理利用 GPA 规则保护本国政府采购市场，完善法律法规，调整产业结构，积极支持我国企业更多地进入国际市场，在与国外企业的竞争中不断培养核心竞争优势。

参考文献

［1］聂锋杰、蔡卫星：《国外政府采购的最新趋势》，载《中国政府采购》2007 年第 5 期，第 70 ~ 71 页。

［2］刘慧：《中国加入世界贸易组织"政府采购协议"的对策》，载《国际经济评论》2003 年第 1 ~ 2 期，第 40 ~ 41 页。

［3］王霖：《谈我国加入 WTO "政府采购协议"》，载《经济师》2004 年第 55 期。

［4］《政府采购协议（GPA）简介》，载《中国政府采购》2008 年第 1 期，第 20 ~ 21 页。

［5］陈代东、李霞云：《政府采购协议：第二个 WTO》，载《法人》2005 年第 1 期，第 18 ~ 19 页。

［6］左少君：《WTO 框架下中国政府采购制度优化路径分析》，华中师范大学博士学位论文，2007 年。

（本文发表于《财政研究》2010 年第 1 期，本文及相关研究获第二批中国博士后基金特别资助，并得到时任财政部部长谢旭人的批示）

资源型城市经济转型的产业政策分析

【摘要】 资源型城市的经济转型和可持续发展越来越受到社会各界的关注，本文分析了资源型城市中产业结构的特征，指出资源型城市的危机本质上是一种结构性的危机，而结构性危机是一种由于产业结构畸形发展而给城市的社会经济带来的不良影响。结合我国资源型城市现状，探讨了资源型城市经济转型产业政策的设计原则，并提出若干具体的政策措施建议。

【关键词】 资源型城市；经济转型；主导产业；产业政策

按照《国务院关于促进资源型城市可持续发展的若干意见》的有关精神，在资源型城市转型中，要建立衰退产业援助机制。资源型城市通过统筹规划，加快产业结构调整和优化升级，大力发展接续替代产业，积极转移剩余生产能力；对资源已经或濒临枯竭的城市，各级人民政府要施行有针对性的扶持政策，帮助解决资源枯竭矿山（森工）企业破产引发的经济衰退、职工失业等突出矛盾和问题。本文重点对资源型城市转型的产业政策进行分析。

一、地区产业结构分类

因划分依据不同，在地区产业结构分类中同时存在着基础产业、支柱产业、主导产业和关联产业等多种产业部门。各产业部门的特点不同，相互之间存在着一定的关联关系。

基础产业是指为其他产业部门的生产、营运提供必需的投入品或服务的产业部门。基础产业支撑着一个城市的经济运行基础，因为产业结构整体功能发挥作用的程度，往往不是由结构中最强的产业部门决定的，而是由最弱的产业部门决定的，这就是所谓的"木桶"效应。当位于产业链前端的基础产业处于"瓶颈"状态时，就明显起着一种"消极"作用，"拉"一般加工制造业的"后腿"，使直接生产过程处于能力发挥不足的滞后状态，严重制约着经济发展。

支柱产业是指那些在地区经济中占有很大比重，构成国民收入的主要来源，对地区经济增长起着举足轻重作用的产业。这类产业是一个地区的优势产业，基础雄厚，在一段时期内对经济发展起着重要作用。这种重要作用，可能体现在产出与收入规模、就业人口或者创汇能力等若干方面。从世界产业结构演进的历史来看，许多国家的纺织工业、钢铁工业都曾经充当过支柱产业的角色，但随着经济的发展，它们也都先后从支柱产业的地位上退了下来。支柱产业的地位不是一成不变的，随着产业结构的演进，原来的支柱产业逐渐步入衰退期而失去其支柱的地位，而新兴产业逐渐进入成熟期，成为新的支柱产业。

主导产业是在地区经济发展中起到主导作用的产业，它是指那些产值占有一定比重、采用了先进技术、增长率高、产业关联度强、对其他产业和整个地区经济发展具有较强带动作用的产业。主导产业一般是在地区产业结构中处于带头地位的产业，这些产业在很大程度上决定了该产业结构系统未来的发展方向和发展模式。

与主导产业有关的是关联产业，是指与主导产业在产品的投入产出、技术市场等方面有联系，为主导产业发展进行配套、协作的产业。

主导产业和支柱产业都是政府为实现国民经济发展目标而重点支持的产业。但主导产业并不等同于支柱产业，主导产业可能是支柱产业，也可能不是。两者的主要区别在于：第一，支柱产业强调净产出占国民经济的比重，是对国民经济的发展具有重要作用并能提供大部分国民收入的产业；而主导产业着重强调带头作用，是技术先进、产品需求弹性大和产业关联性强的产业。第二，支柱产业注重于国民经济和产业结构的近期或中期目标，强调当前；而主导产业侧重于国民经济和产业结构的中长期目标，强调将来。从动态上看，支柱产业中的传统产业通常是前一时期的主导产业，支柱产业中的新兴产业通常就是现在的主导产业。同理，主导产业中比重大的产业是现在的支柱产业，主导产业中比重不大的产业是未来的支柱产业。

二、资源型城市产业结构的特征

长期以来，资源型城市实行以资源开采为主的经济发展模式，追求资源产量与产值的最大化，而产业升级目标、结构调整目标等根本无暇顾及。资源型城市经济活动带有明显的粗放型特征，产业畸形发展是资源型城市的通病，也是造成大多数资源型城市当前困境的主要原因。主要表现在以下方面：

1. 城市布局的分散化

受资源生成条件和开采条件限制，大多数资源型城市一般是先以某些条件较好、位置适中的地段为点，集中规划建设使之成为相对集中的生活区，随之建立相应的配套工业，并以一定的交通线相互连接起来，构成点状分布的城镇群，工矿区的特征明显，经济布局分散、聚集效应差。

2. 产业结构的单一化

产业结构序次指三次产业间产值或增加值的比例关系。资源型城市的产业序次特点是：第一、第三产业主要是为第二产业配套服务而发展起来的，第一产业基础薄弱，农副产品加工深度低；第二产业比重偏大，呈现出一种"虚高度化"；第三产业以传统服务型为主，发展严重滞后。产业序次比例失调，导致产业结构呈现原始性和单一性，对城市的经济发展形成刚性约束，也造成城市经济稳定性差，对资源产业的依赖性强。

3. 经济结构的超重性

在资源型城市建设初期，主导产业一般仅为采掘业，随着自然资源生产能力的提高，电力、建材、冶金、化工等高能耗产业得到快速发展。长期以来，资源型城市把重工业放在优先发展的地位，忽视轻工业发展，导致轻重工业的比例关系不合理。其产业结构一般是能源、原材料的超重型结构，重工业产值年均增长速度大大快于轻工业；而在重工业中，采掘工业和原材料工业的比重过大，加工工业的比重偏小，产品深加工不够；输出区外的产品以矿业产品为主；消费品对外依赖性强，造成资源型城市长期存在利润向外转移现象。

4. 经济结构的稳态性

资源型城市主要以资源开采业及初级加工业组成它的产业部门，建设周期长，占用资金多、规模大，在经济形势急剧变化和新技术革命挑战面前，其应变性、适应性均较差。具有较大的发展惯性和超稳态性，生产缺乏柔性，不能及时应对市场需求变化。正因为如此，处于成长期的资源型城市，产业结构的变革存在一种固有的惰性，即只要通过开采资源能致富，就不会再去想别的发展路子，这既是正处于衰退期资源型城市的沉痛教训，也是目前一些年轻资源型城市正在走的路。

5. 产业关联度低

采掘工业位于产业链的前端，后向关联度较低。赫希曼（A. O. Hirschman）的研究表明，后向关联效果比前向关联效果更为重要，从长远角度考虑，资源采掘业、冶炼业等以自然资源开发为主导的产业，不适合作为区域经济发展的增长极。一旦国际、国内市场供求关系发生变化，会很快影响到整个城市，使城市经济出现严重波动。

6. 产业结构趋同性

资源型城市之间产业同构化趋势明显，在接续产业发展上，煤炭城市都发展电力工业，石油城市都发展炼油工业，有色金属城市都发展冶金工业，如黑龙江省东北部的三座煤炭城市：双鸭山、鹤岗和七台河市，相距不足百余公里，都将电力工业和煤化工作为未来支柱产业之一，导致大量低水平重复建设。同一类资源型城市几乎生产同样的产品，服务同类客户，不仅侵蚀了价格、破坏了利润；而且导致企业长期生产能力过剩，盈利水平偏低，大大影响了资源型城市的竞争力。

7. 组织结构、人才结构和就业结构的非均衡性

资源型城市中"大而全""小而全"的国有企业多，而专业化分工协作的企业集团、中小企业和上市公司少。石油、煤炭和地质人才济济，而电子信息、生物医药以及农副产品深加工等专业人才匮乏。下岗失业和隐性富余人员较多且长期得不到安置，民营企业吸纳就业能力有限，职工就业和再就业的难度较大。

综上所述，资源型城市是依托自然资源开发而兴起或发展起来的，能源和基本原材料工业在资源型城市中既是支柱产业，又是主导产业，同时还是整个地区的基础产业。这种过分依赖于自然资源的产业结构是不可持续的，一旦不可再生的自然资源枯竭，作为主导的资源性产业必然发生萎缩，带来整个城市经济的衰退。同时，由于资源型城市长期施行优先发展重工业的赶超战略，农业、轻工业以及交通运输、教育科研等相关产业并未得到很好发育，这又导致资源型城市的一、二、三产业之间发展脱节，轻重工业之间比例不合理，产业经济系统的资源配置效率低、资源配置效果较差，产业关联度低成为制约资源型城市经济发展的"瓶颈"因素。

因此，资源型城市产业转型的成功标志，就是如何克服产业单一化，发挥主导产业的"主导"作用，建立多元化的产业结构。目的是通过主导产业对关联产业的带动与辐射作用以及主导产业群之间的协同作用，利用区域经济协作，使产业之间的关联程度提高，整体效应增强，实现产业结构的合理化。

三、资源型城市经济转型的产业政策原则

资源型城市的经济转型过程实质上是主导产业的演替和接续产业的发展过程。主导产业的选择基准很多，根据各地区的实际情况，国内外学者先后提出了"产业关联基准""收入弹性基准""生产率上升基准""瓶颈基准""持续发展基准""效率基准"等十几种基准。资源型城市作为一类特殊的城市群体，在经济运行上具有自身的特点，实际上，由于主客观条件的制约，可以作为资源型城市重点扶持的主导产业，并不一定要求满足全部的选择基准，一般来说满足其中一个或几个基准，就可以作为重点扶持产业考虑的对象了。正如日本学者小宫隆太朗在《日本的产业政策》一书中所言，"基准只不过是人们事后才加上去的理论而已，选择区域主导产业从来就没有一个固定的模式，理论与现实总是有一定差距的"。结合客观实际和国内外经验，在制定资源型城市产业援助政策时，应参考以下六项原则：

1. 可持续发展原则

可持续发展强调的是环境与经济的协调发展，追求的是人与自然的和谐。它所追求的目标是既要满足当代人的各种需求，又要保护环境，不对后代人的发展

构成危害。资源型城市转型的最终目标是实现区域经济的可持续发展，且资源型城市大多存在着严重的环境问题，因而，选择接续主导产业首先要考虑可持续性原则，在接续产业发展壮大的同时，保护环境、恢复生态和植被，寻求经济、社会和环境的协调与和谐。

2. 需求收入弹性和生产率上升原则

需求收入弹性系数是指在价格和其他条件不变的情况下，需求量的变动与收入变动之比，它反映了需求因素对产业结构的影响。需求收入弹性系数大的产业具有较大的市场潜力，在未来发展中具有较高市场占有率，能够从社会需求中获得更大的发展动力；生产率上升是指因技术改造、生产工艺、管理水平的提高，生产单位产品的人耗、物耗、能耗降低，导致生产成本减少，生产率上升快的产品具有较强的市场竞争力，资源型城市选择满足上述条件的主导产业往往能够带来比较稳定的经济增长。

3. 关联效应原则

产业关联效应的含义是，选择能对多数产业产生辐射和影响作用的产业，作为政府重点支持的优先发展产业。接续主导产业应是能带动地区经济起飞的核心产业，一方面，该产业的发展会诱发出新的产业，形成新的部门；另一方面，又会拉动或推动其他相关产业的发展，进而促进所在地区产业结构和产业布局的形成，推动整个地区的经济发展。资源型城市大多产业结构单一，特别需要能够带动更多产业发展的、产业关联度大的接续主导产业。

4. 技术进步原则

科技进步是经济发展的决定性因素，国际竞争已经成为以高科技为先导的综合国力的竞争。人类正步入一个以知识（智力）资源占有、配置、生产、使用（消费）为重要标志的知识经济时代。知识经济代表着21世纪的发展潮流，以高新技术产业为核心，大力发展知识经济是地区发展战略的正确选择。因此，资源型城市选择接续主导产业一定要考虑其知识和技术含量。

5. 比较优势原则

比较优势既包括绝对优势，又包括相对优势；既包括现有优势，又包括后发优势。资源型城市主导产业的形成与发展，不能脱离本地区实际及其客观条件。着重发挥那些本地拥有竞争优势和资源优势的主导产业和支柱产业，放弃那些本地不具备优势的弱势产业，并与其他地区建立起发达的分工协作体系，使区域产业结构能体现出自己的特色与优势。

6. 劳动力指向原则

伴随着资源型城市转型的深入开展，由于矿业产业的逐渐衰退，城市富余劳动力的转移问题也日益严重,如何将矿业产业中因产量递减分离出来的劳动力转移到其他行业,是主导产业选择中必须考虑的问题,有些主导产业虽然不是劳动密集型产业,但其关联产业或配套产业必须是劳动密集型的。

四、资源型城市经济转型的产业政策措施

资源型城市的经济转型是社会经济资源的一次再配置。在市场经济体制中,实行资源再配置的主导性、基础性力量应该是市场。然而,我国的资源型城市大多数位于东北和西北地区,区域经济不发达,期望利用市场这只"看不见的手"作出有利于资源型城市转型的资源配置,使资源型城市在市场机制中"自然而然"地实现和完成经济转型是不现实的。在存在市场失灵的情况下,必须依靠政府来弥补市场机制的不足。如果需要政府干预,那么,政策手段往往是最有效的干预手段,主要包括:

1. 统一协调资源型城市的产业规划

从长远来看,很多资源产业和一些传统产业都会随着开发与生产的不断深入及产业结构的逐步升级而面临衰退问题。而在现行的行政管理机构中还没有一个专门负责解决衰退产业问题的部门。因而在实际工作中经常会出现一个部门解决不了,多个部门又难以协调的现象,使本应及时解决的问题沉积下来,导致面临困境的衰退产业更加步履维艰,而新的主导产业又无法形成接续。因此,国家发展和改革委员会应成立一个专门的衰退产业规划机构,加强与国务院振兴东北老工业基地办公室的业务衔接,负责统一协调解决资源型城市产业规划问题。

2. 生产力布局向资源型城市倾斜

在做好统筹规划和实地调研工作的基础上,将资源型城市主导产业规划纳入国家宏观规划和区域规划中统一考虑,避免形成新的重复建设和内部竞争,把由国家控制的重大投资项目,在政策上布局在资源型城市,促使资源型城市尽快形成新的具有竞争能力的主导产业:鼓励资源型城市大力发展石油化工、煤电化一体、林木产业深加工等资源精深加工项目,共、伴生资源开发利用项目、废弃物资源化、油页岩、煤矸石综合利用项目,高技术产业化项目,循环经济项目,以及有发展潜力的资源型企业技术改造项目等。

3. 建立产业集聚的工业园区

应参照国家级开发区的优惠政策,充分利用资源型城市中废弃矿区的基础设施,建立工业园区,从税费减免、财政补贴、金融服务等方面实行优惠政策,鼓励新兴工业迁入;以政府为主导,发挥风险投资基金的作用,培植高新技术产业,带动产业集群发展;支持发展金融、物流、咨询等现代服务业,优化投资环境,提高利用外资的能力和水平。

4. 制定积极的财政调控政策

通过财政专项拨款、财政参股、财政贴息方式扶持资源型城市主导产业的发展。财政调控政策主要实现下述三个目标：一是延续现有资源产业寿命；二是增强地方经济实力；三是能有效解决失业和贫困等迫在眉睫的问题。考虑到资源型城市在参与国债项目遴选时，往往不具备竞争优势而难以入围，可在国债和中央预算内资金中专门安排一部分支出，用于支持资源型城市发展。

5. 制定适度宽松的贷款政策

国家政策性银行和其他金融机构应根据各自的经营领域，积极为资源型城市经济转型提供金融服务。对符合条件的主导产业和衰退产业实行特殊的贷款制度。把对主导产业的贷款纳入银行的政策性贷款计划，设立专门的贷款项目，同时向衰退产业提供转产贷款及用于技改的新设备购置贷款。对部分特别困难的企业采取银行借款停息挂账和债权变股权的办法，以减轻还本付息的压力。同时，鼓励企业横向或纵向兼并、进一步完善企业产品结构、优化企业组织规模；为了鼓励替代产业和加工工业的发展及下岗职工再就业，对在衰退矿区兴办的加工型、替代型中小企业，吸纳下岗职工达到职工总数50%以上的企业优先提供低息贷款。

6. 制定符合实际的职工安置政策

资源型国有企业主要有关闭破产、改制重组、迁移等退出方式，在这一过程中，涉及职工安置、社会保障、资产处置等诸多问题，其中最主要的障碍是职工安置困难。具体来说，资源型国有企业退出时，对于资源型企业的职工，政府可以采取下列方式进行安置：离退休退养人员、提前退休退养人员、集体企业在职职工移交资源型城市政府接收安置；社会职能职工成建制移交给资源型城市政府；在岗全民固定工采取发放经济补偿金和安置费两种形式解除劳动关系；集体混岗工比照全民固定工进行安置。同时，将资源型国有企业的社会保障体系纳入资源型城市的社会保障体系；加强资产变现工作，依法对企业进行资产审计、评估和拍卖，并加大资金回收力度，提高资金使用效率；加强对失业职工、特困职工、工伤工残人员等弱势群体的援助力度。

参考文献

[1] 张米尔、武春友:《资源型城市产业转型障碍与对策研究》,载《经济理论与经济管理》2001年第2期,第35~38页。

[2] 关爱萍、王瑜:《区域主导产业的选择基准研究》,载《统计研究》2002年第12期,第37~40页。

[3] 江世银：《区域产业结构调整与主导产业结构研究》，上海人民出版社 2004 年版，第 169～177 页。

[4] 黄溶冰：《公共政策援助前提的资源型城市经济转型方式》，载《改革》2008 年第 5 期，第 76～80 页。

[5] 韩立华、刘幸：《建立健全衰退产业调整援助政策探析》，载《学术交流》2005 年第 11 期，第 102～105 页。

[6] 姜春海：《资源枯竭型城市产业转型三机制研究》，载《社会科学辑刊》2006 年第 5 期，第 82～87 页。

（本文发表于《学术交流》2009 年第 3 期，本文及相关研究获第二批中国博士后基金特别资助、国家社会科学基金青年项目资助）

美国政府采购制度的启示与思考

【摘要】 本文对美国政策采购的政策体系和具体操作规则进行了归纳分析,并结合我国政策采购管理的现状提出了具体改革建议。美国政府采购的主要特点是法律体系完备,治理机制规范,监管体制完善,政策功能明确等。我国政府采购应基于我国政治经济特点,借鉴美国的经验进一步深化改革,具体包括构建完备的政府采购法律体系,健全完善集中政府采购治理机制,完善政府采购监督管理机制,发挥政府采购的政策功能并提升政府采购软硬件水平等。

【关键词】 政府采购;政策体系;操作规则;改革

2010年8月27日至9月15日,笔者参加财政部组织的政府采购管理培训团,赴美国对其政府采购制度及管理工作进行了学习和考察。在学习和考察期间,访问了美国政府采购联盟、华盛顿特区政府合同与采购局、弗吉尼亚州政府总务局、马里兰州政府总务局及爱灵顿郡、费尔法克斯郡、橙郡采购办公室等相关机构,美方专家就美国政府采购的法律体系、管理制度、机构设置及历史沿革进行了讲解。通过这次考察,笔者对美国政府采购的政策体系及通行操作规程有了深入的了解,也引发了笔者对政府采购工作的诸多思考。

一、美国政府采购制度的特点

美国是世界上政府采购制度体系最完备的国家之一,其政府采购规模居世界第一位。通过这次考察,笔者认为美国政府采购制度有如下特点。

1. 完备的法律体系

美国政府采购的立法工作可以追溯到1809年。经过200多年的发展,与政府采购直接和间接相关的法律、法规已多达4000多部,涉及政府采购的方方面面。其特点主要体现在以下几个方面:

(1)以宪法为指导,体现其立国之本。作为法治国家,美国的立法以其宪法为指导,美国政府采购法律、法规的制定必须服从美国宪法的精神。纵观《联邦采购条例》《联邦政府行政服务和财产法》《购买美国产品法》《合同竞争法》等政府采购的法律、法规,其内容及核心无不体现《美利坚合众国宪法》序言中所指出的联邦政府应"提供共同防务、促进公共福利和确保自由带来的幸福"的表述。其必要性体现在,尽管涉及政府采购的法律、法规众多,但仍能够很好地协调配合,并为争端、争议的解决和调解提供了必要的条件和基础。

(2) 形成了以法律、条例和实施细则三个层次的法律体系。对于政府采购这一复杂的政府行为，美国联邦政府并没有仅仅根据一部法律对其进行规范，而是通过多种法律的互补形成了一个完备的法律体系对其进行规范。这些法律法规涉及政府采购的组织管理、采购过程、行为主体等各个方面和环节，例如涉及政府采购合同管理的《合同竞争法案》等，涉及政府采购组织机构管理的《联邦政府采购政策办公室法案》等。为了便于具体的操作，联邦政府将有关法律中所作的规定加以综合和细化，形成了《联邦采购条例》，以对联邦政府采购活动给予指导。并且，作为英美法系国家，涉及政府采购的行政和司法判例对政府采购事务有着重要和广泛的约束力。

(3) 形成了联邦、州两级政府采购法律体系。美国是联邦制国家，各州均具有独立的立法权。因此，规范联邦政府采购的法律和法规特别是《联邦采购条例》无法约束各州的政府采购。美国各州在制定州政府采购法律方面的做法也有不同，有的州制定了专门的政府采购法律，如弗吉尼亚州制定了《弗吉尼亚州公共采购法》，而有的州则没有制定专门的政府采购法律，也是在相关法律中对政府采购的各个方面进行规范。但是，无论哪种方式，其法律体系构成与联邦政府类似，也是由法律、条例及实施细则三个层次构成。

2. 规范的治理机制

美国政府采购在20世纪50年代之前是政府各部门分散采购，50年代之后，政府采购高度集中，90年代之后，美国实行的是集中与分散相结合的采购模式，在减少财政支出方面效果非常明显。为保证政府采购的顺利实施，美国政府从机构设置和政策制定两方面形成了规范的政府采购治理机制。其特点主要体现在以下几个方面：

(1) 集中采购与分散采购相结合的采购模式。美国政府采购的组织形式分集中采购和分散采购两种，无论从采购方式还是从程序上都十分规范。一是集中采购。隶属白宫的联邦政府总务署（GSA）在集中采购中主要行使组织操作职能，GSA通过协议供货或接受其他机构委托组织招标等方式为其他机构提供服务，其他机构可以自行决定是否执行GSA集中签订的采购合同。GSA为其他机构提供服务收取服务费，因此，需要不断提高采购效率和服务质量，以争取更多的委托项目，这是中美集中采购模式的主要区别。成立于1949年的GSA是联邦政府的独立机构，署长由总统征求参议院意见并经参议院通过后任命，直接对总统负责。GSA依据《联邦财产和行政治理服务法》成立，与总统行政和预算办公室（OMB）、人事治理局并称为联邦政府的三大治理机构。同样，州级和县市级政府也通常设立类似的机构以保证政府采购执行治理机制的实现，例如加利福尼亚州的所有采购事务统一由加州政府总务局负责。二是部门采购。联邦政府国防部、航空航天局和财政部等采购规模比较大的部门,在部门内设立了政府采购办公室,独立开展本部门的采购工作。三是委托采购。采购规模较小、未设立采购办的其他部门实行委托采购。

(2)统一的政府采购政策。随着国内外经济形势的发展变化,美国的政府采购政策也在适时调整。为保证拥有相对统一的联邦政府采购政策,总统行政和预算办公室(OMB)内设的政府采购政策办公室(OFPP)负责《联邦政府采购条例》(FAR)的修订和指导实施,在联邦机关采购制度的制定过程中发挥总体指导和协调功能,通过发布普遍适用于各个联邦机关的规章制度,协调具体采购活动的实施。GSA和各联邦机构在采购时,必须按《联邦政府采购条例》的规定执行。需要注意的是,各联邦机构可以依法制定本部门的政府采购规章制度,对《联邦政府采购条例》进行必要的补充。

(3)规范的预算治理机制。保证政府采购政策落实的一项重要措施是政府采购预算。其负责机构是总统行政和预算办公室(OMB),具体工作流程是OMB参照GSA制定的采购标准核定所有政府部门的采购预算,具体包括所有的货物、服务和工程,并编制联邦政府预算草案报送国会。只有国会通过预算后才能执行采购,并且凡是纳入预算的采购项目都要实行政府采购。

3. 完善的监管体制

美国政府采购的监督管理深入到政府采购的各个方面,并且在美国立法、行政、司法三权分立的制度下形成了特殊的三位一体的监督管理体制,在立法、行政和司法三个层面均体现了监督管理的内容。

在立法层面,涉及联邦采购的监督管理机构有下属美国国会的联邦会计总署(GAO)、联邦采购规则委员会和众议院政府改革委员会技术与政府采购办公室。其中,美国宪法赋予GAO处理国家支出情况的权利,有权力对行政机关的采购计划进行评估,可以接触所有的政府采购文件,为行政机关的采购计划提出建议,对政府采购项目进行审计。此外,GAO还受理承包商的投诉。联邦采购规则委员会的主要职责是监督管理联邦公共采购法律的实施。众议院政府改革委员会技术与政府采购办公室专门对政府采购中的腐败、欺诈等行为进行监督、检查或组织听证会。

在行政层面,美国总统行政和预算办公室(OMB)内设的联邦政府采购政策办公室(OFPP),是联邦政府采购法规、规章及程序实施和监督的专门协调机构。该机构代表总统参与政府采购及相关政策和法规的制定工作,指导和监督各联邦机关依法采购。联邦政府采购政策办公室具有监督检查权,当其发现某项政府采购活动可能存在违法行为时,便可依法进行询问或直接立案进行调查。同时,联邦政府各部门拥有独立的监察办公室,负责审定是否需要对本部门的公共采购采取纠偏措施。

在司法层面,美国建立了完善的司法救济制度,专门的机构有合同上诉理事会、美国联邦赔偿法院、美国联邦巡回上诉法院。并且,美国政府采购中独立的第三方以及未能签约的供应商的律师随时可以查阅政府的有关采购记录。同时,美国政府还会聘请监督人员来定期检查政府机构的采购行为。

4. 明确的政策功能

作为政府的上层建筑,美国政府采购已经由单纯的财政支出控制手段演变成兼有财政支出治理和国家宏观调控双重功能的政策工具。为实现国家社会经济政策目标服务,成为美国政府参与社会经济运行的重要方式之一。

美国联邦政府利用政府采购手段实现的主要社会经济目标有:一是确保美国产品在政府采购中的优先权地位。早在1933年,美国国会颁布了《购买美国产品法》,要求美国联邦政府采购美国产品,界定美国产品必须具备两个条件:拟采购的项目即"最终产品"必须在美国制造;在美国开采、生产、制造的原料成本超过总原料成本的50%以上的"最终产品"。在加入GPA后,美国联邦政府对该项条款进行了修订,1979年颁布了《贸易协定法案》,禁止美国联邦政府从非GPA成员购买货物、工程和服务。在2008年全球金融危机的背景下,美国国会在《2009年美国复苏和再投资法案》中又加入了购买美国产品的相应条款。二是提供就业机会、环境保护、对外限制和保护特殊产业等政策目标。美国政府在政府采购合同中融入劳动法和环保法的内容,要求承包商采取就业机会平等的雇用政策,遵守保护环境的有关法律等。联邦政府每两年要向国会报告其绿色采购行动的情况。三是扶持中小企业。美国政府对中小企业下了一个精确的定义,并详细规定了价格优惠的幅度,例如对中型企业的价格优惠幅度为6%,小型企业为12%,并要求采购机构将一定比例的政府采购合同授予小型企业和弱势群体拥有的企业,以保证上述企业有机会获得政府采购合同。同样,各州政府也有其政策目标,美国有13个州的政府采购市场未对外开放,当前实施的政策目标与联邦政府相似,例如内华达州规定每年合同总额的10%应授予小企业等。

5. 充分利用市场机制

政府采购制度是在市场经济体制基础上发展起来的,美国作为世界上最发达的市场经济国家,充分竞争的理念在美国联邦政府采购运作中得到了充分发挥,利用市场机制进行公开、充分竞争是美国政府采购制度的核心和灵魂,在美国,市场机制及市场力量已渗透到美国政府采购的各个方面。在20世纪90年代后,美国的集中采购由强制性改为选择性，曾经垄断联邦政府机关办公服务的美国联邦总务署，现在有90%以上的服务项目须由公开竞标获得。这种竞争性招标目前也在联邦政府很多服务的采购中得到推行。对许多政府公共产品的提供，如办公楼维护等进行公开竞标，通过公开竞标能够提供更低廉的价格和更优质服务，确保纳税人获得最佳价值。美国将政府采购原则之一的公开竞争修订为充分竞争，并不断地学习商业采购的成功经验，以提高采购效率，降低成本，使政府采购实现"最大价值"，这也是政府采购的首要政策目标。近年来，美国联邦政府采购不断加大市场化竞争的力度，尽可能详细地掌握市场上成交或潜在供应商的情况，拓展了从市场上获得商品和服务的途径，使政府获得更好的产品和服务，确保纳税人的价值最大化。政府作为市场上最大的消费者，它在交易过程中必须遵守规则，为确保交易另一方的平等地位，政府专业采购人员就需要不断提高在市场竞争中的交易能力。

6. 先进的软硬件条件

美国在教育和科技水平上的竞争优势是世界领先的，这决定了美国政府采购有着先进的软硬件条件支持，确保了美国政府采购的良好运行。

首先，美国政府采购有着专业的人才队伍、完善的人才培养和考核标准。在政府采购所采用的方式中，GSA 使用最为普遍是合同采购。因此，美国政府采购的人员组成中除少量治理职员外，大部分为专业采购（合同）官员。因此，专业化的合同官员制度是美国政府采购的特点之一，合同官员构成了美国政府采购专业人员的主体。在该制度中，第一，采购（合同）官员按级次治理，一般根据直接签署不同金额采购合同的权限将所有官员分为5级，级别越高，可签署合同金额的权限越大；第二，采购（合同）官员有着详细的专业化分工，例如有合同谈判官员、合同管理官员、合同终止官员、采购分析官员、成本分析官员、法律顾问等职位的区别；第三，采购（合同）官员有着严格的审查、聘用标准，同时政府也为其提供了良好的培训条件，在确保压力的同时保证业务水平的不断提高，很好地促进和保持了从业人员的专业水平。

其次，美国政府采购的良好运转得到了先进的信息技术、网络技术及电子商务技术的支持。在各级 GSA 的支持和努力下，美国联邦政府和各州郡政府建立了先进的政府采购信息化交易平台，通过信息化采购交易平台的专业数据库，以及利用互联网收集和发布信息，可以摆脱时空的限制进行竞价采购，实现了政府采购的革命。第一，该平台有着由联邦商机信息系统和联邦采购数据系统组成的科学完备的数据库，可以更广泛地了解产品和服务的市场供求情况，几乎所有的政府采购信息均被记录其中，实现了政府采购信息的透明化；第二，通过该平台进行竞价采购,可以进一步扩大采购市场范围,使采购链和供应链更加顺畅,使竞争更完全、更彻底,实现政府采购充分竞争的原则;第三,政府及供应商均通过该平台获得很大的收益,政府能够通过更为彻底的竞争获得更为合理的低廉价格,而供应商也节省了大量的时间成本和人力成本;第四,政府采购信息系统以较低的交易成本实现采购目标,提高了资金的使用效益,强化了财政资金的监管。

总之,美国政府采购在法律、制度建设等方面取得了巨大的成就。但我们必须认识到,美国政府采购体系的形成和完善与其独特的政治制度、完善的市场经济体制及先进的技术支持是无法分离的,美国的政府采购体系是其特殊的政治、经济、文化和技术的产物,没有这些条件的支持,其政府采购也就失去了赖以生存的土壤。同时,美国的政府采购政策也在随着外部环境的变化而不断调整,WTO、GPA等相关规则要求和政治经济形势的变化,促使美国在法律、制度等方面对以往的做法进行修正,以适应新形势、新趋势对其带来的挑战。

二、加强政府采购制度建设的思考

近年来,随着财税制度改革的深入和财政精细化管理的推进,我国政府采购制度建设取得了长足的进步,在深化政府采购改革方面进行了积极探索,但目前仅仅处于初级水平。我国的政治制度、经济环境、文化传统及技术条件及我国政府采购的制度安排和功能定位,均与美国有很大的区别,我们不能照抄美国政府采购的模式。"他山之石,可以攻玉",借鉴美国的经验,笔者认为需要从以下几个方面加强我国政府采购体系的建设。

1. 构建完备的政府采购法律体系

美国通过多种法律的互补形成了一个完备的法律体系,涉及政府采购的组织管理、采购过程、行为主体等各个方面和环节。相对于美国政府采购规范的法律法规和制度体系,我国没有出台政府采购实施条例及配套的规章制度,还没有形成完备的法律法规体系,这对具体采购活动的影响较大。

首先,要丰富政府采购法律制度体系。《政府采购法》实施8年来,在政府采购实践中遇到的一些具体问题,在现行法律层面并没有具体明确。为规范开展政府采购工作,很多地方结合工作实际,研究制定了若干规范操作行为的工作规范和操作规程。但目前执行的这些内部工作规范若上升到行政法规层面,缺少上位法律依据,从而背负着极大的行政风险。建议尽快出台《政府采购法实施条例》,同时就政府采购的相关制度制定具体的办法,进一步丰富政府采购法律制度体系,使我们在组织政府采购活动中能有更加明确的法律依据。同时,省级人大、政府和财政部门根据本地政府采购的实际情况制定政府采购的地方性实施条例和细则。

其次，要保证相关法律之间的协调性，避免法律之间的相互冲突。《政府采购法》颁布之后，我国制定了一系列规范政府采购招标投标、政府采购合同、政府采购信息公告等内容的规章。同时，各地也制定了有关政府采购的地方性法规或政府规章。这些法律和法规之间存在不相适应或冲突的地方，例如《政府采购法》和《招标投标法》在工程建设的招标投标问题上一直争论不休，这也是我国加入 GPA 谈判工作的一个重要障碍。因此，迫切需要尽快做好《政府采购法》和《招标投标法》的衔接工作，明确相关法律的适用范围和情况，明确集中采购机构在代理工程项目中的法律地位，明确财政、建设部门工程项目政府采购的主要职责，对不适应或冲突的相关法律和法规进行修正。

2. 健全完善政府集中采购治理机制

集中采购能够通过规模优势降低采购价格，减少交易成本，已经成为美国等发达国家重要的政府采购方式。我国也在不断改善集中采购的治理机制，但需要从以下几方面进行完善。

首先，要完善政府集中采购的机构设置。集中采购机构就政府采购法律关系而言，是接受采购人委托进行政府采购活动的代理人，集中采购机构具有组织实施采购、制定采购规程等重要职能。但集中采购机构不是一般意义上的代理人，集中采购机构政府采购权的取得是基于《政府采购法》的授权，集中采购机构的职责是法定的。建议在即将出台的《政府采购法实施条例》中，进一步明确集中采购机构的法律定位和职责分工，使集中采购机构、采购人（用户）、采购代理机构、政府采购监管部门的职责分工更加明晰。在法律框架下，按照各自的分工履行工作职责，确保政府采购工作的顺畅推进。在具体采购过程中，集中采购机构可以委托具有资质及经过认证的中介机构从事具体的采购事宜，并在内部监管等方面进行完善和改进。

其次，要完善政府集中采购目录。美国政府采购的产品类别划分得非常细，基本包含在《美国联邦政府采购目录》（FSC）中的 10~99 项，分为货物、研发项目采购和其他服务与工程项目采购。我国对政府采购货物、服务和工程进行分类，制定了集中采购目录，对目录上的货物、服务和工程进行集中采购，不在目录上的由各部门分散采购。但集中采购目录还很不完善，没有发挥出集中采购的规模优势。因此，在实际操作中，要进一步修订政府集中采购目录和限额标准，制定政府机关通用货物、服务和办公用房以及业务用房的配置标准，对政府采购的商品和劳务进行功能分类采购管理，对不同采购人的同类产品进行统一配置标准的规模化采购。在扩大政府采购项目实施范围和采购品种的基础上，加强对集中采购目录执行情况的追踪问效,建立集中采购目录执行情况报告制度,充分发挥集中采购的规模优势。

3. 完善政府采购监督管理机制

我国《政府采购法》规定,政府采购的监督管理机构是各级人民政府的财政部门,即各级财政部门下属的政府采购管理办公室(局)对负责集中采购的各级采购中心进行监督管理。政府采购监督管理机构的职责是:结合政府采购的法律、法规和实际情况制定政府采购的办法和程序;指导采购人和集中采购机构实施政府采购的法律、法规;接受供应商的投诉;对政府采购从业人员进行培训等。这种监督管理机制符合我国现阶段政府采购的实际情况,但应该看到,这种监督管理机制仍然属于行政级别的监督管理,与美国涉及立法、行政和司法的立体式监督管理机制还有很大差距。因此,可以从以下几个方面进行完善。

首先,财政部门要提升作为政府采购业务主管机关的自我监管能力,加强对采购方式变更审批、合同格式文本、标书编制审核、结算审核、废标备案、合同备案、投诉、质疑处理等操作规范的日常监督检查,积极配合、支持纪检监察等部门对政府采购活动的监督工作;其次,要积极发挥各级人大的作用,强化审计部门的独立监督,为人大履行监督管理权提供相关信息;最后,要完善司法救援体系,在司法层面建立投诉的渠道,确保供应商在对质疑效果不满意的情况下,可按规定向政府有关部门投诉。

4. 发挥政府采购的政策功能

我国《政府采购法》第九条规定,政府采购应当有助于实现国家的经济和社会发展政策目标,包括保护环境,扶持不发达地区和少数民族地区,促进中小企业发展等。在新形势下,需要从以下几个方面进一步发挥政府采购的政策功能。

第一,要尽快出台和公布发挥政府采购政策功能的配套措施,使政府采购各执行环节有据可依,便于操作。特别是应尽快公布自主创新产品目录,制定可以量化的标准和细则,让政府采购政策功能在评标环节得到有效落实。第二,对中小企业的扶持需要一个明确的中小企业的认定标准,加快建立健全政府采购为企业投标及履约保证金担保政策,鼓励中小企业参与政府采购市场竞争,利用信用报告、政府采购合同等,搭建中小企业新的融资平台,解决中小企业融资难的问题。第三,要针对国家发展战略确定政府采购的政策,特别是在当前建设创新型国家战略的指导下,制定对本国高新技术企业进行扶持的具体政府采购措施。第四,在我国与美国、欧盟等进行 GPA 谈判的关键时刻,要保证国家核心经济利益不受影响。

5. 提升政府采购软硬件水平

与美国相比，我国在政府采购领域先进技术及高水平人才方面的差距较大，这也影响了我国政府采购的效率及质量，可以从以下两个方面提升我国政府采购的软硬件水平。

首先，完善信息化服务平台建设。现阶段我国还没有形成统一的政府采购服务平台，信息不能实现共享，无法实现有效的监管。因此，要对全国和各省市电子化采购进行统一规划，建立一个科学、权威的电子化政府采购信息管理系统，推行网上投标、网上评标、网上竞价（反拍卖）等电子化采购方式，积极探索政府采购管理系统与国库集中支付系统的有机结合，整合有关政府采购的信息资源，最终实现预算、采购、支付、统计等信息系统的有机统一。电子化政府采购信息服务平台可以在省市一级进行试点，积累相关经验后进行推广。这样便于对全国政府采购工作的统一监管，并形成全国统一的政府采购监管体系，真正实现采购信息库、专家库、供应商库、商品信息库、供应商质疑投诉处理及供应商履约、诚信记录等方面的信息共享。

其次，建立专业化的政府采购人才队伍。我国政府采购队伍整体的专业化水平不高，缺乏系统的培训和教育，导致很多工作人员的知识储备不足，不能及时处理和解决采购中的问题，甚至发生程序不规范等问题。因此，一方面，我们要加快建立政府采购从业人员执业资格制度，政府采购从业人员必须通过严格的考试，否则将淘汰出局；另一方面，可以在有条件的高校设立政府采购专业学位，或开展各种层次的职业培训等方式对现有人员的知识和能力进行提升，例如与高校合作建立专门针对政府采购的 MPA 班等。

（本文发表于《财政研究》2011 年第 3 期，《中国政府采购》2011 年第 1 期）

资源型城市经济转型的模式选择
——以黑龙江省为例

【摘要】 自然资源丰裕省份怎样才能摆脱"资源诅咒"的魔咒，是转变经济增长方式，实现可持续发展的必由之路。本文结合"资源诅咒"的传导机制以及典型城市的成功经验，重点从资源型城市经济转型视角，以黑龙江省为例，提出了资源型城市优势组合、优势延伸、优势互补、优势再造四种经济转型模式，在此基础上提出在财政金融政策上的扶持措施，以期为实现资源型城市的可持续发展提供决策参考。

【关键词】 资源型城市；经济转型；可持续发展

一、资源型城市的"资源诅咒"假说

资源型城市是我国重要的能源资源战略保障基地，对我国的经济社会发展作出了巨大的贡献。但自20世纪90年代开始，我国的一些资源型城市相继出现了一系列的经济和社会问题。以黑龙江省为例，在黑龙江省13个市（地）中，有各类资源型城市7个，经济社会发展比较滞后。如何在资源逐渐枯竭的情况下，实现资源型城市的经济转型和经济社会可持续发展，是破解转变经济发展方式难题的必由之路。

从国际经验上看，国外的资源型城市，存在三种发展态势，即走向衰落、发展停滞和持续发展。第一种情况是走向衰落，这些城市大多位于南美洲和北美洲，如美国早期在西部开发过程中，在犹他州、加州、内华达州有数量众多的所谓"鬼城"，几乎全部是采矿点被开采完毕后废弃的遗址，在玻利维亚以及智利北部的许多地方，也存在类似的遗址。第二种情况是发展停滞，这些城市大多位于东欧地区，如俄罗斯鞑靼共和国的首府阿尔美其也夫斯克、阿塞拜疆共和国首府巴库等，在这些城市的发展史中，既经历了石油工业高速发展而创造的繁荣，也经历了石油产销量低迷而产生的经济衰减问题。第三种情况是持续繁荣，比较典型的有美国的休斯敦、日本的九州、英国的米德兰黑色区、加拿大的萨德伯里、法国的洛林以及德国的鲁尔等，这些城市都曾面临资源逐渐枯竭和结构性危机，最后又通过体制改革和机制创新实现了城市的可持续发展。资源型城市在经济增长中所表现得不尽如人意之处被称作"资源诅咒"现象（Auty，1990）。20世纪90年代，美国经济学家奥迪（Auty）在研究矿产国经济发展问题时发现了一个极为困惑的现象，即自然资源丰裕经济体的经济增长表现总体上要远远逊色于自然资源贫乏的经济体，并首次提出"资源诅咒"（curse of natural resources）的假说。实际上，"资源诅咒"假说在我国资源比较富集的地区也是成立的，很多省份，如甘肃、新疆、黑龙江等，其丰裕的自然资源并未真正成为经济发展的有利条件。统计数据表明，1989～2005年，我国资源型城市的年均经济增长速度为6.92%，低于非资源型城市8.34%的平均水平，而资源枯竭型城市的经济增长速度又显著低于未枯竭城市，仅为4.56%，"资源诅咒"命题在我国城际层面同样是成立的。

国内学者就"资源诅咒"这一命题的检验展开了深入研究。徐康宁、王剑（2006）以我国省际层面1995～2003年的时间序列资料为样本，首次验证了"资源诅咒"命题在我国的地区层面也是成立的，多数省份，如山西、黑龙江、甘肃等，丰富的自然资源并没有成为地区发展的福祉，反而约束了地区的经济发展。胡援成、肖德勇（2007）通过回归分析的方法，认为我国省际层面"资源诅咒"存在的关键因素是人力资本的投入程度。邵帅、齐中英（2008）对我国西部省份的研究表明，能源经济在西部地区对科技创新和人力资本投资产生了挤出效应，以及由于制度的弱化效应制约了西部的经济增长。张复明、景普秋（2008）研究了资源型经济形成的自强机制，指出突破资源优势陷阱的关键在于打破原有的资源自循环机制和路径依赖，引入学习与创新活动，调整资源收益分配机制，实现产业协调和经济转型发展。赵谦、黄溶冰（2009）指出，能源和原材料工业在资源型城市中既是支柱产业，又是主导产业，同时还是整个地区的基础产业，过分依赖自然资源的单一产业结构，是导致城市经济衰退的主要原因。此外，"荷兰病"、资本外流、资源浪费、贫富差距扩大等也被国内学者用来解释我国资源型经济困境的传导机制，摆脱"资源诅咒"的关键在于对各类传导机制所涉及的政策、体制和机制因素进行改革和完善，特别是通过克服产业单一化的弊端和经济转型，实现资源型城市的可持续发展。

随着各国学者的深入研究，"资源诅咒"的传导机制被认为包括：贸易落后、产业单一、资源寻租、制度弱化、忽视人力资本投资以及金融体系不健全等。在如何避免"资源诅咒"方面，针对"资源诅咒"的传导机制和持续繁荣的资源开采地区的成功经验，各国学者提出如下政策建议：一是合理开采自然资源。其倡议者认为，必须对自然资源开采的速度以及由此产生的社会经济后果仔细权衡，合理规划自然资源开发速率，避免对自然资源的掠夺式开采。二是合理调整产业结构。包括产业结构合理化和高级化两个方面，前者主要解决如何提高各产业之间有机联系和耦合质量的问题；后者主要是解决怎样促使整个产业结构从低水平向高水平发展的问题。尽管产业多样化几乎被所有经济学家公认为是解决

"资源诅咒"的良方，但是要成功实施却不容易，例如，从20世纪70年代开始，石油出口国将其巨额的石油出口收入投入到产业多样化的实践中，但事后证明大量的资金被注入一些毫无效率和竞争力的产业中。三是合理设置相关制度。包括：设立资源发展基金，加强人力资本投资，清除腐败和资源寻租行为，推进民主政治制度等。

长期以来，我国的资源型城市基本实行以资源开采为主的经济发展模式，追求资源产量与产值的最大化，而产业升级目标、结构调整目标等并未受到重视。由于传统的体制机制和多年的高强度开发，使得资源型城市的发展直接受制于自然资源的约束和影响，具有很强的资源"锁定"效应，资源产业盛，则城市盛；资源产业衰，则城市衰。产业结构单一、产业关联度低、经济结构的稳态性差是我国资源型城市的通病，也是造成资源型城市当前困境的主要原因。

二、资源型城市的经济转型模式

从"十二五"至2020年，我国仍面临着经济社会发展的重要战略机遇期，通过借鉴国际经验以及对我国资源型城市经济转型的战略部署，本文以黑龙江省为例，提出四种资源型城市经济转型方式。

一是实施优势组合模式，促进产业协同发展。所谓优势组合模式，是指资源型城市除具备资源优势外，还具有适度的产业优势或区位优势，这类资源型城市或交通便利、基础设施完善，或综合实力强，接续产业已有一定基础，该模式通过强调资源优势、区位优势、产业优势的有机组合，综合开发利用比较优势，实现主导产业结构的多元化，随着资源加工产业群的建立和发展，企业间的技术外溢和乘数效应日益加强，形成不同产业群的协同关系。例如，美国休斯敦从20世纪60年代起开始经济转型，经过40多年的努力，目前已经完全摆脱了单一的石油经济模式，成为美国西南部商品零售中心，石油、天然气以及化学与金属制品的最大集散地，也是全球闻名的航天中心和医疗中心。以黑龙江省为例，大庆市作为我国重要的石油石化基地，应该在黑龙江省"五大规划"发展战略中发挥积极作用，经济转型要走石油与非石油产业协同创新发展之路，在产业布局上注重转型与发展高新技术产业兼顾共进，坚持高起点转型。一方面坚持用高新技术对石油、石化等传统产业进行改造；另一方面大力扶持发展一些具有地方特色的高新技术产业。大庆市要在产业布局上重点发展石油化工、新材料、电子信息、机械制造和高等教育（大学城）五大主导产业，带动城市发展不断跃上新台阶。

二是实施优势延伸模式，促进产业一体化发展。所谓优势延伸模式，是指在资源开发基础上形成的产业体系在区域甚至全国占有重要地位，不但是地区经济发展的支柱产业，而且还具有主导产业的性质，该模式通过强调充分延伸既定优势，将优势资源变换为区域经济发展的全面优势，既可以是产业链向下游延伸的"高加工度"的轻工业—重工业转型模式，也可以是产业链向上游延伸的绿色农业转型模式。例如，加拿大的萨德伯里曾是一个以有色金属采掘冶炼为主的资源型城市，从20世纪80年代开始，利用当地丰富的土地资源和森林资源，成功转型成为一座全球闻名的生态和工业旅游城市。以黑龙江省为例，结合实施黑龙江省"五大规划"发展战略部署，对于伊春、加格达奇等林区城市，要在大小兴安岭生态功能保护区、北国风光特色旅游开发区中实现自身的优势延伸，大力发展林木精深加工业、林下种植业、林下养殖业、生态旅游业，向生态型产业经济模式转型，加快林区城镇化进程，切实改善林区生态环境，不断提高林区人民生活水平。

三是实施优势互补模式，促进产业集群发展。所谓优势互补模式，是指资源型城市自身条件虽不十分理想，但转型工作可以纳入周边城市构成的城市圈中，基于区域经济合作与经济一体化发展配套产业，利用相对优越的整体区域环境，从区域经济分工与合作的角度，选择那些与周围城市和区域经济发展相适应，并能产生经济互补优势的产业，该模式通过区域合作和经济一体化发展配套产业，借助整体区域环境的比较优势，从专业化分工与协作的视角，在城市群中形成经济互补优势的产业群，避免出现区域产业趋同现象。例如，德国的鲁尔工业区包括众多煤炭城市，曾是德国最重要的工业区之一，在二战期间素有"德国工业引擎"之美称，在20世纪50年代陷入结构性危机之中，经过政府和区内企业近半个世纪的努力，目前鲁尔区已经从"煤炭"中心，逐步转型成煤炭、钢铁、汽车制造与信息产业等相结合，多种行业协调发展的新经济区。以黑龙江省为例，结合实施黑龙江省"五大规划"发展战略部署，鸡西、鹤岗、双鸭山、七台河等煤炭城市应尽快依托牡丹江、佳木斯等区域中心城市，积极融入黑龙江省东部煤电化基地和哈牡绥东对俄贸易加工区建设，各煤炭城市应结合自身实际和城市群内职能分工情况，科学定位自身的城市职能，以便深入地融入城市群，实现煤炭、化工、建材、电力、冶炼等产业集群发展，获得转型的动力和持续发展的活力。

四是实施优势再造模式，促进新兴产业因地制宜发展。所谓优势再造模式，是指随着自身优势资源的衰退，重新认识和确立新的优势，该模式适用于资源枯竭型城市因地制宜地发展新产业。例如，法国洛林地区，由于煤炭资源枯竭，开采难度大，开采成本高于进口煤炭到岸价格的3倍左右，造成洛林煤炭工业长期亏损，当地政府毅然放弃已经完全丧失竞争力的煤炭和铁矿开采业，根据国际市场需求发展计算机、激光、电子、生物制药和环保等新产业。以黑龙江省为例，结合实施黑龙江省"五大规划"发展战略部署，一些资源型城市应该在松嫩和三江两大平原农业综合开发试验区建设中发挥积极作用，这些城市除矿产资源外，还拥有大量土地资源，作为世界三大黑土带之一，可根据当地自然资源的条件状况，以发展生态、特色、规模型现代农业为主攻方向，发展高效绿色农业和种植、养殖业以及旅游产业，既复垦利用了这些土地资源，又带动了具有资源优势的农业综合开发试验区建设。同时，坚持以新材料产业、生物产业、新能源装备制造产业、新型农机装备制造产业、交通运输设备制造产业、现代服务业等为重点，加快谋划培育战略性新兴产业项目，提高战略性新兴产业比重，形成一批具有影响力的大企业和一批创新活力旺盛的中小企业，抢占经济发展制高点，加快经济转型进程。

三、资源型城市经济转型的财税金融扶持政策

资源枯竭城市和地区在转型过程中，财税金融扶持政策是制约经济转型的最主要因素。要在充分发挥市场机制决定性作用的基础上，针对成长型、成熟型、衰退型和再生型等资源型城市，实施分类指导，通过现代财税金融政策、现代金融工具和金融市场体系的支持，形成资源型城市的资源开发补偿、接续替代产业扶持和利益分配共享等机制，实现资源型城市经济社会的可持续发展。

一是财税扶持政策。通过财政转移支付、财政贴息和税收政策等方式支持资源型城市发展接续产业，资源型城市接续产业的选择原则需要考虑的有：可持续发展原则、需求收入弹性和生产率上升原则、关联效应原则、技术进步原则、比较优势原则、劳动力指向原则。应该继续加大对资源型城市经济转型的转移支付力度，近年来，中央在全国众多资源开发城（镇）中先后确定了262座资源枯竭型城市，并累计下达资源枯竭城市财力性转移支付资金200多亿元，与大多数普惠性转移支付不同，资源枯竭城市财力性转移支付是有针对性的，资源型城市要将转移支付主要用于基础设施、消除贫困、扩大就业、解决资源型城市和企业的历史遗留问题方面。大力推广政府和社会资本合作模式（PPP），积极开展资源型城市准公益性基础设施建设。研究建立资源型企业可持续发展准备金制度，健全资源开发补偿机制。建立健全能够灵活反映市场供求关系、资源稀缺程度和环境损害成本的资源性产品价格形成机制。合理调整矿产资源有偿使用收入中央和地方的分成比例，推进资源税改革，完善计征方式，促进资源开发收益向资源型城市倾斜。国家的重大产业项目布局要适当向资源型城市倾斜，发挥政府投资带动作用与激发市场活力相结合，在建立稳定的财政投放增长机制的同时，引导和鼓励各类生产要素向接续替代产业集聚。

二是直接融资政策。主要是通过政策性银行和商业银行开展融资。资源型城市转型要加大与政策性银行的合作，在双方互利的基础上为资源型城市转型提供资金支持。政策性银行投入转型资金的同时应兼顾营利性、周期性，以形成转型资金在系统内的良性循环。央行在金融政策上要结合资源型城市产业发展和经济转型需要，确定扶持资源型城市经济转型的政策性银行，从目前国内若干家政策性银行的定位来看，可以由国家开发银行承担此项职能；要制定相对优惠的贷款利率（贴息贷款利率），对于重大的基础设施项目或高科技项目，可以采取贴息贷款的方式，贴息优惠可以纳入资源基金中核算；合理确定贷款期限，由于经济转型的长期性，应该以5年以上中长期贷款为主。资源型城市转型要更好地利用商业银行融资政策。第一，央行要给予政策倾斜，国有商业银行、股份制商业银行适当下放审批权限，扩大资源型城市所在地区的信贷规模或存贷比例，并在再贷款、再贴现等方面给予支持。第二，资源型城市应积极推荐符合商业银行利益的贷款项目，提供配套政策倾斜，吸引信贷资金，例如可以通过财政资本金注入，减小项目信贷风险。此外，资源型城市还可吸收外资银行、国际金融组织和外国政府优惠贷款。当项目资金规模较大时，应积极争取银团贷款。第三，资源型城市应建立多元化的金融机构服务体系，推动金融改革和机构重组，加快组建区域性商业银行；加快建立资源型城市自己的城市银行，鼓励民营资本试办股份制中小银行和参股金融机构，探索组建农村商业银行，加大股份制银行在资源型城市经济转型中的资金支持力度。

三是间接融资政策。资本市场融资作为一种间接融资方式，主要包括债券融资、股票融资两种方式。随着债券市场的快速发展，越来越多符合发债条件的企业进入资本市场进行债券融资；而企业发行股票不仅能够募集生产建设资金，而且有助于改变股本结构、股权结构和资产结构，为企业在资产质量、资产规模不断提高的基础上进一步开展资本运营、资产重组创造条件。以黑龙江省为例，在国家确定的资源枯竭城市中本地的上市公司数量和发行企业债券的企业数量远低于非资源型城市。究其原因，与企业债券和股票首次发行的门槛过高有关，资源型城市中的许多企业普遍实力较弱、效益较差，很难满足财务指标上苛刻的条件。因此，在金融政策上，需要证券监管部门对资源型城市的企业上市融资和发行企业债券相对放宽条件，在地方财政或担保企业提供担保的前提下，给予资源型城市更多的拟上市企业以类似创业板和中小板的待遇，同时对资源型城市企业的股票、债券发行审批实行绿色通道，缩短审批时间，推动资源型城市更多的企业在资本市场上实现融资。此外，要创新投融资模式，通过支持有实力的信托投资公司发行债券，鼓励建立专门股权投资基金和中小企业信用担保基金，有序发展小额贷款公司,扶持各类创业投资公司等方式,支持资源型城市经济社会的可持续发展。

参考文献

[1] 徐康宁、王剑:《自然资源丰裕程度与经济发展水平关系的研究》,载《经济研究》2006年第1期,第78~88页。

[2] 胡援成、肖德勇:《经济发展门槛与自然资源诅咒——基于我国省际层面的面板数据实证研究》,载《管理世界》2007年第4期,第15~23页。

[3] 邵帅、齐中英:《西部地区的能源开发与经济增长——基于"资源诅咒"假说的实证分析》,载《经济研究》2008年第4期,第147~159页。

[4] 张复明、景普秋:《资源型经济及其转型研究述评》,载《中国社会科学》2006年第6期,第78~87页。

[5] 赵谦、黄溶冰:《资源型城市经济转型的产业政策分析》,载《学术交流》2009年第3期,第111~114页。

[6] R. M. Auty. *Resource – Based Industrialization*:*Sowing the Oil in Eight Developing Countries*. New York:Oxford University Press,1990.

(本文发表于《财政研究》2012年第9期,本文及相关研究获黑龙江省政府"我为龙江振兴建言献策征文活动"一等奖,获第十六届黑龙江省社会科学优秀成果研究报告类一等奖)

美国财政预算信息公开的考察和思考

【摘要】 本文详细介绍了美国财政预算信息公开的历程及特点,并针对我国财政预算信息公开进程中存在的问题提出了改革建议。美国财政预算公开与美国三权分立的政治制度、依法行事的治国理念、信用至上的市场经济体制、信息透明的社会环境、注重规则程序的行为规范是密不可分的,是美国国家治理方式方法不断适应美国经济社会发展进程中在财政制度上的一种表现形式。健全的法律体系,完备的组织框架结构,透明清晰的预算过程,详细清晰的信息结构和多渠道的公布方法是其主要特点。针对我国预算信息公开的法律不健全、内容不完备、进展不平衡、体制不完善等问题,结合美国的经验及我国实际情况,提出了着力夯实法律基础,以《预算法》为中心,完善预算信息公开的法律依据;着力落实公开责任,以人大为主导,明确预算信息公开的主体范围;着力满足群众需求,以标准化、透明化、详细化为要点,创新预算信息公开的具体形式;着力强化保障措施,以法律救济、责任追究为支撑,建立预算信息公开的监管制度等改革措施。

【关键词】 财政预算;信息公开;法律;体制;改革

2012年11月2~22日,笔者随财政部预算信息公开培训团赴美国就预算信息公开及管理工作进行了学习考察,其间访问了美国国会预算办公室、财政部、马里兰州总会计局和收入预测委员会以及世界银行、斯坦福大学和加州大学洛杉矶分校等部门和机构,在巴尔的摩大学进行了系统培训,美方专家就美国政府预算信息公开的法律体系、管理制度、机构设置及历史沿革进行了讲解。通过这次考察,笔者对美国政府预算信息公开的政策体系及操作规程有了深入的了解,为做好财政预算信息公开工作提供了借鉴。

美国拥有较为完善的政府预算信息公开体系。2010年,国际预算合作组织对美国预算公开指数的评分为82分,在所评审的90多个国家中位列第7名,属于全面公开信息国家。哈佛大学James E. Alt的研究显示,在OECD的19个主要成员中,美国财政透明度指数位于第二位。预算信息公开已经成为美国财政管理的一项基本制度,并且由于其全面性、综合性、体系化、程序化、法制化等特点成为政府预算信息公开的典范,一些国家纷纷效仿,建立了较好的预算信息公开体系。我国政府预算信息公开起步时间不长,在法律保障、程序规范等方面仍然需要进一步提高。随着公众对政府财政透明度的外部要求越来越高，政府预算信息公开已经成为我国财政制度改革的必由之路。我国不断增加的政府支出也需要以预算信息公开为重要内容的现代政府财政管理制度支持。而美国在预算信息公开方面的实践无疑对我国预算信息公开的深化改革具有重要的借鉴价值。

一、美国财政预算公开的历程

美国财政预算公开与其三权分立的政治制度、依法行事的治国理念、信用至上的市场经济体制、信息透明的社会环境、注重规则程序的行为规范是密不可分的，是国家治理方式方法不断适应社会发展过程中在财政制度上的一种突出表现形式，也是美国提供公共服务的一个成功经验。

美国是法制社会，经过两百多年的立法活动，联邦政府和地方政府的各项活动基本上均被各种法律所限定，包括联邦政府和地方政府的预算公开行为。美国《宪法》第一条第九款明文规定："一切公款收支的报告和账目，应经常公布"，因此公款收支公开成为美国立国的基石之一。该条款还为预算公开提供了最基本的法律保障，为诸多相关法律的制定提供了宪法基础。

尽管有宪法的明确指导，并不意味着财政预算就能如预期保证其透明，还需要具体法律对其内容、程序、规则等进行详细的规定，需要一整套法律体系的支持。美国预算公开法律体系的形成不是一蹴而就的，而是美国立法机关通过漫长时间的探索，在与政府、公众的不断博弈中总结经验才慢慢形成的。

在美国建国及之后的相当长时间内，财政缺少必要的理论指导和规则，不仅信息公开无从谈起，即使是预算制度也没有建立，国会在政府支出审批中占据主导地位，政府仅仅通过记账方式管理其支出。直到20世纪初期纽约市政研究局创设的预算展览，才标志着美国开始进行财政预算制度和预算信息公开实践。其时代背景是纽约市政府巨大的财政支出及1907年爆发的公债兑付危机。该危机促使纽约市政府于1908年推出了美国历史上第一份现代公共预算，而预算制度开始在公共财政管理领域成为一项标准制度。

1909年塔夫脱担任美国总统后，同样受困于巨大的财政赤字问题，因此将纽约市政研究局邀请至华盛顿，成立塔夫脱委员会。该委员会于1912年发表了著名的"国家预算的需要"一文，全面阐述了联邦公共预算改革的原则，将预算的权力从议会逐步转移到行政部门，成为美国"预算民主"历程上的里程碑。

1921年沃伦·哈丁总统正式签署《预算和会计法》，在法律上完成了美国联邦一级的公共预算制度改革，建立了保证预算公开的组织体制。在1921年预算和会计法之前，联邦政府并没有正式的程序来制定预算。国会自己制定有关拨款的规则,并且经常修改相关规则,给政府机构的实施空间很小。预算和审计法案在政府建立了总统预算办公室(OMB),并且要求总统提交年度预算。该法案还建立了政府审计办公室(GAO)来审计联邦政府支出。总统职权的扩大伴随着逐渐增长的政府规模,随之产生了复杂的预算过程。

1966年,随着新闻出版自由斗争的发展,美国通过和实施了旨在促进联邦政府信息公开化的行政法规《信息自由法案》。该法案规定了民众在获得政府信息方面的权利和行政机关在向民众提供政府信息方面的义务:要求联邦政府的记录和档案原则上向所有人开放;公民可向任何一级政府机构提出查阅、索取复印件的申请;政府机构则必须公布本部门的建制和本部门各级组织受理信息咨询、查找的程序、方法和项目,并提供信息分类索引;公民在查询信息的要求被拒绝后,可以向司法部门提起诉讼,并应得到法院的优先处理。该法案的公布是政府财政预算信息公开的里程碑事件,对信息公开的深度和范围均有突破性的要求。

从塔夫脱委员会开始,直到之后的布鲁金斯学会,美国财政预算制度的发展一直就离不开专家委员会的身影,包括国会预算办公室。这也是预算本身复杂的专业性要求所决定的,其编制、审查和审计等过程必须要由专业人士进行。为监督由专业委员会主导的咨询性质的预算过程,美国于1972年通过了《联邦咨询委员会法》,保证各种形式的专家咨询机构建议的客观性以及公众在专家咨询过程中的知情权。其中,该法案的"开放性要求"规定涉及专家咨询过程的所有文件、会议,除在立法上获得豁免情形外,都应无条件向公众公开。这样通过对整个专家咨询全过程的信息加以公开公示,可以让公众对专家参与决策的行为进行有效监督,从而促使专家价值无涉、地位中立,同时也大幅降低了行政机关或利益集团为谋求私利而意图控制专家咨询委员会的可能性。

在实现政府财政预算文件公开后,政府财政预算制定过程的公开成为下一步改革的重点,在此背景下,美国于1976年通过了《政府阳光法案》。由于政府和国会编制预算的程序已经确定,通过该法案保证程序公开是其必然选择。依据该法,公众可以观察预算会议的进程,取得会议的文件和信息。合议制行政机关举行的每次会议,包括其中的每一部分都必须公开,听任公众观察。公众根据这项规定取得出席、旁听和观看等观察权。合议制行政机关举行公开的会议时,应尽量选择适当的房间以便容纳更多的公众。为了方便公众观察,可以散发或张贴公开会议的指导手册,记载机关的主要人员,他们的职务,投票的程序,专门术语的解释,以及该机关根据该法所规定的程序。

随着信息技术和互联网技术的发展,公众获取信息的手段发生了巨大的变化,这极大地促进了政府财政预算信息的公开。基于 1966 年《信息自由法案》信息公布的原则和精神,1996 年美国时任总统克林顿签署了《电子信息自由法修正案》,要求采取更多方式公布政府信息。该修正案推进并建立了政府预算公开的互联网主页,与联邦政府信息实现了链接。有关联邦政府预算的大量文件和数据,都在网上予以公布。2007 年美国总统奥巴马在访问谷歌总部时说:"人民知道得越多,政府官员才可能更加负责任……我将把联邦政府的相关数据用通用的格式推上互联网。我要让公民可以跟踪、查询政府的资金、合同、专门款项和游说人员的信息。"

在联邦政府预算信息公开法制建设不断完善的同时,各州政府也同时在开展州级政府预算信息公开。该过程既有州级政府变革在先推动联邦政府的改革,也有联邦政府引领州级政府的改革。例如在 1921 年美国通过《预算与会计法》之前,美国大部分州都通过了《预算法》。而在联邦政府的引领下,州和州以下政府也通过了《阳光政府法案》和《公共记录法案》。自此,美国最终从地方到联邦全面建立了美国"预算民主"制度。

当然,美国财政预算信息公开也并不是要求绝对的公开,无论哪一部法律均对其适用范围及特例进行了说明,一些涉及国家安全、外交及个人的信息是不予公开的。并且,在 1974 年通过的《隐私权法》中,更进一步规定会议、文件公开与保密以及与信息有关的公开和保密事宜。

纵观美国财政预算信息公开的司法实践过程,可以看出其过程是包括政府、国会、新闻媒体、公众、专家委员等各利益主体之间不断博弈的过程,是权力不断分化、分解逐渐形成相互制约关系的过程,同时也是程序越来越清楚、方法越来越先进的过程。通过预算信息公开法制建设的深入,使公共预算真正成为各种利益集团在政治领域寻求自身利益的有效工具,使公众获得了获取政府预算信息的法律支持和渠道,在政府财政管理上实现了民主和公平。

二、美国财政预算公开的特点

美国财政预算公开的特点非常鲜明:健全的法律体系提供了预算信息公开的法理基础,完备的组织框架结构规定了相关利益主体的行为规范,透明清晰的预算过程保证了预算信息的动态和及时公布,详细清晰的信息结构和多渠道的公布方法满足了公众对预算信息的监督要求。

1. 健全的法律体系

美国财政预算信息公开的历程就是相关法律不断健全和完善的过程,其结果就是为预算信息公开建立了相对健全的法律体系,为预算信息公开提供了坚实的法理基础。政府预算对政府活动进行约束和限制，预算一经批准就成为国家法律，具有法律的权威性。没有政府预算授权就不能进行财政收支，政府的各项收支在预算中都有详细的计划。资金的使用范围确定，不能挪作他用，任何与预算计划不符的资金收支必须要有预算调整草案，并要经过总统和国会的批准，政府的收支必须接受权力机关监督。

其中，宪法对公款支出的公开做了非常明确的要求；塔夫脱宣言限制了国会的权利；接着《预算和会计法》建立了仍然沿用至今的预算组织结构体系；《信息自由法案》更是明确了政府在向民众提供信息方面的义务及细节；《联邦咨询委员会法》和《政府阳光法案》又分别对预算制定和实施过程中非常重要的两种会议形式——专业委员会会议和听证会议——提出了明确的信息公开要求；而《电子信息自由法修正案》扩展了信息公开的渠道。

这些法律规定了预算信息公开的要求、组织、程序和内容等，能够指导预算信息公开的各项活动。其意义是多样的，一方面使公众拥有了获取预算信息的法律依据；另一方面使政府能够更为有效、公开、清晰地实施财政预算管理。当然，作为法律，也提供了违反预算信息公开的惩罚依据。

2. 完备的组织框架

美国财政预算公开需要将所有政府部门的信息均进行公开，其工作量非常巨大。而在政府和国会，构建有完备的专注于预算的部门，这些部门能够在预算制定的各个环节将预算信息全面进行公开。这些部门有：

（1）众议院和参议院预算委员会。这些委员会负责起草年度预算方案，监督拨款的过程保证支出计划与预算方案设定的限制相一致。

（2）众议院和参议院拨款委员会。这些委员会拥有决定所有自由支配项目（国防、教育等）支出水平的管辖权。

（3）众议院筹款委员会。该委员会拥有税收和大部分强制项目（例如社会安全、医疗和医疗补助等）的管辖权。

（4）参议院金融委员会。相当于众议院筹款委员会，该委员会拥有税收和大部分强制项目（例如社会安全、医疗和医疗补助）的管辖权。宪法要求产生收益的任何立法均必须来源于众议院。

（5）国会预算办公室：由1974年的国会预算法案创立的一个非党派办公室，职责是分析政策选择对预算的影响。CBO关于立法成本的报告对国会有着重要影响。该办公室还发布经济状况的研究，评估联邦支出对经济的影响，向国会提交关于预算选择的分析报告。

（6）总统预算办公室：总统预算办公室与政府各部门合作制定预算请求。

OMB 制定预算并向国会提交预算，并且宣传预算支出和收入的重点内容。该机构在预算执行后还负责监督联邦资金的支出。

（7）政府审计办公室：作为国会的调查机构，在财年进行期间及财年结束之后，GAO 监督联邦政府计划的支出和进展。

（8）税务联合委员会：成立于1926年，是国会的一个非党派委员会，协助众议院与税收立法相关的事务。该机构协助撰写税收法律，产生国会官方的收入估计。

以上这些机构要根据《联邦咨询委员会法》和《政府阳光法案》将负责的预算工作信息向大众及时公布。

3. 透明清晰的预算流程

美国财政预算公开同时要求从预算方案到预算审计的整个过程中的信息均需要公布。该工作与整个预算过程是紧密联系的，而透明清晰的预算流程保证了预算信息及时、连续的公开。这样公众可以在知道相关信息的情况下通过各种渠道发表自己的观点，相关团体进而可以通过游说等措施表达自己的利益诉求，以便在预算成为法案之前对预算进行修改。而且，公众可以根据预算编制过程中的各种变化知道相关部门是否行使其职权，从而对其进行监督。

（1）总统预算过程。联邦预算过程开始于每年春天，各部委开始准备下一财政年度的预算请求。当各部委完成其预算的内部审查后，于同年秋季将预算请求提交给 OMB 进行审查。在将预算提交给国会之前，OMB 会对各部委的预算请求进行多次修改。总统预算办公室在二月的第一个星期一或之前提交预算。

（2）预算方案制订。收到总统预算后，国会会建立自己的预算计划（称为并行的预算方案）。参众两院并不需要遵循总统的预算方案，但是会将总统预算作为一个基准方案。

参众两院对起草他们自己的预算方案负责。与总统预算类似，这些预算方案列出了下一年度的支出和收入目标。如果参众两院通过的方案是不同的，则与其他立法类似，需要召开听证会使其保持一致。最终得到的是并行的方案，意味着国会两院均同意但并没有成为法案。

国会预算法案要求国会在 4 月 15 日之前通过预算方案，该法案禁止国会通过影响收入、支出或是债务限制的立法。众议院在 5 月 15 日开始考虑拨款提案。

（3）资金拨付。传统上来说，众议院开始拨款工作，标志是众议院拨款委员会将资金分配给其 12 个子委员会。每个子委员会修改各自资金要求并汇总成一个拨款提案，接着提交给总委员会。如果参议院在 5 月 15 日没有通过一个预算方案，则众议院拨款委员会可以开始考虑拨款提案。

每个拨款提案均会要求众议院投票。参议院拨款委员会的拨款过程与众议院类似。如果两院之间没有达成一致，则需要通过由两院议员组成的委员会解决分歧。该会议形成的预算提案在提交给总统之前必须在参众两院进行投票表决。

总统可以签字批准该预算提案，也可以否决该提案返还给国会并提出否决理由。国会可以根据总统意见进行修改，还可以向总统立即提交另一个预算提案（参众两院均通过），或者是推翻总统通过的否决。

（4）预算执行。每年10月1日是财政年度的开始，国会通过拨款过程分配资金，政府各部委被允许使用拨付的资金，其支出资金的过程一直受OMB的监督。OMB及各部委的财务人员（例如国防部的审计员，医疗和公共服务部的财务助理秘书）还监督从财政部到不同部门的拨款。OMB和这些官员一起保证部委的资金使用是恰当和有效的。国会通常通过听证会发挥监督职责，确保政府部门按照其立法目的执行各个项目和计划。

（5）审计。在财年期间和结束之后，政府审计办公室（GAO）均会审计联邦政府项目。政府部门也有审计人员，他们直接受总统任命，但是独立于各部门的官员。审计报告的结论通常会影响未来的预算和项目计划。

在预算资金活动的每一个阶段，除了法律明确规定免除公布的文件，政府都会及时详尽公布相关的信息。

4. 详细清晰的信息结构

财政预算信息公开的目标是让公众明白政府使用资金的去向，谁对资金的使用负责，进而评价所纳税款的使用效果。要实现以上目标，政府公布的预算信息必须是全面的、合理的及简单易懂的。

（1）全面的预算信息。美国联邦政府向社会公开的预算文件包括：一是预算，主要列示了20多项功能预算；二是附录，主要列示了20多个部门和其他独立机构的预算；三是分析与展望，包括对预算编制中各种因素的分析和展望；四是预算体系与概念；五是历史报表与数据。

美国政府预算报告包括政府的所有收支信息。支出报告按功能分类，每一个部门的支出被划分为三个部分：政府经营支出、对地方政府的补助和资本项目支出。政府经营性支出是维持政府各部门正常开展工作的支出，它列出了在该部门工作人员的总数，并按开展的不同项目进行细分。政府部门的经营性支出按功能划分为五个部分：人员经费（工资福利支出）、差旅费、设备购置费、合同服务费和设备维护费。对地方的补助是上级政府收入向地方政府的转移支付，可划分为不同的项目，还可以细分到每个具体政府拨款援助项目的金额。资本项目支出是相对于经营性支出而言，这部分支出又被细分为不同的项目，每个项目都有更具体的信息。

（2）合理的预算财政报告。美国财政预算编制采用了一种合理的预算会计标准来编制预算报告。该会计标准是指以实际取得收到现金的权利或支付现金的责任权责的发生为标志来确认本期收入和费用及债权和债务。

在该会计准则下，美国政府预算信息不仅包括收支信息，还包括资产、负债及所有者权益等财务信息以及统计信息。有关政府资产负债的信息都可以在政府年终《综合财政报告》中获得。财务报告中应该包括什么内容是由会计准则委员会决定。政府必须报告所有政府部门的资产负债信息，而不仅仅报告主要政府部门的信息。附属于主要政府部门的政府实体的资产负债信息也包括在其中。那些虽然财务上独立核算，但最初是由基本政府部门设立用来提供公共服务的实体（如经营性政府实体），其资产负债信息也包含在其中。

并且，该会计准则的实施还要求美国政府不仅仅报告一个财政年度的政府预算，还会报告后续多个年度的财政预算大纲，使公众能够全面了解政府未来几年基于宏观经济预测的投资计划和政策方向。

（3）简单易懂的编制分类。为使普通公众能够看懂专业性的预算报告，美国政府预算报告采用了联合国推出的分类方法，按照政府职能对预算科目进行分类。其中，具体分类包括普通公共服务与公共安全、社会服务、经济服务等。公众可以从中清楚看到每一个部门具体的预算使用计划，使用目的及实际支出。

预算文件还列出所有政府基金收入来源，包括一般基金、特殊收入基金和资本项目基金。每项收入来源的详细信息包括所有的税收、收费、联邦政府的拨款、为资本项目的发债收入、数年来每项收入来源的变化趋势、每项收入来源的法律依据和立法过程、每项收入所属的政府基金信息。税收信息包括个人所得税按不同收入水平的纳税人分类缴纳的税收收入分布信息，企业所得税按行业集团分类缴纳的税收收入分布信息。

5. 多样的发布渠道

美国政府每年都将所有与联邦政府预算和财务报告有关的正式文件，不论是提交总统的还是提交国会的，均通过互联网、新闻媒体、出版物等渠道向社会公布。美国政府（包括联邦政府、州政府及地方政府）的预算信息都能通过相关网站与相关的出版物获得。各级预算不仅对国会、议会公开，同时也对社会公众公开。

传统的各种媒体。在政府预算的编制过程中，美国政府就通过平面媒体、电视、广播等多种媒体对其编制过程进行充分及时的报道，以便民众能够了解到整个预算编制的过程。

随着信息技术的发展，依靠成本低廉的互联网进行预算信息发布成为美国政府大力推行的新方法。白宫、OMB 等政府部门及各州议会的官网上均有各种预算报告的链接。并且其信息系统的设计充分考虑到公众的使用便捷性，提供了多种检索模式和方法，民众可以通过查询系统看到每个部门每一笔的支出。这些网站通过柱状图等方式清晰地说明各项支出之间的比例大小。

美国还有许多民间组织提供更为详尽的政府财政预算信息。例如，德州公共政策基金会就是一个民间的预算信息公开网，详细公布了地方政府的预算及公务员的工资情况。

三、我国财政预算信息公开的历程

新中国成立至今，我国财政预算公开大体上经历了"不得向社会公开"到"部分向人大代表公开"再到"预算向社会公众公开"的发展历程，实现了从不公开到公开、从特例式公开到制度式公开、从被动公开到主动公开、从粗线条公开到相对细致公开的转变。第一阶段是将预算信息作为国家秘密。改革开放前，《保守国家机密暂行条例》将包括国家财政计划、国家概算、预算、决算在内的各种信息列为国家机密。因此，在当时我国没有也不可能建立起预算信息公开制度。第二阶段是部门预算"细账"向人大代表公开。改革开放后到 20 世纪 90 年代末，全国人大常委会提出编制部门预算、细化预算等要求，被看作政府开始致力于增强财政透明度的标志性事件，并选择教育部、农业部、科技部、劳动和社会保障部四个部门，作为向全国人大报送部门预算的试点，要求中央政府各部委应在政府整体预算之外单独向其报告本部门的预算。第三阶段是政府预算走向社会公开。步入 21 世纪，我国预算信息公开步伐明显加快。在中央财政预算公开方面，2009 年我国首次公开了经全国人大审查批准的中央财政收入、中央财政支出、中央本级支出、中央对地方税收返还和转移支付 4 张预算表。2010～2012年，经全国人大审查批准的中央财政预算表格全部公开，内容涵盖公共财政预算、政府性基金预算和国有资本经营预算，同时公开的科目也更加细化，目前公共财政预算的中央本级支出基本细化到款级科目，教育、医疗卫生、社会保障和就业、农林水事务、住房保障等重点支出细化到项级科目。在中央部门预算公开方面，从 2010 年开始，中央部门预算公开的范围不断扩大，2012 年报送全国人大审查部门预算的国务院部门和单位，全部在 4 月 23～25 日集中公开了部门预算。在地方财政预算公开方面，一些地方政府开始陆续公布其财政预算，2010年和 2011 年分别有 18 个和 27 个省（区、市）财政公开了本地区公共财政预算和政府性基金预算，2012年各省普遍公开了地方财政总预算，21个省份公开了本级部门预算。

迄今为止，我国尚未制定专门的预算公开法律法规，预算公开的内容散见于《宪法》《预算法》《政府信息公开条例》等法律及财政部、地方政府颁布的规章中，这些法律、法规及规章构成了我国预算公开的制度框架。

《宪法》第二条规定："中华人民共和国的一切权力属于人民。人民依照法律规定，通过各种途径和形式，管理国家事务，管理经济和文化事业，管理社会事务。"其中明确了人民监督政府的权利，这可以看作我国财政预算公开的宪法渊源。政府的权力是人民赋予的，预算作为政府的财政年度收支计划，需要纳入人民监督管理范畴，其信息也必须向人民公开。

随着财政制度改革的深入，1995年1月1日我国实施了《预算法》。该法对预算公开的主体、对象、程序等方面做了简单规定："国务院在全国人民代表大会举行会议时，向大会作关于中央和地方预算草案的报告。地方各级政府在本级人民代表大会举行会议时，向大会作关于本级总预算草案的报告。各级政府应当在每一预算年度内至少两次向本级人民代表大会或者其常务委员会作预算执行情况的报告"。《预算法》明确了人大作为预算审查机关的职责，初步确定了预算信息公开制度。但相对于美国《预算与会计法》，我国《预算法》在预算信息公开内容、过程上的规定缺少明确说明。

2008年5月1日，我国颁布实施《政府信息公开条例》，首次以法规的形式规定了政府公开信息的责任和义务，明确规定财政预算、决算报告是行政机关应当主动且重点公开的内容，该条例的出台与实施标志着我国财政信息公开工作迈出了坚实的一步。但从内容来看，条例调整的对象为政府信息，预算公开只是政府信息的一部分，因此条例对于预算公开的规定仅仅是构建了一个简单的制度框架，针对性不强，许多规定不够细致具体，缺乏操作性。

在国家有关预算公开的规定过于宽泛，无法满足中央部门、地方政府的预算公开要求，而各地政府出台的预算公开规章又缺乏统一标准的背景下，财政部为进一步加强对地方和中央部门预算信息公开工作的指导，于2008年颁布了《关于进一步推进财政预算信息公开的指导意见》。该指导意见不仅强调了政府预算、部门预算、预算执行、财政转移支付的公开，而且要求政府重点公开与人民密切联系的"三农"、教育、社保等方面的重大专项转移支付资金管理，不断细化中央政府重点支出项目，扩大了部门预算的公开范围。

2010年，财政部又根据需要出台了《关于进一步做好财政预算信息公开的指导意见》，其主要内容包括：进一步明确地方和中央部门预算公开的主体，即各级政府财政部门负责本级政府总预算、决算的公开,各部门负责本部门预算、决算的公开;逐步规范地方财政部门报送同级人大审议的财政预决算报表的格式,在此基础上,经同级人大审议批准的预算、决算要按照完整、真实、细化的原则主动向社会公开;积极推动部门预算公开;大力推进重大民生支出公开,对预算安排的"三农"、教育、医疗卫生、社会保障和就业等涉及民生的重大财政专项支出的管理办法、分配因素等,要积极主动公开。

四、我国财政预算信息公开存在的问题

尽管近年来,我国中央和地方政府在预算公开的范围和内容上大有进步,但是与民众的期望要求相比、与发达国家相比仍有一定差距。主要表现在以下方面。

1. 预算信息公开的法律不健全

美国上到《宪法》下到《电子信息自由法修正案》,制定了一系列有关预算信息公开的法律,从预算组织、预算制度、预算程序等有关预算活动的各个方面对预算信息公开进行了全方位的要求、说明和规范。与之相比,我国在有关预算信息公开的立法方面还存在较大的差距。尽管陆续出台了《预算法》《政府信息公开条例》等一些重要法律法规,为预算公开提供了必要的、基础性的法律依据,但是由于这些法律法规有其自身的调整对象,对预算公开只做了原则性的规定,预算信息公开的法律条款不够明确,而单行的财政公开规定大多为财政部制定的规范性文件或者地方法规、地方政府规章,效力层次较低,直接影响了预算公开的权威性、稳定性。而且,由于现有法律与预算信息公开之间不协调的问题也比较突出,如《保密法》仅是笼统规定了政府不予公开的信息,为一些部门和单位不公布预算提供了借口。

2. 预算信息公开的内容不完备

与美国相比,我国预算信息公开在系统性、完整性、详细性上都有较大差距。美国公开的预算信息非常全面,包括从预算请求的初始预算报告,预算审批过程中的预算报告及预算审计结束的决算报告,而我国预算信息公开尚未达到全过程公开。这种缺失使对预算的分析缺少了参照,也就失去了理解预算动态变化所反映出的支出变化。美国公开的预算信息较为完整,各部门的政府经营支出、对地方政府的补助和资本项目支出等均进行了详细的分类及公布,公众甚至可以知道公务员的工资情况。而我国公布的信息还是不完整的,很多公众特别关注和期望知道的预算信息没有公布。例如,很多省份的社会保障预决算、行政经费和"三公"经费预决算尚未公开。美国公开的预算信息收支科目比较精细,包括类、

款、项、目等方面,预算编制精确到具体的人和物。而我国公布的预算信息相对简略,许多地区编制的预算草案只列到类级科目,没有具体的款、项、目。同样是"三公"经费中的公车支出,美国政府部门所公开的公车信息不但包括公车的数量、支出等总体情况,还包括具体的费用明细、哪些人在用车等细节。而我国一些单位公布的"三公"经费就非常笼统。

3. 预算信息公开的进展不平衡

美国的联邦政府、州政府及地方政府的预算信息都能通过相关网站与相关出版物获得,通过预算及相关财政信息的广泛披露,纳税人可以详尽了解政府税收政策、支出政策及财政资金的安排使用情况。而我国财政预算信息公开进展则不够均衡。横向来看,部门之间信息公开进展不一,各地之间财政信息公开推进参差不齐,完整性和细化程度存在较大差异。纵向来看,中央、省、市、县财政信息公开也不平衡,财政信息公开的力度总体上呈逐级弱化现象。县级由于处于政策推动的终端,成为财政预算信息公开的相对薄弱的环节。据上海财经大学公共政策研究中心的"中央部门预算透明度评估"报告,2012年没有一个中央部门在预算透明度上得分超过50分。清华大学公共管理学院发布的《中国市级政府财政透明度研究报告》披露,2010年我国仅有7个城市的财政透明度评分超过60分,及格率仅为8.6%。

4. 预算信息公开的体制不完善

当前我国各级政府间财权与事权、财力与事权之间关系尚未理顺,一定程度上造成财政支出一些不合理现象,为预算信息公开带来难度。从行政架构看,中央、省、地级市、县、乡(镇)五级政府格局中,大部分事项都由多级政府共担,出现支出责任、重点不清的问题。从财政体制看,分税制财政体制改革基本理顺了中央与地方的财政分配关系,提高了中央财政占全国财政收入的比重。但基本事权却不断下移,中央将相当部分支出下放省级以下政府,出台的政策或措施一般都需要地方提供配套资金或筹集资金,下级政府履行事权所需财力与其可用财力不对称矛盾比较突出,加之为应对经济下行,很多地方政府靠增加地方债务搞建设,甚至靠借债来平衡预算,给预算信息公开带来了一定阻力。

五、进一步加强我国财政预算信息公开的建议

我国正在建设中国特色的社会主义,坚持社会主义道路,坚持依法治国是中华民族复兴的必由之路。预算信息公开作为政府信息公开的一项重要内容,一直是社会关注的热点焦点,也是国家民主法治化进程的重要步骤,其中蕴含的法律问题、体制问题、方法问题均是深化改革过程中需要破解的关键问题。由于政治

体制、社会文化等不同，我国财政预算信息公开的改革必须充分考虑国情特点，充分吸收美国等国家经验教训，在实践中不断探索、不断发展、不断完善。应坚定改革信心，制定明确目标，采取科学方法，以预算信息公开的法律建设为根本，以预算体制改革为中心，以预算信息公开形式为载体，循序渐进深化我国财政预算信息公开改革，逐步建立符合我国国情的财政预算公开体系。

1. 着力夯实法律基础，以《预算法》为中心，完善预算信息公开的法律依据

完善预算信息公开的法制基础，一般有两种选择途径：一种是单独立法，或以国务院令的形式制定预算信息公开条例；另一种是修改《预算法》，将预算信息公开的有关要求，在《预算法》中列示。从现实情况来看，较为理想的选择应该是将预算信息公开的基本要求在《预算法》中列示，规定具体的预算编制、审批、执行、调整、监督和决算的全过程，规定披露信息的范围、方式和时间，建立起对违法行为的处罚措施，同时以国务院令的形式制定预算信息公开具体实施条例或办法，提升预算信息公开的法律位阶与效力。这样可以有力地推动预算信息公开乃至预算体制改革。第一，可以依法对不公开预算的行为进行处罚，有利于增强预算公开主体的积极性；第二，从更高层次监督各级政府预算公开情况，避免行政性法规无法有效监督同级政府的问题；第三，最为重要的是，《预算法》中可以要求预算编制的所有过程均公开，这是行政性法规所不能做到的。同时，从美国经验看，预算信息公开不仅是一部法律所规定的，有关政府信息公开、信息管理等方面的法律也要对预算信息公开规定相应的条款和内容。我国也需要在这些法律方面进行积极探索，对相关主体在信息公开的权利和义务方面做出规定。

2. 着力落实公开责任、以人大为主导，明确预算信息公开的主体范围

从中央和地方实践来看，一般都把预算信息公开的主体界定为财政部门和政府其他部门（各预算主管部门），但预算信息公开的主体绝不仅限于此。实际上，只要涉及筹集、分配、使用、管理和监督财政资源的机构和组织都应该列为预算信息公开的主体。具体从预算信息产生的环节分析，公开的主体体系应主要包括五个层次：一是人大（在审查和批准预算草案与执行情况报告、调整预算以及监督时产生信息）；二是财政部门（在预算编制、执行、决算时产生信息）；三是各预算主管部门（预算收入、支出的执行时产生信息）；四是审计部门（对本级各部门、各单位和下级政府的预算执行、决算实行审计监督时产生信息）；五是具体的预算单位（社会各种非营利性组织及国有企业在使用财政资金时产生信息）。我国应加快构建权责分明的公开主体体系，确保不同环节产生的预算信息都能依法通过相应方式向社会公开。特别是要树立人民代表大会的主导地位，加

强人大的预算审议监督权，强化组织职能，完善审核程序，增强专业力量，要进一步加强人大要求政府部门接受其质询的权利。在加强人大权利的同时，也要加强执行制约，健全人大和人大常委会会议公开制度，允许公众旁听、媒体报道人大审批预算和人大常委会审批预算过程。

3. 着力满足群众需求，以标准化、透明化、详细化为要点，创新预算信息公开的具体形式

标准化就是要求从中央政府到地方政府均应用统一格式的预算报告、预算表格对外发布预算信息。在现阶段，财政部可以制定统一规范和格式的预算报告和预算表格下发给各部委及地方政府，要求其按照该标准发布预算信息。透明化就是要求预算信息的公布是可读的、易于理解的，在信息呈现方式和技术手段上尽可能用通俗易懂的语言、形象生动的图表、翔实准确的解释来表述，可以借鉴美国的经验，开发实用性的电子政务公开系统与平台，实现"傻瓜化"查询、阅读和下载，让普通民众通过查阅公布的预算信息知道公共资金的支出状况，使用情况，使用主体，支出对象，支出效用，从而对政府预算情况等进行判断和分析。详细化就是要求公布的预算信息必须是全面的、具体的。预算应覆盖包括一般预算收入、社会保障基金以及国有资本经营预算在内的所有公共资金，即要求预算具有完整性。对于我国来说，诸如土地出让等规模庞大的预算外资金如何纳入预算信息公开是一项重要挑战。并且，所有的收支项目都必须是具体的，需要公布预算的类、款和项级，只有这样才能对部门、单位和项目的收支进行分析和评价。但公开完整化并不是说公开得越多越好，而是应做到循序渐进、稳健适度，科学界定信息公开的范围，准确把握信息公开的频率，既要保障群众的知情权、参与权，又要切实维护社会和谐稳定。

4. 着力强化保障措施，以法律救济、责任追究为支撑，建立预算信息公开的监管制度

监督、救济以及相关的责任追究，是预算信息公开得以落实的根本保障。在强化监督上，应强化党委的核心监督作用，在我国政治体制下，人大和政府都受党的领导，而且人大也是预算信息公开的主体，因此，在预算信息公开监管体系中，党委必须起到最终的监督作用。应发挥人大的直接监督作用，人大作为权力机关具有监督权，政府作为行政机关受其监督，因此，人大应对其他信息公开主体承担起直接的监督职能。应发挥公众及社会组织对预算信息公开的监督作用，建立起多层次、广泛的监督体系。在法律救济上，应建立完善针对公开主体未履行公开义务或侵犯了特定主体的合法权利而采取的寻求保护的方式和途径，依据我国的行政制度和法律体系，着力完善行政复议和行政诉讼两个基本手段。在责

任追究上，应首先将预算信息公开纳入政府部门绩效评价体系之中，作为对政府部门考核的一个重要依据。对于不按规定公开或隐瞒信息以及其他违反信息公开法律法规的行为，追究相关责任人行政责任或刑事责任。

（本文发表于《中国财政》2013年第4期、第9期，《中国政府采购》2013年第2期、第3期）

发展现代化大农业的国际经验与政策扶持
——以黑龙江省为例

【摘要】 我国农业正处于由传统农业向现代农业转变的关键时期,世界农业强国在农业产业化、市场化政策和机制等方面有其独到之处,这些经验值得我国有选择、有针对性地加以借鉴。本文详细介绍了世界农业强国发展概况、特点及经验。注重规模效应、品质保证、科技兴农和转化增值是世界农业强国的主要特点,将农业作为战略产业、重视产业链整合、注重跨行业统筹和树立国际化经营理念等是其主要经验。本文结合我国发展现代化大农业的实践,以黑龙江省为例,提出了坚持走品牌富农、科技强农、产业兴农、生态护农和机制扶农等扶持政策,以期为发展我国现代化大农业提供决策参考。

【关键词】 现代农业;国际经验;扶持政策

一、世界农业强国概况

当今世界上农业现代化强国包括美国、澳大利亚、荷兰、以色列以及日本等,这些国家的农业总产值或者人均农业生产总值居于世界前列,形成了以技术密集型为主要特征的现代农业发展模式。

美国的农业劳动生产率高,是世界上唯一的人均粮食年产量超过 1 吨的国家,也是世界上最大的粮食生产国和出口国。农业是美国在国际市场上最具竞争力的产业之一。美国农业生产主要依靠家庭农场,目前美国拥有 204 万个农场,每年创造的农业产值 3000 多亿美元,其中 10% 由 400 个大农场贡献,40% 由中等规模的 3.5 万个农场贡献,其余由剩余的 200 多万个农场贡献。

澳大利亚的农业发展水平和生产效率非常高,属于世界先进水平,其人均农业生产总值排名第一。澳大利亚农业属于外向型经济,自 20 世纪 90 年代以来,澳大利亚农产品出口收入平均占农业总产值的比例为 60% 以上。

荷兰人均农业用地仅 2 亩,地少人多。但荷兰农业坚持集约化、外向型发展道路,农产品出口率达 70%,居世界首位;出口额占全球市场的 9%,居世界前列。花卉出口占世界市场的 60% 以上,是名副其实的"花卉王国";蔬菜、乳制品和猪肉出口名列世界前茅。

以色列耕地少,自然条件恶劣,农业从业人员仅占全国总就业人数的 4%,但依赖滴灌技术等高科技农业,取得了举世瞩目的农业奇迹。农产品不仅能自给,水果、蔬菜和花卉还出口到欧美市场,被称为"欧洲的菜篮子"。

日本人口密度大，人均耕地占有量小，农业发展面临较多障碍与限制。然而在第二次世界大战后，日本农业发展迅速，现代化水平非常高，有多项农业指标领先于其他发达国家。日本的水稻、豆类、饲用玉米、蔬菜、水果、花卉等农产品的品质很高；日本的食品与水产品大量出口，其上市公司的市值占据日本总制造业的10%，成为出口创汇的主要部门。

二、世界农业强国的特点

1. 注重规模效应

农业发达国家十分重视发挥规模效应，大力推进专业化生产，其专业化形式主要有三种：地区专业化、部门专业化、作业专业化。以美国为例，到1969年，美国经营一种产品为主的专业化农场已达到农场总数的90%以上。据专家计算，仅此一项就使美国农产品大约增产40%，而成本降低50%~80%。经过多年的区域发展、优势布局，美国农业已形成各种特色鲜明的产业带和产业链。自19世纪开始农业商品化进程至今，全美已形成牧草乳酪带、玉米带、棉花带、烟草和综合农业带、小麦带、山区放牧带、太平洋沿岸综合农业带、加州果蔬和灌溉农业带、亚热带作物区9个专业化农业生产带（唐胜军，2009）。处于每一生产带的农场一般只生产一种或几种产品，甚至只从事某种产品的某一生产环节的工作。

2. 注重品质保证

农业发达国家大力发展品质农业，深入开展农产品质量认证和农业品牌创建，以精品、优质农产品赢得市场，实现了农业经济效益、生态效益、社会效益的有机统一。荷兰制定了严格的农产品质量标准，控制化肥和农药的使用，并大力发展有机农业。农产品在产销运各环节需经过严格的检验检疫，在保质期内未售出的农产品统一收回销毁。澳大利亚则通过立法干预农业生产，保证农产品质量安全，通过农业防治、物理防治、生物防治与化学防治相结合，共同构建环保型的病虫防治体系，保证农业产品品质的绿色、安全，从而获得国际市场的高度认可。

3. 注重科技兴农

科技是第一生产力，世界农业强国在农业发展中都十分注重推动农业科技进步和创新，不断提高劳动生产率和资源利用率。美国的农业机械化水平世界领先，美国大型农场的耕作、整地、深施肥、收获等各种农业作业项目全部实行机械化。以色列的节水农业和节水设备处于全球领先水平，以色列大力推广普及压力灌溉技术，80%的灌溉土地都在滴灌时使用水肥灌溉法，将灌溉与施肥同步进行，一次完成。目前，以色列又从滴灌技术中派生出埋藏式灌溉、喷洒式灌溉、散布式灌溉等其他的灌溉方法。依托先进的节水技术、装备与措施，以色列在河谷地区形成了发达的农业，在沙漠中建起了片片绿洲（朱永旗，2011）。荷兰农业机械化和数字化水平居世界前列，荷兰温室占世界温室总面积的1/4以上，园艺作物的培养、移栽、切割和包装等全部由计算机自动控制，基本摆脱了自然气候的影响。

4. 注重转化增值

世界农业强国突破就农业论农业的局限性，尊重农业的产业特性，拓宽农业的发展领域，向产前和产后延伸，推动农产品加工增值转化，提高资源的利用率和产出率。以日本为例，日本农业产值构成中，基础农业仅占18.5%，其余皆来自农产品加工、贸易与服务业，二次增值优势明显。日本农业或以各村为界，或集合多村资源，形成"一村一品"、"多村一品"或"一村多品"的农业发展模式。通过在充分了解国内、国际市场的产品需求信息，并充分利用本地的资源和区位优势，利用现代化生产经营方式，发展特色鲜明、附加价值高、市场影响力较大的品牌产品。

三、世界农业强国的经验

世界各农业强国在推进农业现代化的过程中，其主要经验可以归纳为如下几个方面。

1. 将农业作为战略产业

各农业强国将农业上升为国家战略，高度重视"三农"问题，将农业视为国民经济的基础和支柱，将农村视作农业产业园区，将农民视作从事农业生产经营的企业家。政府制定相应法律与制度，创造各种条件，解决好"三农"问题。

（1）以政策支持提高农业生产率。欧盟实施共同农业和农村发展政策，对农民购买生产资料、农村基础设施建设、农村社会化服务体系建设等给予补贴，形成了以价格和直接补贴为主的惠农机制。长期以来，日本、荷兰以及以色列等国政府通过税收、补贴、信贷等财税政策，鼓励将有限的土地资源发展畜牧、园艺等特色农业。日本的农业支出占日本政府一般财政预算的10%。美国2003年通过了《新农业法》，明确了农业补贴的范围和手段，政府对农业的补贴比原法案增加近80%。在政府政策支持下，美国农业生产从土地密集型转型为技术密集型，大幅提高了农业生产率，目前，美国农业生产率是我国的100倍以上。

（2）以政府引导确保农民收入稳定。以色列实行订单农业。为减少农民生产经营的风险，农民购买农业保险，政府承担50%的风险。以奶牛饲养为例，以色列奶农要服从生产配额，生产配额由以色列奶牛协会制定，而产品价格则由政府部门控制。根据以色列法律，奶牛场不允许生产和销售未经加工的牛奶，这种做法有助于在保持供应与需求平衡的同时，使本行业得以持续发展并获得合理的经济效益。荷兰农业企业可向政府递交贸易报告，农业部在40多个国家设立情报站，政府视情况就荷兰农产品出口遇到的问题向有关国家和组织递交议案或提起申诉。

（3）以现代农业理念带动农业发展。澳大利亚政府革新传统的农业生产观念，通过平衡林业、畜牧业和农耕用地之间的比例，使有利于环境保护、生态平衡的农业活动比重适当扩大；农业主管部门积极拓展农业功能，挖掘文化元素，形成集休闲、娱乐、观光于一体的生态农业，不仅提升了农业附加值、增加了就业岗位，还大幅度提高了农民收入。

2. 重视产业链整合

产业链的形成是由社会分工引起的，交易机制的作用不断引起产业链组成的深化。各农业强国高度重视农业产业链的整合与分工协作，研发、生产、收购、加工、储运和销售等环节环环相扣，产业链的经营几乎囊括了所有大宗农产品。

（1）衔接紧密的产业链条。美国农产品生产、加工、运输仓储、营销各环节紧密相连，产业化水平很高，实现了"从田间到餐桌"的产加销一体化。一方面，超市、连锁店等大型企业建立了自己的配送供货机构，直接到产地组织采购、加工；另一方面，农产品加工企业发达，规模大，加工水平高，成为家庭农场与市场销售的中坚力量。为了提高农业的效益，美国基本上不直接销售初级产品，经过对农产品精选、加工、包装后销售，价值都提高1~10倍。

（2）实力雄厚的研发平台。在高度发达的科研体系支持下，以色列的农作物新品种的培育和生产十分活跃。一般说来，一个新品种的生命周期为3~4年，之后，它将被另一新上市的产品所取代。而一个新品种从开发到实现商品化平均要花费5年。所以，在一种产品上市之前，另一个更新的产品的研究开发工作就已经开始了。循序渐进，推陈出新，使以色列的农业育种技术一直处于世界领先地位。荷兰农业基础及应用研究机构专业齐全、布局合理，政府对农业科研给予充足的财政支持，每年仅拨给温室产业的科研经费就达180亿欧元，新技术、新工艺层出不穷，科技进步对农业增长的贡献率超过80%。

（3）遍布全国的营销网络。日本有全国统一、遍布乡村的庞大农协组织体系。农协具有强大的社会化服务功能，集农业、农村、农民三类组织为一体，对会员的生产经营和产品销售等服务几乎无所不包（管远红，2011）。在分散的农户与大市场之间架起了桥梁，克服了家庭小规模经营的局限性，极大地提高了农业的运营效率。荷兰全国2000多家各类农业合作社根据市场行情为农民提供生产、加工、销售、保险、金融等一条龙服务，创造了全国60%的农业收入。

3. 注重跨行业统筹

农业与其他行业间实现了良性互动，促进了现代化大农业的发展。

（1）强大的农产品物流设施。美国拥有一个庞大、通畅、高效的农产品物流体系，交通运输设施十分完备，公路、铁路、水运四通八达，高速公路遍布城乡，公路能够直接通往乡村的每家每户；美国还拥有发达的农业信息网络，美国有85%的农民上网，农业电子商务占总电子商务的比率，在各行业中列第5位。芝加哥期货交易所是农产品各市场主体了解国际农产品市场行情、获取价格变化信息的直接窗口。

（2）发达的农业教育体系。荷兰农业教育体系发达，农业部对科学知识传播的投入占其全部预算的40%。日本非常注重农业专门人才的培养，一方面高薪聘用具有研发能力的高级人才开展农业科技研究；另一方面采取少收费或不收费的办法鼓励高中毕业生报考农业大学，确保农业经济发展所需的合格人才。在20世纪80年代，日本就确保40%以上的农村适龄青年进入大学。在农村，对农民进行的职业技能培训、科普教育培训等，已经形成了一套比较完善的制度。

（3）完备的农业金融体系。从19世纪90年代开始，澳大利亚各个州相继建立了专门的农业金融机构。农业金融机构为本地区的农业发展输送了大量资金，不仅为农业领域提供了贷款，而且还开发了详细的专门针对农业发展的企业金融业务。同时，在代表劳工利益的工党（Labor Party）和代表农场主利益的国家党（National Party）的积极推动下，联邦政府也先后设立了三个专门农业金融机构（高祥，2009），以满足农业生产对金融服务的需求。

4. 树立国际化经营理念

树立国内、国外"两种资源""两个市场"谋发展的外向型战略，拓展农业产业发展的空间。

荷兰实施"大进大出"的外向型农业政策，通过大量进口农产品进行深加工后再对外出口，大幅度提高产品附加值。例如，荷兰大量进口饲料，出口畜牧产品，农业附加值的50%来自畜牧业；国内不产大豆，但豆油和豆饼均有净出口；"喜力"（heineken）啤酒享誉全球，生产原料却依靠进口。荷兰凭借自身优势打开国际市场的同时，进而利用国际市场反向带动优势产业发展。近年来，荷兰在园艺等优势领域积极与非洲、亚洲等自然条件好、人工成本低的国家或地区合作开展种植外包，同时对外来品种进行研发改造，引进了大量的花卉优良花种，并提前储备了近千种新品种。荷兰的花卉插条和种苗已遍及世界所有花卉生产国家，本土则成为世界花卉分拨中心。

四、发展现代化大农业的扶持政策

我国农业正处于由传统农业向现代农业转变的关键时期,世界农业强国在农业产业化、市场化政策和机制等方面有其独到之处,借鉴世界农业强国的经验,结合我国发展现代化大农业的实践,以黑龙江省为例,提出五条扶持政策。

1. 坚持走品牌富农之路

农业品牌化是现代农业的一个重要标志,推进农业品牌化有利于促进农业生产标准化、经营产业化、产品市场化和服务社会化,加快农业增长方式由数量型、粗放型向质量型、效益型转变。提升黑龙江省农业现代化水平,应塑造黑龙江省独特的有机、绿色农业品牌形象,以有机、绿色农业为主导,大力推进农业产业结构调整,提高黑龙江省农业的核心竞争力。应大力实施有机、绿色农业品牌战略,扶持和培育优质有机、绿色农产品,通过制定和完善质量认证标准和产品评价标准,进一步培育、整合品牌,创评出一批品质好、规模大、效益高的有机、绿色农产品名牌,努力把北大荒、完达山、飞鹤、寒地黑土、中粮美裕、九三、摇篮、龙丹等绿色、有机食品品牌叫响全国、推向世界。应着力扩大有机、绿色农业品牌影响力,从全国、全球层面看待黑龙江省农产品加工的原料资源和市场资源,深入实施"走出去"战略,建设境内产品出口基地和境外农产品开发基地,加强对俄、对韩农业合作战略升级,进一步提升黑龙江省农业融入大市场、大流通的开放度和竞争力。应严格保证黑龙江省有机、绿色农产品品牌的品质,根据产业比较优势理论,引导优势农产品、特色农产品向优势产区集中,突出抓好农产品产出能力建设,实现品质优良化、产量规模化、产地集约化。同时,完善农业标准体系、农业监测体系和农产品质量评价体系,构建农业生产资料、农副产品和农业生态环境监测网络,把农产品生产的产前、产中、产后纳入标准化管理轨道,逐步形成与国际接轨的现代化农业标准化体系。

2. 坚持走科技强农之路

农业是利用光热水气土等自然资源从事有生命物质生产的一种产业,因而具有分散性、区域性、时变性、经验性,以及稳定程度和可控程度低的行业弱势。克服农业行业弱势根本出路在于技术进步与创新,农业现代化的实现归根结底要有现代农业科技来支撑。黑龙江省应根据自身资源禀赋确立适合的技术进步路线,为现代农业提供强大的智力支持和技术支撑。一是抓"源头",着力提高农业科技原始创新能力和引进、吸收再创新能力,建设完善国家级粳稻、大豆、玉米、马铃薯等国家级创新中心和畜禽品种资源保护场;进一步创新农业育种技术，重点培育具有黑龙江省优势的原创性品种，培育推广一批高产、优质、抗逆、适应机械化生产的突破性品种，建立"育繁推一体化机制"，构筑黑龙江省种源高地；研究借鉴国外成熟的生物技术、信息技术、遥感技术、控制技术应用于农业生产经营，全面提升农业基础技术、农业应用技术和农业高新技术创新水平。二是抓"渠道"，加强基层农业技术服务推广体系建设，培育农村科技服务、咨询、转让等中介机构，支持农技人员通过技术入股、技术承包、开展统一服务等方式推广技术，鼓励引导企业、社会和农民积极投资于农业技术研究与推广事业，为科技成果转化推广创造条件。三是抓"终端"，着力提升农民素质，加强对农民以农业科普为主的继续教育，广泛运用互联网等现代媒体和远程教育手段，扩大农民科技培训的覆盖面，提升农民应用科技成果能力和种养技术水平。

3. 坚持走产业兴农之路

农业作为产业必须按照产业的特性来发展，以市场为导向，以资源优势为基础，这是各国农业现代化最基本的经验之义，也是黑龙江省提升农业现代化水平的必由之路。黑龙江省要解决农业"种强销弱、量大链短"的问题，应以农产品供应链的理念和模式来构建新型的现代农业产业体系，在时间上重新规划农产品和相关企业的供应流程，在空间上重新规划农产品生产、加工和营销的分布，在经营上将技术、服务、生产、加工、销售等资源统一集成为一个整体，形成比较完整的农产品产业链条，实现"从田间到餐桌"的产业一体化经营格局，将产业链条进一步拉长、经营空间进一步扩大、利润增长点进一步多元、经营风险进一步缩小，充分利用经济乘数效应，在多层次、大范围上实现农业经营效益提高。一是创新产业化经营机制，做强、做大龙头企业，进一步完善"公司+基地+农户"的生产组织模式，鼓励和引导龙头企业广泛吸收农民以资金、土地、劳动力等形式入股，与农户建立新型利益分配机制，逐步由契约、服务联结为主向资产、资本联结为主方向发展，形成更为紧密的利益联结机制。着力整合同业农业企业，通过联合、兼并、收购等方式，组建资产结构多元化的农业企业集团。二是培育壮大新型农业经营主体，建立健全土地流转市场，引导农户组建各类合作经济组织，建立农业法人制度，鼓励家庭农场、农业合作社、股份合作社等专业经济组织发展，实行土地、资金、技术、劳动的联合。三是推进农业行业协会建设，依托优势产业和优势产品组建跨地区的农产品行业协会，发挥营销、信息、技术服务等功能，构建农业信息网络体系和信息传播渠道，及时传播农业先进技术和经验、农产品流通消费信息，实现小农户与大市场的有机对接。

4. 坚持走生态护农之路

传统观点普遍认为现代农业就是实现农业的机械化、电气化、化学化、水利化，其实质就是发展现代"工业化农业"，但这种模式的可持续性饱受质疑。黑龙江省发展现代化大农业，应在实现高产量、高生产率、高经济效益的基础上，追求合理利用农业资源、保护生态环境与提高生态环境效益的和谐统一。一是大力保护黑龙江省得天独厚的黑土资源，以有机培肥为基础，定向培育退化黑土和薄层黑土。加大耕地、水、野生动植物等资源保护力度，加强农业转基因生物安全管理，建立外来生物风险评估和监测预警体系。二是大力发展循环农业，促进农业农村节能减排，严控和防治化肥、农药、农膜、废水等点源、面源污染，推进农林废弃物循环利用。三是筑牢农业生态屏障，加快农田防护林和平原绿化工程建设，加强黑龙江、松花江、乌苏里江水源和扎龙等重要湿地保护，大力发展集休闲、娱乐、观光于一体的生态友好型农业，维护生态平衡，保证农业的可持续发展。

5. 坚持走机制扶农之路

改革不适应率先实现农业现代化的管理制度，进一步创新理顺现代农业管理、土地使用、投融资、城乡发展一体化等体制机制，着力构建以工促农、以城带乡、工农互惠、城乡一体的新型工农、城乡关系。建立良好的农业财富积累和投入稳定增长机制，鼓励实行土地、资本、技术、劳动联合，建立新型的现代化农业产业运行机制，明确参与现代化农业产业各利益主体的法律地位和财产权利，加快形成市场带动型、加工推动型以及服务引导型等多种形式的农产品产销新体系。积极探索市场化、多元化投资方式，通过引进工商企业、外资参与农业建设，走现代化的大农场、大企业经营模式。逐步构建集约化、专业化、组织化、社会化相结合的新型农业经营体系，加快形成社会化服务体系与农产品市场体系，努力为农民提供全方位、低成本、便利化的生产经营服务。大力提高市场配置资源的深度与广度，完善农产品市场供求和价格预警等机制，更大程度、更大范围地发挥市场对各类资源的配置作用。大力支持精准扶贫，强化财政支农和农村社会保障体系建设，建立财政收入增长与增加"三农"投入衔接机制。

参考文献

[1] Francesco Caselli, James Feyrer. The marginal product of capital [J]. *The Quarterly Journal of Economics*, 2007, 122 (2).

[2] 唐胜军：《美国发展现代农业的经验及其借鉴意义》，载《世界农业》2009年第1期，第50~53页。

[3] 朱永旗：《以色列：水危机下的高科技》，载《中国环境报》2011年5月17日。

[4] 管远红、赵旭庭、王健：《日本农业现代化的经验及对我国的启示》，载《江苏农业科学》2011年第6期，第21~23页。

[5] 高祥：《澳大利亚农村金融法律与服务研究》，载《比较法研究》2011年第1期，第108~122页。

（本文发表于《财政研究》2013年第11期，《新华文摘》2014年第21期《论点摘编》以《世界农业强国的发展经验和启示》为题转载，本文及相关研究获第十七届黑龙江省社会科学优秀成果论文类一等奖）

把握"六度"抓落实

为政之道,贵在落实。办公部门作为保障决策落实的"前哨"、服务政务运转的"后院",抓落实是基本职能、核心任务和主攻方向,抓落实水平如何更是践行"五个坚持"、做到党性坚强的直接展现方式和重要判断标准。党的十八大以来,习近平总书记对办公系统工作作出了一系列重要批示,特别是对确保政令畅通、推进决策落实提出了新的更高要求,为基层办公部门明确了工作标准,指明了前进方向。深入践行"五个坚持",紧密结合工作实际,笔者认为基层办公部门抓落实需把握"六度"。

1. 抓落实需提升高度

办公部门位置特殊而重要,必须牢牢把握"三服务"的基本定位,紧紧围绕大局、时时聚焦大局,处处服务大局,以更高的站位服务党委决策、推动工作落实。(1) 保障政令畅通。进一步提高政令传输效率,对中央、省委重大决策文件,重大事项批示及时核发,对需要党组集中学习的中央、省委重大决策部署超前建议,对上级组织召开的视频会议按照参会层级、范围、纪律等要求周密安排,对中央、省委重大决策和领导重要批示尽快分解,防止出现决策搁置、落实迟缓和责任悬空等问题。(2) 强化督查督办。将督促检查职能作为推落实的强有力手段,靠前指挥,牵头抓总,认真做好督查活动的筹划、组织和协调,通过交办、转办、催办,协调各方力量推进落实,形成纵横一体、多维共振的落实格局,做到党委工作部署推进到哪里,督查工作就跟踪问效到哪里。(3) 努力参谋辅政。想领导之所想、谋领导之谋,积极想大事、谋全局、抓要害,在重要决策制定前、执行中、落实后推动开展调查研究,关注过程,发现问题,研究对策,当好参谋助手;发挥办公系统信息主渠干网优势,加强对决策落实进展情况的及时反馈,当好"千里眼""顺风耳",为党委掌握全局、完善决策、推进落实提供咨询。

2. 抓落实需加强精度

抓要抓对,踏要踏准。抓落实必须要有明确的方向和目标,只有方向正确、目标明确才能取得预期效果。因此,必须精准发力、定向施策、力求实效。(1) 应抓住中心工作中的关键问题。紧紧围绕贯彻党的路线方针政策和习近平总书记系列讲话精神,按照省委"一条主线"、实施"五大规划",突出"三大任务",推进"四个重点"的重大决策总体框架和主要脉络,对标定位,认清责任,找准抓落实的切入点和着力点,统筹资源强力督促,推动中央、省委决策落到实处。

（2）应抓住领导关注的重点问题。突出抓好中央、省委重要会议议定事项和领导同志重要批示、交办事项的办理工作，准确领会意图，细化推进措施，限期办理落实，做到批必督、督必清、清必办、办必果，确保事事有着落，件件有回音。（3）应抓住群众反映的热点问题。拓展听取民生渠道，以人大代表建议、政协委员提案、群众信访诉求、媒体舆情报道等为重点，及时了解社会关切，迅速梳理研究，立项开展督查，及时回应群众反映的热点问题，切实维护社会和谐稳定。

3. 抓落实需强化深度

取法乎上得其中，取法乎中得其下。抓落实如果把目标定为去摘树上伸手就能够到的桃子，那就只能停留在浅层次、一般化。因此，必须"跳起来摘桃子"，高标准严要求推进落实，不断提升工作质量和水平。（1）应拿得出实的情况。强化对第一手资料的了解和掌握，真督实查，从细从严，准确掌握、客观反馈推进落实情况，既要说明各级各部门的总体部署，又要说明具体安排；既要说明抓落实的措施办法，又要说明决策落实的具体行动；既要说明决策落实的进展动态，又要说明成绩经验；既要说明困难问题，又要说明解决问题的意见建议。（2）应总结出活的经验。充分尊重基层的首创精神，对基层的新探索、新经验、新做法，认真予以总结提炼，深入分析创造经验的内在原因，举一反三，追根溯源，探求规律性认识，及时上报党委推广宣传，有效发挥典型的示范引领作用，激励先进、鞭策后进，以重点突破带动整体推进。（3）应查找出真的问题。坚持问题导向，学会"解剖麻雀"，深入基层，深入一线，广泛开展调查研究，及时了解掌握带有普遍性、倾向性、苗头性的问题，深刻分析决策不落实和产生梗阻问题的原因，向党组提出切实可行的意见建议，为确保决策顺利落实发挥积极作用。

4. 抓落实需加快速度

中央、省委的各项决策部署都是在特定形势、时机和条件下做出的，抓落实必须雷厉风行，迅速有力，否则就可能"起个大早，赶个晚集"，影响了实际效果。（1）做好"快"的准备。坚持"兵马未动粮草先行"，增强工作的计划性、主动性，随时思考"当前抓落实抓什么、怎样抓"等问题，紧贴领导思路开展工作，主动介入，主动服务，努力做到重要会议闭幕之际、上级文件下发之日、领导批示到达之时，立即启动督查工作，使抓落实与始终党委决策同频共振。（2）培养"快"的作风。强化"马上就办"的劲头，雷厉风行，加快节奏，对可以预知的工作及时准备，对临时交办的工作抓紧办理，对有时限要求的任务分秒必争，绝不能把今天该办的事情推到明天，现在该办的事情推到以后，切实做到快送审、快转办、快催办、快报告。（3）运用"快"的方法。抓住节点，弹好"钢琴"，分清轻重缓急，做到日常工作日清日结、绝不过夜，复杂事项充分协调、合力攻坚，重大紧急任务立说立行、即到即办，特别是在决策实施的最关键时候、最关键环节，必须第一时间介入，第一时间掌握情况，第一时间开展督查，第一时间反馈情况。

5. 抓落实需加大力度

抓而不紧等于不抓，抓而无力等于白抓。推进落实的过程是一个艰苦复杂的过程，必须下足气力、拿出力度。（1）敢于担当。充分发挥办公部门统筹协调、牵头抓总作用，找准工作难以落实的症结所在，对症下药，有效克服"中梗阻"；明晰职责交叉事项的主体责任，防止推诿扯皮"踢皮球"；针对新情况、新问题出现带来的落实盲区，提出分解落实的合理化建议；对其他部门管不了、管不好、不便管的事情，敢当"不管部"，敢于负责、迎难而上，努力为党组分忧、为民解难。（2）勇唱"黑脸"。本着对领导、对人民高度负责的精神，尊重客观事实，查实情，说实话，一是一，二是二，有喜报喜、有忧报忧，敢于揭露执行决策过程中存在的弄虚作假行为，坚决摒弃"当老好人""和稀泥"的思想，坚决防止查小放大、避实就虚的现象。（3）坚持原则。严于律己，秉公办事，不搞利益交换，不掺杂个人好恶，不吃拿卡要，不为个人感情所左右，不为利益关系所制约，特别是对弄虚作假、推诿扯皮、敷衍了事、顶着不办的人和事，该曝光的曝光，该通报的通报。

6. 抓落实需保持韧度

抓落实贵在持之以恒，也难在持之以恒，应注重发挥制度管根本管长远的优势，建立完善长效机制，常态化、规范化抓落实，持续用力，久久为功。（1）完善管控机制。对省委、省政府决策部署进行分解立项，建立工作台账，明确决策部署落实的责任主体，做到目标明、任务细、责任清。随时跟踪掌握决策部署的落实进度，年初建账、月月查账、年底结账，构建形成"督、办、结、回"闭环运行的完整落实链条。（2）完善督查机制。实行一个窗口对外，将省委、省政府督查落实的工作任务统一归口办理，避免多头督办、越位督办、错位督办、缺位督办等现象发生。充分发挥办公部门督查职能，加大督查力度，丰富督查手段，更多采取现场督查、终端督查、明察暗访等方式，有效利用图表、视频和图片等形势反映落实情况，使决策部门和领导更直观、准确地了解工作进展情况。（3）完善问责机制。建立健全决策部署落实绩效管理体系，做到目标实化、任务量化、措施细化、考评经常化，对不负责任、工作不落实和落实不力的单位进行通报，对敷衍塞责、推诿扯皮的个人建议问责。运用报纸、电台、电视、互联网等媒体，将决策部署落实情况公示于舆论监督之下，运用舆论监督的力量推进决策部署落实。

（本文发表在《黑龙江通讯》2015年第7期，获中共黑龙江省委办公厅举办的"深入跨行'五个坚持'做党性坚强的党办人"主题征文一等奖）

做好财政工作必须"真务实"

所谓"务实",就是讲求实际、实事求是,这是中华民族伦理道德的基本规范,是中国传统文化蕴含的一种民族精神。东汉王符《潜夫论》讲:"大人不华,君子务实"。明代王守仁的《传习录》讲:"名与实对,务实之心重一分,则务名之心轻一分"。这些思想都是中国文化元素中注重现实,崇尚实干精神的体现。所谓"不受虚言,不听浮术,不采华名,不兴伪事",就是千百年来对炎黄子孙做人、做事的基本要求。

真务实,就是要脚踏实地,苦干实干,务求实效,不尚浮华。具体体现为说实话、出实招、重实践、干实事、求实效,在工作中做到不浅尝辄止、一知半解;不好大喜功、急功近利;不作风飘浮、好说大话;不弄虚作假、欺上瞒下;不高高在上、脱离实际。厅党组结合机关作风建设实际,提出了二十四字具体要求,大力倡导"真务实",就是要通过抓落实,进一步树立财政部门求真务实的良好形象,提升财政部门科学化、精细化管理水平。

近年来,厅党组服从服务于省委、省政府中心工作,大力推进财源建设,支持办好民生实事,强化财政管理监督,加强财政"两基"建设,有力地促进了全省经济社会的更好更快发展。工作作风的转变,推进措施的选定,民生问题的解决,发展成果的彰显,都充分体现了我们务实的特点。但也要看到个别财政干部在某些方面还存在一些不务实的现象。如有的干部不思进取、得过且过,不认真学习理论,不深入思考问题;有的干部作风漂浮、工作不实,抓工作浮光掠影,搞调研蜻蜓点水;有的干部心态浮躁、急功近利,不按客观规律办事,习惯做表面文章;有的干部贪图享乐、奢侈浪费,追求低级趣味,热衷于个人享乐等。要解决这些问题,做到"真务实",必须在"五勤"上下功夫。

1. 真务实就要眼勤多看

财政部门是政府重要的综合管理部门,财政工作涉及国民经济和社会发展的方方面面,随着财政改革的不断深化,客观上要求我们多看书、多学习、多观察,坚持每天看新闻、读好书,准确掌握国家各项财政政策和法律法规,及时了解财政改革和财政管理的前沿理论和管理方法,关注全局的经济形势和重大的财政经济决策。要以宽广和敏锐的眼光观察世界,洞察周围的事物,善于透过现象看本质,发现问题的症结,正确把握时代发展要求,深刻认识省情,看准黑龙江省财政支持"八大经济区""十大工程"建设的关键点和切入点,坚持按照客观规律和科学规律办事。这是加速知识和工作经验积累的重要渠道,只有看得多、看得真、看得深,在形成理性思考的基础上,才能作出正确的决策。

2. 真务实就要脑勤善思

财政工作事关全局。勤动脑、多思考、善谋划,是我们牢牢把握财政工作主动权的必然选择。孔子曰:"学而不思则罔,思而不学则殆。"思考是认知的必然。只有遇事多动脑筋,才能提高思维的准确性、逻辑性、深刻性、敏捷性、创造性,才能对财政工作有深刻的理解和认识,才能突破财政工作的难点。要联系财政工作实际,开动脑筋,充分发挥主观能动性,对财政工作中发现的问题进行横向和纵向、反面和正面、整体和局部的深入思考,力求把零散的东西变为系统的、孤立的东西变为相互联系的、感性的东西变为理性的,善于把财政工作中的好做法、好经验加以总结,用于指导财政工作实践。要敢于拿起思考的武器,围绕群众普遍关心的难点、焦点和热点问题,发现问题、研究问题和解决问题,推动财政工作创新,提高财政管理水平。

3. 真务实就要腿勤多跑

"没有调查就没有发言权"。要把调查研究作为转变工作作风、提高工作质量和效率的有效载体,带头摆脱浮躁的心态、减少不必要的应酬、走出被动式的工作状态。要多深入基层,深入群众,了解疾苦,倾听呼声,掌握第一手资料,及时发现财政工作中出现的新问题,掌握财政工作中出现的新情况,为民排忧解难,增进同人民群众的感情。要继续扎实推进经济结构战略性调整、推进城乡和区域协调发展、加强保障和改善民生、支持深化文化体制改革,以及财政"两基"建设等重点课题的研究工作,力争把情况摸清,把困难找准,把问题解决在部门和基层。要继续深入推进处级以上干部深入基层开展调研工作,通过深入调研,拿出有分量、有深度、有对策的调研报告,为厅党组决策提供有价值建议,用以指导和促进各项财政重点工作的深入开展,并在实践中锻炼和培养干部。

4. 真务实就要嘴勤会讲

嘴勤会讲既体现了工作态度,也凸显了工作方法。在财政工作中,应当有"打破砂锅问到底"的精神,对自己不懂的事要"嘴勤",不耻下问,虚心求教,凡事多问几个为什么,多听取一些专家和群众的意见,切忌不求甚解,不懂装懂。对待基层群众和服务对象,要"会讲",放下架子,扑下身子,细致耐心地明道理、摆事实,争得大家的理解和支持,切忌傲慢无视、盛气凌人。其实,"良言一句三冬暖,恶语半句六月寒"讲的就是这个道理。同时,要敢于坚持真理,对于发现的问题,敢讲真话、说实话,有喜报喜,有忧报忧,实事求是,切忌当面一套、背后一套,当面不说,背后乱说,既丧失了的人格,也损害了财政形象。

5. 真务实就要手勤能写

邓小平同志曾经指出：领导干部要学会拿笔杆子。这不仅是工作方法问题，也是检验财政干部工作能力的重要方面之一。财政机关公文种类繁杂，涉及机关工作方方面面，这既创造并提供了财政干部熟悉情况、了解情况的机会，又锻炼了财政干部观察分析的能力、归纳总结的能力和筹划工作的能力。没有较强的文笔功底，不具备相应的写作能力，是不能胜任财政工作的。要克服官僚主义和懒惰思想，勤于思考，善于动笔，多记读书笔记，多写调研报告，多撰理论文章，不仅把自己的思想火花记录下来，还对有关问题进行理性思考，增强逻辑思维能力。"不积跬步，无以至千里；不积小流，无以成江海。"长期坚持，积少成多，终究会文顺笔从，妙笔生花。

（本文发表在《黑龙江经济报》2013年3月6日）

PPP 模式下如何管控地方政府性债务风险

【摘要】 党的十九大报告深刻阐述了深化投融资体制改革和加快建立现代财政制度的重要性，为深化供给侧结构性改革指明了方向。目前 PPP 模式在黑龙江省发展还不很成熟，其运用在给地方政府性债务风险管控方面带来影响的同时，地方政府性债务管理制度与资本市场新型融资模式（PPP 模式）不能做到完全衔接，会使地方政府性债务产生新的变化，产生新型的地方政府债务。建议从创新机制、统一标准、强化预算、完善预警等方面加强黑龙江省地方性政府债务风险管理，推进黑龙江省财政体制改革向纵深发展。

目前，黑龙江省宏观经济转型仍处于传统产业集中负向拉动与培育新动能、新增长领域相互交织、相互赛跑的关键时期，"营改增"等财政政策的全面推开使地方政府财政收入增长面临着较大的压力，随着城镇化建设的推进，地方政府城市基础设施建设的融资压力增大，地方政府借助供给侧结构性改革政策加大争取发行政府债券的力度，弥补融资缺口。

2015 年新《预算法》开始实施，我国正式以法律的形式赋予地方政府一定的举债权，截至 2016 年末，我国地方政府债务余额 15.32 万亿元，加上纳入预算管理的中央政府债务余额 12.01 万亿元，我国政府债务余额 27.33 万亿元，占 GDP 的 36.7%。2016 年 10 月，财政部前部长楼继伟在（G20）财长和央行行长会议上指出：目前中国中央政府债务非常健康，扩张较快的主要是地方债务问题。我国地方政府性债务总额风险虽然总体可控，但局部风险已经凸显，加之传统行业产能过剩和经济周期的因素，地方政府性债务风险必须得到重视。2016 年，财政部核定黑龙江省地方政府债务限额 3422 亿元，其中：一般债务 2699.2 亿元，专项债务 722.8 亿元。2016 年黑龙江省债务付息支出达到了 35.51 亿元，同比增长了 107.2%。可见，黑龙江省的债务偿还压力较大。

地方政府债券发行量的激增，一方面体现了地方政府举债权的适度放宽和债务置换等措施的效果；另一方面也体现出了地方财政收支缺口的压力在增大。地方政府性债务的激增，接踵而至的便是地方政府性债务风险的管控问题。尽管目前黑龙江省地方政府性债务总体处于可控范围之内，但是局部的风险开始显现。继近年国家推出对地方政府性债务风险进行管控的一系列措施，包括债务甄别、债务置换、"债转股"等，又推出 PPP 模式作为化解地方政府性债务的政策性工具。

一、推广 PPP 模式势在必行

PPP 模式是在基础设施、公共工程与公共服务领域由政府与非政府主体合作共赢式的供给机制，主要包括建设—运营—转移（BOT）、转让—运营—移交（TOT）、改建—运营—移交（ROT）、建设—拥有—运营（BOO）以及 RC（区域特许经营，即连片开发）等模式。PPP 模式能够起到市场化融资的作用，同时 PPP 模式还可以有效化解地方政府存量债务，减少地方政府增量债务的作用。在地方政府性债务限额管理的背景下，PPP 模式成为地方政府有效缓解举借债务压力的重要途径之一。

在过去，地方政府主要通过"土地财政"和地方投融资平台作为弥补财政支出缺口、获得融资的主要手段，地方政府对土地出让收入和房地产相关收入的依赖性很强。近年来，国家推行供给侧结构性改革，强调房地产市场去库存，房地产调控的最大直接影响是土地出让收入大幅下滑。这一系列信号显示"土地财政"已经逐渐失去其对地方政府债务偿还的保障地位。地方投融资平台实质上是地方政府背景的国有企业，其功能定位为以融资为主，依托政府信用，筹集公共基础设施建设所需资金。黑龙江省各地经济发展水平差别较大，地方投融资平台公司的发展状况也存在着较大差异，单纯地以融资为主要职能的投融资平台已经难以存续，2014 年 9 月，国务院印发了《关于加强地方政府性债务管理的意见》，明确规定"剥离融资平台公司政府融资职能，融资平台公司不得新增政府债务"，因此地方投融资平台将不能继续为地方政府举债服务。

在此背景下，推广 PPP 模式，为城市基础设施建设开辟新的模式势在必行。PPP 模式不是一种单纯的融资方式，而是政府和私人部门共同合作发展公共事业的一种市场化融资模式，从目前的实践看，在地方政府性债务风险化解方面，PPP 模式已起到了很好的引领作用。

二、PPP 模式是如何化解地方政府性债务风险的

（一）对地方政府性存量债务的替代作用

地方公共财政收入的放缓和投融资平台的结构性转型，使得地方政府性债务的偿还压力增大，财政部数据显示，2016 年末地方政府一般债务余额实际数为 97867.78 亿元，2016 年地方政府一般债务还本额为 30363.24 亿元。随着城镇化的发展，一些地方政府通过贷款融资等方式取得基础设施建设资金进行城镇化建设，从而形成了地方政府性债务。PPP 模式中的 TOT（转让—运营—移交）模式便可以有效化解基础设施建设所形成的地方政府性债务的偿债压力。TOT 实质上

是基础设施运营完全市场化运作,是将现有的政府管理和运营的基础设施项目转让给社会资本进行运营,运营一段期限后再移交给政府。在转让阶段政府收取一定的转让费用用于归还项目建设和维护时期形成的借款和利息,从而达到偿还地方政府存量债务的目的。而运营方对基础设施项目进行日常管理和维护,并通过收取一定的使用费来实现盈利。同时,PPP项目鼓励社会资本以投资入股的形式参与基础设施项目的运营和管理,这样就达到了"债转股"的效果,有效缓解了地方政府性债务的偿债压力。

(二) 对地方政府性新增债务的供给作用

国务院文件《关于加强地方政府性债务管理的意见》提出:通过PPP模式转化为企业债务的地方性融资不纳入政府债务;同时对于部分在建项目而言,亦需优先通过PPP模式进行推进。PPP模式中的BOT模式(建设—运营—转移)将会通过引进社会资本的方式进行城市基础设施建设。BOT模式是指通过民间企业筹集资金建设公共基础设施项目,并由其进行维护和管理,政府通过特许权使用合约的方式赋予建设企业一定期限的运营管理权限,期满后移交政府。这一做法,使政府避免了采取债券融资的方式建设基础设施,从而减少了地方政府性债务的增量,建设方通过收取使用费和补贴等方式获得成本补偿和运营盈利,社会公众享受了公共服务,实现了三方共赢。除了BOT模式,BOT(改建—运营—移交),以及RC(区域特许经营,即连片开发)等模式也能起到地方政府性新增债务的供给作用。

三、新型地方政府隐性债务"被催生"

PPP模式对于防范和化解地方政府性债务具有非常好的效果,但该模式发展还不是很成熟,新模式的运用在给地方政府性债务风险管控方面带来影响的同时,地方政府性债务管理制度与资本市场新型融资模式(PPP模式)不能做到完全衔接,会使地方政府性债务产生新的变化,产生新型的地方政府性债务。

(一) 附条件的"伪PPP模式"滋生隐性负债

地方政府有时出于减轻存量债务的偿债压力和弥补新建项目融资缺口的目的,利用伪PPP模式进行融资。常见的做法是通过包装项目工程、附加具有倾向性的条款、暗保兜底、不公平回购协议等方式吸引社会资本与政府进行合作,这就是所谓的"假PPP模式"或者"伪PPP模式"。一旦项目的经营风险或者财务风险爆发时,便形成了地方政府的债务,这便是"伪PPP模式"所带来的一种新型的地方隐性债务。

（二）"特色PPP模式"带来隐性债务风险

《国务院办公厅转发财政部、发展改革委、人民银行关于在公共服务领域推广政府和社会资本合作模式指导意见的通知》中提出，转型升级和改制之后的地方投融资平台公司可以适当地作为社会资本参与政府PPP模式。由于地方投融资平台企业或者准投融资平台企业与政府存在着密切的行政和合作等利益关系，即使企业改制之后，也有可能形成新的内部利益关系，会导致变相的PPP模式，增加地方政府的隐性债务风险。目前PPP项目回报机制主要包括使用者付费、可行性缺口补助和政府付费等支付方式，一旦对项目绩效激励和评估、回报机制等缺乏统一的标准时，就会出现以非市场化的付费方式转化成"特色PPP模式"，从而形成地方政府的隐性债务。

（三）新型模式给地方政府性债务风险预警机制带来冲击

传统的地方政府债务风险预警机制是从显性债务风险、隐性债务风险和或有债务风险的分类层次建立风险预警指标体系，进而建立起风险预警机制。新《预算法》实施后，对地方政府债务纳入政府预算提出了具体的规定，随之地方政府债务风险预警机制的建立又向一般债务风险、专项债务风险和或有债务风险方面转化。随着PPP模式的推广，地方政府进行基础设施建设的渠道主要是发行一般债券、发行专项债券和采用PPP模式。虽然PPP模式对地方政府性债务风险的化解作用非常明显，但是该模式还处于实践和逐步成熟的时期，对地方政府的隐性债务会产生一定的潜在风险，现有的预警机制尚不能对其进行全面的风险防控。

目前，对于传统的地方政府性债务风险已经形成了若干套风险预警机制，从风险指标体系的建立到风险预警阈值的估算，从动态风险指标库的建设到风险预警模型的建立都已经逐步趋于科学化。PPP模式在化解地方政府性债务风险方面的运用，为地方政府性债务风险管控和风险预警带来了一定的冲击。

四、新型债务风险管控的对策与建议

（一）完善制度、创新机制

自全面推行PPP模式以来，中央及各部委下发和出台了一系列的文件和政策，同时财政部按照《关于规范政府和社会资本合作综合信息平台运行的通知》要求，建立了全国政府和社会资本合作（PPP）综合信息平台及项目库，截至2017年9月全国入库项目：合计14220个，累计投资额17.8万亿元，覆盖31个省（自治区、直辖市）及新疆兵团和19个行业领域。目前黑龙江省PPP项目入库数量达到了146个，其中涉及最多的是市政工程项目，达到了66个。虽然PPP模式的推行和发展较为迅速，但是具有针对性的法律法规和相关制度不够完善。下一步应该结合地方政府投融资平台的转型和改制以及涉及的地方政府性债务置换和风险管控工作，制定详细的项目操作指南和细则，完善制度建设。在目前相关法律环境并不完善的情况下，提升PPP模式法律规范的层级，对于进一步明确各方责任特别是地方政府的责任，提振社会资本的信心具有很大的帮助。

创新PPP模式对地方政府性存量债务的替代机制。一是在有条件的地区进行新模式的试点和实践工作，推行TOT（移交—经营—移交）、ROT（改建—运营—移交）、MC（管理合同）等模式；二是可考虑建立起具有存量债务替代作用的PPP模式项目库，加强对相关项目的风险管控。

创新PPP模式对地方政府性增量债务的供给机制。在发挥PPP模式化解地方政府性存量债务作用的同时，还要使其起到减少地方政府增量债务的作用。地方政府公共基础设施建设不能仅仅依赖于发行一般债券和专项债券进行融资，还要积极探索PPP模式的增量债务供给机制，例如：BOT、BOO、BOOT等模式。

（二）统一标准、推向市场

PPP模式在实际运用中之所以存在增加地方政府新型隐性债务风险的可能，其原因很大程度上是项目的选取和推行缺乏统一的流程和质量控制标准。有了统一的执行标准将会堵住政策上的漏洞和减少"伪PPP模式"和"特色PPP模式"的变相使用。化解地方政府性债务风险最有效的方法是统一PPP模式的筛选和执行的流程标准，提升项目的质量，更好地引进优质的社会资本，这将减少潜在的地方政府性债务风险。需要特别强调的是统一标准并不是搞"一刀切"，经济发展水平对于PPP模式的推行也有着较大的影响，不同地区对于PPP模式的定位和要求会有差异，因此应因地制宜、实事求是。

PPP模式是市场经济的产物，市场机制能够提高项目质量和效率，保证社会资本参与公共事业建设项目的公平性和收益性。完善相应的价格机制和财政补贴机制，建立起PPP模式运行的市场机制，使项目运行更加透明化和规范化，可以有效减少变相PPP模式的存在。

（三）强化预算、变暗为明

新《预算法》规定将一般性债券纳入一般预算，专项债券纳入基金预算，这在一定程度上使地方政府性债务趋向阳光化。推行PPP模式，一方面，积极探讨将涉及的原投融资平台置换的债务进行甄别后纳入公共预算当中，变隐性债务为显性债务；另一方面，在一些PPP项目中，涉及政府的付费和补贴等部分资金是随着项目的运营和进展情况进行调整的，应该着重探讨与中短期预算相结合的预算制度改革，将这部分资金也纳入公共预算中来。厘清政府在PPP模式中需要承担的支出责任，对PPP模式下的地方政府性债务进行全面预算管理，利用预算的约束力量使政府性债务实现透明化，利于地方政府性债务风险的管控。

(四) 完善预警、监管风险

地方政府性债务结构和形式发生变化后，尤其是 PPP 模式的运用对地方政府性债务的风险预警机制提出了新的要求。在新背景下，首先要剔除原风险预警机制中不适用的部分，如对于原地方投融资平台形成的部分隐性债务风险的衡量指标和预警阈值等；其次将 PPP 模式下所产生的新型地方政府隐性债务风险纳入风险预警机制当中，采用科学的方法对其进行定量分析和风险预警防控；最后建立起动态的债务风险预警机制，对 PPP 模式可能带来的地方政府性债务新风险进行动态跟踪和监测。

[本文发表于《当代金融家》2016 年第 11 期，《新华文摘》2017 年第 3 期《论点摘编》以《PPP 模式对地方政府性债务风险预警机制的影响》为题转载，本文及相关研究获国家社会科学基金项目《我国多级政府债务风险协同预警机制研究》（14BGL0300）支持]

演化视角下的企业漂绿问题研究：基于中国漂绿榜的案例分析

【摘要】 基于中国漂绿榜的案例资料，从上榜频次、企业性质、行业归属、地域分布等四个方面总结了漂绿现象演化的特征。运用演化经济学的分析框架，对企业漂绿演化机制进行研究，认为漂绿是一种具有负外部性的、目的是降低企业成本的创新行为，以规避监管或树立良好形象，并通过模仿—扩散效应实现从微观到宏观的演化。企业漂绿的演化机制本质上是一种打破惯例、变异、创生，利用选择和遗传机制，通过产业和空间进行扩散的演化过程。最后，从增加制度供给和规则约束的视角，结合内部审计、国家审计和民间审计的不同功能定位，分析了基于演化经济学的反漂绿审计治理路径。

【关键词】 漂绿；演化机制；治理路径；案例研究

一、引言

2008年以来，国家环保部、国资委、证监会等部门先后颁布了一系列法律法规，要求企业积极披露环境信息，对企业环境信息公开形成了制度压力。但实践中，我国企业在环境信息披露方面，主要披露正面的和难以验证的描述性信息，而对可能有负面影响的资源消耗以及污染物排放等重要信息则披露较少（沈洪涛和李余晓璐，2010）。国内许多企业的所谓环保行为，基本上以"忽悠"为主，很少真正采取实际行动（何海宁，2009），这是一种典型的"漂绿"行为。

漂绿（greenwashing）一词是西方舶来品，由环保主义者针对自我粉饰的虚假环保声明而提出，并将绿色（green，象征环保）和漂白（whitewash）合成一个新词汇。2007年，美国Terra Choice环境营销公司对北美地区销售的所谓"绿色产品"开展调查，随后在其报告中发布了漂绿"七宗罪"，包括流于表面、无凭无据、含糊不清、混淆视听、名不副实、虚假陈述以及虚假标签等环境表现（Terra Choice，2009），产生很大的社会反响。漂绿现象在国内引起关注较晚，《南方周末》杂志2009年开始发布的"中国漂绿榜"，正式将漂绿概念引入中国公众视野。

企业既是社会经济活动的基本单元，又是工业污染产生的主要源头，近年来，面对国内日趋严峻的大气污染、水体污染以及土壤污染等环境问题，越来越多的有识之士指出，美丽中国的实现需要企业清洁生产、绿色发展。环境问题具有典型的积累性和长期性特征，企业应对保护环境等社会责任问题的方式，依次包括对抗哲学、防御哲学、适应哲学和先动哲学（Carrol，1979）。漂绿现象是伴随环境规制和绿色管理实践而出现的一种新型商业伦理行为（Laufer，2003），是一种形式上适应而实质上对抗的社会责任响应方式，其在企业中被学习、模仿和传播的演化机理是什么，如何在政策工具箱中选择合适的环境规制手段？这些都是亟待解决的理论和政策问题。

《南方周末》颁布的"中国漂绿榜"已经历时8年，具有信息公开、事实典型、公众参与度高等优点，为我们深入研究漂绿问题提供了契机。本文的研究试图在以下方面作出贡献：

第一，按照理论回顾—研究设计—数据收集—数据分析—理论创新的案例研究范式开展研究，探究企业漂绿的特征表现以及演化过程中的"怎么样"（How）和"为什么"（Why）问题，弥补当前我国漂绿研究文献以描述性、介绍性和定性分析为主的不足。

第二，根据演化经济学理论分别揭示了在缺乏制度约束情景下企业漂绿通过模仿—扩散效应实现传播的必然性；以及在多中心治理模式下，通过学习和适应机制遏制企业漂绿行为的可行性。丰富了企业漂绿传播的相关学术文献，探索实现理论创新。

第三，从内部制度安排和外部制度设计两个层面阐述防范企业漂绿的规制约束，结合内部审计、国家审计和民间审计的功能定位探讨反漂绿审计治理路径，为推动企业"真绿"的社会责任实践提供决策参考。

二、文献回顾

总体而言，国内外学者主要从营销工具观、印象管理观和声誉战略观的视角对漂绿的动因和传播机制进行探讨。

从营销工具观的视角解释漂绿现象。绿色市场是典型的信息不对称市场，因消费者绿色知识匮乏或绿色标识认证混乱等方面的原因，标榜为绿色环保的产品往往更容易受到关注，从而有助于提升产品销量和利润（毕思勇和张龙军，2010）。漂绿现象被认为是对产品和包装赋予绿色形象的虚假广告宣传（Pedersen and Neergaad，2006），后进一步拓展至产品或服务的绿色营销行为（Polonsky et al.，2010）。与真绿产品相比，漂绿产品往往具有更低的成本和更高的获利空间，对纯粹经济利益的追逐成为漂绿营销的主要动机（Parguel et al.，2003；肖红军等，2013）。

从印象管理观的视角解释漂绿现象。企业如果不能满足隐性社会契约的要求，就不能保证其经营的合法性（Deegan and Rankin，1996），而环境表现恰恰是现代企业合法性的一个重要标志。企业为获得合法地位往往利用环境信息公开计划进行印象管理（Neu et al.，1998）。Oliver（1991）将这种现象称为解耦（Decoupling）策略，即企业为降低受到某些必须遵循的制度法规的影响，而采取表征性或符号性的行为。面对监管和惩罚等管制压力，企业会通过"象征性贯标"的策略进行漂绿（King et al.，2005）。特别是一些实际环境表现差的企业，总试图通过漂绿进行解耦并树立一种合法形象，以保护组织行为和合法性免受质疑（Christmann and Taylor，2006）。

从声誉战略观的视角解释漂绿现象。随着企业受托责任的拓展，企业应对所有利益相关者承担道德、伦理和社会责任的呼声越来越高，漂绿成为满足公众对社会责任感知的一种需要（Gamper-Rabindran and Finger，2013）。漂绿被认为是对社会责任的象征性、而非实质性响应（Walker and Wan，2012；Du，2015），是一种声誉战略，而非真正行动（王慧娜，2010；Slack，2012）。从信息披露的视角，漂绿企业的环境表现要远低于其环境承诺，在获得利益相关者支持或赢取（改善）声誉后，企业往往倾向于搁置曾经高调发布的环保承诺和计划（Delmas and Burbano，2011；Bowen and Aragon-Correa，2014；沈洪涛等，2014）。

对于环境信息披露的态度，越来越多的企业逐渐从抵制到适应。企业实施漂绿行为，在某种意义上表明其已经认识到环境问题的严重性，只是在履行社会责任的路径选择上走偏了。现有研究成果多以新古典经济学为理论基础，从成本收益、信号传递和实施能力等视角，对漂绿现象的动机和存在合理性予以解释，属于静态、均衡的分析框架。但由于忽视漂绿生成的群体复杂性，未能很好地揭示漂绿传播机制的"黑箱"问题，而这对于构建适合我国国情的漂绿治理体系又是非常必要的。针对这种情况，本文在案例研究的基础上，运用动态、演化的分析框架对企业漂绿行为进行解释，以期在借鉴前人经验的基础上弥补现有文献的不足。

三、研究设计与案例介绍

（一）研究方法

本文采用归纳型案例研究的研究方法。归纳型案例研究方法适合于理论构建和提炼，通过对案事事实资料和调查数据的总结，整理归纳理论构念之间的逻辑关系，提炼理论框架，并在多案例的情景下进行验证（Eisenhardt，1991）。

案例研究中，获取资料和数据的途径除《南方周末》颁布的"中国漂绿榜"之外，还包括主要财经媒体（如新浪财经等）的相关新闻报道，以及漂绿企业的网站、年报和社会责任报告等。多样化的信息来源形成了"数据三角"，通过相互补充和交叉验证增强了研究结果的准确性（Yin，2008）。

(二) 案例介绍

作为拥有全国影响力的主流媒体,《南方周末》的"中国漂绿榜"采取资料整理、专家访谈和公众投票等系列程序,于每年上半年公布前一年度涉嫌漂绿的企业榜单。漂绿现象的标准(环境表现关键词)包括:公然欺骗、故意隐瞒、双重标准、空头支票、前紧后松、政策干扰、本末倒置、声东击西、模糊视线、适得其反十项①。

1. 漂绿排行榜上榜企业

我们搜集了2009~2016年的漂绿榜上榜企业的相关资料,经整理如表1、表2所示。

表1　　　　　　　　　　　　漂绿榜上榜企业名录

年份	入选企业	备选企业
2009	APP²、雀巢³、沃尔玛¹、普利司通⁴、巴斯夫²	
2010	紫金矿业²、中国石油¹、BP¹、金浩茶油²	超威电源²、中国石化¹、苹果⁵、金光纸业⁹
2011	哈药集团¹、江森自控²、阿迪达斯³、耐克³、康菲⁴、苹果⁵,**、中国石化⁶,**、双汇⁷、深圳发展⁸、归真堂⁹、晶科能源¹⁰	沃尔玛¹,**、升华拜克¹、海正药业¹、中国建交²、恒邦股份²、雀巢³,**、强生³、可口可乐³、乐购⁵、李宁⁵、蒙牛⁵、思念⁷、苏泊尔⁸、Zara⁸、中国移动⁸、味千⁹、达能⁹、嘉里粮油⁹、飞利浦¹⁰、雷士¹⁰、松下¹⁰
2012	神华集团¹、可口可乐²,³,**、修正制药⁴、美特斯邦威⁵、Calvin Klein⁵、G-STAR⁵、中国烟草⁶、南山奶粉⁷、中煤集团⁸、三棵树⁹	东宝生物¹、延长石油¹、首钢¹、华银铝业¹、百胜集团²,⁸、龙源纸业²、中国石化⁴,***、联邦制药⁴、现代牧业⁵、徐福记⁷、雅居乐⁷、中信地产⁸、格力⁹、农夫山泉⁹
2013	神华集团⁸,**、中国石油¹、阿迪达斯⁴,**、迪士尼⁴、苹果⁹,***、格力¹,**、大自然地板⁸、威立雅³、麦当劳¹⁰、沃尔玛⁷,**、亚都¹	
2014	欧喜集团³、华润电力¹、兰州石化⁹、现代牧业⁴,**、鲁抗医药¹⁰、青海春天⁶、大唐能源⁷、闰土股份²、志高空调⁸	
2015	中国石油¹,***、荣华公司⁹、威立雅⁸,**、可口可乐³,***、建滔化工⁴、中国国电⁸、海螺水泥⁷、腾龙芳烃²、北排集团¹⁰、小米⁵	

---

① 见南方周末网站 http://www.infzm.com/topic/2011plb.shtml。

续表

年份	入选企业	备选企业
2016	耐克[5,**]、中国盐业[8]、华北制药[9]、立邦[9]、康师傅[7]、阜丰集团[1]、馥华食品[2]、远大医药[8]、燕京啤酒[4]、迪士尼[5,**]、三菱重工[10]、苏州吉姆西[10]、苏州金龙[10]、农垦糖业[9]、雷士[7,**]、四川机场[8]	
合计	76家	39家

注：上标1~10分别表示企业漂绿的环境表现关键词为：公然欺骗、故意隐瞒、双重标准、空头支票、前紧后松、政策干扰、本末倒置、声东击西、模糊视线、适得其反；由于上述标准为2011年发布，本文对2009~2010漂绿榜上榜企业按上述标准进行了整理。上标**、***分别表示第2次、第3次上榜。

表2　　　　　　　　　　漂绿榜入选企业统计数据

年份	数量	企业性质		行业归属						地域分布		
		跨国	本土	能源	化工	电子	日用品	医药	其他	东部	中部	西部
2008~2009	9	6	3	2	3		2		2	7	1	1
2011	11	5	6	3	1	1	3	2	1	9	2	
2012	10	4	6	2	1		6	1		6	3	1
2013	11	6	5	2		3			3	9	1	
2014	9	1	8	2	2		1	2	2	4	3	2
2015	10	2	8	2	3		1		3	6	3	1
2016	16	4	12		1	2	8	2	3	10	2	4
合计	76	28	48	13	11	8	25	7	12	51	15	10
比例（%）	100	36.84	63.16	17.11	14.47	10.53	32.89	9.21	15.79	67.11	19.74	13.16

2. 企业漂绿现象的特征

根据表1和表2，我们发现漂绿现象在上榜频次、企业性质、行业归属和地域分布等方面具有若干时空演化特征，具体表现如下：

（1）在上榜频次方面，根据表1，上榜企业共计115家，其中入选企业76家，备选企业39家。一些企业是多次上榜，属于习惯性漂绿。累计上榜2次的企业14家，累计上榜3次的企业5家，分别占总数的12.18%和4.35%。

（2）在企业性质方面，漂绿榜入选企业既有沃尔玛、巴斯夫、耐克、可口可乐、威立雅等跨国公司在中国的经营机构，也包括中国石油、中国国电、紫金矿业、三棵树、哈药集团、格力、双汇等中国本土企业,自2014年以来,中国本土企业上榜数量明显增多。

(3) 在行业归属方面,呈现出比较明显的行业漂绿特征,入选企业集中在能源 (17.11%)、化工 (14.47%)、电子 (10.53%)、日用品 (32.89%) 和医药 (8.62%) 等行业,上述五类行业或者环境管制压力大,或者市场竞争激烈、或者社会关注程度高;而其他行业仅占总数的15.79%。同一行业上榜企业的漂绿表现往往具有很大的相似性,例如:根据漂绿榜的解说词,服装品牌耐克、迪士尼、美特斯邦威、Calvin Klein 和 G - STAR 都采用过"前紧后松"的漂绿策略;而食品行业中双汇、南山奶粉、蒙牛、思念和徐福记都采用过"本末倒置"的漂绿策略。

(4) 在地域分布方面,漂绿现象在各地区同样是非均衡分布的。东部地区是我国经济活跃度最高也是最先感受资源环境压力的区域,2009~2016年期间,东部地区的漂绿案例累计入选榜单51次,超过入选企业总数(76次)的三分之二;京津冀、长三角、珠三角地区分别入选21次、13次和12次;发生在北京、上海、深圳三地的漂绿案例数超过了总数的50%,漂绿问题比较突出和集中。从近几年的资料来看,中西部地区被报道的漂绿案例有所增加。

四、案例讨论:企业漂绿的演化机制

与新古典经济学作为研究存在 (being) 的经济学不同,演化经济学是研究生成 (becoming) 的经济学,是对经济系统中新奇的创生、扩散和由此所导致的结构转变进行研究的经济学范式 (贾根良, 2015)。演化经济学把传统经济学理论中处于背景状态的演化力量和机制放在了核心地位 (Vromen, 1997),其对经济现象的解释主要基于一系列基本概念,概括而言,包括三个类比——惯例、搜寻和竞争,三种机制——遗传、变异和选择。在社会各界不断呼吁企业提高社会责任意识的背景下;漂绿现象的传播有其特定的动因和机理,本文尝试采用演化分析的方法对上述现象进行解释。

(一) 演化经济学视域下漂绿的认知

我们将企业漂绿的演化机制分为生成和扩散两个阶段。生成阶段主要指漂绿行为的培育过程,是一种微观演化;扩散阶段主要指漂绿生成后随主客观条件的变化而传播和蔓延的过程,是一种宏观演化。

1. 企业漂绿的微观演化

根据演化经济学理论,惯例是有规律的、可预测的企业行为模式,既呈现出与内部治理协调一致的行为能力,也表现为企业内制度、管理、技术与知识等的

有机集合。惯例可以被复制和遗传，从而使企业的行为具有一定稳定性。但是，在市场竞争环境下，如果当前惯例不能带来竞争优势，企业则倾向于通过一种渐进和积累式学习过程，寻找解决威胁和问题的新途径，最终目的是搜寻到令人满意的新的惯例。无论是基于成功惯例的搜索还是基于惯例转换的搜索，都会形成不同程度的多样化。企业会通过"试错"行为，选择和遗传在当前环境下对企业生存发展有利（但不一定对全社会有利）的惯例。

随着可持续发展理念逐渐深入人心，环境保护领域的管制压力和非管制压力不断增强，环境友好型企业越来越受到青睐。在崇尚绿色、透明和社会责任的新一轮市场竞争中，原有的惯例难以满足其生存发展的需要，企业开始搜索、寻找新的惯例。与"真绿"的环境责任响应策略相比，漂绿作为新奇的创生，实际上是承认对环境责任履行合法性的认可，只是在行为上选择一种机会主义倾向，漂绿企业的私人成本低于社会成本，具有负外部性，但由于能够给企业带来较大收益，在利润率、市场占有率等绩效导向的判别标准下，漂绿很可能成为企业在搜寻过程中最富有吸引力的选项，成为企业新的惯例；进而作为一种基因植入企业的发展模式中。

2. 企业漂绿的宏观演化

根据演化经济学理论，惯例的改变与搜寻是一个不断竞争和选择的过程，个体选择和群体选择共同构成了演化的动力机制。群体是由个体间互动生成的，是系统内部各要素互相作用和反馈的结果。群体选择是从群体内部的个体出发，从个体的行为互动推演出群体的适应度，即某一个体的适应性变化会通过改变另一个体的适应而改变其演化轨迹，后者的变化又会进一步制约或促进前者的变化。个体的微观演化会通过互动将新知识扩散到群体中，实现系统的宏观演化；同时系统的宏观演化又构成个体演化的学习环境和选择环境，进一步影响个体的微观演化。

当一些企业采取漂绿行动没有受到处罚甚至取得成功时，就会引起其他企业的模仿或适应性学习，这种仿效带来的"涟漪效应"可能因同行间的追随或空间接近的地理位置而蔓延，即行业模仿—扩散和空间模仿—扩散效应。如果破坏规则（惯例）的企业是行业内或区域内的领先者，那么引发的群体效应将会更加严重。漂绿被越来越多的企业所选择，通过学习、适应和模仿等群体内互动行为，漂绿企业会根据环境的变化，不断调整漂绿的方法和手段，寻求以最低成本或最低风险获取漂绿收益。最后，漂绿通过遗传机制逐渐成为代表整个系统的共同基因，通过产业体系或空间布局得以扩散。

综上，如图1所示，在演化经济学视域之下，将企业漂绿行为视为一种具有负外部性的、目的是降低企业成本的创新行为,以规避监管或树立良好形象。在组织与环境协同演化的过程中,互动机制、学习机制、变异与选择机制等都在发挥作用。在没有得到有效规范之前,漂绿现象成为变化的经济、社会环境中的一种"商机",引起同行业或地区内其他企业的适应性学习,并通过模仿行为不断扩散,形成一种模仿—扩散效应。

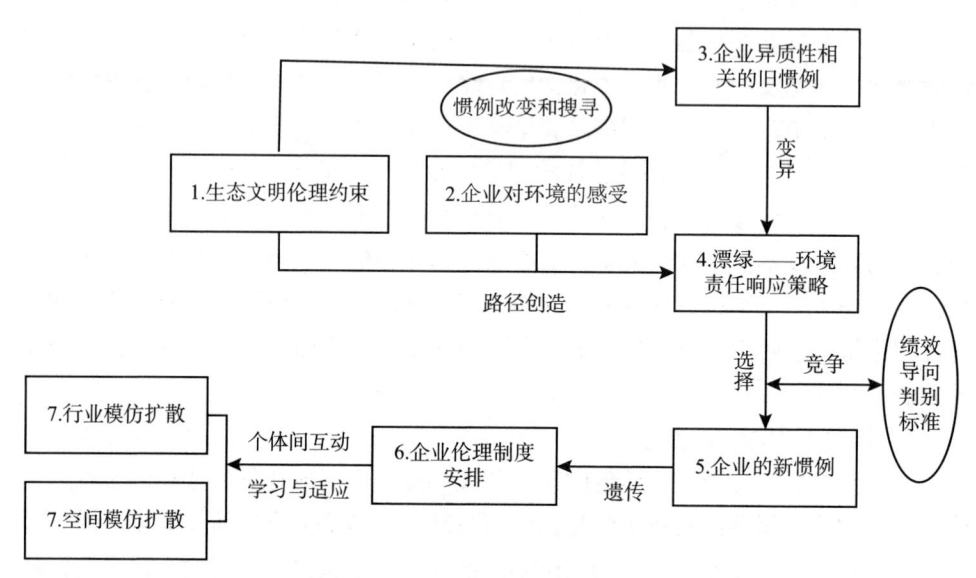

图1 企业漂绿的演化机制

（二）结合漂绿排行榜的分析

随着公众环保意识的觉醒,生态文明已经成为"中国梦"的重要组成部分,在这样一种经营环境的重大转换中,越来越多的国内外企业发现,"绿色马甲"——作为一种应对环境责任关切的新奇的创生,具有特殊意义和意想不到的好处。

通过对"中国漂绿榜"解说词的内容分析可知,由于监管薄弱等原因,在环境责任响应中如果企业能够自圆其说,往往便能畅通无阻。早期（2009~2011年）的漂绿榜入选企业多数都是跨国公司。例如,全球化工巨头巴斯夫采取"故意隐瞒"等策略先后在国内获得了"绿色公司星级标杆企业""社会责任达标企业"等环保奖项,但实际上其对MDI项目水体和空气污染的详细情况一直予以回避。顶着绿色环保的光环,确实为巴斯夫等企业进入国内市场带来了极大便利。一些国际化经营的跨国公司最早通过选择、遗传机制获得了"漂绿"基因,而内资企业很快通过适应性学习将漂绿纳入自身的伦理惯例,并逐渐占据漂绿的主体。为规避监管或树立良好形象，企业通过"搜寻"活动，围绕粉饰环境业绩的内核，不断探索漂绿方式和漂绿手段的多样化，各种漂绿策略分别被用于不同情景下的环境表现中。

同时，在115家上榜企业中，超过15%的企业累计上榜次数在2次以上，中石油、可口可乐和沃尔玛等公司累计上榜次数已经达到3次，说明漂绿作为新的惯例一旦被选择后将会通过遗传机制进行递延，并在企业环境责任响应模式中得以固化。

漂绿能够使企业获得诸如增加社会资本、提升市场竞争力，减少生产成本和降低风险，促进产品销售，改善财务绩效等好处（Parguel et al., 2003；肖红军等，2013；杨波，2014）。一些企业开始选择漂绿并获得了可观的收益。在"别人都这么做，我不这么做就会吃亏"的从众心理作用下，通过学习、模仿和适应，甚至出现了一个行业内的几家领先企业以类似策略竞相漂绿的现象，如苹果和小米，中石油、中石化和康菲，哈药集团、修正药业、华北制药和归真堂等；以及一个地区的若干标杆企业扎堆漂绿的现象，如漂绿企业在北京、上海、深圳三地的聚集以及在京津冀、长三角、珠三角的梯度转移。在大公司的示范作用下，带来了社会学习和追随效仿，导致漂绿现象在行业内或地区间的扩散。

五、进一步分析：企业漂绿的治理路径

根据前文的分析，"年度漂绿榜"中不少企业已经是习惯性漂绿，存在模仿—扩散效应。说明漂绿作为一种具有负外部性的新奇创生，在搜寻过程中一旦被选择、复制和遗传，将会产生严重的路径依赖，企业的环境责任履行将长期锁定在一种无效状态，沿着恶性循环的路径不断演绎。为改变这样一种状态，我们需要利用演化经济学的原理进行"解锁"，推动企业环境责任履行走向良性循环的道路。

（一）防范企业漂绿的制度约束

根据演化经济学的观点，企业之所以实施漂绿行为，一定程度上是因为多个层面和领域存在制度供给不足，导致难以满足企业伦理约束和环境责任履行的制度需求。因此，增加制度供给和规则约束，是治理企业漂绿的重要路径。

一方面，就内部制度安排而言，企业固有的、稳定的、和谐的伦理惯例会将一切伪社会责任的不良创新扼杀在萌芽中。为推动企业"真绿"的社会责任实践，企业应围绕对"所有利益相关者负有道德或伦理义务的价值观"，通过公司治理结构、战略规划、企业文化和规章制度的升级改造，利用标识机制形成环境承诺与环境表现"言行一致"的行为规则，并予以遗传和继承，使环境伦理成为具有稳定性、记忆性和可复制的公司惯例,而不是企业应对负面新闻时才想到的公关策略(黄溶冰和王跃堂,2009)。

具体而言包括:一是将企业公民理念纳入公司战略实施范畴,制定公司节能减排规划和相关约束性目标,将环境事项作为新形势下企业的发展良机而非成本负担,通过技术创新、工艺创新和管理创新获取核心竞争优势,实现经营理念、组织模式和产业结构与环境友好战略的协同。二是在《公司章程》中明确由董事会承担环境责任,推动公司高层重视环境承诺履行,以实质性行动而非象征性举措回应利益相关者的压力。加强环境伦理建设,塑造诚信正直、客观务实、抑制道德推脱的生态文化。三是将环境管理作为企业内部控制体系建设和持续优化的重要组成部分,以流程管控为重点,制定相应的政策方针和规章制度予以预防和约束。

另一方面,就外部制度设计而言,一是通过完善相关法律法规,在涉及贸易、广告、证券、公司治理以及财务报告等法规中,加强企业宣传绿色形象和环境友好的合规性要求,减少监管漏洞、加大惩戒力度、提高曝光概率,使企业漂绿的违规成本增加、甚至得不偿失,有助于阻断企业在新奇搜寻中的不良路径创造和逆向选择行为,转向"真绿"的企业伦理实践和路径依赖。二是引入第三方监督机制,设计管制压力与非管制压力并存的多中心漂绿治理体系,推动企业根据"环境优先"的外部刺激因素以及学习到的经验逐渐改变自身结构和行为方式,促进环境责任遵从的适应性和学习行为,建立环境伦理的"先动"哲学。具体而言包括:一是环境信息失真的惩戒机制。在发展中国家,环境信息披露的绩效仍主要依赖于管制压力的强弱,因此,传统命令控制工具不仅十分重要,而且在必要时还应适当加强(Huang and Chen,2015)。在强制性的环境规制逻辑场中,主要以政策法规为主线,将环境保护责任纳入企业的生产函数。二是主体责任追究机制。环境问题归根到底是人的问题,为避免具有决策权的领导干部以牺牲环境绩效为代价谋取财务绩效(经济绩效)的行为,应将环境保护责任的履行情况与领导干部的晋升、奖惩以及任免直接挂钩,建立终身责任追究制度。三是漂绿甄别鉴证机制。企业漂绿行为具有形态多样性和手法隐蔽的特征,常规监管有时难以识别,由具备专业胜任能力的第三方机构对企业环境信息开展定期鉴证,并对外披露鉴证结果,可以为政府监管、媒体监督和公众监督提供条件。

(二)反漂绿的审计治理路径

审计作为一项独立的经济监督活动,是参与企业内部和外部治理的重要制度安排,根据防范企业漂绿的内外部制度约束,结合内部审计、外部审计(国家审计和民间审计)的不同功能定位,我们设计了反漂绿审计治理路径如图2所示。

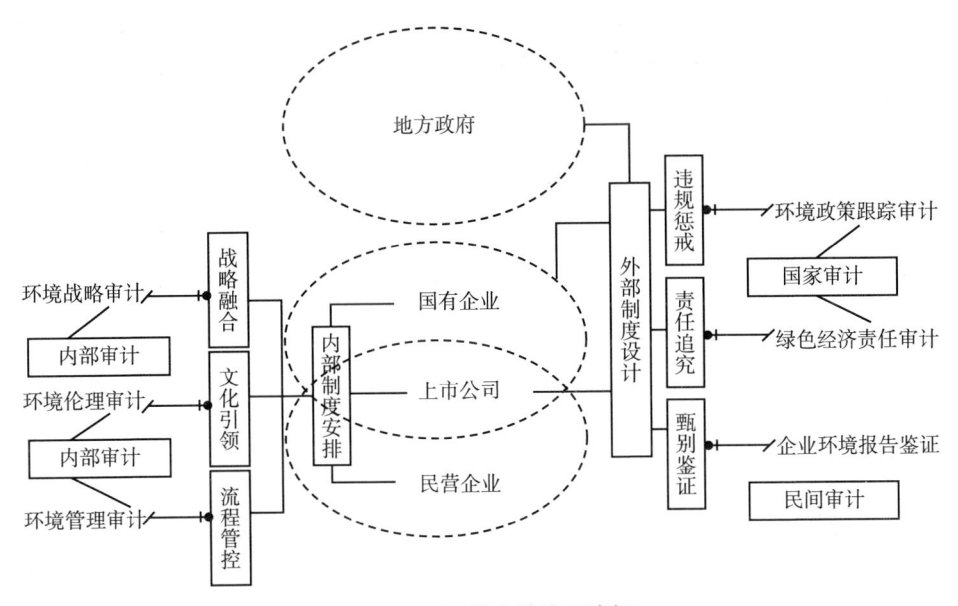

图 2　反漂绿的审计治理路径

内部审计：现代内部审计将自身定位为"独立、客观的确认和咨询活动，旨在增加价值和改善组织的运营"，企业反漂绿制度安排可通过内部审计的确认和咨询活动得以整合。在咨询方面，随着受托责任的拓展，为避免环境机会主义行为对公司造成重大损失，董事会应积极参与战略管理过程，并将内部审计主导的战略审计作为董事会的治理工具（Donaldson，1995），使符合股东和其他利益相关者长期利益的战略被合理制定和有效执行。在确认方面，内部审计应在全公司范围内开展环境伦理审计，确保公司内部经营和对外报告符合企业公民的伦理要求；同时，内部审计部门应加强与企业环保部门的合作，明确企业环境管理中的主要风险点和关键控制点，在内部持续监督中不断完善相关内部控制制度。

国家审计：国家审计是国家治理的重要组成部分，在漂绿治理中，国家审计一方面通过公共政策跟踪审计，对地方政府、国有企事业单位贯彻落实国家环境保护政策措施的具体部署、执行进度和实际效果进行审查，及时发现和纠正"上有政策、下有对策""有令不行、有禁不止"行为，加大重大环境违纪违法等问题的揭露和查处力度，促进政令畅通。另一方面通过开展经济责任审计，实行环境保护责任一票否决，对于地方党政领导干部和国有企业领导人因环保责任履行虚化、弱化，导致资源严重浪费、给国家环境安全造成重大影响，给人民群众利益造成重大损害的，可对其执政期间（包括调任、离任乃至退休之后）承担的主要领导责任进行问责、追责。

民间审计：第三方鉴证是解决信息不对称问题的重要手段。我国大部分企业发布的社会责任报告或环境报告，仍缺乏第三方机构的审验。对于上市公司而言，确实需要加强环境信息披露，但同时更需要加强针对这类信息披露的审计。在环境信息披露中，最重要的不是披露了什么，而是没有披露什么以及披露的真实性如何。为解决这类信息不对称问题，需要在规范企业环境报告制度、探索统一的环境绩效指标的基础上（周守华和陶春华，2012），委托会计师事务所对环境报告的内容进行鉴证，建立和完善适合我国国情的企业环境审计指南、收费标准与执业条件。

六、结论

基于文献回顾、案例介绍和理论分析，探讨了企业漂绿的演化机理和治理路径。一方面，随着企业面临的环保压力日益增大，漂绿作为一种新奇的创生在搜寻过程中可能成为企业新的惯例，并通过市场和财务绩效指标的检验，发展成为企业诸多变异中的主导设计，通过遗传机制实现漂绿的稳定性和延续性。当一些企业实施漂绿没有受到惩罚甚至取得成功时，漂绿会通过学习、适应和模仿等互动行为在群体内蔓延，揭示了在缺乏制度供给和规则约束之下，漂绿现象扩散的必然性。另一方面，从内部制度安排和外部制度设计两个层面，探讨了防范漂绿的规制约束。建议开展内部审计主导的环境战略审计、环境伦理审计和环境管理审计，国家审计主导的环境政策跟踪审计和绿色经济责任审计，民间审计主导的企业环境报告鉴证，分析了审计多中心治理模式下遏制企业漂绿行为的可行性。

本文利用《南方周末》"中国漂绿榜"及相关资料开展案例研究，以演化经济学作为阐释漂绿现象的理论基础。演化经济学分析范式具有侧重哲学思辨而非实证检验，侧重解释性而非预测性的特征（贾根良，2015）。因此，本文的研究属于探索性研究。未来的研究可以在当前研究的基础上开展大样本统计分析，以获取更多且更稳健的结论。包括建立科学、合理的漂绿衡量指标体系，分析企业漂绿与否以及漂绿程度，为实证研究奠定基础；通过企业环境承诺与环境表现（差异）的系统评分，探索漂绿影响因素、扩散效应与经济后果的经验证据等。

参考文献

［1］黄凯南：《现代演化经济学基础理论研究》，浙江大学出版社2010年版。

［2］贾根良：《演化经济学导论》，中国人民大学出版社2015年版。

［3］纳尔逊、温特著，胡世凯译：《经济变迁的演化理论》，商务印书馆1997年版。

［4］沈洪涛、黄珍、郭肪汝：《告白还是变白——企业环境表现与环境信息披露关系研究》，载《南开管理评论》2014年第2期。

［5］肖红军、张俊生、李伟阳：《企业伪社会责任行为研究》，载《中国工业经济》2013年第6期。

［6］周守华、陶春华：《环境会计：理论综述与启示》，载《会计研究》2012年第2期。

［7］Bowen, F., and J. Aragon-Correa. Greenwashing in Corporate Environmentalism Research and Practice: The Importance of What We Say and Do. *Organization & Environment*, 2014, 27 (2): 107-112.

［8］Christmann, P., and G. Taylor. Firm Self-Regulation through International Certifiable Standards: Determinants of Symbolic versus Substantive Implementation. *Journal of International Business Studies*, 2006, 37 (6): 863-878.

［9］Delmas, M., and V. Burbano. 2011. The Drivers of Greenwashing. *California Management Review*, 54 (1): 64-87.

［10］Du, X. 2015. How the Market Values Greenwashing: Evidence from China. *Journal of Business Ethics*, 128 (3): 547-574.

［11］Hodgson, G. 2002. Darwinism in Economics from Analogy to Ontology. *Journal of Evolutionary Economics*, 12 (3): 259-281.

［12］Laufer, W. 2003. Social Accountability and Corporate Greenwashing. *Journal of Business Ethics*, 43 (3): 253-261.

［13］Neu, D., H. Warsame, and K. Pedwell. 1998. Managing Public Impressions: Environmental Disclosure in Annual Reports. *Accounting, Organizations and Society*, 23 (3): 265-282.

［14］Parguel, B., F. Benoît-Moreau, and F. Larceneux. 2011. How Sustainability Ratings Might Deter 'Greenwashing': Closer Look at Ethical Corporate Communication. *Journal of Business Ethics*, 102 (1): 15-28.

［15］Walker, K., and F. Wan. 2012. The Harm of Symbolic Actions and Green-washing: Corporate Actions and Communications on Environmental Performance and Their Financial Implications. *Journal of Business Ethics*, 109 (2): 227-242.

（本文发表于《会计研究》2018年第4期，《新华文摘》2018年第17期《论点摘编》以《演化视角下的企业漂绿问题》为题转载，获第十九届黑龙江省社会科学优秀成果论文类一等奖）

自然资源资产离任审计与空气污染防治：
和谐锦标赛还是环保资格赛

【摘要】 自然资源资产离任审计作为加强生态文明建设的制度创新，是对领导干部受托环境责任的绩效考核，在审计试点中，地方政府可能采取"和谐锦标赛"或"环保资格赛"两种相异的应对策略。本文以2015年开始的自然资源资产离任审计试点作为一次自然实验，采用双重差分模型估计其对空气质量改善的因果效应。本文的研究证实了受传统考核晋升模式影响，地方政府采取"环保资格赛"的逻辑成立。试点城市与非试点城市相比，显著降低了《大气污染防治行动计划》中约束性指标PM_{10}（$PM_{2.5}$）的排放浓度，削减了SO_2等生产性敏感污染物的排放峰值，但并未带来空气质量的全面整体改善。同时，对空气污染临界值（$AQI=100$）敏感的高污染城市和环保模范城市在试点中会采取更加积极的治理措施改善空气质量，上述异质性分析的结论为"环保资格赛"逻辑提供了进一步的经验证据。本文还对自然资源资产离任审计的长期效应进行了预期，Logit模型的回归结果显示，在审计试点期间，试点城市官员晋升概率与空气质量改善呈正相关关系，表明该项制度的推行，长期而言有助于扭转GDP导向晋升模式的痼疾，通过"进步学习"实现空气质量的持续改善。本研究为考察自然资源资产离任审计试点的政策效果提供了经验证据。

【关键词】 自然资源资产离任审计；空气质量；和谐锦标赛；环保资格赛；双重差分

【中图分类号】 F239　**【文献标识码】** A　**【文章编号】** 1006－480X（2019）10

一、引言

改革开放以来，中国在保持经济持续高速增长的同时，也付出了沉重的资源环境代价。据估算，20世纪80年代以来，中国经济增长的环境损失成本约占GDP的3%~8%，进入21世纪，这种状况不仅未得到改善反而更加严重，环境污染的成本接近GDP的10%，其中，空气污染占6.5%，水污染占2.1%，土地退化占1.1%（中国工程院和环保部，2011）。扣除资源消耗和环境损失成本，有的省份GDP几乎是零增长或负增长（张鹏等，2017）。如果继续坚持传统的经济发展模式，将导致所依赖的资源基础不堪重负，生态环境更加脆弱，经济发展所取得的成果被严峻的资源环境问题所吞噬。生态文明是人类文明发展的一个全新阶段，传统工业文明以人类征服自然为主要特征，而生态文明强调人与自然的和谐。正如党的十九大报告中所指出的,"人与自然是生命共同体,人类必须尊重自然、顺应自然、保护自然。人类只有遵循自然规律才能有效防止在开发利用自然上走弯路,……"。生态文明建设是关系人民福祉、关乎民族未来的千年大计,是实现中国梦的重要内容。2014年以来,加强污染防治、推动绿色发展,全面开展蓝天、碧水、净土保卫战,成为中央和各级地方政府工作报告中的重要内容。

相对于其他环境和资源,空气是人类生存一刻不可或缺的自然资源。随着现代工业的高度发展、城市化的快速推进以及人口的相对集中,空气污染已经成为城市和工矿区的重要公害,空气污染问题也被列入环境治理的重点对象(郭峰和石庆玲,2017)。但总体而言,空气污染的防控效果并不理想,全国重点城市2013~2014年空气质量监测超标比例分别为95.9%和90.1%(吕连宏等,2015),空气污染已经超越环境问题本身,成为一个政治经济社会议题。

中国所面临的环境问题并不是短期内形成的,经济高速增长与资源高消耗、环境高污染并存的现象与中央政府对地方官员的考核机制密切相关。长期以来,中国各级政府官员的政治进步表现为一种晋升锦标赛模式(周黎安,2007)。地方官员为经济增长而竞争,强调GDP等经济性指标,忽视单位GDP排放等环境性指标,有些地区甚至出现严重的环境公害事件,具有明显外部性的环境保护往往成为被弱化的一项公共职能。面对资源约束趋紧、环境污染严重、生态系统退化的严峻形势,必须树立尊重自然、顺应自然、保护自然的生态文明理念,构建科学合理的生态安全格局。正是在这样的背景下,党中央、国务院于2013年11月提出领导干部自然资源资产离任审计的战略构想——党的十八届三中全会通过的《中共中央关于全面深化改革若干重大问题的决定》中要求,"探索编制自然资源资产负债表,对领导干部实行自然资源资产离任审计。建立生态环境损害责任终身追究制"。2015年起,自然资源资产离任审计试点开始在全国范围展开,大气污染防治、土地资源、水资源、森林资源以及矿山生态环境治理等被纳入审计监督的重点领域。

政策试点作为中国渐进式改革中总结出的一套方法论,在推动经济社会发展以及政策创新中发挥着特有的作用,政策试点——推广的过程就是一项新政策及其配套改革措施逐渐合理化和成熟化的过程。根据国家统一安排,2015~2017年是领导干部自然资源资产离任审计的试点阶段,2018年开始在全国范围内推广,2020年建立起比较完善的自然资源资产离任审计制度。自然资源资产离任审计的分阶段、分步骤试点,为本文的实证设计提供了难得的"自然实验"条件,从而有助于更加客观地形成该项政策效应的因果推断。

2005年颁布的《国务院关于落实科学发展观加强环境保护的决定》中首次明确提出将环境保护纳入地方官员的考核标准中，并将考核情况作为干部选拔任用和奖惩的依据之一。但在分权式的行政管理体制下，环境考核往往被"放了水"或"打了折"（Jin et al.，2016），甚至因攀比形成的"逐底竞争"，导致染色GDP的竞争锦标赛。自然资源资产离任审计作为加强生态文明建设的一项制度创新，是党中央、国务院完善领导干部绩效考核和责任追究制度的重要举措，受到各级政府的高度重视。截至2017年10月，全国审计机关共实施审计试点项目827个，涉及被审计领导干部1210人[①]。空气污染是最直观也是最受公众关注的环境事项，相比水污染、土壤污染等指标，空气污染指标更易于观察、识别和计量（黎文靖和郑曼妮，2016），在自然资源资产离任审计试点期间，如果本文能够观察到空气质量改善的效果，至少表明自然资源资产离任审计在完善环境责任绩效考核和问责机制方面是有效的。

本文将2014~2017年中国325个城市的空气质量指数和单项空气污染物浓度数据，与同期开展自然资源资产离任审计试点的信息相匹配，采用双重差分模型考察了自然资源资产离任审计对空气质量的影响。研究结果表明，自然资源资产离任审计促进了试点地区约束性考核指标（PM_{10}，$PM_{2.5}$）的减排和较高关注度污染物（SO_2，CO）排放的临时性改善，但并未在整体上达到控制空气污染的效果。分样本的分析结果表明，自然资源资产离任审计促进了高污染城市和环保模范城市更加重视改善空气质量，地方政府对AQI（Air Quality Index，空气质量指数）超越临界值有更强烈的治理积极性。本文也对试点期间地方官员晋升概率与AQI关系进行了分析，发现试点城市的污染减排绩效与官员晋升概率呈正相关关系。由于传统绩效考核方式的惯性以及任何新制度的实行都需要一段时间的适应期，本文因此对自然资源资产离任审计制度的长期效应表达了谨慎的乐观。

自然资源资产离任审计试点为实务中审计目标的细化、审计方案的编制以及审计调查的开展积累了有益经验，程序上的规范为该项工作的推广创造了条件。但如果对试点过程缺乏评估环节，可能导致政策试点达不到应有的预期。本研究在以下两个方面做出了贡献：

首先，自然资源资产离任审计作为一项服务于生态文明建设的制度创新，现有研究主要集中在理论基础、实施框架、评价指标以及发展策略等（郭旭，2017）。关于其政策效果的实证研究目前尚十分匮乏，仅有的理论分析无法充分

---

① 参见新华社北京2017年11月28日电，审计署负责人就《领导干部自然资源资产离任审计规定（试行）答记者问》的相关报道，http：//www.gov.cn/zhengce/2017-11/28/content_5242968.htm。

证明自然资源资产离任审计的实施效果。空气污染是最直观的污染体现，也是广大人民群众普遍关注的环境问题，已被确定为自然资源资产离任审计的重点领域。但近年来中国还出台了一系列普适性的空气污染防治政策，如关停并转、重点污染源监控以及中央环保督查等，这可能混淆各类环境政策的减排效果。自然资源资产离任审计是否有助于改善空气质量，亟须通过规范的微观计量方法加以实证检验。本研究有助于客观评价领导干部自然资源资产离任审计制度的有效性，为该领域的后续研究做出基础性贡献。

其次，污染治理是具有负外部性的公共产品，在仅强调经济增长的传统考核和晋升机制下，地方政府必然存在激励不足的问题（周黎安，2007；Wu et al.，2014）。自然资源资产离任审计作为一项绩效考核和责任追究的制度安排，是考察和任用领导干部以及评价其受托环境责任的重要手段。在审计试点中，面对经济绩效和环境绩效的双重约束，地方政府可能采取"和谐锦标赛"抑或"环保资格赛"的策略。本文的研究以此为视角，发现因受传统绩效考核方式影响，地方政府变相实施"环保资格赛"的逻辑成立，同时，结合审计试点期间减排绩效与官员晋升概率的考察，对自然资源资产离任审计制度的长期效果进行了预期，从而进一步丰富和拓展了关于晋升锦标赛机制以及政府管制与污染减排关系的相关文献。

余文的安排如下：第二部分是文献回顾与研究假设；第三部分是研究设计；第四部分是实证检验；第五部分是进一步的讨论；第六部分是对制度长期效应的估计；最后是结论和政策启示。

二、文献回顾与研究假设

1. 环境规制与污染治理

污染治理工具的选择和实施一直是环境经济学与可持续发展研究中的重要议题。根据世界银行的分类，包括利用市场、创建市场、行政手段、信息公开和公众参与等多种形式。按照不同政策工具的演变历程，又可以划分为三个阶段，每一个阶段的演进都有其制度经济学的理论支撑（罗小芳和卢现祥，2011）。其中，第一代工具——传统的命令与控制型管制，受到环境干预主义学派的影响，注重从法制入手开展制度设计，包括市场准入与退出规制、产品标准和产品禁令、技术规范、技术标准、排放绩效标准、生产工艺的规制等。第二代工具——市场化工具，受到基于所有权的市场环境主义学派的影响，注重从产权入手开展制度设计，包括排污收费或环境税、排放权交易、环境补贴、押金——返还制度、执行鼓励金等。第三代工具——信息化工具及自愿环境管制，受到环境自主治理学派的影响，注重从协议入手开展制度设计，包括信息公开计划、自愿环境协议、环境标签、环境认证体系等。

在20世纪80年代以前，中国的污染治理主要以命令控制工具为主，80年代引入排污收费制度后，中国开始尝试命令控制工具与市场化工具并重的污染控制策略。进入21世纪，中国又开始在污染治理中引入排放权交易和环境信息披露等新型的政策工具（史贝贝等，2019）。

命令控制工具具有较强的行政色彩，减排成本较高。但命令型管制不受污染源本身的特性和空间因素等的限制，能够迅速达到控制与治理污染的目的（Dasgupta et al.，2001）。一些研究结果也表明，对中国的污染减排发挥显著影响的仍是以罚款和收费为代表的政策工具，同时一些工程减排和结构减排措施也产生了积极效果（Dasgupta et al.，2001；Wang and Wheeler，2005）。Huang and Chen（2015）研究指出，中国作为处于经济转型期的发展中国家，传统命令控制工具与其他政策工具的组合有助于提高污染控制效果，命令控制工具不仅是十分重要的，而且在必要时还应适当加强。

针对雾霾和空气污染问题，中国先后采取了包括完善法制、关停限产、限号出行以及环保督查等一系列管制措施，一些文献对上述管制措施的效果进行了研究。李树和陈刚（2013）的研究发现，2000年中国对《大气污染防治法》的修订显著提高了空气污染密集型工业行业的全要素生产率，且其边际效应随时间推移呈递增的趋势。Chen et al.（2013）研究发现，关停或搬迁污染企业显著改善了2008年北京奥运会期间的空气质量，但空气污染在奥运事件之后快速反弹，治理效果缺乏持续性。石庆玲等（2016）研究了"两会"期间的"政治性蓝天"现象，发现各地的临时性管控措施，显著改善了"两会"期间的空气质量，但事后出现了更严重的报复性污染。曹静等（2014）考察了限行政策对北京市空气质量的影响，结果表明限行政策尤其是"尾号限行"对空气质量的影响甚微。罗知和李浩然（2018）研究发现，相对于南方地区，实施"大气十条"政策显著减轻了北方地区供暖季节的空气污染程度。

上述文献表明，不同命令控制工具的空气污染防治效果亦存在差异。严格的环境规制能否实现预期目标，需要以政策本身的"适宜性"（Well-designed）为前提（Drucker and Latacz – Lohmann，2003）。任何环境政策的制定和完善都应经过反复论证与跟踪评估；相比较而言，自然资源资产离任审计作为一项管制型政策工具，2015~2017年期间先后在162个城市进行了试点，不仅为自然资源资产离任审计在全国的推广总结和积累了经验，也为本文评估其空气污染防治效果提供了"自然实验"的契机。

2. 环保责任与审计监督

由于环境与自然资源的公共物品属性和"外部效应",市场机制难以在环境保护方面实现资源的最优配置,社会各界开始要求政府从公众利益角度出发对资源环境进行管理,环境保护责任逐渐成为政府公共受托责任的一项重要内容(Parker,2005)。研究表明,由于环境问题的复杂性,在世界范围内,都倾向于将治理污染的主要责任归于政府(Konisky,2011),中国的情况也是如此。2005年,在党的十六届五中全会上,第一次提出建设资源节约型、环境友好型社会的目标。同年,国务院颁布了《关于落实科学发展观加强环境保护的决定》,明确地方政府主要领导是本地区环境保护的第一责任人,将环境保护纳入地方官员的考核指标。此后,《主要污染物总量减排考核办法》(2007年)、《地方党政领导班子和领导干部综合考核评价办法(试行)》(2009年)、《大气污染防治行动计划》(2013年)、《环境保护法》(2014年)等进一步明确了地方政府对所在地区空气质量负责。

一方关系人对另一方或其他关系人负有履行受托经济责任的义务这样一种关系,是审计存在的重要前提(Flint,1988)。在各类审计业务中,经济责任审计具有鲜明的中国特色和时代特征,始于1985年部分省份审计机关对国有企业厂长(经理)离任经济责任审计开展的探索性实践,其产生和发展体现了经济体制改革和政治体制转轨的内在要求。与常规性审计(例如行政事业单位审计)主要关注财政财务收支及有关经济活动不同,经济责任审计的对象是国有企业负责人和地方党政领导干部。作为满足社会公众对领导干部受托公共责任进行监督诉求的一项制度安排,经济责任审计是考核、评价和任用领导干部的主要依据,也成为提升政府效率的重要治理机制(彭韶兵和周兵,2009)。

随着受托公共责任向环境领域的拓展,中国又开始自然资源资产离任审计的探索和实践,将环境保护责任纳入审计监督范畴。党的十八届三中全会通过的《中共中央关于全面深化改革若干重大问题的决定》中对领导干部自然资源资产离任审计做出明确部署。2015年中办、国办印发了《生态文明体制改革总体方案》,提出由自然资源资产产权制度等八项制度构成的生态文明制度体系,自然资源资产离任审计作为完善生态文明绩效评价考核和责任追究制度的重要安排在全国试点和推广。

在对相关制度文件①进行系统梳理的基础上，本文归纳出自然资源资产离任审计（试点）的基本要求如表 1 所示。

表 1　　　　　　　自然资源资产离任审计（试点）的基本要求

1. 重点领域	2. 时间范围	3. 审计组织	4. 审计对象
土地资源、水资源、大气污染防治、森林资源以及矿山生态环境治理等	领导干部任职期间，包括任中（任职期间）、离任两个时点	由审计署负责业务指导和监督，由省级审计机关统一组织具体实施，采取"上审下"的方式保持独立性	地、市（县）党委和政府的主要领导干部
5. 审计内容			
①贯彻执行中央生态文明建设方针政策和决策部署情况；②遵守自然资源资产管理和生态环境保护法律法规情况；③自然资源资产管理和生态环境保护重大决策情况；④完成自然资源资产管理和生态环境保护目标情况；⑤履行自然资源资产管理和生态环境保护监督责任情况；⑥组织自然资源资产和生态环境保护相关资金征管用和项目建设运行情况；⑦履行其他相关责任情况			
6. 责任主体	7. 硬性指标		8. 等级标准
对被审计地区的主要党政领导干部履行自然资源资产管理和生态环境保护责任情况进行总体评价	①任期内的资源环境数量和质量变化情况；②约束性指标或目标责任书的完成情况；③重大环境或资源环境毁损事件发生情况		分为好、较好、一般、较差、差五级

3. 研究假设

作为党中央、国务院加强生态文明建设的一项制度创新，自然资源资产离任审计试点释放如下五个方面的明确信号：①明确了考察重点。与传统考核晋升机制主要关注"经济账"不同，自然资源资产离任审计主要考察领导干部的"生态账"。②明确了责任主体。审计试点对被审计地区的主要党政领导干部履行自然资源资产管理和生态环境保护责任情况进行总体评价，包括任中和离任两个时点。③明确了硬性指标。在审计试点期间，考察的三个方面硬性指标分别是：Ⅰ. 任期内的资源环境数量和质量变化情况；Ⅱ. 约束性指标或目标责任书的完成情况；Ⅲ. 重大环境或资源环境毁损事件发生情况。其中，Ⅰ是绩效指标，就空气污染防治而言，空气质量指数（AQI）的全面改善，能够反映试点城市在空气污染防治方面的努力和良好实践；Ⅱ是基线指标，如果未完成国家或上级政府制定的减排目标，则领导干部环境责任履职是难以令人满意的；Ⅲ是问责指标，

---

① 主要包括中办、国办印发的《开展领导干部自然资源资产离任审计试点方案》（2015 年）和《领导干部自然资源资产离任审计规定（试行）》（2017 年）。以及国家审计署制定的《"十三五"国家审计工作发展规划》（2016 年）、《领导干部自然资源资产离任审计试点要点》（2016 年）和《地方审计机关开展领导干部自然资源资产离任审计试点工作的指导方案》（2017 年）。

如果出现重大空气污染环境公害事件，领导干部很可能会被问责①。④明确了评价等级。总体评价结论分为"好"、"较好"、"一般"、"较差"和"差"五个等级，硬性考核指标与评价等级的关系如图1所示。⑤明确了结果运用。审计结果分别提交省级党委组织部门、省级人民政府和国家审计署，作为考核、评价和任用领导干部的主要依据。

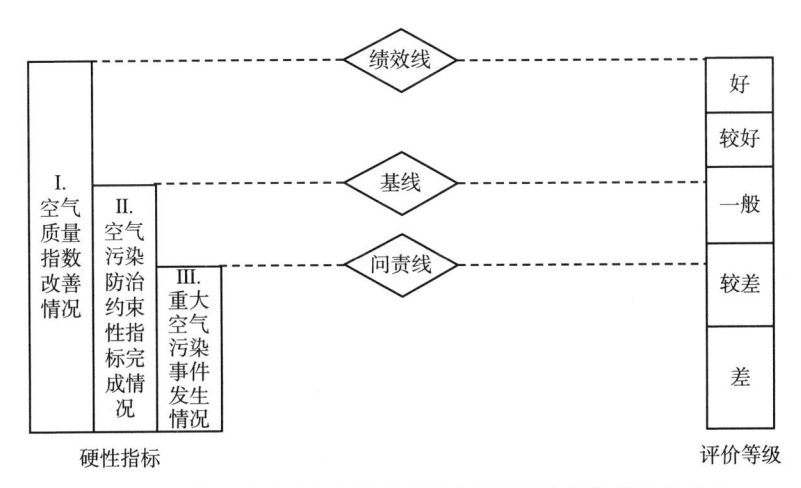

图1 自然资源资产离任审计中硬性考核指标与评价等级的关系

自然资源资产离任审计试点关注的是环境绩效，这必然和强调经济绩效的传统考核晋升机制产生相互作用，进而影响地方官员在审计试点期间的环境表现。地方官员可能采取针对性策略来应对自然资源资产离任审计试点这一新的考核机制。

（1）实现社会福利最大化的目标要求中央对地方的治理从"为增长而竞争"转变为"为和谐而竞争"的模式（陈钊和徐彤，2011）。在中央的统一部署下，污染治理已经纳入地方政府的政绩考核体系，Zheng et al.（2014）就此项改革对中国未来的环境改善表达了乐观的预期。Chen et al.（2018）的研究也发现，在中国 SO_2 和酸雨控制区，地方官员愿意在 GDP 增长与减少 SO_2 排放之间权衡取舍，以完成更为严格的减排目标，证实了基于目标的绩效评估系统的有效性。公众对政府应承担环保责任的心理预期和路径依赖使我们有理由相信，污染治理对政府官员的考核、评价和晋升都会产生一定的影响。在"明确责任→落实责任→

---

① 实际上，Ⅰ、Ⅱ和Ⅲ各硬性指标之间存在一定联系，例如，实现绩效指标（Ⅰ）的情况下，必然达到基线指标（Ⅱ）的要求并且不会出现问责指标（Ⅲ）所禁止的情形。

履行责任→责任追究"的环境治理链条中,自然资源资产离任审计通过对试点地区主要领导干部环境保护责任履行情况进行总体评价,完善了评价考核与责任追究机制。目前生态文明已经上升至国家战略层面,治国理念的转变将带来官员执政方式的改变,地方官员可能据此摒弃传统 GDP 考核晋升模式的影响,从基于地方 GDP 水平的"增长锦标赛"转型为基于地方公众满意度的"和谐锦标赛"。

在和谐锦标赛中,面对自然资源资产离任审计试点以及对环境问题的关注,地方官员需理性地选择自身的努力水平,以及在多任务下重新分配努力水平来最大化其所表现的能力信号(Dewatripont et al., 2000)。地方党政领导干部结合生态文明建设的总体要求,将审计结果作为政治晋升的"激励"因素,寻求空气质量指数的全面改善,努力完成Ⅰ—Ⅲ项考核指标的要求,以期在审计评价中获得"理想"等级,实现环境绩效作为政治晋升的"加分项"。

(2)空气污染问题表面上是政府监管不力和治理投入不足导致的,但其深层次矛盾来自中国特殊的政绩考核体制和不确定的官员流动机制(刘瑞明和金田明,2015)。首先,污染治理与经济增长之间存在矛盾。传统上以 GDP 为核心的晋升锦标赛模式,环境污染作为经济增长的成本并未纳入地方官员的绩效考核体系,地方官员的政绩诉求成为辖区内环境污染事故频发的重要因素(于文超和何勤英,2013)。近年来,虽然中央政府高度重视,社会各界普遍关注,但空气污染问题仍然十分严重,说明环境法律文书在实施中存在"非完全执行"的情况(Wang et al., 2003),因中央和地方的目标函数不一致,很多地区将空气污染防治作为一项"纸面"而非"行动"上的重点工作。其次,污染治理是一项复杂长期的系统工程,而官员的任职任期存在流动性和不确定性。即使地方政府面临经济增长和环境保护的双重考核,空气质量成为政绩考核表上的必备项,但地方官员普遍对"为他人做嫁衣"的环保工作缺乏热情(刘瑞明和金田明,2015)。经济绩效指标要力争"优异",如果能"木秀于林",按照惯例就可"一俊遮百丑";而环境问题的彻底解决或全面改善难度大、周期长,只要"及格"或不出问题就好。

因此,在自然资源资产离任审计试点期间,受传统绩效考核方式和惯性思维的影响,谋取政治晋升而又兼顾减排任务的领导干部,为避免政治出局的风险,可能采取增长锦标赛、环保资格赛的策略。地方官员倾向于将审计结果作为政治晋升的"保健"因素,关注硬性考核指标中Ⅱ和Ⅲ的"底线"达标。由此产生的结果是:地方政府仅重视空气质量约束性考核指标的减排,或者是公众比较敏感的污染指标的临时性改善。

基于以上分析,本文提出如下竞争性假说:

H1：在自然资源资产离任审计试点期间，地方政府对空气污染防治采取"和谐锦标赛"策略。

H2：在自然资源资产离任审计试点期间，地方政府对空气污染防治采取"环保资格赛"策略。

对于试点地区而言，以往的状况已难以改变，能够改善的是试点期间以及之后的空气质量状况。如果和谐锦标赛的逻辑成立，将带来空气质量总体基本面的显著改善；如果环保资格赛的逻辑成立，仅带来约束性指标减排或敏感污染物的临时性改善。到底哪种策略可能是地方政府的理性选择，需要规范的计量方法进行检验。

三、研究设计

1. 研究方法

自然资源资产离任审计试点前后（2014~2017年），空气质量指数（AQI）和主要污染物浓度的变化情况如表2所示。由表2可知，均值指标普遍有所改善，峰值部分指标的浓度也有一定程度降低。这说明全国空气质量呈现逐渐好转的趋势。

表2　　　　　　2014~2017年空气质量指数及主要污染物浓度

Panel A：均值					
指标	单位	2014年	2015年	2016年	2017年
AQI		93.26	81.32	79.52	80.34
SO_2	mg/m³	37.15	25.62	22.57	18.83
PM_{10}	mg/m³	108.33	86.86	83.48	80.62
$PM_{2.5}$	mg/m³	60.82	49.94	46.61	44.44
CO	mg/m³	1.28	1.08	1.05	0.98
NO_2	mg/m³	34.75	29.29	30.16	31.10
O_3	mg/m³	75.79	83.81	87.00	93.76
Panel B：峰值					
指标	单位	2014年	2015年	2016年	2017年
AQI		122.75	123.50	117.80	118.06
SO_2	mg/m³	54.03	51.61	43.04	36.02
PM_{10}	mg/m³	141.60	139.93	140.24	132.12

续表

Panel B：峰值					
指标	单位	2014 年	2015 年	2016 年	2017 年
$PM_{2.5}$	mg/m³	87.74	89.58	84.81	82.00
CO	mg/m³	1.67	1.74	1.63	1.53
NO_2	mg/m³	43.83	45.16	46.69	46.84
O_3	mg/m³	100.31	124.70	128.33	139.19

但传统的政策评估方法并不能形成审计试点效应的因果判断，因为空气质量是众多因素共同作用的结果，其他因素（如加强污染治理投入、严格排放标准、加强污染源控制、关停高污染企业、开展环保督查、采用清洁生产技术等）也会对污染减排产生影响。

本研究利用自然资源资产离任审计分阶段试点的特征，借鉴"自然实验"和"双重差分模型"的方法，评估自然资源资产离任审计对空气质量改善是否产生因果效应。利用双重差分方法的基本思想是：自然资源资产离任审计一方面造成了同一个城市空气质量在审计试点前后的差异；另一方面又造成了同一时点上试点城市与非试点城市之间的差异。基于这种双重差异形成的估计有效控制了其他共时性政策的影响和试点城市与非试点城市的事前差异，进而识别出自然资源资产离任审计试点所带来的因果效应。

由于自然资源离任审计试点于 2015~2017 年期间在各个城市先后实施，故应选择多期双重差分模型。借鉴 Beck et al. (2010) 利用多期双重差分模型开展的研究，设定计量模型如下：

$$AIR_{it} = \beta_0 + \beta_1 DT + \gamma Z_{it} + \alpha_i + \alpha_t + \varepsilon_{it} \tag{1}$$

本文利用的是面板数据，下标 i 和 t 分别代表城市和年份，被解释变量 AIR_{it} 为城市 i 在 t 年的空气质量，具体包括空气质量指数均值（AAQI）与 6 项单项污染物浓度均值（ASO2、APM10、APM2.5、ACO、ANO2、AO3），以及空气质量指数峰值（MAQI）与 6 项单项污染物浓度峰值（MSO2、MPM10、MPM2.5、MCO、MNO2、MO3）。DT = 1 或 0 分别代表对样本点进行"处理"（Treatment）或否，处理（审计试点）所产生的因果效应表现为 E(AIR|DT = 1) − E(AIR|DT = 0)，本文关心的是 DT 的系数 β_1，它衡量了审计试点对空气质量的影响程度。α_i 是城市固定效应，它可以控制不同城市的固有差异；α_t 是年份固定效应，如全国性的污染减排趋势等；Z_{it} 是其他影响 AIR_{it} 的自变量向量；ε_{it} 是随机扰动项。

用于反映自然资源资产离任审计试点的变量有"审计试点（DT）"，该市进行审计试点的当年和此后取值1，否则为0；"审计试点当年（DT1）"，仅在审计试点当年取值1，否则取值0；"审计试点第二年（DT2）""审计试点第三年（DT3）"，分别当该市处于审计试点第2年、第3年时等于1，否则为0。

双重差分模型估计结果的有效性可能受到变量缺失的影响，根据现有文献通常的做法，本文控制了其他可能影响空气质量的变量（Z_{it}），包括：人均GDP对数值（LNPGDP）、人均GDP对数平方项（LNPGDP2）、人口密度（POPDST）、所在城市市长的年龄（AGE）、学历（EDU）、性别（GENDER）、是否任期第一年（TENURE1）、是否任期第五年（TENURE5）等。

2. 样本数据

本文选择2014~2017年中国325个地级行政区的数据作为研究样本[①]。在样本中162个城市先后开展了自然资源资产离任审计的试点，试点信息通过各省、自治区审计厅网站，各市审计局网站，《中国审计年鉴》以及媒体报道获得。2014年是政策实施前的基准年，2015~2017年开展审计试点的城市数量分别为19、81和62个。

空气质量相关数据来源于中国空气质量在线检测分析平台（https://www.aqistudy.cn/historydata/），该平台的城市空气质量数据始于2013年12月或2014年1月，本文根据各城市的月度数据计算年度均值或峰值指标。部分缺失数据通过各地环保局、气象局人工搜集整理的形式补充。此外，在稳健性检验中，本文还利用《中国环境年鉴》2011~2014年的数据开展了平行趋势检验。

各城市GDP和人口数据来源于2014~2017年《国民经济和社会发展统计公报》。各城市的自然地理数据（如是否沿海、历史平均温度等）来源于政府官网和百度百科。

本文选用各城市的市长作为官员样本[②]。官员的背景信息和任职信息根据新华网、人民网等权威网站公布的资料进行整理。为了和年度宏观数据在时间上保持一致，如果当年发生官员更替，参考姚洋和张牧扬（2013）的方法进行匹配，将下半年离任官员作为当年在任官员处理。

[①] 在我国334个地级行政区中，剔除西藏自治区和新设立地级市（如三沙市、儋州市），剩余325个地级行政区。包括269个地级市、21个地区、30个州和5个盟，本文统称为城市。

[②] 市委书记与市长虽然同样作为地方的首长，但市委书记侧重于党委工作，而市长则侧重于政府工作。同时，现有法律、法规和规章也要求强化对地方政府主要领导环境质量履责情况的考核。

四、实证检验

1. 基本回归分析

（1）审计试点与空气质量均值。本文采用个体时点双固定效应模型进行估计，标准误聚类到城市层面。表3给出了利用各城市年度AQI均值的基本估计结果。第（1）~（2）列是仅包括审计试点（DT）以及试点期间各阶段变量（DT1~DT3）的回归结果，本文发现，没有证据表明开展自然资源资产离任审计试点有助于改善空气质量。第（3）~（4）列是考虑控制变量的回归结果，引入控制变量后，拟合优度调整R^2有所增加，说明模型的整体解释力有所提高。不过无论加入控制变量与否，核心解释变量DT以及DT1~DT3的估计系数虽为负，但均未能通过统计显著性检验。表3中审计试点以及试点各年度的回归结果基本保持一致，也从侧面反映了本文模型估计的稳健性。

表3 审计试点与AQI均值分析

被解释变量：AAQI	（1）	（2）	（3）	（4）
审计试点（DT）	-1.0430 （-0.6037）		-1.5582 （-0.9196）	
审计试点当年（DT1）		-0.9816 （-0.6211）		-1.2314 （-0.7864）
审计试点第二年（DT2）		-1.3347 （-0.5495）		-2.8172 （-1.1775）
审计试点第三年（DT3）		-3.8638 （-0.9646）		-6.3634* （-1.7406）
控制变量	控制	控制	控制	控制
年度	控制	控制	控制	控制
城市	控制	控制	控制	控制
N	1300	1300	1300	1300
Adj-R^2	0.1273	0.1276	0.1685	0.1696

注：括号内的数值为t值，*、**、***分别表示在10%、5%和1%的置信水平上显著。

由于AQI由多个单项污染物浓度经过一定方法合成，不同单项污染物的形成原因不同，审计试点对其影响也不尽相同，进一步以单项污染物浓度年度均值作为被解释变量的回归结果如表4所示。在第（2）列对PM_{10}的估计中，关键解释变量 DT 的系数为 -4.07,在 10% 的水平上显著,说明相对于非试点城市,试点城市 PM$_{10}$ 浓度的均值下降了大约 4.07mg/m³。在时间趋势上,DT1~DT3 的系数都为负,且在 10% 的水平上显著。所有模型中除第(2)列之外,本文仍然没有发现审计试点对其他单项污染物的改善作用。

表4　　　　　　　　　审计试点与主要污染物浓度均值分析

被解释变量	(1) ASO2	(2) APM10	(3) APM2.5	(4) ACO	(5) ANO2	(6) AO3
审计试点(DT)	-1.8094 (-1.4042)	-4.0714* (-1.8145)	-0.9498 (-0.6727)	-0.0489 (-1.5854)	-1.1500 (-1.4768)	-0.9620 (-0.6763)
审计试点当年(DT1)	-1.4568 (-1.2634)	-3.4910* (-1.6795)	-0.5727 (-0.4355)	-0.0464 (-1.5554)	-1.0508 (-1.4707)	-1.0486 (-0.7898)
审计试点第二年(DT2)	-3.1603 (-1.5997)	-6.2526* (-1.9450)	-2.3644 (-1.1929)	-0.0560 (-1.3366)	-1.5499 (-1.3743)	-0.7705 (-0.3752)
审计试点第三年(DT3)	-6.4913 (-1.5617)	-8.7356* (-1.7966)	-3.8315 (-1.1495)	0.0918 (1.4399)	-3.8619* (-1.8438)	-9.7586*** (-3.0639)
控制变量	控制	控制	控制	控制	控制	控制
年度	控制	控制	控制	控制	控制	控制
城市	控制	控制	控制	控制	控制	控制
N	1300	1300	1300	1300	1300	1300
Adj - R_a^2	0.3303	0.2523	0.2442	0.1220	0.1610	0.2805
Adj - R_b^2	0.3321	0.2531	0.2451	0.1237	0.1628	0.2858

注:括号内的数值为 t 值,*、**、*** 分别表示在 10%、5% 和 1% 的置信水平上显著;Adj - R_a^2 是以 DT 为解释变量的计算结果,Adj - R_b^2 是以 DT1、DT2、DT3 为解释变量的计算结果。

虽然表2揭示了审计试点前后(2014~2017年)空气质量确实改善的事实,但区分处理组与对照组之后,本文发现审计试点对空气质量改善的政策效果,除了 PM$_{10}$ 之外并非如预期的那样大,原因在于存在共时性因素等影响,即使在未开展自然资源资产离任审计的对照组,其空气质量同样得以改善。

值得关注的是,《大气污染防治行动计划》中明确要求,"2017年地级市及以上城市 PM$_{10}$ 浓度比2012年下降10%,优良天数逐年提高"。这是该规划中唯一全国性定量考核的约束性指标。同样需引起注意的是,在自然资源资产离任审计试点的相关要求中,也明确了将检查大气污染防治行动计划、水污染防治行动计划、土地污染防治行动计划的完成情况作为审计评价的硬性指标之一。环保考核的约束性目标越明确，地方政府越有激励降低相关污染指标的排放浓度，这初步证实了在自然资源资产离任审计试点中"环保资格赛"的逻辑成立。

（2）审计试点与空气质量峰值。表5给出了利用各城市年度AQI峰值的估计结果。结果表明：第（1）~（2）列未考虑控制变量情况下，审计试点对AQI峰值的影响在10%的水平上显著为负；但考虑控制变量的影响后，第（3）~（4）列中关键解释变量的显著性消失。本文进一步考虑了其他的6项单项污染物浓度衡量指标，回归结果如表6所示。关键解释变量DT的系数表明，相对于非试点城市，试点城市 SO_2、PM_{10} 和 CO 三种污染物浓度的峰值分别下降了大约 4.59mg/m³（9.9%）、10.62mg/m³（7.7%）和0.09mg/m³（5.5%），且在1%或5%的水平上显著。在时间趋势上，DT1~DT3的系数表明政策效果主要集中在审计试点前两年，仅 SO_2 的峰值削减效果持续到第三年。

表5　　　　　　　　　　审计试点与AQI峰值分析

被解释变量：MAQI	(1)	(2)	(3)	(4)
审计试点（DT）	-5.1387* (-1.9057)		-3.5263 (-1.3203)	
审计试点当年（DT1）		-4.7777* (-1.8955)		-3.4208 (-1.3564)
审计试点第二年（DT2）		-6.4806* (-1.7342)		-3.9910 (-1.0757)
审计试点第三年（DT3）		-9.2062 (-1.3161)		-9.1983 (-1.4359)
控制变量	未控制	未控制	控制	控制
年度	控制	控制	控制	控制
城市	控制	控制	控制	控制
N	1300	1300	1300	1300
Adj-R^2	0.0165	0.0169	0.0379	0.0385

注：括号内的数值为t值，*、**、*** 分别表示在10%、5%和1%的置信水平上显著。

表 6 审计试点与主要污染物浓度峰值分析

被解释变量	（1）MSO2	（2）MPM10	（3）MPM2.5	（4）MCO	（5）MNO2	（6）MO3
审计试点（DT）	-4.5906** (-2.2646)	-10.6207*** (-2.7028)	-2.5536 (-1.0615)	-0.0937** (-2.0785)	-0.6559 (-0.6716)	-0.0349 (-0.0152)
审计试点当年（DT1）	-4.0202** (-2.1488)	-10.6955*** (-2.7299)	-2.4214 (-1.0473)	-0.1019** (-2.3516)	-0.7026 (-0.7769)	-0.0787 (-0.0364)
审计试点第二年（DT2）	-6.7586** (-2.2971)	-10.2982** (-2.1452)	-3.1265 (-0.9742)	-0.0621 (-1.0166)	-0.4890 (-0.3377)	-0.1065 (-0.0321)
审计试点第三年（DT3）	-10.9359** (-2.1727)	-7.0884 (-0.7998)	-9.0163* (-1.6839)	0.0339 (0.3234)	-0.8898 (-0.3265)	-16.4341*** (-2.8635)
控制变量	控制	控制	控制	控制	控制	控制
年度	控制	控制	控制	控制	控制	控制
城市	控制	控制	控制	控制	控制	控制
N	1300	1300	1300	1300	1300	1300
$Adj-R_a^2$	0.1759	0.0262	0.0374	0.0434	0.0487	0.3695
$Adj-R_b^2$	0.1778	0.0263	0.0382	0.0446	0.0487	0.3743

注：括号内的数值为 t 值，*、**、*** 分别表示在 10%、5% 和 1% 的置信水平上显著；$Adj-R_a^2$ 是以 DT 为解释变量的计算结果，$Adj-R_b^2$ 是以 DT1、DT2、DT3 为解释变量的计算结果。

SO_2 虽不是《大气污染防治行动计划》中的约束性减排指标，但却是"十一五"时期全国污染防治的主要考核指标，2007 年颁布的《主要污染物总量减排考核办法》中，明确将 SO_2 和 COD 的总量减排作为对地方政府和领导干部晋升考核评价的重要依据。相对于各城市年度空气质量的均值指标，峰值（最大值）指标不仅能反映污染程度，更重要的是相较于其他统计特征值，峰值指标更容易被公众感知（Heutel and Ruhm，2016）。本文认为，在审计试点期间，重度污染将触及空气质量恶化（Ⅰ）、约束性指标完成不力（Ⅱ）以及重大环境毁损事件（Ⅲ）等三重"底线"，甚至可能因公众不满引发群体事件，这迫使地方政府特别重视削减敏感污染物排放的峰值指标。进一步结合对各单项污染物特征的分析发现，上述三种污染物主要来源于生产性污染①，对于生产性污染，通过加强环境监管可以削减相关重污染企业的超标排放，从而可能成为地方政府临时性治理

---

① PM_{10}、SO_2 和 CO 主要来源于燃烧的烟尘、工业粉尘、建筑粉尘和扬尘等，NO_2 来源于机动车尾气排放，O_3 是一种二次污染物，来自氮氧等污染物的光化学反应。

措施的主要对象。空气质量峰值指标的回归结果为地方政府不逾越重大空气污染"红线"的"环保资格赛"逻辑提供了进一步的证据。

综上,根据基本回归分析的结果,受传统绩效考评方式的惯性影响,与非试点城市相比,自然资源资产离任审计并未显著提升试点城市空气质量的基本面,"和谐竞争锦标赛"的假说不成立。但在审计试点期间,地方政府通过减少约束性指标的排放浓度或者削减敏感污染物的排放峰值,体现自身的环保责任履职,避免因《大气污染防治行动计划》执行不力或严重的空气污染事件而遭受责罚,这样的行为给"环保资格赛"假说提供了经验证据。

2. 稳健性检验

为了检验上述结论的可靠性,本文从平行趋势检验、安慰剂检验、增加控制变量、去除临界值和倾向得分匹配等五个方面开展稳健性检验①。

(1) 平行趋势检验。双重差分估计的一个重要条件是公共政策必须是外生的,不能与回归方程的误差项之间有关联。如果有未被识别的与空气质量相关的因素同时影响到一个城市是否进行审计试点,那么未开展试点的城市就不能构成有效的对照组,因为处理组和对照组内在的空气质量趋势本身可能就是不同的。

借鉴 Li et al. (2016) 的事件研究法 (event study) 进行平行趋势检验。被解释变量为工业废气排放总量及各主要污染物,关键解释变量为108个环保重点城市在政策实施之前1~4年的窗口期变量,在控制经济发展水平(LNPGDP)和自然地理因素的影响后,关键解释变量的系数都不显著,说明至少在政策实施前4年,处理组和对照组城市中工业废气的排放趋势是一致的。另外,本文还以工业废气排放的差分值作为被解释变量,以是否处理组(TREAT)作为解释变量,结果显示 TREAT 的系数不显著,说明在政策实施之前处理组城市与对照组城市之间没有明显的减排趋势差异。

(2) 安慰剂检验。安慰剂检验通常通过替换处理组或改变政策起作用的虚拟时间加以实现。

替换处理组。假设开展自然资源资产离任审计试点的城市没有进行试点,将处理组和对照组互换,根据年度和省份随机配对处理组城市及试点时间,再次进行双重差分估计。结果显示,关键解释变量对 PM_{10} 的年度均值(APM10),以及对 SO_2、PM_{10} 和 CO 的年度峰值(MSO2,MPM10,MCO)的系数不显著,说明虚拟处理组对空气污染防治没有显著的政策影响。

改变试点时间。由于全部样本中审计试点的时间并不统一,本文保留了全部

---

① 本文省略了所有稳健性检验的结果,请参见《中国工业经济》网站(http://www.ciejournal.org)公开附件。

对照组样本和2017年才开展自然资源资产离任审计试点的城市作为处理组,并假设处理组的试点时间为2016年,重新进行双重差分估计。结果显示,关键解释变量对APM10以及MSO2,MPM10和MCO的系数不显著,说明虚拟试点时间对空气污染防治没有显著的政策影响。

(3)增加控制变量。为进一步验证基本回归分析结果的稳健性,采用增加控制变量的方式进行稳健性检验。一类是城市层面的控制变量:包括第二产业占GDP的比重(SECOND)、第三产业占GDP的比重(THIRD)以及财政压力(PRESSR)。地方政府的财政压力会影响政府投资,本文定义财政压力(PRESSR) = (财政预算支出 – 财政预算收入)/GDP,反映地方政府增加污染治理等民生项目投资的能力。另一类变量是对自然资源资产离任审计政策可能产生影响的敏感因素,本文认为其中最敏感的因素是与自然资源资产离任审计试点期间重叠的环保督查的影响。2016年和2017年,中央环保督察组先后对全国31个省级行政区实施了环保督查全覆盖,本文定义了INSPEC变量来考察这种可能的影响,当年开展环保督查省份的城市取值为1,否则为0。结果显示,关键解释变量对APM10以及MSO2,MPM10和MCO的系数仍显著为负,对其他被解释变量的系数不显著,与基本回归分析的结果一致。

(4)去除临界值。由于空气质量指数(AQI)高于100意味着污染超标,一些学者在研究中国的AQI时发现,AQI位于[96,100]的天数明显高于AQI位于[101,105]的天数,令人鼓舞的减排数字和公众对空气质量状况的实际感受形成反差,引发了对统计数据真实性的担忧(Ghanem and Zhang,2014)。

本文认为,即使存在观测数据造假的可能性,但空气质量数据的伪造也不可能过于偏离事实。为排除"数据减排"的干扰,本文剔除了年度AQI最大值在[95,105]之间的样本进行重新检验。结果显示,核心变量的符号及政策效果的时间趋势与基本回归结果保持一致,说明本文的研究结论是稳健的。

(5)倾向得分匹配。本部分检验在建立双重差分模型之前,先使用倾向得分匹配法(propensity score matching,PSM)为处理组匹配相应的对照组。具体过程如下:选择自然地理特征和经济发展水平作为协变量;利用Logit模型计算倾向得分;使用最近邻匹配法,从未试点城市中为开展审计试点的城市选取一对一匹配样本;采用共同支撑(common support)假定检验匹配样本的平衡性,删除不满足共同支撑的观测值。完成上述PSM匹配过程后,再次使用双重差分模型进行实证检验,研究结论未发生实质性变化,同样说明本文研究结论的稳健性。

五、进一步的讨论①

1. 基于 PM$_{2.5}$ 考核省份的检验

中央对 PM$_{2.5}$ 的区域性治理十分重视，在 2013 年颁布的《大气污染防治行动计划》中，要求到 2017 年，京津冀、长三角、珠三角等区域细颗粒物浓度（PM$_{2.5}$）比 2012 年分别下降 25%、20%、15% 左右。此后，环保部等 6 部委出台的《大气污染防治行动计划实施情况考核办法（试行）实施细则》（2014 年）中，进一步明确京津冀及周边地区、长三角区域、珠三角区域，包括北京市、天津市、河北省、山西省、内蒙古自治区、山东省、上海市、江苏省、浙江省和广东省共 10 个省份以 PM$_{2.5}$ 下降幅度作为考核指标。

上述地区是中国经济发展与环境保护矛盾最为突出的地区，空气质量状况不容乐观，PM$_{2.5}$ 排放水平成为《大气污染防治行动计划》中考察空气质量是否改善的重要约束性指标。本文认为，如果环保资格赛的逻辑成立，上述地区的试点城市相较于其他非试点城市，在审计试点期间 PM$_{2.5}$ 的减排效果将更加显著。基于 PM$_{2.5}$ 考核省份的估计结果显示，无论是基准模型还是去除临界值模型，审计试点与 PM$_{2.5}$ 排放水平都呈显著的负相关关系。这表明相对于非试点城市，上述地区的试点城市显著削减了约束性指标 PM$_{2.5}$ 的排放。另外，审计试点对 PM$_{10}$ 的估计结果同样显著为负，说明上述地区试点城市中 PM$_{2.5}$ 和 PM$_{10}$ 保持基本一致的减排趋势。

2. 基于污染程度的检验

空气质量及其考核指标，包括水平值和临界值。前文关于审计试点和 AQI 水平值关系的研究结论证实了环保资格赛的假说。在此基础上，本文进一步讨论临界值可能带来的影响。根据《环境空气质量指数技术规定（试行）》，本文将 AQI 达到 100，即是否超标排放的标志（也是污染天气的标志）作为临界值②。有理由相信，对临界值敏感的试点城市为完成"达标"任务，在实施环保资格赛中将采取更加积极的治理措施改善空气质量。

以审计试点前一年（2014 年）AQI 中值作为依据，将实际污染排放水平高于中值的城市认定为高污染城市组，反之则称为低污染城市组。不同污染程度两组城市样本的差异很大，高污染城市组 AQI 的均值接近 120，峰值接近 251，分

---

① 本文省略了该部分的检验结果，请参见《中国工业经济》网站（http://www.ciejournal.org）公开附件。

② 根据《环境空气质量指数（AQI）技术规定（试行）》（HJ 633—2012）：空气污染指数划分为 0~50（优）、51~100（良）、101~150（轻度污染）、151~200（中度污染）、201~300（重度污染）和大于 300（严重污染）六档，AQI 大于 100 即超标，指数越大、级别越高，说明污染越严重。

别超过了临界值；低污染城市组 AQI 的均值接近 67，峰值接近 91，都未超临界值。

不同污染程度两类子样本的估计结果显示，无论是基准模型还是 PSM 模型，估计结果都支持审计试点效果与污染排放水平密切相关。在高污染城市组，审计试点与 AQI 均值、峰值均负相关，且分别在 1% 或 5% 的水平上显著，这说明对于空气污染较严重的城市，审计试点确实起到更好地改善空气质量的作用。

3. 基于城市定位的检验

审计试点的效果除依赖于处理组的污染排放状况外，还可能和城市自身定位有关。1997～2012 年，全国先后有 77 个城市获得了国家级环保模范城市的荣誉称号，经归并县级市的数据并与地级行政区匹配后，共获得 50 个城市样本。本文定义了 PROTECT 哑变量，获得环保模范城市荣誉称号的取值为 1，否则为 0。审计试点期间环保模范城市组与非环保模范城市组 AQI 的均值皆在 83 左右，比较接近；但峰值分别为 137 和 251，存在较大差异。

不同城市类型两类子样本的估计结果显示，无论是基准模型还是 PSM 模型，估计结果都支持审计试点效果与城市自身定位密切相关。一方面，DT 的系数为负，但并不显著，这与前文基本回归分析的结果一致。另一方面，由于 AQI < 100 被环保部门定义为"蓝天"的主要标准（石庆玲等，2016），而"蓝天"又是申请和考核环保模范城市的重要依据，参加试点的环保模范城市更加重视降低超标排放的 AQI 峰值，DT 与 PROTECT 交互项的系数显著为负，意味着与非环保模范城市相比，环保模范城市的 AQI 峰值下降更加明显。

六、对制度长期效应的估计

除了审计试点期间（2015～2017 年）的政策效果，通过观察空气质量改善与官员晋升概率的关系，本文还对推广自然资源资产离任审计制度可能带来的长期效应做出分析。

本文设定二元 Logit 回归模型考察环境绩效与地方官员晋升概率的关系：

$$\Pr(\text{PROMT}_{it+1}) = \beta_0 + \beta_1 \text{ENVI}_{it} + \beta_2 \text{ECO}_{it} + \beta_3 \text{TENURE5}_{it} \times \text{ENVI}_{it} + \gamma W_{it} + \varepsilon_{it} \tag{2}$$

其中：被解释变量 PROMT_{it+1} 表示地方官员下一年度的晋升情况，参照姚洋和张牧扬（2013）的做法，将审计试点期间以下几种情况的官员变更界定为晋升：①从本市市长升至本市书记；②从本市市长升至省内其他城市担任书记；③从市长升至省级领导或省委常委；④从地方政府到中央部委担任司局级正职。ENVI_{it} 表示环境绩效，分别使用空气质量指数改善值 DAAQI，以及主要污染物

PM$_{10}$和PM$_{2.5}$减排值DAPM10、DAPM2.5来衡量。ECO$_{it}$表示经济绩效,使用各城市GDP增长率来衡量。W$_{it}$是官员个人特征的控制变量,与前文的分析一致,包括年龄、性别、学历、是否任职第一年以及是否任职第五年。

根据《党政领导干部职务任期暂行规定》等相关规定,党政领导职务每个任期为5年。但由于我国各地的情况差异很大,并不存在统一的换届时间。考虑到自然资源资产离任审计的结果已被作为考核、评价和任用领导干部的主要依据,对于试点地区而言,可以比较直观地利用空气质量指数(AQI)和约束性指标(PM$_{10}$)的改善来显示其环境绩效,分析环境绩效与官员晋升概率的关系。本文还构建了是否任职第5年(TENURE5)与环境绩效(ENVI)的交互项,分别对试点城市和非试点城市进行回归,如果在试点城市中观察到交互项的系数显著为正,则进一步表明空气质量改善提升了试点城市任职期满官员的晋升概率。

审计试点期间,环境绩效与地方官员晋升概率的关系如表7所示。在Panel A中,第(1)列试点城市空气质量改善值DAAQI的系数[1]为正,且在10%的水平上显著,说明空气质量改善提升了试点城市官员的晋升概率;由第(2)列的结果可知,在非试点城市中不存在上述环境效应,而ECO的系数显著为正,说明经济绩效在非试点城市的官员晋升中仍占据着重要地位。结合前文的分析,以约束性指标PM$_{10}$和PM$_{2.5}$作为空气质量的衡量指标,第(3)列和第(5)列的结果表明,试点城市中关键解释变量DAPM10和DAPM2.5系数分别在10%,5%的水平上显著为正。第(2)列和第(4)列非试点城市中经济绩效指标显著为正但环境绩效指标的系数仍不显著。在Panel B中,由模型回归结果可知,第(1)、(3)和(5)列中DAAQI、DAPM10以及DAPM2.5的系数显著为正,表明上文估计结果有一定的稳健性。同时,第(3)列中关键解释变量TENURE5×DAPM10的系数约为0.11,且在5%的水平上显著,而第(4)列中无论DAPM10或TENURE5×DAPM10的系数都不显著。结合前文的分析,PM$_{10}$是《大气污染防治行动计划》中唯一全国性定量考核的约束性指标,交互项的系数显著为正,表明PM$_{10}$的减排绩效提升了试点城市任职期满官员的晋升概率,为考察审计试点期间环境绩效与官员晋升关系提供了进一步经验证据。

---

[1] 无论是改善值或减排值,统一使用削减程度×(-1),以AAQI改善值为例,DAAQI=(AAQI$_{it}$ - AAQI$_{it-1}$)×(-1),该值越大、减排(削减)程度越高。该指标估计结果显著为正,说明减排(削减)程度越大、晋升可能性越高。

表 7　审计试点期间空气质量改善与官员晋升的关系

Panel A：基准模型						
PROMT	试点	非试点	试点	非试点	试点	非试点
	（1）	（2）	（3）	（4）	（5）	（6）
ECO	2.3633 （0.7505）	1.9927** （2.2998）	2.2273 （0.7300）	1.9957** （2.3029）	2.4455 （0.7662）	2.0498** （2.3418）
DAAQI	0.0325* （1.7035）	−0.0037 （−1.0012）				
DAPM10			0.0316* （1.9382）	−0.0028 （−1.1468）		
DAPM2.5					0.0458** （2.0520）	−0.0063 （−1.3805）
官员特征	控制	控制	控制	控制	控制	控制
年度	控制	控制	控制	控制	控制	控制
N	281	694	281	694	281	694
Pseudo−R^2	0.0532	0.0319	0.0632	0.0321	0.0595	0.0333

Panel B：含交互项模型						
PROMT	试点	非试点	试点	非试点	试点	非试点
	（1）	（2）	（3）	（4）	（5）	（6）
ECO	2.3279 （0.7431）	1.9932** （2.2904）	2.2799 （0.7254）	1.9978** （2.2903）	2.4223 （0.7543）	2.0434** （2.3297）
TENURE5	0.1753 （0.3197）	−0.5674 （−1.2534）	−0.5523 （−0.7633）	−0.5924 （−1.3111）	−0.1973 （−0.2918）	−0.5434 （−1.2039）
DAAQI	0.0305* （1.6855）	−0.0042 （−1.1014）				
TENURE5×DAAQI	0.0434 （0.5048）	0.0339 （1.4907）				
DAPM10			0.0244* （1.7544）	−0.0030 （−1.2275）		
TENURE5×DAPM10			0.1054** （2.4133）	0.0190 （1.3510）		
DAPM2.5					0.0387* （1.9514）	−0.0066 （−1.4156）

续表

Panel B：含交互项模型

PROMT	试点	非试点	试点	非试点	试点	非试点
	（1）	（2）	（3）	（4）	（5）	（6）
TENURE5 × DAPM25					0.0945 (1.4431)	0.0211 (0.8549)
官员特征	控制	控制	控制	控制	控制	控制
年度	控制	控制	控制	控制	控制	控制
N	281	694	281	694	281	694
Pseudo – R²	0.0543	0.0332	0.0778	0.0329	0.0654	0.0336

注：括号内的数值为 t 值，*、**、*** 分别表示在10%、5%和1%的置信水平上显著。

空气质量的改善是一项长期而系统的过程。与中国经济增长的关键因素是"做对激励"一样，提升环境质量同样需要好的激励机制和制度设计。自然资源资产离任审计试点属于一项新生事物。在面临不确定环境又无成熟经验可供借鉴的情况下，地方官员倾向于依赖以往的惯例进行判断，而这样的判断可能受到传统GDP导向考核晋升机制的固有影响，增长锦标赛、环保资格赛成为惯性思维下的理性选项，而这恰恰说明自然资源资产离任审计制度可能还需要一段适应期。在绩效评估理论中有一个专业词汇称作"进步学习"，指被评估者在评估的过程中因获知先前案例中被评估为高分的那些行为，进而在之后的评估中有选择地采取这些行动（尚虎平，2008）。根据表7的回归结果，空气质量改善提升了试点城市地方官员的晋升概率。本文认为，就长期效应而言，随着该项制度在全国范围推广，自然资源资产离任审计及其结果运用，有助于地方政府通过"进步学习"探索经济绩效与环境绩效的和谐，在摸索成为先进规律的过程中，实现"环保资格赛"向"和谐锦标赛"转型。

七、结论和政策启示

本文利用中国325个城市2014～2017年的资料，通过对自然资源资产离任审计试点情况与年度空气质量指数以及各单项污染物浓度的均值、峰值数据进行匹配，探讨了自然资源资产离任审计试点与空气污染防治的话题。

研究发现，与非试点城市相比，审计试点虽未明显改善处理组空气质量指数（AQI）的基本面（均值），但显著削减了《大气污染防治行动计划》中约束性指标 PM_{10}（$PM_{2.5}$）的排放水平，以及 SO_2 等敏感污染物的排放峰值，上述污染物具有考核目标明确、生产性污染源和关注度高的特征。异质性分析的结果表明，在试点城市中，高污染样本组的 AQI 得到全面改善；环保模范城市样本组的 AQI 峰值显著降低。上述发现进一步验证了受 GDP 导向传统考核晋升模式影响，地方政府面对审计试点倾向于将空气质量指标作为环保考核达标项而采取权变策略。最后，基于 Logit 模型的回归结果显示，审计试点城市的减排绩效与官员晋升概率呈正相关关系；从进步学习的角度，自然资源资产离任审计长期而言有助于促进空气质量的持续改善。

2018 年开始，自然资源资产离任审计进入全国推广阶段。为更好发挥自然资源资产离任审计的建设性作用，使用好考核评价这根"指挥棒"，推动"环保资格赛"向"和谐锦标赛"的转型，结合本文的研究结果，提出如下政策启示：

第一，环境问题归根到底是"人"问题，审计结果必须用于地方官员考核晋升的激励约束当中。地方主要党政领导干部是本行政区环境保护的第一责任人，只有将环境保护作为"一把手"工程，才能打赢当前的空气污染防治攻坚战。与常规审计由"事"及"人"，根据审计结果界定违规违纪或损失浪费问题当事人的责任不同；领导干部自然资源资产离任审计的逻辑是由"人"及"事"，重点关注领导干部任职期间在自然资源资产管理和生态环境保护责任履行中，是否存在不作为、慢作为以及乱作为等问题，维护人民群众环境权益和保障国家生态安全。要切实发挥自然资源资产离任审计的威慑力就必须加强审计结果运用，问题的查处要与领导干部或政府部门履职尽责情况挂钩；既要有总体评价，又要对发现的问题进行责任界定，将审计结论写入领导干部人事档案，对于环境业绩差的地方官员，在干部选拔、任用和奖惩时真正做到"一票否决"。

第二，考虑到官员任期短与环境问题滞后性的矛盾，应实行生态环境损害责任终身问责制。地方主要党政领导干部在环保政策执行、环保资金使用、环保项目运行以及环保部门（审批）履职等方面承担直接责任或领导责任。对那些破坏生态环境的地方官员，要真追责、敢追责、严追责，特别是导致资源严重浪费和环境重大污染、给人民群众利益造成重大损害的，在官员晋升、调任、离任乃至退休后仍应按《党政领导干部生态环境损害责任追究办法（试行）》的有关规定，对其执政期间承担的环境保护责任进行追责。审计部门与司法、监察部门应加强联系和协作，司法、监察部门要把自然资源资产离任审计中发现的问题作为监督、惩处干部的重要依据，对审计查出和移送的违纪违法案件线索及时调查处理。对领导干部未经民主决策、相关程序、或在多数人不同意的情况决策实施重大事项，并造成重大环境损失等失职渎职行为，从严从重惩处。

第三，完善政府官员的目标责任制和岗位责任制，明确各级政府党政领导干部应承担的经济责任和环境责任。探索经济责任审计和自然资源资产离任审计一体化工作格局，不仅查经济账，也查资源环境账。由于各地资源环境空间异质性强、经济发展水平差异较大，在审计过程中不宜采用"一刀切"的模式。应依托各地的主体功能区（优化开发区、重点开发区、限制开发区和禁止开发区）定位，"因地制宜"确定审计内容、审计重点和审计评价指标体系。例如：优化开发区因其开发密度较高，应关注开发强度指标控制；重点开发区应侧重于自然资源的开发质量，实现资源的高效利用。限制开发区环境承载能力较弱，可适当弱化GDP等经济指标的权重，强化生态环境指标的权重。禁止开发区应严格遵循生态红线控制和推动生态修复。通过经济责任审计和自然资源资产离任审计的一体化工作格局，促进优化经济结构，提高资源开发利用效率，建立污染防控长效机制、实现自然资源开发、利用和保护的良性循环。

第四，注重利用大数据技术、注重审计技术方法创新、注重利用专家经验，推进自然资源资产离任审计常态化、制度化、规范化。积极引进专业检测技术手段，坚持用数据说话，对造成生态环境损害的情况，要分析是人为因素还是自然因素、是历史因素还是现实因素，以此合理界定领导干部应承担的责任。积极聘请资环、气象、工程、法律等领域专家参与审计，避免审计"一言堂"，确保审计结果及问题定性专业、准确、权威。建立健全由党委组织部门牵头，审计、纪检、统计、国土、城建、环保、农业、林业、水务等部门共同参与的联席会议制度，定期召开成员单位会议，研究部署和落实自然资源资产离任审计相关重大事宜。以互联网为载体，完善日常沟通平台，推动审计机关内部和有关单位实现成果共享共用。整合各类资源普查数据、环境监测数据和统计数据，构建标准统一的自然资源资产大数据平台，为开展审计评价提供可靠的数据基础和资料保障。

自然资源资产离任审计是中国"党管干部"制度背景下一项富有创新性的环境政策，对加强生态文明建设具有特殊的重要意义。本文的研究发现，自然资源资产离任审计试点期间，地方政府在空气污染防治中采取"环保资格赛"的逻辑成立，减排效果主要体现在关键约束性考核指标上，同时该项政策的推行为地方政府提供了"进步学习"的机会。从时效性上讲，本文的研究结论对评估自然资源资产离任审计试点的实施效果具有启示意义。由于数据获取等方面的原因，本文使用政策试点前1年和试点期3年作为研究区间，但对该项政策效果的全面客观评估尚需要考察更长的时间积累和更广的资源种类。随着相关数据资料的进一步公开共享，未来的相关研究可在如下方面进一步展开：将研究范围拓展至其他污染物和更长的时间区间；在自然资源资产离任审计全国范围推广后，将污染行业、非污染行业分别作为处理组和对照组，考察该项政策对企业环保投资等财务行为的影响等。

参考文献

[1] 曹静、王鑫、钟笑寒：《限行政策是否改善了北京市的空气质量》，载《经济学（季刊）》2014年第3期。

[2] 陈钊、徐彤：《走向"为和谐而竞争"：晋升锦标赛下的中央和地方治理模式变迁》，载《世界经济》2011年第9期。

[3] 郭峰、石庆玲：《官员更替、合谋震慑与空气质量的临时性改善》，载《经济研究》2017年第7期。

[4] 郭旭：《领导干部自然资源资产离任审计研究综述》，载《审计研究》2017年第2期。

[5] 李树、陈刚：《环境管制与生产率增长》，载《经济研究》2013年第1期。

[6] 黎文靖、郑曼妮：《空气污染的治理机制及其作用效果——来自地级市的经验证据》，载《中国工业经济》2016年第4期。

[7] 刘瑞明、金田明：《政绩考核、交流效应与经济发展》，载《当代经济科学》2015年第3期。

[8] 罗小芳、卢现祥：《环境治理中的三大制度经济学学派：理论与实践》，载《国外社会科学》2011年第6期。

[9] 罗知、李浩然：《"大气十条"政策的实施对空气质量的影响》，载《中国工业经济》2018年第9期。

[10] 吕连宏、罗宏、张型芳：《近期中国大气污染状况、防治政策及对能源消费的影响》，载《中国能源》2015年第8期。

[11] 彭韶兵、周兵：《公共权力的委托代理与政府目标经济责任审计》，载《会计研究》2009年第6期。

[12] 尚虎平：《我国地方政府绩效评估悖论：高绩效下的政治安全隐患》，载《管理世界》2008年第4期。

[13] 史贝贝、冯晨、康蓉：《环境信息披露与外商直接投资优化》，载《中国工业经济》2019年第4期。

[14] 石庆玲、郭峰、陈诗一：《雾霾治理中的"政治性蓝天"》，载《中国工业经济》2016年第3期。

[15] 姚洋、张牧扬：《官员绩效与晋升锦标赛》，载《经济研究》2013年第1期。

[16] 于文超、何勤英：《辖区经济增长绩效与环境污染事故》，载《世界经济文汇》2013年第2期。

[17] 张鹏、张靳雪、崔峰：《工业化进程中环境污染、能源耗费与官员晋升》，载《公共行政评论》2017年第5期。

[18] 中国工程院、环境保护部:《中国环境宏观战略研究》,中国环境科学出版社 2011 年版.

[19] 周黎安:《中国地方官员的晋升锦标赛模式研究》,载《经济研究》2007 年第 7 期.

[20] Beck, T., R. Levine, and A. Levkov. Big Bad Banks? The Winners and Losers from Bank Deregulation in the United States [J]. *Journal of Finance*, 2010, 65 (5): 1637 – 1667.

[21] Chen, Y. J., P. Li, and Y. Lu. Career Concerns and Multitasking Local Bureaucrats: Evidence of Target – based Performance Evaluation System in China [J]. *Journal of Development Economics*, 2018, 133 (7): 84 – 101.

[22] Chen, Y., G. Z. Jin, N. Kumar, and G. Shi. The Promise of Beijing: Evaluating the Impact of the 2008 Olympic Games on Air Quality [J]. *Journal of Environmental Economics and Management*, 2013, 66 (3): 424 – 443.

[23] Dasgupta, S., B. Laplante, N. Mamingi, and H. Wang. Inspection, Pollution Price, and Environmental Performance: Evidence from China [J]. *Ecological Economics*, 2001, 36 (3): 487 – 498.

[24] Dewatripont, M., I. Jewitt, and J. Tirole. Multitask Agency Problems: Focus and Task Clustering [J]. *European Economic Review*, 2000, 44 (4): 869 – 877.

[25] Drucker, A. G., and U. Latacz – Lohmann. Getting Incentives Right?: A Comparative Analysis of Policy Instruments for Livestock Waste Pollution Abatement in Yucatán, Mexico [J]. *Environment and Development Economics*, 2003, 8 (2): 261 – 284.

[26] Flint, D. *The Philosophy and Principles of Auditing: An Introduction* [M]. New York, Palgrave Macmillan Press, 1988.

[27] Ghanem, D., and J. Zhang. Effortless Perfection: Do Chinese Cities Manipulate Air Pollution Data [J]. *Journal of Environmental Economics and Management*, 2014, 68 (2): 203 – 225.

[28] Heutel, G., and G. J. Ruhm. Air Pollution and Procyclical Mortality [J]. *Journal of the Association of Environmental and Resource Economists*, 2016, 3 (3): 667 – 706.

[29] Huang, R. B., and D. P. Chen. Does Environmental Information Disclosure Benefit Waste Discharge Reduction? Evidence from China [J]. *Journal of Business Ethics*, 2015, 129 (3): 535 – 552.

[30] Jin, Y., H. Andersson, and S. Zhang. Air Pollution Control Policies in China: A Retrospective and Prospects [J]. *International Journal of Environmental Research and Public Health*, 2016, 13 (12): 1219 – 1241.

[31] Konisky, D. Public Preferences for Environmental Policy Responsibility [J]. *Publius: The Journal of Federalism*, 2011, 41 (1): 76 – 100.

[32] Li, P., Y. Lu, and J. Wang. Does Flattening Government Improve Economic Performance? Evidence from China [J]. *Journal of Development Economics*, 2016, 123 (11): 18 – 37.

[33] Parker, L. D. Social and Environmental Accountability Research: A View from the Com-

mentary Box [J]. *Accounting, Auditing & Accountability Journal*, 2005, 18 (6): 842 – 860.

[34] Wang, H., and D. Wheeler. Financial Incentives and Endogenous Enforcement in China's Pollution Levy System [J]. *Journal of Environmental Economics and Management*, 2005, 49 (1): 174 – 196.

[35] Wang, H., N. Mamigi, B. Laplante, and S. Dasgupa. Incomplete Enforcement of Pollution Regulation: Bargaining Power of Chinese Factories [J]. *Environmental and Resource Economics*, 2003, 24 (3): 255 – 273.

[36] Wu, J., Y. Deng, J. Huang, R. Morck, and B. Yeung. Incentives and Outcomes: China's Environmental Policy [J]. *Capitalism and Society*, 2014, 9 (1): 1 – 41.

[37] Zheng, M., M. E. Kahn, W. Sun, and D. Luo. Incentives for China's Urban Mayors to Mitigate Pollution Externalities: The Role of the Central Government and Public Environmentalism [J]. *Regional Science and Urban Economics*, 2014, 47 (4): 61 – 71.

（本文发表于《中国工业经济》2019年第10期，《中国社会科学文摘》2020年第2期以《自然资源资产离任审计有助于空气污染防治》为题转载）

有关媒体对作者的报道

赵谦：情系政采的谦谦君子

白山黑水之地，有一位谨言敏行的谦谦君子。

他孜孜以求、勤奋敬业、好学善思、谦虚谨慎……

他是管理学博士，应用经济学博士后，全国省级政府采购监管部门学历最高的管理人员之一。无论是工作，还是学习，他总是以饱满的热情和旺盛的精力来应对。

他对做好政府采购工作有坚定执着的信念：做好政府采购工作，一定要增强全局观念，将管理寓于服务之中，为财政中心工作服务。这不仅需要精湛的专业水准，还要有一份沉甸甸的责任感。

他用实际行动为这句话做出注脚：自担任省政府采购管理办公室主任以来的两年半时间里，结合政府采购工作出现的新情况、新问题，研究制定了《黑龙江省省级大宗商品单一来源方式采购和特殊情况非招标方式采购审批管理规定》《黑龙江省政府采购代理机构考核办法》等一系列规章制度，建立了规范政府采购预算编制、执行和加强政府采购节约资金管理的制度办法，初步建立了全省政府采购制度管理体系。他强调发挥政府采购的政策功能，采取措施积极扶持自主创新和中小企业发展。他运用自己的学识和在实践中的感悟，为财政部和省委、省政府当参谋、提建议，一些建议已引起有关领导的重视。

他，便是黑龙江省财政厅政府采购管理办公室主任赵谦，一位在财政系统工作多年的"老兵"，一位自谦的政府采购领域的"新兵"！

"今天的所为不能算是成绩，是应该做的工作，我只是习惯于把该做的工作力求完美。政府采购工作涉及面广、社会关注度高，要将它做好不容易。但我认为，只要坚持'三公'原则，树立好服务意识，勤实践、善思考，将管理寓于服务之中，真正为政府采购各方当事人服务好，政府采购工作中的一些问题将迎刃而解，政府采购事业一定能做成阳光事业。"凡事追求完美的赵谦谦虚地表示。

内敛舒缓、谦虚谨慎是赵谦留给别人的印象。越是接近他，越是被他谦虚儒雅的风度折服。其实，在赵谦谦虚谨慎的背后，是运筹帷幄的从容，是细致缜密的思路。

随着政府采购加入 GPA 谈判进程的加快，赵谦敏锐地意识到，我国政府采购工作将面临前所未有的机遇和挑战。他明确提出，下一步全省政府采购工作将以规范监管、扩大规模和提升能力为核心，进一步加强政府采购的科学化、精细化管理。他认为目标的实现，需要踏踏实实地走好每一步，更需要政府采购制度的规范完善和采购队伍素质的提高……

于日前召开的黑龙江全省政府采购工作会议，为全省的政采工作者搭建了沟通交流的平台，让大家找到了"娘家"的感觉。与赵谦一起开会，他的工作激情与执着，感染了记者。虽然他为办好这次全省工作会连续熬了几个通宵，但会议期间的每一天，他都能精神饱满地忙前忙后，坚持与会议代表一起讨论、交流，并为会议代表和政府采购代理机构做政府采购业务和相关法律法规的讲座。

一路的风尘仆仆，同行的人都感到有些疲惫。他不竭的工作激情从何而来？赵谦坦言，采购办的工作繁杂人手又少，挑灯夜战早已习惯，不懈追求早已磨炼出了坚强意志。同时，工作激情更是来自对政府采购的热爱和肩上那份沉甸甸的责任。

（《中国财经报》2011 年 8 月 31 日　作者：袁瑞娟　贾璐）

低调做人高调做事的博士后——记第六届全国政府采购监管峰会阳光人物、原黑龙江省财政厅政府采购管理办公室主任赵谦

他低调做人、高调做事，誓做政府采购的普及者和宣讲者；他勤奋好学、刻苦钻研，着力提升政采工作层次和水平，以大财政理念助力财政中心工作；他锐意改革、积极进取，把创新作为推动力，努力破解政府采购发展中的难题；他谨言敏行、自强不息，敢于承担责任，始终以饱满的热情开展工作……在刚刚结束的第六届全国政府采购监管峰会上，他被授予"阳光人物"光荣称号。

自 2009 年 4 月调任黑龙江省财政厅政府采购管理办公室主任后，在他的带领下，从规范政府采购预算编制、执行到加强政府采购节约资金管理，从政府采购科学化、精细化管理到政府采购政策功能发挥，黑龙江省政府采购工作一直位居全国前列。他就是刚刚转任黑龙江省财政厅办公室主任的原黑龙江省财政厅政府采购管理办公室主任赵谦。

关注热点　受到财政部领导肯定

拥有财政部财政科学研究所应用经济学博士后研究经历，被财政部财政科学研究所所长贾康视为"高徒"的赵谦，是政府采购业界公认的学者型、实干型领导。

"政府采购工作需要领导重视，需要社会各界关注，更需要政采人自己不懈钻研，努力提升工作层次和水平，为财政中心工作助力，从而提升政府采购的地位和影响力。"从事政府采购工作两年半的赵谦对政府采购制度改革的感触颇深。

为了实现这一目标，他潜心研究政府采购和财政工作中的一些热点难点问题，坚持从大财政角度做好政府采购管理工作。

知识面宽广和视野开阔的优势让赵谦在政府采购管理岗位上如鱼得水。他撰写的《我国加入〈政府采购协议〉的利弊及对策》，从政治、经济和社会等方面分析了我国加入 GPA 的利弊，并据此提出了充分利用 GPA 规则、建立健全法律法规体系和培育企业核心竞争能力等相应的对策建议。

其独到的见解、精准的分析、开阔的视野、适用的建议等获得了财政部党组书记、部长谢旭人的充分肯定，该文章也一时间"洛阳纸贵"，成为相关部门和政采人争相传阅的学习材料。

2010 年，赵谦参加商务部组织的政府采购管理培训团赴美国学习考察。归

来后，他撰写了《美国政府采购的特点及经验借鉴》，先后被《财政研究》《中国财政》等媒体刊发，并成为互联网上点击率最高的全面介绍美国政府采购制度体系的文章，在国内外产生了很大影响。

"学习研究可以大力提升政府采购工作的层次和水平。像黑龙江省的 GPA 谈判应对工作一直都是我亲自抓，但凡财政部召开的相关会议，我从不缺席。"赵谦认为，得到认可是对他工作的嘉奖，也是对黑龙江省政府采购工作的肯定，对政采地位的提升作用更是不言而喻。

2011 年 10 月 31 日，他与政府采购业界专家学者一道，参加了财政部党组成员出席的全国政府采购政策理论研讨会，再次为政府采购制度改革建言献策，出台通知强化预算编制执行。

在工作中，赵谦坚持科学化、精细化管理不放松，积极探索，迎难而上，努力破解政府采购发展中的难题，尤其是在狠抓政府采购预算源头管理、强化预算编制和执行等方面，取得了突破性进展。

2011 年 7 月 1 日，在赵谦的主导下，《黑龙江省财政厅关于进一步规范政府采购预算编制和执行工作的通知》（以下简称《通知》）正式出台。《通知》从细化预算编制、严格预算执行和节约财政性资金管理等方面，从源头上加大了科学化、精细化管理的力度，确保了政府采购预算执行的均衡化和政府采购工作效率与质量的提高。据了解，自《通知》正式执行以来，已节约了可观的财政资金。

另外，《通知》也明确了节约资金的归属问题，即将其用于平衡年底财政预算。这种做法既服务了财政中心工作，又提升了政采工作的地位。

"《通知》的下发和执行获得了黑龙江省财政厅党组的高度认可。领导的全力支持为政采工作的深入推进提供了动力，这对我们来说就是最大的嘉奖。"赵谦面带微笑地说，"加强政府采购预算编制和执行管理工作具有链条长、涉及面广，政策性、关联性强的特点，是系统工程，不能单打独斗，需要各部门的协同配合。为了做好预算编制和执行的事前、事中、事后全方位同步监督，强化协作机制，顺利推进政府采购预算管理工作，黑龙江省政府采购监管部门与省政府采购中心、财政厅预算处和国库处等部门做了大量的协调工作，全体人员的辛勤付出是令我最为感动的事情。"

不仅如此，为了完善政府采购制度体系，他还组织制定了政府采购代理机构考核办法，首次对非公开招标政府采购项目进行程序规范；加强供应商诚信管理，与黑龙江省有关部门联合制定了《关于在省本级政府采购领域使用企业信用报告的通知》，为供应商设立诚信门槛……

在赵谦的带领和努力下，黑龙江省政府采购工作实现了跨越式发展，得到了政府采购业界的高度认可。《政府采购信息报》记者在采访中强烈地感觉到,全面实现政府采购的"阳光化"和"透明化",最大限度地服务财政中心工作,提升政府采购地位,是赵谦心中最迫切的期望,并且他一直在为之努力和奋斗。

借药品采购扩大规模

采购规模是衡量一个地区政府采购水平的重要标志,直接反映了该地区政府采购制度改革的深度和广度,是发挥政府采购政策功能的前提条件。赵谦认为,政府集中采购目录是编制政府采购预算的重要依据,在某种程度上界定了政府采购的实施范围,决定了政府采购的规模。

在赵谦的领导下,黑龙江省政府采购监管部门对政府集中采购目录作了重新修订,出台了通用办公设备配置标准,细化了政府采购预算编制,将列入国家基本药品目录的药品纳入了政府采购管理范围,扩大了采购规模。另外,通过适当调减采购额度小、采购次数少的品目,增加能发挥政采政策功能的节能、环保产品品目,跟踪项目执行情况,做到目录中的项目应采尽采。

据了解,在药品集中采购平台上,黑龙江省2010年先后对药品招标、提价、申诉等组织7次网上招标工作,最终确定了黑龙江省药品集中采购的中标结果。其中,基本药物共有3926个品规药品入围,涉及中标企业691家,中标价格较国家基本药物零售价平均降低38.41%;非基本药物共有9950个品规药品入围,涉及中标企业1808家,中标价格较该省上一轮中标价平均降低14.56%,取得了很好的社会效益和经济效益。

"2011年,黑龙江省药品采购规模近100亿元,对我省政府采购规模的扩大功不可没。"据赵谦介绍,2010年,黑龙江全省政府采购规模为145.2亿元,在药品采购的带动下,2011年该省政府采购规模有望突破200亿元大关。

"除此之外,我们还在民生项目、工程项目方面狠下功夫,寻找新的突破口,以实现规模和范围的双扩增。像农机具、农家书屋、农村中小学免费教科书、乡镇卫生院医疗设备、计划生育设备等民生项目,就是扩大政采规模的重要支撑点,同时还要加大对财政投资的市政道路、绿化、公共设施等工程项目实施政府采购的力度,提高工程采购规模的比重。"赵谦说。

另外,为了充分发挥政府采购的政策功能,他还组织确定了黑龙江省第一批信息安全产品政府集中采购目录,开展了政府采购信用担保试点工作……只要能发挥政府采购的政策功能,服务财政中心工作,赵谦都会不遗余力地去做。

"从事这项工作之前,我认为只要依法办事就能做好政府采购工作,后来发现这样做还远远不够。随着政府采购社会关注度的不断提高,我们有责任和义务进一步发挥政府采购的政策功能,使政府采购制度改革向前快速推进。"赵谦掷地有声地说,"我认为,低调做人没有错,但从事政府采购这份'阳光'事业,做事则需要高调。"

记者手记

爱跳绳和写日记的政采人

在与黑龙江省财政厅办公室主任赵谦的交谈过程中,他充沛的精力、饱满的热情、积极进取的精神深深地感染了《政府采购信息报》记者。

拥有财政部财政科学研究所应用经济学博士后研究经历的赵谦并非只会思考研究工作,他还非常懂得生活。赵谦喜欢跳绳,并且每天早晨坚持跳1200多次。他会把绳子随身携带,家里、办公室、机场等,走到哪儿都不会忘记锻炼身体。烦锁的工作也会随着跳绳变得不那么单调和枯燥。

据了解,2003年考博士那会儿,赵谦身体状况欠佳,刚开始跳绳时跳不到50下就累得不行,但8年的坚持换来了现在强健的体魄和旺盛的精力。在今年黑龙江省财政厅举办的跳绳比赛中,赵谦毫无悬念地夺冠,3分钟跳了500多下,一般的年轻人都望而生畏。

另外,赵谦还喜欢写日记分析宏观经济形势,写对工作和人生的感悟,用笔记录每天对生活的感悟。

赵谦将工作、生活、学习巧妙结合,做事积极主动,感染了周围的每一个人。在他潜移默化的影响下,他的同事也实现了由低调做人、低调做事到低调做人、高调做事的转变。

(《政府采购信息报》2011年11月10日　作者:王少玲)

在哈尔滨工业大学建校 100 周年
经管学院纪念大会上的致辞

赵 谦

尊敬的周玉校长、叶强院长，尊敬的各位老师、海内外的各位校友、同学们：

今天，我怀着一份感恩之心回到母校，与大家一道向哈工大 100 周年华诞致敬、共同分享母校的百年荣光！

从硕士到博士，我在哈工大经管学院求学六年，我国管理信息系统理论和实践的开拓者黄梯云教授、李一军教授，我国运筹学教学的奠基人胡运权教授等先生们潜心钻研、严谨治学、虚怀若谷、为人师表，用自己的师德风范和人格魅力，让我知道什么是真正的哈工大人，哈工大人早已成为融入我内心深处的身份认同，规格严格、功夫到家也已成为我始终坚守的行动准则。

一百年弦歌不辍、栉风沐雨。回首过往，**在不居的时光里，不变的是哈工大人的爱国规格、报国功夫**。从当年的哈工大"八百壮士"，到今天"共和国勋章"获得者孙家栋校友、国家最高科学技术奖获得者刘永坦院士等大家大师，无不彰显着哈工大人科学报国的初心和担当。**在不居的时光里，不变的是哈工大人的求精规格、争上功夫**。一代代哈工大人静心沉潜、坚守争上，拿下了一个个世界"首创"、中国"第一"，充分展现了哈工大人勇攀高峰的奋进追求。**在不居的时光里，不变的是哈工大人的求真规格、务实功夫**。一代代哈工大人探寻真理、知行合一，面向国家重大需求、面向国民经济主战场，打造出一大批"国之重器"，经管学院已成为开放式、国际化、有特色的一流管理科学研究和实践平台，培养出一大批创新型管理人才。作为哈工大人，我为母校百年辉煌图卷感到由衷的骄傲和无比的自豪！

当今世界正处于百年未有之大变局，自主创新是引领未来发展的核心动力。开启新的百年，哈工大作为"科学家和工程师的摇篮"，在中华民族伟大复兴的征程中，必将书写一部荡气回肠的英雄史诗！

衷心祝愿母校的明天更加美好辉煌！

谢谢大家！

2020 年 6 月 6 日

后　　记

政府采购制度是规范政府与市场交易活动的基本制度，是现代国家治理体系和现代财政制度的重要组成部分，在维护政府采购市场秩序的同时，重要的是规范政府的行政行为。政府采购制度所确立的公平竞争、管采分离、物有所值等原则，所倡导的依法行政、公开透明、效率优先等理念，所推进的权力制衡、程序规范、绩效管理等机制，已逐步深入政府行政活动的方方面面，推动了法治型、责任型、廉洁型和服务型政府的建设进程。通过政府采购制度改革与行政体制改革、经济体制改革的协同互动，进一步完善政府采购管理体制机制，健全政府采购交易规则，打造阳光采购，提升政府公共服务能力，不断推进政府治理能力和治理体系的现代化，是本书的研究目的。

学高为师，德高为范。特别感谢我的导师贾康研究员，12年前，我在财政部财政科学研究所博士后流动站贾康老师的门下完成两年的研究；出站后，贾老师一直在悉心指导和鼓励我，贾老师厚德载物、自强不息、睿智谦逊、严谨求实的品格对于树立终身学习理念的我是一笔宝贵财富，必将永远指引我在未来的人生之路上前行。

感谢我的叔父赵惠令多年的点拨和指导，我会传承烟台牟平宁海西门里赵氏600多年来读书传家、勤勉执着的风范，在自己的专业领域上行稳致远。

感谢清华大学经管学院院长、freeman 经济学讲席教授白重恩博士，中国社科院学部委员、中国社科院世界经济与政治研究所所长余永定研究员，我们之间真诚的交流，使我产生不少思想的共鸣。

感谢中国财经出版传媒集团副总经理吕萍女士对本书出版的大力支持。

感谢我的妻子王宏女士，她的坚定支持是我前行的动力。我们的女儿已完成加州大学洛杉矶分校（UCLA）和伦敦大学学院（UCL）两所世界名校金融数学专业的严格训练，现在国内一家头部券商的基金公司从事她喜欢的工作。古人云："虽有智慧，不如乘势"，愿女儿在伟大祖国的伟大新时代中把握住属于自己的机遇。

我的 8 本驻村扶贫日记已在财政部为庆祝中国共产党成立 100 周年举办的"党旗下的百年财政征程"主题展览上展出，作为一名有 30 余年党龄的中国共产党党员，我向伟大的中国共产党 100 周年华诞致敬！

赵谦

2021 年 7 月 1 日